台湾研究

两岸政治互信研究

张文生　主编

九州出版社 JIUZHOUPRESS | 全国百佳图书出版单位

图书在版编目（CIP）数据

两岸政治互信研究／张文生主编. --北京：九州出版社，2011.8

ISBN 978-7-5108-1121-0

Ⅰ.①两… Ⅱ.①张… Ⅲ.①台湾问题—学术会议—文集 Ⅳ.①D618-53

中国版本图书馆 CIP 数据核字(2011)第 176313 号

两岸政治互信研究

作　　者	张文生　主编
出版发行	九州出版社
出 版 人	徐尚定
地　　址	北京市西城区阜外大街甲 35 号(100037)
发行电话	(010)68992190/2/3/5/6
网　　址	www.jiuzhoupress.com
电子信箱	jiuzhou@jiuzhoupress.com
印　　刷	三河市东方印刷有限公司
开　　本	720 毫米×1020 毫米　16 开
印　　张	22.5
字　　数	323 千字
版　　次	2011 年 10 月第 1 版
印　　次	2011 年 10 月第 1 次印刷
书　　号	ISBN 978-7-5108-1121-0
定　　价	58.00 元

目　录

试论海峡两岸间的政治互信及政策建议

严安林*

海峡两岸间的政治互信是两岸关系和平发展的重要基础，也是两岸关系和平发展持续化、永久化的政治保证。2008 年 5 月以来，两岸间的政治互信开始有所建立，但互信的基础还是相当地的脆弱。因此，巩固与增进两岸之间，包括官方、民间等各层面的政治互信是确保两岸关系和平发展持续向前的根本，既有利于两岸人民的共同利益，也有利于台海地区的和平稳定。

一、互信与政治互信的概念界定

何谓互信？互信是指相互之间的信任问题，海峡两岸之间的互信应可分为广义与狭义两种，狭义的互信是指两岸执政当局（包括执政党）之间的彼此间的信任问题，而广义的互信则是指两岸之间，包括执政当局、政党、意见领袖、政治社会团体及人民之间的信任问题。当前一般所指的互信则是局限于执政当局之间的狭义的定义。而两岸之间的政治互信则特指两岸执政当局之间在两岸基本的、原则性的政治立场的共同点、共同基础与共同的政治追求等，也有人将之简化为“反对台独”、坚持“九二共识”。当然，笔者个人以为，“反对台独”、坚持“九二共识”只是两岸间政治互信的重要基

* 作者简介：严安林，上海国际问题研究院台港澳研究所所长、研究员。

础，但还不是全部，应该包括对对方的政治态度、对两岸关系发展的共同的责任及两岸共同体的努力等。

二、两岸间基本的政治互信初步建立

2008年5月以来，台湾海峡两岸关系之间出现了难得的和平发展的历史性机遇，这机遇的出现既是因为2008年3月由台湾地区领导人的选举而开启的台湾政局的重大而积极性的变化，也是因为两岸彼此在政策上的有所调整以及双方间在政治上确立了基本的互信。

1. 2005年的“胡连会”以及“国共五项愿景”为两岸出现和平发展机遇与建立中国共产党与中国国民党之间基本的政治互信奠定了基础。在双方签署的“新闻公报”中，国共两党有三点“共同体认”：一是坚持“九二共识”，反对“台独”，谋求台海和平稳定，促进两岸关系发展，维护两岸同胞利益，是两党的共同主张；二是促进两岸同胞的交流与往来，共同发扬中华文化，有助于消弭隔阂，增进互信，累积共识；三是和平与发展是21世纪的潮流，两岸关系和平发展符合两岸同胞的共同利益，也符合亚太地区和世界的利益。五项“共同愿景”是：促进尽速恢复两岸谈判，共谋两岸人民福祉；促进终止敌对状态，达成和平协议；促进两岸经济全面交流，建立两岸经济合作交流机制；促进协商台湾民众关心的参与国际活动的问题；建立党对党定期沟通平台。① 正是这“五项愿景”与历史性的“胡连会”，不仅是国、共两党“一笑泯恩仇”，而且开启了海峡两岸之间的政党对话与交流，并为两岸关系的和平发展奠定了基本的政治基础。

2. 2008年3月马英九当选为台湾领导人后提出了“不统、不独、不武”的两岸政策新主张。马英九称：“我的大陆政策是在中华民国宪法架构下，维持台海的现状，就是不统不独不武，以台湾为主、对人民有利。”② 马英

① 张荣恭：“构筑两岸双赢新局：国民党政府大陆政策的理念与实践”，蔡朝明主编：《马总统执政后的两岸新局：论两岸关系新路向》，第46－47页，两岸交流远景基金会，2009年5月。

② 台湾《自由时报》，2008年11月20日。

九个人对“三不政策”的基本解释是：“不统”的意思是“我不会在任内跟中共讨论有关两岸统一的问题”；“不独”是“我们不会追求法理上台湾的独立”；“不武”则是“我们反对使用任何武力来解决台湾问题的方案。”① 台湾学者称：马英九的“三不”政策表述：“旨在重申维持两岸和平、分治、交流现状，最终是要谋求两岸和平发展，创造最大的共同利益。”② 而马英九在当选后对国共交流及所签署公报的肯定性的表态则使由国、共两党之间的共识转化为两岸执政者之间的共识，马英九称“连胡公报是重建两岸关系的起点”，“这就使得国共两党互信势将提升为海峡两岸互信”。③

3. 2008 年 12 月胡锦涛提出的“胡六点”系统阐述的“和平发展”的思想。12 月 31 日上午，中共中央总书记胡锦涛在纪念《告台湾同胞书》发表 30 周年座谈会上，发表了《携手推动两岸关系和平发展，同心实现中华民族伟大复兴》的重要讲话，提出了开创两岸关系和平发展新局面的六点具体主张，不仅对大陆提出“和平统一、一国两制”以来的 30 年的两岸关系进行了一个系统而深刻的总结，而且提出了一系列推动两岸关系和平发展进程的新主张与新论述，是两岸关系和平发展时期中国大陆对台政策的指导性纲领，对两岸关系和平发展新局面的开创、推动建立两岸政治互信与两岸互动新局的建构产生巨大的推动作用。

4. 两岸两会的制度化协商的恢复是两岸建立基本的政治互信的标志。2008 年 6 月，作为两岸官方对话与谈判的“白手套”——海基会与海协会之间交流与对话谈判的恢复，则是两岸重新确立对话基础、恢复基本政治互信的开始。台湾方面谈判代表称：“过去十数年，两会交流一直是衡量两岸关系的指标，今年六月两会恢复商谈，代表两岸的新起点”④ 台湾学者也认为“两岸回归制度化协商将促进两岸关系逐步朝向有利于双方建立互信的方

---

① 马英九接受墨西哥太阳报系集团董事长巴斯克斯专访，台湾“中央社”，2008 年 9 月 3 日台北电。

② 高长、王正旭：“两岸关系的回顾、新情势与前瞻”，台湾《远景基金会季刊》，第 9 卷第 3 期，第 186 页，2008 年 7 月。

③ 张荣恭：“构筑两岸双赢新局：国民党政府大陆政策的理念与实践”，蔡朝明主编：《马总统执政后的两岸新局：论两岸关系新路向》，第 49 页，两岸交流远景基金会，2009 年 5 月。

④ 张树棣语，台湾《中国时报》，2008 年 10 月 24 日。

向发展”。①

5. 两岸关系和平发展态势的出现既是两岸政治互信有所建立的结果，又推动着两岸之间政治互信的加强。香港的媒体认为，“包括大陆、台湾、香港和澳门在内的大中华地区势必因此而开出百年未见的世纪新局。”② 连战认为“两岸越走越近是一个历史的驱动，是大势之所趋”③ 台湾海基会副董事长兼秘书长高孔廉称：“两岸关系是两岸在发展过程中非常重要的关键因素，稳定的两岸关系，对台湾发展有很大帮助，对大陆也有安定的作用。同时，两岸关系也是东亚和平稳定的关键，在2008年6月‘两会’北京复谈之后，两岸关系有极大的改善，希望这样的关系能持续发展，让两岸成为东亚和国际社会中的稳定因素。”④ 而即使是政治立场比较偏绿的黄辉珍也承认：“60年前那种针锋相对、誓不两立的斗争，到今天整个大局势、大气候，已经朝向‘和’与‘通’的方向发展：‘和’就是和平，‘通’代表沟通、交流与合作。”这当然是源于两岸各自内部出现大变化、国际局势出现大重组的结果，是历史规律发展的趋向。⑤

三、两岸政治互信对和平发展的两岸关系十分重要

民进党执政8年的两岸关系是“政治关系敌对，民间交流热络”，“两岸官方欠缺直接对话管道，又无法透过中介机构制度化协商，双边在主权宣示与管辖权的行使上出现高度落差。”⑥ 其缘由则是两岸执政当局间缺少最基本的共同的政治立场与基本的政治互信。而2008年以来两年多的两岸关系

---

① 蔡宏明：“两岸关系的新情势与新政府的新作为”，台湾《远景基金会季刊》，第9卷第3期，第199页，2008年7月。

② 香港《中国评论》，2008年9月号，第77页。

③ “两岸愈走愈近是历史趋势——访中国国民党荣誉主席连战”，香港《中国评论》，2008年9月号，第56页。

④ 高孔廉：“未来四年是两岸发展的关键期”，《台商》月刊杂志，2008年第9期，第23页。

⑤ “正确把握两岸关系健康发展的基本原则——访台湾综合研究院董事长黄辉珍”，香港《中国评论》，2009年9月号，第34页。

⑥ 高长、王正旭：“两岸关系的回顾、新情势与前瞻”，台湾《远景基金会季刊》，第9卷第3期，第168页，2008年7月。

发展的事实则证明，两岸政治互信对两岸关系的和平发展十分重要，林碧炤先生认为："两岸关系的机遇期还是继续存在，其中最关键的因素是双方决策阶层的互信不断地提升，这对于和平氛围的形成有相当大的助益。"① 两岸政治互信的建立由2008年四月中旬博鳌论坛的"胡萧会"正式开始，它"是两岸分裂分治以来最高层级的在位领导者之会晤"，② 会晤中萧万长提出"正视现实、开创未来、搁置争议、追求双赢"的16字箴言，胡锦涛总书记提出了"四个继续"：将继续推动两岸经济文化等各领域交流合作，继续推动两岸周末包机和大陆居民赴台湾旅游的磋商，继续关心台湾同胞福祉并切实维护台湾同胞的正当权益，继续促进恢复两岸协商。4月底胡锦涛总书记在会见连战时再度提出了"建立互信、搁置争议、求同存异、共创双赢"的16字箴言。可见，互信，特别是政治互信对两岸关系和平发展是何等的重要。

1. 两岸政治互信是两岸关系和平发展的前提与基础。民进党执政时期，由于陈水扁当局疯狂追求"台独"意识形态，对大陆政策出尔反尔，致使两岸间没有任何互信可言，更使两岸关系陷入紧张与僵持。马英九执政后，承认"九二共识"，坚持推动两岸关系的和平稳定，两岸间政治互信的建立为两岸关系的和平发展奠定了基础。

2. 两岸政治互信是两岸关系和平发展的根本保证。两岸间有了基本的政治互信，才有和平发展的新局面；两岸间有了能够不断增进的政治互信，和平发展的新局面才能不断地向前发展，并不断地得到巩固；两岸间的政治互信不断地发展，两岸军事互信、安全问题等也才能得到有效的、妥善的处理与解决。

3. 两岸政治互信是两岸各方面交流的政治基础。两岸由于长达60年的分离，各自的发展道路不尽相同，政治理念与观念等差异颇大，因而在即使是经济、民间与社会乃至文化的交流交往中，难免都会存在政治上的差异与

---

① 林碧炤："共创两岸和平共荣新路向的战略思维"，蔡朝明主编：《马总统执政后的两岸新局：论两岸关系新路向》，第25页，两岸交流远景基金会，2009年5月。

② 高长、王正旭："两岸关系的回顾、新情势与前瞻"，台湾《远景基金会季刊》，第9卷第3期，第185页，2008年7月。

问题，经济交流与合作受到政治因素的影响，由于政治上的问题也产生交流上的困难。因此，两岸政治互信也是两岸经济合作、人员往来无法回避的问题。

4. 两岸间的敏感问题需要双方共同来探讨与协商解决。邵宗海教授认为：马英九的“‘活路外交’政策让两年来两岸之间不再在‘邦交国’的业绩竞争上互挖墙角，而且也厚实了两岸‘政治互信’的基础。”①

四、两岸间的政治互信依然比较脆弱

两岸之间的政治互信虽然开始有所建立，但也需要承认，两岸执政当局之间的政治互信还是相当的脆弱，基础并不雄厚，也不扎实。两岸过去60年的冲突与对立所积累起来的结构性的矛盾与相互对立的社会心理不可能在短短的几年中完全化解。

1. 两岸目前尚处于“先经济”的阶段，政治议题还没有提上议事日程。特别是马英九团队的“两岸政策基本上采‘政经分离’思维”，因此，有台湾学者提出：“在国际社会不愿台海冲突，以及北京当局谋求‘和平发展’环境下，两岸关系无疑将经历一段蜜月期。在经贸领域、经贸关系正常化将创造更大的经济利益，且能共同分享，‘共创双赢’的局面，可能使两岸经济交流规模持续扩大，两岸经贸关系更趋紧密。然而，在政治领域里，互补互利的议题几乎没有，多的是零和博弈关系，两岸关系的蜜月期可以持续多长，客观而言仍待观察。”② 其理由是由于马英九“推动两岸关系的蓝图，强调优先处理两岸经贸关系正常化问题，再讨论‘台湾国际空间’和‘台海安全’等两大旨在议题。”而“两岸经贸关系正常化所涉及利益是共同的，双方都有共识，较容易达成，但台湾国际空间及台海安全问题，迄至目

① 邵宗海：“马英九大陆政策的‘期中考’”，新加坡《联合早报》，2010年5月22日。

② 高长、王正旭：“两岸关系的回顾、新情势与前瞻”，台湾《远景基金会季刊》，第9卷第3期，第190页，2008年7月。

前两岸仍缺乏共识，看来还有很长的路要走。”①

2. 台湾内部蓝绿政治力量在两岸政策上存在巨大的分歧也将影响两岸政治互信的发展。“台湾社会两极分化终究是两岸关系稳定发展的变数。”② 黄辉珍认为，“台湾内部面对两岸关系巨大变化的崭新局面，源于背景不同、立场互异，加以利益结构因此大幅调整，思想意识因此深刻变换，在政治上难免出现纠葛于历史与现实的生态激荡。”对两岸关系的和平发展，由于“大多数台湾人民普遍有程度不一、或多或少的适应不良问题，潜伏着一种又新奇又疑惑的不安情绪。”③

3. 两岸交流与认同失调之间的矛盾比较突出。过去人们认知上的一个盲点就是认为“扩大交流、深化交流就是认同。”而“事实上是认知失调的现象十分普遍，而不是互相认同的增加。”所谓“认知失调”，是“一个人原先的认知，不可能因为新的反例的增加而改变自己原先的认知，有时反而会自我强化原先的认知。”④ 张亚中教授认为：“认同往往是被政治人物所建构。认同往往也做为区别我群与他群的判定标准。”李登辉、陈水扁等主政下从事的政治运动，“强化台湾主体性的包装，作为走向台独的野心，使得一个中国在台湾变得妖魔化”，这就使“两岸的认同已经发生高度折裂现象”。杨开煌教授认为：两岸认同问题“是当前两岸关系中最关键的问题”。民族和国家的认同是在近代国家成立的过程中和国家成立之后，经由社会化的管道建构起来的。当认同被建构之后，反过来就成为民族或者国家的情感因素。1895 年后，“两岸之间的认同出现了同民族不同国家的矛盾”。杨教授认为 2008 年后两岸认同差距持续扩大的根源在于，“国民党的政策论述陷入巨大矛盾”，由于认同上的矛盾，陷入政策论述上的巨大矛盾，表现在：“经济政策跟北京要”，“在政治论述上是跟着民进党走。”“国民党第一个问

---

① 高长、王正旭：“两岸关系的回顾、新情势与前瞻”，台湾《远景基金会季刊》，第 9 卷第 3 期，第 187 页，2008 年 7 月。

② “正确把握两岸关系健康发展的基本原则——访台湾综合研究院董事长黄辉珍”，香港《中国评论》，2009 年 9 月号，第 37 页。

③ “正确把握两岸关系健康发展的基本原则——访台湾综合研究院董事长黄辉珍”，香港《中国评论》，2009 年 9 月号，第 34 - 35 页。

④ “思想者论坛——认同与两岸关系”，香港《中国评论》，2009 年 9 月号，第 63 页。

题就是没有建立起可以跟民进党对抗的主体论述，也就是没有建立起跟民进党对抗的认同观。”“用封闭的心态谈开放的政策”，“用对抗的心态谈合作”，“用敌对的心态谈和平”。因此他提出一是重回民族认同是两岸互信的基础；二是中国认同是两岸关系稳定的基础；三是认同的转变是两岸关系质变的基础。①

两岸“大交流”时代的来临，对两岸民众之间接触对彼此的了解无疑具有非常正面的作用，但需要看到的是，彼此了解可能有助于彼此差距的缩小，但也可能会扩大彼此间的认同上的分歧。2009 年 10 月 10 日马英九在其“挑战中成长，重建中进步”的讲话中也承认：“两岸的疑虑不可能旦夕消弭，需要双方正视现实、循序渐进、扩大互信、求同化异”。②

五、对巩固与增进两岸政治互信的思考与建议

1. 巩固基础、坚持“反独”。巩固与加强两岸共同的政治基础十分必要，目前两岸已经在承认与坚持“九二共识”的基础上达成一致，这是两年多来两岸和平发展的根本保证。因此，两岸双方有必要继续坚持这一共同的政治基础，毫不动摇地坚持这一政治基础。两岸都需要坚持反对“台独”的政治立场，两岸都需要警惕与遏制“台独”分裂势力的可能反扑，毫不动摇地坚持反对“台独”的政治立场，需要把反对“台独”作为两岸一项共同的任务与工作，尤其需要指出的是，“反独”的共识是 2005 年列入国共五项“愿景”的内容之一，而五项“愿景”也是马英九当政后列入国民党政治纲领中的重要内容。

令人担忧的一是，台湾方面在坚持一个中国的原则立场上出现了态度不坚决、立场有所松动的迹象，呈现出把“九二共识”解读为“一中各表”的越来越强烈的倾向，甚至是把“一中各表”与一个中国的原则相剥离，片面地强调“中华民国”存在的事实，更把“中华民国”与台湾画等号，“台

---

① “思想者论坛——认同与两岸关系”，香港《中国评论》，2009 年 9 月号，第 57 页。

② “中央社”2009 年 10 月 10 日台北电。

湾当局对‘九二共识’的这种认知，必然将对两岸关系和平发展构成障碍”。①

二是，台湾执政党对于反对“台独”的政策立场已经变得异常的模糊，在标榜“尊重民意”、“尊重自由”的思维下，不敢旗帜鲜明地表明反对“台独”的政治立场。须知，正是大陆多年来坚决的反“台独”与国民党过去坚持“一中”、反对“台独”的政治立场，才维护了国家主权与领土的完整，才使两岸和平发展成为两岸的主流民意与发展趋势。

2. 把握主题、破解难题。两岸需要共同把握与推动两岸关系和平发展的主题，共同把和平发展作为发展两岸关系的重中之重，在和平的前提下推动两岸的共同发展，在两岸共同发展的基础上进一步求得和平。其中，对一些已经在影响两岸经济、文化、社会等交流的政治问题及两岸关系和平发展中无法避免的政治问题，还是需要通过双方间的交流、沟通意见，尤其是两岸的智库在“易位思考”中务实地面对客观存在的政治难题，目前能够回避的，给予回避，目前不能够回避的，双方坐下来设法解决，如果不能取得终极解决方案的，就采取阶段性的、过渡时期的解决办法。

3. 尊重对方、尊重现状。双方都要避免触及与挑战对方政治上敏感的议题与领域，双方都既要需要致力于求同存异，也要致力于求同化异、化异求同。2009 年中发生的达赖访台与“热比娅事件”，显示两岸之间的结构性问题相当复杂。其根由则是“台湾人民历经李登辉到陈水扁十余年的‘拼外交’洗礼，已经对于国家主权和国际空间的争取，观念根深蒂固。这样的民意诉求，一方面可能成为马、萧应对中国的筹码，反过来也会成为双方谋求进一步发展的掣肘。”②

4. 认知矛盾、排除干扰。正确认知与正视和平发展时期两岸关系中存在的问题与矛盾，有学者认为，“经大陆改革开放三十年之化约后，两岸关系的最主要矛盾已清楚可见是系于双方在政治文化上仍绝难跨越、且甚可能愈

---

① 社论：“两岸要增强共识基础”，福建社会科学院《现代台湾研究》，2009 年第 5 期。

② 高长、王正旭：“两岸关系的回顾、新情势与前瞻”，台湾《远景基金会季刊》，第 9 卷第 3 期，第 190 页，2008 年 7 月。

益疏离的鸿沟以及由此衍出的最基本冲突：一面是陆对台的领土意识，另面是台的主权（或主体）意识。这两种意识的冲突，恰构成两岸无法形成国家认同的根本障碍。在过去六十年乃至百十多年以上的历史中，两岸非但不成命运共同体，长期反成命运对抗体。”① 而笔者个人认为，和平发展时期两岸关系的主要矛盾有：

其一：两岸日益增长的和平发展态势与台湾民众中“台湾主体意识”的同步成长是和平发展新阶段两岸关系中的主要矛盾，并将贯穿和平发展阶段的始终。马英九执政后，两岸关系呈现和平发展的基本态势，这一态势在可预见的未来还将不断地增长，这是由两岸关系和平发展的基本格局、发展动因与时代潮流、国际环境所决定的。但同时也需要看到，由于李登辉 12 年当政所推动的“台湾国家化”运动与民进党执政八年所塑造的“台湾主体性”意识在台湾社会已经形成了一定的气候，马英九上台后以“中华民国”为主要符号的“台湾主体性”意识不仅持续存在，而且有可能继续发展，从而与和平发展发展态势构成两岸和平发展新阶段中的主要矛盾，并在相当长的时期内存在。

其二：和平发展态势与台湾民众中“台湾主体意识”间矛盾近期所表现的问题之一：日益增长的和平发展态势与这态势短期内不能完全满足台湾民众要求经济“马上好”间的矛盾。马英九上台后两岸政治关系有较大改进，但由于国际经济危机的影响，台湾经济却无法随两岸政治关系的缓和同步好转。两岸关系的和平发展，两岸间的“三通”的实现，为台湾经济摆脱困境提供了有利的条件，但是台湾经济的好转还有赖：一是台湾当局适当的经济政策，二是台湾经济恢复的时间。

其三：和平发展态势与台湾民众中“台湾主体意识”间矛盾近期所表现的问题之二：大陆对台释放经济上的政策利多不少，但是台湾一般民众却感受不到，这两者之间的矛盾需要正视。陈云林访台所举行的“陈江会”及签

① 卢卡尔：“目宇衡二十年内两岸关系之大局”，香港《中国评论》，2009 年 9 月号，第 12 页。

署的协议，“为两岸的共同发展奠定了互利双赢的物质基础”，① 但这物质基础是需要让台湾民众能马上得益与感受得到的。尤其是民进党的许多支持者是“经济上的弱势者，对于“三通”的效果会采信绿营的说法，也就是台湾经济会更加衰败，失业会更为严重，自然产生了强烈的危机感。”② 因此，两岸和平发展的态势与台湾经济不能“马上好”间的落差须引起充分注意，并采取措施给予解决，要让台湾民众尽快享受到两岸间和平发展的“红利”。

其四：两岸关系和平发展下不断加强的纽带联系所产生的“两岸认同”与台湾社会中已经在茁壮成长的“台湾主体意识”之间的矛盾需要正视。李登辉主政12年与民进党当政8年中所建立起来的“台湾主体意识”在马英九上台后继续有所强化可能是一个趋势，而两岸“三通”后民间、经济、文化与人员往来密切所产生的“两岸认同”也将是一个趋势，两者之间产生矛盾与冲突难免。

5. 政治对话、两岸治理。一是要运用好既有的国共对话平台。马英九执政后，“三年来国共交流的成果，原来没有公权力做后盾而流于纸上谈兵，一夕之间，成为新政府研拟对中国大陆政策的重要参考依据，国共政党交流为两岸政治关系之发展奠定了基础。”③ 国共平台的建立对两岸关系和平发展局面的促进功不可没。二是考虑建立“中华共同体”。两岸应该设立共同性的委员会，由功能性整合开始，如救灾共同委员会等，最终无论在制度化还是社会意识上都逐渐形成“中华共同体”或“两岸共同体”。需要正视的是，2008年后，“在政治和民族上的异己关系并没有转变的迹象。从马英九的教育、文化政策与国家整体方向战略规划中，也没有看到要强化两岸认同的这一块。”即马英九“也接收了李、陈的主体论述，以强化台湾主体性、不统、不独、不武做为两岸关系的基调。”台湾主体性已经被转换成为一种政治论述。因此，“如何增加两岸之间的认同，如何强化两岸都是中国一部

---

① 台湾《联合报》，2008年11月3日。

② 台湾《联合报》，2008年11月10日。

③ 高长、王正旭：“两岸关系的回顾、新情势与前瞻”，台湾《远景基金会季刊》，第9卷第3期，第183页，2008年7月。

分的认同，是一项刻不容缓的工作。”① 三是开启两岸“和平论坛”，为两岸政治互信的巩固与增进提供智力支持。目前两岸间尽管有“国共平台”、两会管道、海峡论坛等，沟通渠道不少，但真正能够属于专门探讨两岸政治议题的高层、多方面参与的论坛不多。因此，有必要启动2005年“胡连会”时就提出的“两岸和平论坛”。

（会议论文，原文印发，文中用语和观点系作者个人意见）

① “思想者论坛——认同与两岸关系”，香港《中国评论》，2009年9月号，第56页。

两岸“信心建立措施”（CBMs）的起步

陈孔立*

近来两岸学界正在讨论两岸信心建立措施问题，谈论更多的是军事互信机制问题。“信心建立措施”（CBMs）有狭义与广义两种解释，狭义的是专指涉及军事安全方面的措施，广义则包括政治、经济、军事、外交、文化、宗教及意识形态等领域，即一切有助于增进彼此互信的措施。

以下，我们从两岸“军事互信机制”的前提条件开始，进而讨论两岸“信心建立措施”的条件是否具备的问题。

一、协商“军事互信机制”的前提

在议论“军事互信机制”时，对前提条件存在一些不同的看法，但结论则是基本上一致的：条件尚未成熟。

台湾方面，马英九先后提出条件有：一、大陆先撤对台部署的约1500枚飞弹，作为两岸协商军事互信机制之先决条件。二、待大部份经济议题得到解决后，再着手商谈建立双方互信机制的问题。三、这个议题太敏感，涉及台湾和美国的关系，“我们主要军备来自美国，因此我们非常谨慎”。

吴敦义提出，两岸如果要谈军事互信机制，应该有两项前提。一，台湾绝对要保持虽小但精实且强，能够自我防卫台澎金马的安全；二，一定要循

* 作者简介：陈孔立，厦门大学台湾研究院教授。

序前进，有些时机成熟后可以先谈。

学者赵春山提出，两岸的政治对话必须先符合以下三要件：首先是两岸顺利签订“金融监理备忘录”（MOU）和“经济合作架构协议”（ECFA）；其次是台湾内部应先取得对进行两岸政治对话的共识；最后则是取得重要国家，比如像美国、日本等的支持。这一说法虽然不是针对信心建立措施而言的，但也是台湾方面需要考虑的问题。

总之，台湾官方认为目前条件不成熟。台湾学者也认为，目前两岸“没有足够的政治信任度”来启动军事互信机制的协商。民进党人也指出：“台湾‘国防部’方面认为，在政治互信尚未建立前，两岸仍无法做军事上的互信，这个评价是诚实的”。①

大陆方面，胡总书记2008年12月31日讲话指出：“为有利于稳定台海局势，减轻军事安全顾虑，两岸可以适时就军事问题进行接触交流，探讨建立军事安全互信机制问题”。

因此，大陆学者一般认为两岸军事互信机制建立的前提条件是必须坚持两岸同属一个中国的基本原则，并且强调“这是根本的前提条件，也是不容回避的重要条件”。还有人认为“两岸建立的军事安全互信机制的前提则是一个中国原则，目的是为了两岸双方共同维护祖国的主权和领土完整，防范和打击‘台独’分裂活动，推动祖国和平统一”。

不少大陆学者强调：海峡两岸只有政治互信才能实现军事安全互信。政治互信是两岸军事互信的前提，军事互信必须建立在政治互信的基础上。

由以上可见，两岸存在两点共同的看法：

第一，两岸都认为，目前要讨论“军事互信机制”问题条件尚未成熟，但双方提出的“前提”则不一致。例如，台湾方面要以撤除导弹作为前提，大陆一位将军则认为撤除导弹可以商量，但那是协商的结果而非前提。又如，台湾方面提出要得到国际社会接受，大陆有的学者认为这是“更严苛的条件”。此类问题还需要时间去协商解决。

第二，两岸都有“没有政治互信就谈不上军事互信”的说法，即政治互

---

① 颜建发：“建立两岸军事互信困难重重”，《玉山周报》第30期，2009年12月。

信是军事互信的前提。

本文重点针对第二点提出讨论。

按照这种看法只有在有了政治互信以后，才能谈军事互信问题。那么，什么是“政治互信”呢？我想引用几位大陆学者与台湾学者的解读。

大陆学者李家泉指出：什么是政治互信？那就是台湾承诺不搞“台独”或“法理台独”，也不搞“独台”或“法理独台”；大陆承诺不用武，不搞武力统一。双方通过谈判达成协议，借以建立一种政治互信机制。而军事互信机制，则必须建立在政治互信机制的基础上。军事是政治的延伸，是从属于政治的，没有一个中国作基础的政治互信机制，军事互信机制是很难建成的，即使建成也像是在沙滩上垒建起来的大厦，随时都有崩塌的危险。归根结底还是台湾政治定位问题，台湾主权归属问题。只要这个大问题解决了，其他诸如政治互信、军事互信机制等问题都将迎刃而解。①

大陆学者张文生指出：政治互信，就是双方在政治上的相互信任，也是双方各自在政治上相互给予对方政治信心。两岸政治互信，就是海峡两岸在政治上的相互信任，或者说是海峡两岸各自在政治上相互给予对方的政治信心。对于台湾来说，就是要给予大陆“台湾不会走向分裂、海峡两岸最终将走向统一”的信心；对于大陆来说，就是要给予台湾“保持台海和平稳定，两岸统一对台湾人民有利”的信心。②

台湾学者杨念祖认为，政治互信的实质内涵是，双方不具备生存与发展的威胁，不具备以武力侵犯领土主权的威胁，并以充分的政治作为保障互相尊重、平等互惠、和平共处，充分表现相对认知与实际作为的政治决定与行动。③

大陆学者刘国深认为，所谓“两岸政治互信”，就是海峡两岸双方彼此以口头、书面或行为默契的方式，展现出共同维护两岸同属一个中国的法理

① 李家泉：《两岸政治互信是建立军事互信基础》，v. ifeng. com/news/taiwan/200809/281a56cf-1

② 张文生：《两岸政治互信的概念分析》，www. chbcnews. com/news/zjzl/2009-11/06/con

③ 杨念祖：《当前推动两岸军事互信研究》，蔡朝明主编：《论两岸关系新路向》，远景基金会，2009年，第176页。

和政治现实之意志，建立起相互包容和信任的政治关系。[1]

从以上说法可以看出，政治互信应当是比较高层次的互信。所以，一般认为“政治互信是政治交往中一个很高的境界，一旦有了政治互信双方存在的各种问题就容易解决”。但上述几位学者对政治互信的内涵看法却有相当大的差距。如果按照两岸认同“不独不武”、解决了台湾政治定位、肯定走向统一才是政治互信的说法，那么确实两岸一切问题都会迎刃而解。但有了如此高标准的政治互信以后，再来进行军事互信机制的技术层级商谈，诸如建立军事热线、事先通报演习之类，似乎就显得多此一举，毫无必要了。

我想强调指出的是，之所以要建立互信，就是因为双方还没有足够的互信，或还没有政治互信，所以才要从政治之外的其他方面着手逐渐地建立互信。换句话说，所有的“信心建立措施”或“军事互信机制”都是在互信不足的条件下，双方认识到彼此建立互信的必要性才开始建立的。正如，杨念祖所说：“互信的产生，是建立在双方或多方，同时产生相对安全认知及谋取相对安全的需要。”

我们可以从国际上的先例考察这一问题。

先看欧洲的情况。欧洲安全与合作会议（CSCE）是华沙集团与北约集团这两大敌对集团出于相对安全认知与谋取相对安全的需要，而开始共同推动建立军事互信的。在冷战时期美苏对立，进行核竞赛，他们之间谈不上政治互信。但由于相互的“需要”，试图摆脱“恐怖平衡”的状态，才不得不谈判限制核武器的问题，以免造成误解或误判，因为任何一方发动战争，必然导致无法挽回的后果。

1975 年签署《赫尔辛基最后文件》之后，双方的政治互信仍然“不足”，例如，当时苏联与东欧国家认为这个文件只具有道德约束力，而没有合法性，美国及其盟国则有不同看法，最后只好采取折衷方案，使用模糊的“最后文件”这样的名称。1978 年贝尔格莱德会议，美苏两国围绕人权问题争吵激烈，导致会议陷入僵局。1983 年马德里会议，美苏两国在阿富汗及波兰局势问题上立场对立，在程序、裁军、人权、扩大信任措施等问题上争论

---

① 刘国深：《加强两岸政治互信 ABC》，《中国评论》2009 年 12 月号。

激烈，最后只能通过一项折衷方案。此后仍然有许多争议，包括对北约东扩的对抗，但并不能以此来否定欧洲安全与合作会议在建立信任和安全措施，包括裁军以及人权、经济与技术合作等方面所取得的成果。

再看东盟的情况。1995 年东盟地区论坛（ARF）通过一个“概念文件”，强调安全的概念是综合性的，不仅限于军事方面，也不会把解决办法强加参加者。以后东盟地区论坛形成了“平等参与，求同存异，协商一致，循序渐进”的合作方式，采取自愿参与的原则。但是当时东盟地区国家之间的矛盾冲突相当复杂，多数国家只愿意从经贸等非军事层面参与合作，例如打击跨国犯罪、海洋安全、海上意外事故、环境污染、搜救等等，很难涉及军事安全等核心问题。冷战以后，东盟以合作促进安全，通过对话建立信任，开展预防性外交，力图建立多边合作的安全结构，为解决争端与纠纷创造条件，为维护地区的和平稳定发挥了应有的作用。

中国与东盟的互信也经历了相当长的过程，柬埔寨总理洪森指出：东盟和中国的交往是循序渐进、日益加深的。在上世纪七、八十年代，中国和东南亚国家间没有太多的互信。但中国和东盟建立对话关系 15 年来，我们可以发现，双方间已经有了互信与合作。在当时难以达成的信任，到今天已经变为中国和东盟各成员国间完全的信任和充分的合作。

引用上述资料是为了说明建立互信是一个逐渐积累的过程，政治互信可以在构建“信心建立措施”的过程中逐步提升、强化的。因此，不能要求有了足够的政治互信之后，才可以开始协商“信心建立措施”或“军事互信机制”，恰恰相反，根据欧洲、东盟等经验，都是在缺乏互信的情况下，为了避免误判而造成严重冲突才采取这一互相折冲的办法，起初的一些协议往往是只具有道德约束力或政治约束力，而不具有法律约束力，这正说明了彼此政治互信的不足。世界上并没有建立在政治互信基础上牢不可破的军事互信机制，即使建立了军事互信机制也不能确保安全，甚至制定了“限制性措施”、“验证性措施”也无济于事。但是，只要有了相对安全的认知，就有可能可以从低层次的互信合作开始，并在互动的过程中逐渐提高与完善。

因此，我同意政治互信不是一步到位而需要分步骤达成的看法，把高标准的政治互信作为协商军事互信机制的前提是一种过高的要求，它会使人们在未有“足够”政治互信的状态下，产生无力感与悲观情绪，而不敢大胆地在两岸信心建立措施上开始迈步。

二、协商“信心建立措施”的前提

那么，协商“信心建立措施”的前提是否成熟了呢？

这就需要考虑到“大环境”的变化。过去，在陈水扁极力推行“法理台独”，两岸关系紧张的条件下，谈论“两岸安全”或“台海安全”，主要限于传统的军事安全方面。现在两岸关系走上和平发展的轨道，“合作安全”的概念应当适用于两岸。所谓“合作安全”是超越传统的军事安全，而把环境、经济、社会、政治等方面的安全包括在内。合作安全建立在相互保证而不是相互威胁的基础上，而这种保证是通过“信心建立措施”而建立与发展起来的①。因此，在现阶段，“两岸合作安全”应当与“两岸信心建立措施”结合起来。

“信心建立措施”，包括任何有助于增进彼此互信的措施在内，因此，它可以是不涉及军事领域的，如东盟地区论坛早期那样，也可以只涉及军事方面的技术性层级，而不涉及更高的层级。按照这样的理解，现在是否已经具备了相应的条件呢？

我们先来看看几位学者的看法：

美国学者葛来仪 2009 年 8 月在台湾提出，两岸以现有的“九二共识”作为政治基础，可以建构某种程度的“信心建立措施”（CBM）。她认为不只有军方对军方，任何有助于增加两岸互信的措施都是“信心建立措施”。

葛来仪早在 2006 年已经接受“战略与国际研究中心”的研究项目，着手研究这一课题，2008 年 9 月她与葛罗斯曼（Brad Glosserman）共同写成《构建台湾海峡两岸信心建立措施》（Promoting Confidence Building across the

① ［澳］克雷格·斯奈特：《当代安全与战略》，吉林人民出版社，2001 年，142 页。

Taiwan Strait）的研究报告①，在写作过程中他们还组成代表团访问过北京和台北，了解双方的看法。这个报告的结论是，北京希望通过建立互信促进统一，台北则希望维持现状，目前两岸并无足够的政治信任度来启动正式的军事互信协商。但她提供了两岸建立互信的路线图，并认为在近程可以采取一些可行的措施，美国应当支持两岸降低紧张，建立互信。

到了2009年8月，当她了解到马英九主张先签和平协议，然后再谈“信心建立措施”之后，她表示信心建立措施应当先谈，“谈了一定程度后，双方都有了安全感，才开始谈和平协议”。她认为两岸现在可以谈“信心建立措施”，近期以建立军事热线、鼓励军方接触作为目标。这些措施可以是非正式的，甚至是基于口头上的谅解。她还指出，美国应当加强与台湾的关系，让台湾有足够的自信与大陆谈判。尽管她说过不只是军方对军方，但显然她主要还是从军事与安全角度考虑的。

台湾学者赵春山2009年9月在达赖访台事件后，从双方针对此事危机处理的过程中，看到两岸有必要急速协商“信心建立措施”，用来预防、处理和消除各种可能出现的危机。② 他所指的措施已经不只是军事方面的了。

我个人2009年10月对葛来仪、赵春山做出回应，同意他们有关建立互信的主张，指出：当前建构两岸“信心建立措施”，从积极方面来说，应当是增进了解，增进共识，增进互信，增强合作意愿，增强对两岸关系和平发展的信心；从消极方面来说，主要是降低风险，避免误判，减少“不确定作为的作法”，减少给对方造成麻烦，缓和紧张局势，逐步消除敌意。并且提出构建沟通平台、建立两岸热线、两岸联合行动、制定游戏规则等考虑，则主要不是从军事方面考虑。③

从以上可以看出，两岸为了维护和平发展、预防出现危机已经有了“谋取相对安全的需要”，这就是两岸可以协商“信心建立措施”的前提。当然，“九二共识”也是一个前提，在这个前提下，“两会”已经达成许多协

---

① Bonnie Glaser，Brad Glosserman：Promoting Confidence Building across the Taiwan Strait， *csis.org/event/military - confidence - building - measures - taiwan - strait*

② 赵春山：“祈福？藏独：达赖激化危机或转机”，《联合报》2009年9月4日。

③ 陈孔立：“两岸建立互信此其时也”，新加坡《联合早报》2009年10月29日。

议，同时也积累了互信。有了这样的前提，协商“某种程度的信心建立措施”是可能的。

所谓“某种程度的信心建立措施”，可以理解为，不是要求太高的、具有争议的、需要以高度政治互信为基础的、有一方无法接受的措施，换句话说，凡是比较容易办到的、事务或技术层次的、条件已经成熟的、双方可以接受的、不敏感的、非强制性的、搁置争议条件下可以协商的措施都可以算是这一类的措施。

这样，以较低层次的互信可以建立较低层次的“信心建立措施”。两岸在现有互信的基础上应当可以建构当前可以获得共识的某些措施，如果这些措施是属于“两会”就可以协商的议题，那又有什么困难呢？又还需要什么其他的前提呢？

我们不妨看看世界上一些国家与地区建立信心措施的前提与目标：

希腊与土耳其曾因爱琴海与塞浦路斯问题关系紧张，并曾发生军机相撞事件，双方出于改善关系的意愿，同意建立互信机制，设立两军热线，进行联合训练，成立两国合作委员会，共同应对自然灾害。

以色列与巴勒斯坦爆发过严重冲突，相互采取恐怖活动，为了缓和紧张关系，同意建立信心措施，双方就边界、耶路撒冷、难民回归等敏感问题进行对话，曾经承诺释放被拘留者，不从事暴力报复等等。

印度与巴基斯坦之间存在克什米尔争端，并且由于各自进行核试验而存在冲突的可能，双方出于减少战争危险、建立地区和平的意愿，同意建立互信机制，采取了以下措施：建立军事热线、两国总理热线、通过双边论坛解决争端、军事演习事先通知、互不攻击对方的核设施、协商解决印度河用水问题等等。

中美洲的信心建立措施，起初不针对具体的和军事方面，而是要求相互交往、争端各方参与合作，具有抽象的和广泛的含义。

南美洲的ABC（阿根廷、巴西、智利）的信心建立措施，目标是协调南美洲政治、经济和社会问题，促进地区的经济一体化，建立了南方共同市场。

再从中国与其他国家建立信心措施的情况来看：

中国与东盟某些国家存在领土与主权问题尚未解决，但不影响彼此之间在安全与其他领域的合作，包括应对灾害与海事安全等方面。

中国与印度1962年曾经发生边界战争，后来双方建立互信机制，签署国际合作与军事交流备忘录，举行联合军事演习及联合反恐训练演习，并建立两国总理热线。

列举以上事实是为了说明，即使在发生过严重冲突的国家或地区之间，出于共同安全的需要，也可能建立信心措施。尽管建立信心措施不是一劳永逸的，有些地区还经历过反复曲折的过程，有时还会遭到严重破坏。但世界各地的许多事实证明，“信心建立措施”能够对避免冲突、建立互信发生一定的作用。目前两岸的情况当然比以上很多国家或地区间的形势要好得多，两岸关系也比过去有很大改善，双方都有“谋求相对安全的需要”，也有一定的互信基础，所以，两岸协商“信心建立措施”的前提已经存在。

三、两岸“信心建立措施”的现状与近期目标

两岸“信心建立措施”是否已经开始？可能会有不同的看法。

葛来仪认为“两岸间有些CBM措施，去年五月后已开始了”。她举出以下事实为证：解放军把演习移到南京军区以外举行，这就是一种态度表示，台湾近年来也有类似举动。

我同意这一说法，不过葛来仪只是就军事方面来看，我想还有许多方面的事实也属于“信心建立措施”，例如，两岸已经形成良性互动，妥善地处理了一系列复杂和敏感的问题；“两会”达成多项协议；经贸合作有了新的进展；两岸的文化教育及其他各项交流蓬勃发展；这些方面的成果都是信心建立措施的体现。具体地说，诸如，台湾以观察员身份参加世界卫生大会，台湾不再委托“友邦”推动参与联合国，大陆举办“海峡论坛”邀请台湾各界人士参加，台湾举办“两岸一甲子”研讨会邀请大陆学者就两岸关心的问题进行研讨，两岸共同应对世界金融危机，在发生灾害时两岸同胞互相支援等等。

在这里，我想引用台湾方面的看法：马英九指出，过去两岸关系是“恶性循环”，现在是“良性循环”。两岸关系与国际关系是相辅相成良性循环。又说，两岸在“九二共识”的务实基础上，已经签署12项协议和1项共识，“双方关系在稳定中一步步改善”。“陆委会”官员也说，两岸签署许多协议的果实逐渐落实，大陆政策是民众最满意的施政项目之一。每一项协议让台湾受到的利益，远超过任何方面，包括中国大陆，可以说对两岸关系和平稳定发展，奠定非常好的基础。以上事实足以表明两岸“信心建立措施”已经开始，而协商与签署经济合作框架协议（ECFA），更是建立信心措施的重大项目。

当然，这只是两岸在相互善意回应的基础上做出的一些“起步”动作，还没有进入共同协商建立互信措施的阶段。但事实表明，这项工作是相互的“需要”，而且已经启动，因此有必要及时协商，让它能够在自觉的基础上有计划、有步骤地开展起来。

至于近期的“信心建立措施”，已经有人提出一些设想，提出不少具体意见，特别是在“军事互信机制”方面。然而，葛来仪在她的报告中指出：“军事、安全问题从大陆和台湾的关系看来可能不会立即处理”，她特别注意到马英九在这个方面存在的困难。我也同意这一观点。因此，在这里，就军事安全以外，提出一些近期可以着手的项目，提供讨论参考：

1. 宣示性措施：可以单方面宣示，也可以共同宣示。例如，最近国台办王毅主任就两岸经济合作框架协议提出的“五个方向”，台湾媒体称之为对早期收获清单释放善意的“五项保证”，并且认为“王毅谈话一出，关于ECFA众多社会经济面的疑虑其实已经可以消除大半”。这就是单方面宣示性措施的一个实例。类似这样，单方面释放善意或互相表达善意的事，双方都可能做，也应当做。当然，如果有涉及安全的宣示就更好了。

2. 沟通性措施：在已有的两岸沟通管道的基础上，建构更多的管道或热线。赵春山指出，中国与美国已经建立了60多条沟通管道。我想，两岸间多设几条管道或热线也是必要的。这不仅有利于防范各种意外事件，及时有效地进行危机处理，而且两岸学界、专业人士以及其他各界的沟通平台，可以着手商谈建构建立信心措施、共同研究破解两岸关系的政治难题等等，以便凝聚共识，提出可行性的方案，供两会及两岸相关方面协商的参考。据《联合报》报道，台湾方面对于互信机制采取这样的策略：“可以谈，但二轨先行”，而大陆方面也主张由学者交流开始，双方不谋而合。那么，这一项措施应当没有什么问题了。

3. 综合性的措施：双方需要商议“两岸互动的游戏规则”，让两岸关系的发展更加规范、有序，良性互动，避免负面影响。我想根据一年多来两岸互动存在的问题，提出以下“规则”，提供讨论：要互相尊重，不要强加于人；要求同存异，不要抹煞差异；要善意回应，不要置之不理；要互相合作，不要破坏合作；要为对方着想，不要伤害对方；要事先沟通，不要“突然袭击”等等。当然作为游戏规则还需要“细化”。现在两岸已经从过去的“不合作博弈”转变为“合作博弈”，二者的区别在于合作博弈要有一个具有约束力的协议，而非合作博弈则没有这样的协议。因此，两岸达成口头上的谅解，进而形成“商谈纪要”之类的文件，用以规范两岸的互动、促进“信心建立措施”的建构，也是必要的。

以上设想挂一漏万，是否可行，也需要讨论。但是，我相信建立互信是一个渐进的过程，逐步积累的过程，现在可以从低层次的“信心建立措施”做起。两岸协商双方同意“先易后难”，我认为以上提出这些“信心建立措施”都是属于“易”的部分，有什么理由不可以先谈起来呢?

许多经验已经证明，“信心建立措施”是有助于积累互信的一种有益的举措，而且可以在实践过程中，增进两岸的政治互信。我认为两岸当局是否明确表示共同建构“两岸信心建立措施”，不是一件可有可无的事，而是一件具有标志性意义的大事。一旦两岸同意进行“信心建立措施”的协商，就会极大地增强两岸人民对于两岸关系和平发展的信心。有志于两岸关系和平稳定发展的两岸当局何乐而不为呢?因此，尽管两岸之间已经有了一些信心建立措施的动作，但双方有意识地互相配合共同建构的“信心建立措施”，还需要及早策划，及早协商，正式起步。

（会议论文，原文印发，文中用语和观点系作者个人意见）

增进两岸政治互信的理论思考

刘国深*

2008年12月31日，中共中央总书记胡锦涛在纪念《告台湾同胞书》发表30周年座谈会上的讲话中发表了“六点意见”，其中第一点就提出“恪守一个中国，增进政治互信”的主张。但是，台湾方面不仅民进党和李登辉势力有意逸出“一个中国”框架，就连在“二次政权轮替”后重新上台执政的国民党方面也有不少人似乎对“一个中国”敬而远之。因此，如何消除台湾各方面对“一个中国”的恐惧或疑虑，将是增进两岸政治互信的关键。

“维护国家主权和领土完整”是所有正常国家遵循的政治通则，无论是大陆方面还是在台湾执政的国民党和台湾在野的民进党都必须将此奉为圭臬，否则民进党人大可不必高喊“主权独立”，国民党也大可不必反复要求大陆方面“正视中华民国存在的现实”。笔者相信，“维护国家主权和领土完整”的原则对于台湾任何政治势力来说，都是必须正视的国家法理精神，基于两岸同属一个国家的认知，两岸各方共同“恪守一个中国”本来就是天经地义的事情。问题的关键就在于，两岸各方能否基于历史、法理和政治现实对“国家”的意指对象产生共同的理解，并且对两岸政治关系现状达成共同可以接受的定位模式和政治互信基础。笔者希望从学理上和表达方式上进一步论述此前提出的“国家球体理论”，以强化其描述、解释、演绎两岸政治关系的功能，进而为增进两岸政治互信提供思想和理论基础。

---

* 作者简介：刘国深，台湾研究院院长，教授，博士生导师。国家“985工程”台湾研究创新基地成员。

一、增进两岸政治互信的阶段性

政治互信是个相对的概念，指的是政治行为者之间彼此包容和合作的心理基础和共同承诺。从互信的强度上分，两岸政治互信可以分为“基础性互信”、“成长性互信”和“融合性互信”三个不同层级。增进两岸政治互信的根本目标就是要逐步化解敌意，增进共识，夯实两岸共存共荣、互利多赢的政治基础。

两岸政治互信的增进不可能一蹴而就，必然是一个随着共识的增强和利益联结的深化而逐渐强化的过程。长期来看，两岸政治互信的增进可以分解成以下五个阶段性过程：第一阶段，两岸双方坚持“九二共识”，维护一个中国框架，是构筑两岸政治互信的基石，这是最基本的政治互信。第二阶段，两岸双方在确认同属一个中国的基础上，进一步默认并接受“领土主权一体，政权差序并存”的现实，并表示愿意共同维护这一政治格局的相对稳定性，形成两岸政治互信的运行框架。第三阶段，两岸双方在维护台海地区政治格局稳定的基础上，呼应人民的要求，共同努力，最大限度地拆除影响和限制两岸人民交流合作的各种人为障碍，两岸政治互信内化成为强大的政治生产力。第四阶段，两岸双方由背靠背的“政权分治”，走向面对面的“共同治理”，并以适当的方式交叉共享中国对外主权，两岸政治互信外化成国际社会的稳定力量。第五阶段，两岸双方在经济利益一体共构、社会和文化高度融合的基础上，以平等和民主的方式，最终达成两岸政治上的最终融合，两岸政治互信从美好的愿景，变成人民安和乐利的现实。其中第一和第二阶段属于“基础性互信”层级，第三和第四阶段属于“成长性互信”层级，第五阶段是“融合性互信”阶段。

1992 年两岸双方在香港达成的“九二共识”，其中“在海峡两岸共同努力谋求国家统一的过程中，双方虽均坚持一个中国的原则……”（台湾方面）和“海峡两岸都坚持一个中国的原则，努力谋求国家的统一……”（大陆方面）等内容，是双方以口头、书面和行为默契的方式，展现出双方对国家政治问题的共同认知、情感和价值取向的典范。① 这样的共识已经足以在两岸走向和解的初期阶段形成相互包容和交流对话的政治基础。正是因为国共之间存在着“九二共识”基础互信，2008 年 5 月 20 日以来，两岸关系发展平稳顺利，而且取得了不少成就，台湾人民的安全感空前提升，两岸人民往来从来没有如此便利过。

然而，这一“九二共识”形成的“基础性互信”仍有明显的局限性和脆弱性，从两年来的两岸互动过程我们可以体认到，两岸现有的“基础性互信”并不充分，也就是说 18 年前形成的“九二共识”已不能满足两岸关系变化了的环境的需要。2005 年以来，国共双方领导人握手言和，两岸政治格局出现历史性变化，两岸经济和社会关系也非 18 年前可以比拟。今天的两岸不仅基本上签署了 ECFA，而且联袂出现在世界卫生大会上。与此相对照的是，双方官方的政治互信还是停留在多少有点各说各话的“九二共识”基础上。两岸关系要继续向前推进，不可避免要触及更高层次的政治问题，但由于政治互信的不足，许多合作议题的落实显得困难重重，这样的困难已经影响到两岸关系发展的质量，甚至导致两岸不少人因此产生非常悲观的想法。例如，去年底的“两岸一甲子研讨会”之前，本以为两岸之间有可能在短期内启动政治协商谈判的人，到了台北才强烈感受到，即使是那些有着多年交情的蓝营学者专家，也几乎是口径一致地回避政治谈判议题，甚至有蓝营学者“高分贝”地要求大陆学者不要再提“一个中国原则”，这让不少大陆学者感到讶异。②

笔者认为，影响两岸政治协商进程的根本性因素则是两岸政治定位问题的理论准备不足。两岸实质性政治协商必须面对“你是谁，我是谁，我们都是谁”的问题，在这个问题得不到解决之前，两岸基础性互信仍是虚弱的，政治协商也只能是空中楼阁。在此之前，两岸之间难以达成更高阶的政治谅解和军事互信，一些与涉台公共事务相关的两岸重大政策也难以出台。在台湾选举政治和政党斗争的考量下，回避两岸政治协商谈判或许是国民党方面

---

① 参见中台办、国台办编：《中国台湾问题》，九洲图书出版社 1998 年版，第 159 - 160 页。

② http://www.chinareviewnews.com 2009 - 11 - 15 00:23:34

唯一的选择。在台湾内部新的机会之窗来临之前，两岸双方学术界必须就国家现状和两岸政治定位进行充分的理论准备，为增进两岸基础性政治互信创造条件。

二、深化两岸基础性互信的理论思考

毋庸置疑，2005 年春天以来，特别是 2008 年春夏以来的两岸关系和平发展得益于“九二共识”，直到今天，这一基础性政治互信要件仍然是支撑两岸关系和平发展的认知基础。但是，当人们有意推动两岸领导人会晤、进一步探讨建立军事互信机制、解决台湾进一步参与国际活动等问题时，“九二共识”所提供的支撑力量已经捉襟见肘，因为“九二共识”并没有很好地解决双方对“国家中国”的具体内涵、两岸在一国之内彼此政治定位等问题，而这些问题之所以得不到解决，很大程度上与双方对历史、法理、现实的认知差异有关，与双方对国家、政府、政权、主权、治权、管辖权、代表权、国际政治规则等政治学概念的理解不同有关，我们有必要先从理论上解决认知差异的问题。

从当前两岸双方各自所秉持的法理精神和“九二共识”来看，两岸同属一个国家的领土在法理上并不成问题，问题在于如何诠释主权和治权的问题，一旦双方在这两个议题上取得突破，两岸结束敌对状态、达成和平协议就比较容易了。为了从根本上解决两岸之间围绕“主权”、“治权”问题的争议，笔者从 1999 年开始尝试用“国家球体理论”来解释目前的两岸政治关系。该理论试图借鉴我们对宇宙天体的认识、中国佛教理论以及政治学理论相关概念，更加形象、更加深刻地对两岸现有政治格局进行学理意义上的描述、解释、分析和预测，从而建立我们对国家现状的共同认知，为两岸政治定位提供理论支持。

从宇宙天体知识中我们可以了解，在人们已知的几乎所有的天体中，包括所有的恒星和绝大部分有分量的行星都呈现球体状态，这是因为有一定分量的天体在万有引力的作用下，为了取得各部分的力量平衡，在重力和离心力的共同作用下，最终形成球体状态。人们普遍认为，这样的构造最符合力学原理，最适合宇宙天体高速旋转的要求，而且球体的各个部分与球体核心呈等距离结构。这种优化的结构特征使这些圆融的球形天体得以按照固定的轨道运行，也使得繁杂的宇宙天体之间能够保持秩序与安全的和谐之美。

国际天体图示：乱中有序的现代国际关系

圆融之美在人类生活中的存在更是比比皆是，从大型机械的轴承到人际交往中的言行，从太极拳的圆转自如到合气道圆型身法的运用，圆融给人们带来效率与和谐。中国佛教特别注重圆融，认为圆融可以解决人类生活中的各种矛盾冲突："佛法的圆融观，可以运用于处理当今和未来人与社会、人与自然、人类心灵等各种矛盾冲突，教导人们从整体观和因缘观着眼看待一切，认识到这个世界本来和谐圆满，一切矛盾冲突，无不由人为而致，由人不能如实认识缘起性、一体性，不能控制自己的贪欲嗔恨等烦恼、不能慈爱他人而造成。"① 圆融之美同样也体现在人类的政治生活中。

笔者提出的"国家球体理论"，既借鉴球体之形，也注重球体之神——维持国家领土主权圆融一体不仅是政治的必然，而且是追求美好生活的需要。根据政治学理论中的国家学说，组成国家的四大要素分别是领土、人民、有效的政府和主权。如果我们将国家结构比作一个"球体"，那么，国家要素就构成了"国家球体"的内在主体部分。以地球构造作譬喻，国家球体是由"国家地核"——领土、"国家地幔"——人民、"国家地表"——

① 陈兵：《圆融精神在宗教对话中的意义》 来源：四川大学道教与宗教文化研究所。

有效的政府三个部分组成，而“有效的政府”对内行使镇压和管理、对外行使保护和履行义务的功能就是主权。建立在领土与人民之上的政权机构（政府）则是“国家球体”的“球面”。“球面”的对内约束功能（统治权）为对内主权，对外交往功能（独立权）为对外主权。①

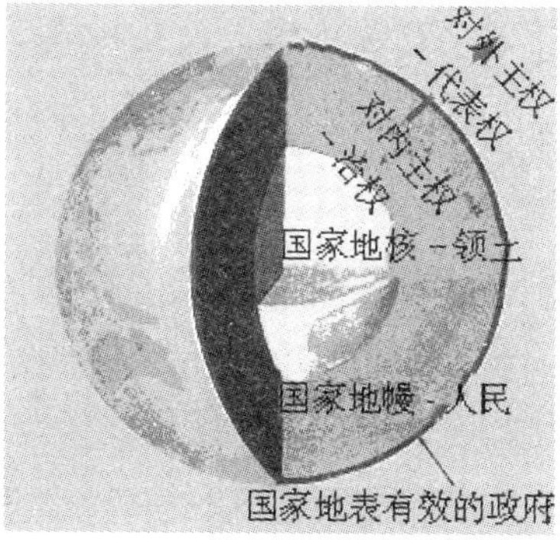

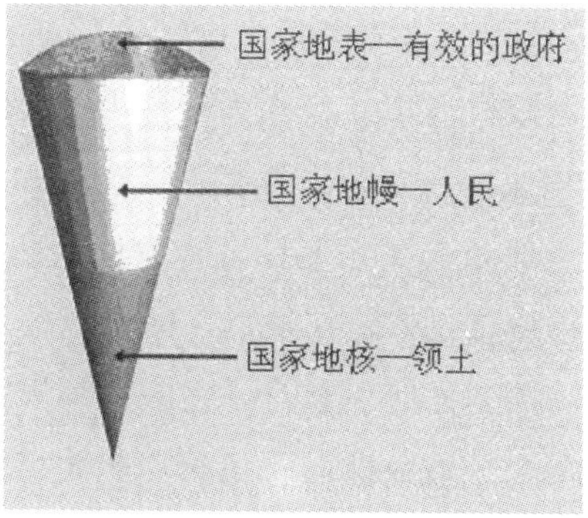

国家球体：国家四要素相互依存关系　球体局部：国家要素齐而不全

由此观之，现代国际关系不正是由近200来个这样的“国家球体”沿着一定的轨道相互作用着的关系总和吗？纷繁复杂的国际社会如同宇宙天体关系一样，要求各个“国家球体”内部保持稳定性，同时要按照一定的规则行事。《联合国宪章》有关维护会员国领土主权完整的规定，就是保障现代国际社会和谐稳定的普适规则，这就是国际政治正常运行的轨道。依照这一规则，任何国家球体都在保持相对圆整性，否则将难以在国际政治轨道上正常运行。

政治现状：一体两面，无序共存　片面改变现状：危险的局部隆起

① 参见杨泽伟：《主权论——国际法上的主权问题及其发展趋势研究》，北京大学出版社2006年版，第9页。

目前的“中国国家球体”之“国家地核—领土”和“国家地幔—人民”一体性是得到两岸双方所依循的最高法理（宪法）保护的，以联合国为代表的国际社会也尊重并维护她的完整性。1949 年以来，“中国国家球体”的“国家地表”事实上是由中国大陆政权（正式名称为中华人民共和国政府）与台湾政权（正式名称为“中华民国政府”）这两块大小殊异的“政权球面”构成。一方面，两个“政权球面”各自附着于中国国家球体中一定比例的土地和人民之上；另一方面，两个竞争中的“政权球面”虽然大小迥异，但也都是依附在整个“国家地核——领土”和全体“国家地幔—人民”之上，因为任何一方的“宪法”都规定要维护领土的完整性，否则将难以存续。两个“政权球面”虽然功能大小悬殊，但各自都有一定的对内约束功能和对外交往功能，只不过两者之间的功能区隔是内战状态结束前过渡期的暂时现象，并没有相互认可的“宪法”稳定性的保障，这些功能随时都可能因内争激化而出现变化。“中国国家球体”这种暂时性的“双色地表”区隔共存状态之所以得以持续，是因为两岸双方都有意确保“国家球体”的内在主体部分完整性不受损害，所谓“相忍为国”是也。

在相当长时间里，“中国国家球体”上两块大小不同的“球面”一直呈现出紧张对峙的状态，两岸双方为此都付出沉重的代价。随着时空环境的改变，两岸从对抗走向对话，争取早日结束敌对状态并达成和平协议，已经成为两岸人民的共识和国际社会的共同期待。为了达成这一目标，两岸双方已开始出现共同面对历史真实、政治现实和法理事实的迹象，“领土主权一体”和“治权差序并存”的国家共同认知正在形成中。在这一共识基础上，双方的基础性政治互信将得以强化，两岸将更加顺利地进行“成长性互信”阶段，透过协商谈判，两岸民众将成为两岸和平发展的最大受益者。

三、新视野下的两岸政治难题解读

笔者希望在海内外学者专家的帮助下，“国家球体理论”能进一步完善，为两岸双方提供讨论国家、两岸关系定位等问题的共同认知基础，进而增进两岸基础性互信。在这一新视野下，一些多年来困扰着两岸双方的政治难题有可能进一步找到新的解释和思考路径。双方有可能就两岸交流交往中经常遇到的中华人民共和国与“中华民国”称谓问题达成谅解；“你是谁？我是谁？我们都是谁？”的问题有可能得到皆大欢喜的答案；双方各自不得不强调的“主权”主张有可能得到合情合理的解释；所谓的“统一”和“独立”问题有可能得到更加准确的定义；两岸双方在国际上的共存乃至合作的合理性有可能得到合乎逻辑的回答；两岸政治协商和谈判的必要性和可能性有可能得到新的认识……

第一，在“国家球体理论”视野下，中华人民共和国政府和“中华民国”政权是同一国家内部两个或敌对，或对峙，或对立，或竞争，或合作的政权，60多年来，双方以不同的形式延续着国家代表权之争。因此，在两岸之间，中华人民共和国和“中华民国”是两个竞争性政权的符号，各自以“国家”面目出现时，双方所指涉的领土主权范围却是完全重叠的。曹兴诚先生在他的《两岸和平共处法》中强调“两岸要和平统一，必须由尊重‘中华民国’开始”，① 这样的说法在台湾有一定的代表性。对于这样的一个难以回避又十分敏感的高阶政治议题，本人认为可以更耐心细致地优先处理和解决。由于两岸之间两个政权符号都以“国号”的面目出现，易于被混淆为“国与国”的关系，因此，建议双方在两岸关系领域中尽量避免使用这样的符号，“大陆方面”与“台湾方面”等用语比较贴切。在国际上，双方在背靠背的场合各自以“中华人民共和国政府”和“中华民国政府”的称谓自称是一种客观现实，不要求双方之间进行法理承认。

---

① 章念驰：《创条件解“中华民国”难题》，http：//www. chinareviewnews. com 2010－05－16 00：25：21 。

第二，在“国家球体理论”视野下，两岸双方各自所主张的法理主权和代表权都及于整个国家领土和人民，但由于政治对立尚未结束，双方实有控制权分别存在着局限性。法理重叠与政治对立下的政权并存状态并不影响构成国家主体的领土、人民关系的完整性，背靠背的主权主张也不改变国家主权的一体性。在正式结束敌对状态之前，中国境内两个竞争政权拥有一定的自立性质，这种自立不同于领土、人民和主权的独立。当前中国国家主体的统一是公认法理事实和国际政治现实，两岸统一的真正意涵不是领土和主权的再造，而是解决两个政权竞争对立的问题和两岸人民的和解共荣问题，绝非国家或领土意义上的“二而一”问题。

第三，在“国家球体理论”的视野下，两岸政治对立和平解决的可能性越来越大，武力冲突的可能性将越来越小，军事安全互信机制的建立将更加可能。维护国家领土主权完整是任何国家都必须遵循的基本原则，也是国际政治秩序的要求。台湾没有从中国分割出去的正当性，也不具备这样的条件和能力。维护中国领土主权的统一符合两岸人民的最大利益，在增强两岸基础性互信的同时，台湾方面现有的自主性和地位不仅不会受到削弱，而且将得到加强，随着两岸关系进入“成长性互信”阶段，台湾民众要求扩大国际参与活动的愿望将得到实实在在的进展，台湾民众的利益有可能朝最大化方向发展。

第四，在“国家球体理论”的视野下，两岸基础性政治互信将进一步强化，两岸政治协商谈判的认知问题将出现新的飞跃。目前，两岸双方和台湾内部对于政治协商“对谁有利，对谁不利?”等问题看法并不一致。笔者认为，随着双方对两岸政治关系定位认知的进步，两岸政治协商谈判可能性增大，可为目前已经滞后的两岸公共事务政策制定打开瓶颈。笔者认为，两岸展开政治性协商，对于在两岸政治格局和国际政治现实中处于相对弱势的台湾方面来说，需求会更大一些，实际收益也会更高一些。因此，从整体利益需求看，台湾方面应加快步伐推动两岸展开政治协商谈判，以改善自身发展环境。只有透过两岸政治协商，台湾方面多年来期待解决的两岸政治定位问题和安全困境问题、台湾民众迫切希望改善的外部经济、社会、文化活动空间拓展等问题才有可能得到明显的改善。相比之下，大陆方面从两岸政治协商中可以获取的直接收益很有限，除了可以进一步分享两岸人民和解的和平红利，以及大陆民众的政治成就感方面可以得到部分满足外，大陆方面可获取的直接利益相对较小。笔者甚至认为，大陆方面在政治协商谈判中可能更多地是居于守势，一旦进入实质性谈判，大陆方面就必须向台湾方面释出更多空间，甚至还要艰难地做出重大的政治让步。

第五，在“国家球体理论”视野下，台湾内部的政治价值体系可能面临新的挑战。为了选举获胜，政治人物“只问立场，不问是非”已成为当前台湾政治生活中常见的现象，台湾内部多数涉及两岸议题的争论大体上也是如此，不少人明知签 ECFA 对台湾经济大局有利，但为了不做国民党的“尾巴”，只好硬着头皮高分贝唱反调。之所以为反对而反对有效果，与两岸政治议题被扭曲有很大关系。在长期偏颇的政治社会化教育之下，两岸政治议题已成为不少台湾政界人士心中的“政治禁忌”，主张发展两岸关系，有可能会被贴上“亲中”的政治标签。基于“国家球体理论”的描述和解释，“台湾独立”是不可能实现的政治幻想，也是完全没有必要的蛇足之举。基于“国家球体理论”，两岸之间本来就是平等的对立/合作政权，在合作的氛围下，谁也不可把自己的意志强加给对方，更无关什么“主权”问题。中国是两岸人民的共同国家符号，并非中国大陆一方独有的名称，积极建构和平发展的两岸政治关系新架构，事关台湾人民和大陆人民的共同利益，所谓的“亲中”、“卖台”完全是误解和偏颇之辞，台湾内部总是在这些问题上纠缠不清，对台湾人民只会贻害无穷。

四、结语

尽管理论上不难厘清政治纠结问题，但理论要被多数民众接受并不容易。从短期和局部的角度来看，两岸关系议题是台湾内部政党竞争特殊而重要的话题，选举政治的工具性运用使两岸议题成为廉价的政治动员利器，全面增进两岸政治互信的目标可能很难在短期内顺利达成。但是，从长期来看，由于两岸民间社会已越来越接近，被扭曲的事实和知识不足的问题终将随着交流交往的扩大而改变，建立在误导和恐吓基础上的政治利基终将淡出舞台。在大陆，人们将更加理性地看待台湾各方面的发展，更加理性地看待中国大陆的对台政策新思维；在台湾，两岸长期政治对立映射到台湾政坛的特殊的政治逻辑关系将从此失去自圆其说的理论基础，极端主义的政治狂热将难再蛊惑人心。我们相信，任何政党和领导人，只要真正站在中华民族的、国家整体利益的基础上，就一定会得到绝大多数人民的拥护和支持。

增进两岸之间的政治互信要建立在两岸双方各自的自信心提升基础上。在今天的两岸关系和国际政治现实中，任何一方都不可能不计后果地采取片面改变现状的行动。过去30年的两岸风风雨雨已经证明，台湾方面没有采取片面行动成功地改变两岸政治关系现状的能力，大陆方面也没有不惜一切代价诉诸武力的主观意愿和必要。两岸内外环境的变化也要求两岸从对抗走向对话与合作，改善两岸关系成为大势所趋、人心所向的最佳选择。经过20年的交流合作，两岸利益已经紧密地结合在一起，维护两岸和平发展大局才是两岸关系的最佳选择。在彼此充分了解自身价值和对方意图和能力的基础上，在相信交流合作会带来稳定力量的认知基础上，双方的自信心都会逐步提升，两岸双方将更理性地、稳步地深化两岸政治互信。与此同时，政治互信的强化也将增进双方在两岸和平发展进程中的自信心，两岸关系良性循环的历史阶段终将来临。

海峡两岸增进政治互信的现状与思考

董玉洪*

国民党重新执政后，在两岸各方的共同努力下，两岸关系呈现出积极而重大的变化，两岸高层互动频繁，两会定期协商制度化，直接三通全面实现，双向投资已经形成，大陆民众赴台观光络绎不绝，两岸关系逐渐从对抗走向和平发展，从危机走向稳定。但两岸政治互信仍嫌不足，政治分歧依然存在，结构性矛盾并未根本解决，并成为制约两岸关系和平发展深化的重要因素。因此，客观评估两岸建立政治互信的现状，深入分析影响两岸政治互信的原因，积极探讨增进两岸政治互信的途径办法，对巩固两岸关系发展既有成果，促进两岸关系和平发展进一步深化，无疑的具有积极的意义。

一、当前两岸建立政治互信的现状

建立两岸政治互信，排除“台独”势力干扰，确保两岸关系经由和平发展最终迈向统一，是大陆方面致力追求的目标。2008 年 5 月 28 日，胡锦涛总书记在会见来访的国民党主席吴伯雄时，即提出希望两党和两岸双方共同努力，“建立互信、搁置争议、求同存异、共创双赢”，为两岸关系和平发展指明了方向。[①] 在2008 年12 月31 日发表的“胡六点”中，胡在第一点中又提出“恪守一个中国原则，增进政治互信”。在两岸当局共同努力下，两岸

* 作者简介：董玉洪，福建省台湾研究会研究员。

① 《人民日报》2008 年5 月29 日。

初步建立了政治互信，主要表现在：

1. 两岸在反对“台独”分裂活动方面有了共识。大陆始终把反对“台独”分裂活动视为和平发展的最大危害，始终把防止“台独”势力重新崛起当作对台工作的重要内容之一。“胡六点”第一点中即明确指出，“继续反对‘台独’分裂活动是推动两岸关系和平发展的必要条件，是两岸同胞的共同责任”。在第四点“加强人员往来，扩大各界交流”中又指出，“希望民进党认清时势，停止‘台独’分裂活动，不要与全民族的共同愿望背道而驰。只要民进党改变‘台独’分裂立场，我们愿意作出正面回应”。① 这些表明，在反“独”遏“独”斗争取得阶段性重大胜利后，大陆方面仍把反对“台独”分裂活动放在重要位置，将其作为两岸建立政治互信的重要基础与必要条件。而马英九当局也多次表达承认“九二共识”、反对“台独”立场，在其奉行的“不统不独不武”大陆政策中，即含有不搞“台独”的内容。而在其实际政治运作中，也采取一些措施消除民进党执政时推行“台独”路线的影响，如采取积极开放的大陆政策，密切两岸经贸人员联系往来；恢复中华民族文化传统、增加教材中有关中国史地文化的内容、把台北“民主纪念馆”重新改为“中正纪念堂”、在军中恢复教唱黄埔军校校歌、拒绝新疆热比娅分裂分子访台等。两岸在反对“台独”分裂活动上有着高度共识。

2. 两岸在台湾参与国际组织活动上有了默契。针对马英九当局及岛内各界对扩大台湾国际空间的强烈要求，大陆方面多次表示在不造成“两个中国”、“一中一台”的情况下，愿意协助台湾参与国际组织活动，解决台湾的国际空间问题。据此原则，大陆近年已两度协助台湾以“中华台北”身份参加世界卫生大会，同意前“副总统”连战先生出席亚太经济合作会议，拒绝与台湾有“邦交”关系的国家建交，不再挖台湾的“邦交国”。马英九当局也提出“外交休兵”论，强调“活路外交”，不再像陈水扁执政时那样大搞“烽火外交”、“金钱外交”，在国际上猖獗进行分裂活动，挑衅一个中国原则；也不再高调推动台湾重返或加入联合国活动，两岸在国际领域上暂不

---

① 《人民日报》2009年1月1日。

两立、互不往来的局面已改观，斗争逐渐弱化，代之而来的是通过沟通协调形成默契，创造双赢。正如马英九所言，国民党重新执政两年来，台“建交国”一个未减少，国际空间也越走越广。

3. 两岸在党际交流上形成制度化。2005 年国民党主席连战访问大陆与胡锦涛总书记签订“两岸和平发展共同愿景”，决定共同举办国共论坛，开启了中共与国民党在两岸隔绝近 60 年后的首度政党交流。随后国民党重新执政，吴伯雄作为国民党主席，也先后多次率团访问大陆，与胡锦涛总书记举行重要会谈。去年 10 月马英九兼任国民党主席后，充分肯定国共论坛、国共交流的重要性，多次表示两党的沟通平台还是可以继续存在，支持论坛继续办下去，并建议把国共论坛名称改为两岸论坛。而胡锦涛总书记在 2009 年 5 月 26 日会见吴伯雄时也表示，“国共论坛是一个成功的论坛，应该继续办下去，而且要越办越好”。① 目前国共论坛已举办过五届两岸经贸文化论坛。两岸执政党借着国共论坛交换意见，增进了解，建立共识，商定两岸两会协商议题与原则，论坛成为两岸交流的重要平台之一。同时，国共两党基层交流早在国民党重新执政前即已展开，如 2006 年 1 月国民党 6 县市党部访问厦门，密切了两党基层组织的联系与感情。国民党在野时，国共平台是缓和两岸紧张关系，维系两岸交流纽带的重要渠道；而国民党重新执政后，国共平台则成为两岸交换意见，寻求共识，化解难题，建立互信的重要平台。

尽管两岸在建立政治互信上取得一些成果，但总体上比较脆弱，在一些重大问题上仍缺乏共识，主要表现在：

一是在和平发展的终极目标上缺乏共识。大陆推动两岸关系和平，是将其视为实现两岸统一的一个必要过程，一个过渡阶段，最终目标仍是要追求两岸统一，实现整个中华民族的复兴与崛起。而马英九当局推动两岸关系和平发展的目的，更多考虑的是发展台湾经济，稳定政权，谋求连任。马多次表示，任内不谈统一问题，甚至表示这一辈子都看不到统一。对台湾未来没有明确方向，对两岸统一没有明确目标，不愿也不敢触及两岸最终统一问

---

① 《人民日报》2009 年 5 月 27 日。

题。马主张维持现状，实质上是维持两岸目前尚未统一的现状，且没有时间表，这与大陆方面经由和平发展走向统一的明确目标是相背离的。

二是在推动政治议题协商谈判上缺乏共识。两岸虽然达成先易后难，先急后缓、先经后政，稳步推动两岸关系和平发展的共识。但两岸关系要真正突破，必然会触及一些政治性议题，需要适时进行政治性协商谈判。因此，大陆提出逐渐破解政治难题，提出为解决政治性议题创造条件，提出在解决经济性议题中不排斥协商谈判政治性议题。而马英九当局则竭力回避政治性议题协商谈判，或强调时机不成熟，或提出各种前提条件，如要求大陆撤除导弹，甚至要求大陆改变政治制度等。一段时期以来尽管大陆方面及两岸学者不断呼吁，但马英九当局仍一味回避，以致结束两岸敌对状态、建立军事互信机制、签订和平协定等政治议题迟迟无法摆上协商谈判议程。

三是在台湾的政治定位上缺乏共识。台湾与大陆的关系究竟如何定位，台湾的地位如何，是马英九当局以及台湾朝野十分关切的问题。马英九要求大陆方面承认“中华民国”的政治地位，甚至强调“中华民国”是主权独立国家。而大陆方面则认为台湾问题是国共内战的产物，是国共内战遗留的问题，要通过两岸协商谈判解决台湾的政治定位问题。虽然大陆在近年的政策表述上渐显出弹性，如强调两岸同属于一个中国；2008 年底胡锦涛发表的“胡六点”中又指出，“大陆和台湾尽管尚未统一，但不是中国主权和领土的分裂，而是内战遗留并延续的政治对立。因而，两岸复归统一，不是主权和领土的再造，而是结束政治对立”。[①] 但台湾当局对此并未完全接受。因此，究竟如何予台湾以合理准确的定位并获得两岸尤其是台湾各界的首肯，虽然两岸学界提出不少主张，但并未形成一致意见，也未被两岸当局所接受。两岸在台湾政治地位的认定方面迄今尚未形成共识，仍是作为敏感问题而被搁置下来。

---

① 《人民日报》2009 年 1 月 1 日

二、影响两岸建立政治互信的主要因素

如上所言，两岸虽已初步建立政治互信，但基础仍然脆弱，在一些重大问题上尚未取得共识，原因众多，主要有以下几个方面：

1. 两岸长期隔绝缺乏了解，培养互信需要时间。两岸关系隔绝近 60 年，长期处于敌对状态，彼此对立对抗，缺乏了解与理解。国民党重新执政仅两年，尽管两岸各领域的互动日趋频繁，人员往来益加密切，包括国共两党间的联系不断，但长期隔绝、对立甚至对抗所形成的隔阂与误解非短时间可全面化解，彼此防范猜疑的心理依然严重存在，双方互信的培养、信赖的建立、了解的加深，需要一个较长时间的努力。这些决定了建立政治互信需要时间的考验，需要一个渐进的过程，而非一蹴可及，短期内可以完成的。

2. 马英九当局缺乏主动开创的积极作为。马英九当局施政基本上更多的是着眼于维持现状，考虑稳定政权，谋求连任，在两岸政治关系的开创上缺乏主动积极作为，缺乏突破的大格局、大能力与大魄力。政治领袖人物既要尊重现实，更要着眼未来；既要等待时机，更要创造条件；既要尊重民意，更要引领潮流。但马英九显然缺乏这种远见与气魄，在谨小慎微的背后，更多折射出的是无所作为、拖延待变思想。马一直强调两岸政治议题协商谈判的时机不成熟，即是上述思想的反映。实际上，在台湾民众对马当局各种政策的反映中，其大陆政策是民众满意度最高者，对两岸进行政治性接触也抱有期待。包括台湾《远见》杂志 2009 年 7 月的民调显示，有 58% 的民众认为马英九有必要与中共领导人胡锦涛建立直接沟通管道。① 台湾《天下》杂志同年 12 月的民调也显示，57% 的台湾民众赞成马英九在任内，与大陆进行承认彼此存在、互不开战、往和平方向走的政治谈判；即便是在偏绿的南部，也有 49% 赞成。② 岛内民调甚至显示，有 72% 的台湾民众希望马英九在本届任期内实现历史性的“马胡会”。马的回避与无所作为，与台湾多数民

---

① 中评社台北 2009 年 7 月 20 日电。

② 台海网 2009 年 12 月 18 日。

众的期待显然存在明显落差。

3. 民进党的干扰与反制。民进党失去政权后，并未从根本上放弃“台独”路线，其支持者也未溃散。相反，“逢马必反”、“逢中必反”，对马当局积极开放的大陆政策一味予以阻挠反对。包括反对两岸两会恢复协商谈判，反对开放两岸直接三通，反对承认大陆高校学历，反对开放大陆学生赴台就读，反对两岸签订 ECFA 等；并采用议会斗争与街头运动相结合甚至暴力抗争的手段，对马英九当局施加压力。从去年 5 月 17 日的“呛马保台”大游行，到阻挠海协会长陈云林赴台举行“陈江会”的“围城”活动，再到为阻挠“立法院”通过开放大陆学生来台就读案大打出手，无不是如此。民进党主席蔡英文还公开表示，一旦民进党重新执政，将不承认两岸两会签订的所有协议。民进党的干扰与反对，客观上对马英九当局构成较大压力，使其在顾及朝野和谐，减少社会动荡，谋求连任的各种考虑下，对开放大陆政策倍加小心，对推动两岸政治性议题协商谈判更是不敢越雷池一步。在这种情况下，要建立并增进两岸政治互信显然并不容易。

三、对增进两岸政治互信的几点思考

增进两岸政治互信，必须坚持九二共识，坚决反对“台独”分裂活动。在此基础上，双方抱持高度诚意，稳步推进，积小成多，由虚渐实，从量变到质变，最终形成突破。具体言之，可以思考从以下几方面入手：

1. 积极开展两岸政党间的互访交流。目前，两岸人员交流往来十分频繁，包括大陆省委书记、省市长也相继率团赴台参访，但以政党名义的互访仍较欠缺。政党交流主要是国民党组团来大陆参访的单向交流。目前，推动政党互访交流的时机已渐成熟。江苏省委书记梁保华、四川省委书记刘奇葆先后率团赴台参访受到热烈欢迎，即是例证。尽管他们率领的是经贸团而非政党团，但其以省委书记身份访台显示中共党务领导人访台已不再是敏感话题。因此，可借此积极推动中共组团赴台参访交流，形成两岸执政党双向交流。初期从地方的乡镇县级、省级党组织开始，逐渐向中央一级推动。通过这种双向互访，既进一步加深两党之间从基层到上层的了解，也使台湾民众对中共有近距离的接触与更直观的感受，进而降低两党互访的敏感性与社会震撼度，使两岸执政党之间的交流互访走向常态化、制度化。除中共组团访台外，大陆其他民主党派也可适时组团，与台湾主张“台独”之外的其他党派交流互访。

2. 积极推动两岸涉台部门的高层互访。大陆的对台办与台湾的“陆委会”作为两岸政策的推动者与落实者，在推动两岸关系发展中扮演着重要角色。两者之间的交流互访有助于了解彼此想法，制订出更为切实可行的政策，也有助于各自政策的更好落实。在两岸目前名义上官方不接触的情况下，对台办和“陆委会”可借用两岸两会或其他民间机构名义的“白手套”实现高层领导人的互访交流。国台办主任王毅曾接受记者访问表达了访台的愿望，而台“陆委会”主委赖幸媛则予以善意回应。6 月初赖在访问香港时即表示，欢迎国台办主任王毅访问台湾，也期待自己能访问大陆，强调不仅不排除未来“陆委会”主委赴大陆的可能性，还觉得应该向这个方向努力。由此可见，双方互访已有意愿，只要努力，协商出合适的名义，实现大陆与台湾两岸事务高层领导人的互访是完全有可能的。

3. 开辟政治论坛研讨政治议题协商谈判。在台湾当局对政治谈判存有恐惧疑虑，且竭力回避与拖延的情况下，可先行进行政治议题对话。通过举办政治议题学术论坛、两岸学者合作进行政治议题研究、两岸智库政治议题交流等方式，就两岸政治议题谈判进行先期研讨，制造舆论。去年 11 月在台北召开的“两岸一甲子”研讨会探讨敏感议题，就是一个成功的尝试。因此，可以考虑在国共经贸论坛、海峡论坛之外，另开辟政治论坛，由两岸具影响力的学术单位轮流举办，重点就政治议题谈判中的各种议题特别是台湾的政治定位、结束两岸敌对状态、两岸建立军事互信机制、签订两岸和平协定、台湾的国际空间等问题进行深入探讨，交流对话。一方面制造舆论声势，消除岛内对政治议题谈判的恐惧感，寻求突破途径。另一方面也对两岸当局开展政治协商谈判提供对策建议。

4. 建立两岸领导人热线电话。目前两岸领导人函电往来实际上已经存在。去年7月26日马英九当选国民党主席，27日上午中共中央总书记胡锦涛即致电祝贺，而同日上午，马英九也复电表示感谢，就是一例。在此基础上，为了使两岸领导人沟通常态化，并增进两岸领导人的了解互信，可考虑在中共中央与国民党中央之间建立高层热线电话，成立专门办公室对口联系，及时就两岸间重大问题进行沟通，同时也为两党最高领导人日后会面预作热身。

总之，建立两岸政治互信是深化两岸关系和平发展的关键所在，也是确保两岸关系长久稳定发展的根本所在。尽管目前两岸建立政治互信已取得一定的成果，但距两岸关系和平发展的要求，距两岸民众的期望，还有较大的落差。因此，如何创造条件，在巩固既有政治互信的基础上有更积极的作为，争取更实质的成效，还需要两岸各方继续做出不懈的努力。

（会议论文，原文印发，文中用语和观点系作者个人意见）

两岸政治互信：概念、路径与管控机制

陈　星*

两岸政治互信的构建是两岸关系实现和平发展的一个重要前提，也是两岸实现良性政治互动的先决条件。众所周知，民进党执政时期两岸政治关系冰封僵冻的最主要原因就在于两岸政治互信的缺乏。2005 年连战和宋楚瑜访问大陆以后，两岸政治互信才开始逐步建立起来，两岸关系的突破也正是在政治互信建立的基础上渐次实现。

一、信任与政治互信

在古代，信任问题是作为道德问题出现的。虽然长期以来关于政治、军事方面的信任问题已经讨论了很多，但将信任作为学术研究的题域，却是晚近的事情。信任研究作为研究题域在 50 年代进入社会学者的视野，到了 90 年代，信任问题成为社会心理学、组织行为学、经济学、政治学、国际关系等研究领域的热点问题。

信任是一个相当抽象的概念，学者们从不同角度出发对信任给出的定义也是不同的，概括地说，主要有以下两种：（1）强调信任是一种信念，指合作的一方对对方的可靠性和诚实度有足够的信心。① 与此相似，信任也可以

---

* 作者简介：陈星，北京联合大学台湾研究院副教授。

① 喻红阳、袁付礼、李海婴：“合作关系中初始信任的建立研究”，《武汉理工大学学报（信息与管理工程版）》，2005 年 4 期，306－309 页。

认为是一种意愿，即基于对合作方的可靠性判断而产生的与之合作的倾向。或者说，信任是因为合作伙伴可以依赖而产生的依赖对方的信念。（2）从组织行为学的角度出发，波兰社会学家彼得·什托姆普卡认为，“对信任的最简单、最一般的定义是：信任就是相信他人未来可能行动的赌博。”根据这个定义，信任主要有两个核心组成部分：一是明确的预期，即信任建立在对他人在未来一些场合会如何表现进行个人推测的基础上；二是信任包含行动并承担义务。① 易言之，信任是一个人或者团体对与自己的行动选择有关的他人或团体行动的确切预期，该行动选择必须在自己能检测他人行动之前采取行动并承担义务。总的来看，信任作为一种信念与作为一种行为预期，基本上涵盖了信任概念的基本类型。

不管是古代还是现代，信任总产生于个体之间的互动，冲突往往发生在互相不信任的环境中，信任的最简单的形式也必须发生在两个以上的行动者或社会组织之间。在一般意义上说，信任是在合作的过程中产生的。信任的动力产生于合作的需求，也为合作所必须。这种情况对个人之间如此，对政治体之间亦然。合作的各方如果要取得自己预想中的结果，必须对合作者的可靠性进行判断。从这个角度上说，如安德烈·基德所说，“信任是关于另一方更倾向于合作而不是单纯利用另一方的合作意愿谋取自己利益的观念。”② 简单地说，信任可以沿着双方都可以接受的路径使合作进行下去。在这个过程中，每一方在合作中获得的利益都是有限度的，不存在一方全拿而另一方全输的可能性。③ 也就是说，在预期上说，合作应该是一个双赢的结局。互信是合作得以进行的最重要粘合剂，它保证了合作各方能在合作的过程中顾及到其他合作者的利益和感受，从而限制自己的行为，在一定程度上保证合作者的利益实现，而这一结果又会反过来促进互信的进一步发展和

---

① ［波兰］彼得·什托姆普卡著，程胜利译：《信任———一种社会学理论》，中华书局，2005年，23～33页。转引自李淑云：《信任机制：构建东北亚区域安全的保障》，《世界政治与经济》，2007年2期。

② Andrew H. Kydd, Trust and Mistrust in International Relations, Princeton: PrincetonUniversity-Press, 2005, p6.

③ 如果这样，合作就不可能进行下去。

合作的进一步推进。

信任的形成来源于社会生活和政治生活中的不确定性和人际交往及政治交往中的风险性。随着现代社会的发展，社会的不确定性和风险性日益增加。[①] 于是，信任在社会生活和政治生活中的地位就日益凸显出来。米兹泰尔指出，在当今充满偶然性、不确定性和全球化的条件下，信任变成了非常急迫并且使人焦虑的中心问题。[②] 不确定性增加了社会交往的成本，增加了交往的难度，而信任却可以使交往中的不确定性降低，可以使交往中的成本降低。以此角度而言，信任在交往中担负了以下功能：（1）增加未来的可预见性，降低因此而带来的交往成本；（2）简化决策过程。因为信任的存在，使决策有了一定的路径可以依循；（3）信任具有约束功能。正是行为主体的自我约束以及通过规则对其他行为主体的约束，才能保证信任的存在，也才能保证信任能够持续下去。简而言之，信任是解决风险问题的一种办法，它以简化复杂性的方式，增加了对不确定性的承受能力。[③] 如果一个社会或者政治体之间没有信任存在的话，那将出现不堪设想的结局，人类会真正出现霍布斯所谓的“自然状态”，信任的缺失是社会无法承受之重。

信任的建立是一个双向和多次博弈的过程，而决定信任能否达成的根本在于合作各方对利益的预期和利益实现程度之间的差距。以此而言，信任可以分为尝试性信任、维持性信任和延续性信任三种类型。当然，这也可以认为是信任形成和强化的三个基本阶段。（1）在合作的起点上，由于预期合作会有一定的收益，且可以进行一定的损害管控，所以合作成为可能。在这个阶段，合作各方必须展示出一定的善意与诚意，如此可以减少其他合作者的疑虑，使合作能够顺利进行。（2）信任巩固阶段，各方逐步互相理解，形成了若干共识，包括共同的思考方式、共同目标以及共同的价值取向等。一旦这种局面形成，各方的行为可预测性增强，信任也会随之加强。（3）延续性信任阶段，双方在合作过程中积累起来的信任和彼此依赖感可以延续到下次

① 这种不确定性与传统家庭结构遭到解构，以及传统价值系统受到了相当大的冲击有关，也与现代社会价值系统的多元化有关。

② B. Misztal, Trust in Modern Societies, Cambridge: Polity Press, 1996, p. 9.

③ 刘军、蔡春：“风险社会、不确定性与信任机制研究”，《商业时代》，2007年10期。

合作，而且可以通过一定的传播网络延伸到其它可能的合作者。[①] 于是，一次合作所形成的信任可以为以后信任的形成提供基础，并且可以使信任的范围扩大。多次合作所形成的信任累加和信任强化就成为社会成员、各种团体以及不同国家和地区间信任形成的基本机制。

政治互信及其构建是互信问题的一个研究题域，主要讨论政治行为主体之间的互信构建及巩固的问题。这里的政治行为主体可以是国家、地区，也可以是政治团体或政治人物，不过一般而言，目前学界大都是在国家和地区的层面上讨论政治互信问题。政治互信系指政治行为主体之间相互信任、依赖、合作的程度及方式。显然，政治互信对地区安全问题的影响至关重要。信任建立措施最初是军控领域的一个概念。正是因为这样，西方学者多从狭义的军事领域来探讨各种建立信任的安排，比如增加军事透明度，限制军事部署和军事活动，削减战略核武器等。[②] 随着冷战的结束，政治互信构建成为处理国际安全的重要措施，当前建立政治互信的对象和手段已经不局限在军事领域，其深度和广度都有了空前扩大，覆盖了军事、政治、经济、文化等多种领域。[③] 政治互信是政治合作的基础，是非战争状态下政治行为主体进行政治交往时增加交往过程可预见性的重要依据。就两岸关系来说，政治互信的建立是两岸合作持续进行的重要基础，也是将两岸关系发展过程中因政治互信不足而引致的风险管控在一定范围内的重要保障。

二、两岸政治互信构建路径

两岸政治互信与两岸合作互为表里。因此，两岸政治互信构建的基础是

---

① 王涛、顾新："基于社会资本的知识链成员间相互信任产生机制的博弈分析"，《科学学与科学技术管理》，2010 年 1 期。

② 最为典型者是对信任建立措施（Confidence Building Measures，简称 CBMs）的研究。有学者概括出了 CBMs 的基本内容和特征：建立信任措施重视的是治理信任，强调军事领域的限制性措施和检证性措施，信任的来源主要体现在个体对合作机制的信任上，其手段同具体冲突的预防解决密切相关，重视的是信任的结果，是有针对性的合作方式。见牛仲君：《冲突预防》，世界知识出版社，2007 年，71 页。

③ 牛仲君上引书，68 页。

合作双方对某些基本政治原则的共识和一致性解读，舍此之外，两岸政治互信的构建不过是镜花水月。就目前来说，两岸之间如果要达成政治互信最起码应该在以下几个基本问题上达成某种共识：(1) 在两岸内战状态尚未结束的情况下，两岸的经济联系和社会整合已经不可阻挡地发展起来。(2) 两岸同属一个中国是法理上的事实。(3) 两岸关系的良性发展是实现大陆和台湾双赢的前提，也是台湾保持一定发展速度难以绕过的门槛。(4) 两岸关系发展的要义在于优先解决民生问题，优先处理涉及民生的经济议题。易言之，两岸政治互信的基础是双方对一个中国原则和“九二共识”的认同。两岸问题作为关系到台湾民众生存和福祉的基本方面，是一个应该解决的问题，而不是炒作的议题。概括起来说，两岸政治互信建立的最重要基础就在于搁置双方一时难以形成共识的政治问题，将主要精力集中于解决目前双方都需要面对的发展问题。这种情形要求两岸无论是对于“一个中国原则”、“九二共识”的理解和诠释，还是在未来的其他互动方面，都需要更多的灵活性和创造性思维，才能达成双方的逐渐接近，并逐渐培养出政治互信。① 两岸政治互信构建的过程其实就是两岸通过求同存异，促进合作，促进两岸共同发展的过程。

两岸政治交往中的尝试性信任建立在双方对两岸合作诚意与善意的基础上。即使这种合作并不一定是政治层面的合作，但是离不开政治上的善意与诚意支撑。2005 年连战和宋楚瑜访问大陆，其实就是两岸尝试性信任建立的开端。这种尝试性信任的建立取决于三个方面的因素：(1) 中国大陆持续不断向台湾单方面释放善意。(2) 两岸经贸交流已经达到了相当的规模，台湾政治人物不可能对此熟视无睹。(3) 是对台海格局走向的基本认知，台湾的发展离不开大陆，处理好两岸关系对于台湾未来发展至关重要。也就是说，

---

① 范海泉：“开启两岸互信对话的时代”，《南京理工大学学报（社会科学版）》，21 卷 3 期，2008 年 6 月。

当时尝试性信任建立在对客观形势、对方态度以及双方信任取向的基础上，① 是对两岸政治互信构建路径进行试探性摸索的结果。在两岸政治互信构建的过程中，尝试性信任的建立是难度最大的一步。因为在两岸内战状态尚未结束以及两岸敌对性认知非常浓厚的情况下，尝试性互信的建立需要克服传统的思维框架，同时还得应付岛内政敌的攻击，难度之大可想而知。一旦初步的政治互信建立起来，就为未来的政治互信发展提供了路径起点和模式基础。从目前情况来看，两岸关系显然已经走出了政治互信的尝试性构建阶段。

尝试性信任的建立只是政治互信构建的开始，两岸政治互信构建最为关键的阶段是维持性信任阶段。维持性信任阶段的主要目标在于互信能够持续下去并不断加强和扩增。总体来说，两岸政治互信的维持性阶段能否成功延续，实现政治互信的可持续发展，主要取决于两个方面的因素：（1）政治互信的制度化。这是保证两岸政治互信得以维持的制度性基础。制度化程度的高低基本上反映了政治互信的程度和未来的发展前景。政治互信的制度化从三个层面上保证了政治互信的良性发展，一是对行为主体的约束功能，使行为主体的行为可预测性增强；二是使政治互信的发展成果以制度的形式固定下来，增加了政治互信的稳定性；三是制度的执行本身具有溢出效应，可以为未来进一步的政治互信构建提供模版。（2）声誉的积累。在经济学中，声誉的好坏是职业经营能否成功的重要因素，良好的声誉增强了经营者讨价还价的能力，因而对其行为有显著的激励作用。② 在政治互信构建的过程中，声誉是行为主体过去行为可信程度的累积纪录，也是判断行为主体是否可以

---

① 有学者在描述团队的信任机制时，提出了信任的三个阶段：基于威慑的（deterrent - based）信任、基于知识的（knowledge - based）信任、基于认同的（identification - based）信任。基于威慑的信任是成员的权威和团队制度保证下的信任，它通过惩罚的威胁来维持；基于知识的信任建立在对成员能力、态度、信任倾向等认知的基础上，它通过预测对方行为的能力来维持；基于认同的信任是由于认识到其他成员在价值观和个性特征上的相似性而建立的，它通过完全认同对方的愿望和需求来维持。见王重鸣、邓靖松："虚拟团队中的信任机制"，《心理科学》，2004 年 5 期。不过在两岸政治互信的语境中，这三个阶段的信任更像是三种类型的信任，而且两岸政治互信主要是基于知识的信任，中间掺杂了基于威慑和基于认同信任的成份。

② 江若尘：《大企业利益相关者问题研究》，上海财经大学出版社，2004 年，101 页。

信任的重要依据，更是判断一个行为体在多大程度上能为其他行为体所接受的重要标准。显然，良好的声誉与信任成正相关关系，可以限制行为主体利用政治互信进行谋利的投机性行为。在两岸政治互信的构建过程中，制度化的成果是比较显著的，两岸已经签署了九项协议和一项共识。同时，在这个过程中，两岸在构建政治互信方面的信誉显然是不断加强的。这里所谓的信誉不意味着双方没有分歧，而是指双方对解决目前两岸问题所抱持的诚意与认真的态度。

两岸政治互信的维持阶段是政治互信最为脆弱的一个时期。随着合作的推进，两岸的分歧也越来越多地暴露出来。就台湾而言，国民党推动与大陆建立政治互信的行为遭到了绿营、特别是深绿政治人物的质疑与反对，对两岸政治互信的构建与巩固产生了牵制作用，类似热比娅访台事件曾经严重考验两岸的政治互信；国民党在两岸的政治互动中多次强调目前只解决经济问题，而对国家统一问题以及两岸和平谈判问题极力回避，这与大陆民众对两岸政治互信的认知有比较大的差距。但是从目前来看，两岸政治互信基本上还是沿着比较平稳的道路向前发展，在和平发展的基本框架下，两岸目前还是主要集中于解决合作与发展的问题，短期内触碰到重大政治议题的可能性不大。

在维持性互信阶段，两岸的延续性政治互信其实已经开始起步了。两岸自 2005 年以来达成的共识以及在相关合作中积累起来的政治声誉成为延续性政治互信的基础。事实上，九项协议中的每一项的签署都以前面相关协商所构建起来的互信基础为基本语境。未来国家统一的实现也必须是在政治互信不断累积的基础上展开。不过这种延续性政治互信目前还处于较低的水平上。在经济和民生领域合作所积累起来的政治互信还不足以用来支持两岸政治问题的解决，所以，构建两岸政治互信的问题显然还是任重道远。

三、两岸政治互信的维持与延续机制

在两岸关系的语境下，政治互信主要指关涉政治领域的重要事项，如保持政治认知的一致、保持合作的可能性与持续性等。一般而言，政治互信的作用主体重心则在于政治体的决策层。民众、媒体等因素固然可以在某个时节通过舆论、选举等行为影响政治体的运转模式和运行方向，但难以发挥主导作用。所以战略互信主要建立在参与各方决策层的判断和信念之上，其中行政首脑、主要行政官员、执政党和议会扮演着关键的角色。① 本文讨论两岸政治互信时，一般所指的行为主体是两岸的行政当局。但是，由于台湾的独特政治生态，执政当局与在野的民进党，更确切地说是泛蓝和泛绿之间在两岸互信的建立方面存在着相当大的认知分歧，特别是在构建两岸政治互信的前提方面，分歧更大。而且，从政治运作的实际情况来看，国民党行政当局在一定程度上受制于民进党及“台独”势力的掣肘，在建立两岸互信方面没有完全的自主性。所以，两岸政治互信在维持与延续机制方面有自己独特的内涵。概括起来说，两岸政治互信的维持与延续机制主要包括以下几个方面。

1. 承诺。② 政治互信构建中的承诺系指各方对自己应该承担义务和应尽责任所做出的允诺。承诺对行为主体来说具有直接的约束力。两岸双方承诺的有效性对两岸政治互信的维持和延续具有基础性影响。这些承诺可以是形诸文字的，也是可以是一种默契。前者如两岸对“九二共识”的认同，对反对“台独”的认知，以及对逐步开放两岸交流、强化两岸各个层面合作的基本共识等；后者如对民生议题优先顺序的排定，对处理好两岸关系问题的诚意，以及对和平发展的认同等，都可以认为是两岸承诺的重要组成部分。两岸双方对承诺的信守减少了两岸交往中的机会主义行为，在一定程度上保证了政治行为的可预测性，降低了两岸交流和交往中出现误判和导致风险的可能性，也降低了两岸交流与交往中的成本，是政治互信得以维持和延续的重要条件。

2. 沟通。如果说承诺为政治互信的维持提供了一个基础性框架的话，那

---

① 刘庆：“‘战略互信’概念辨析”，《国际论坛》，2008 年 1 期。在这篇文章中作者主要讨论的是战略互信的问题，其概念内涵与政治互信有许多重合的地方。

② 本文所指的“承诺”与法律上的“承诺”概念是有区别的。法律上的承诺是指“受要约人同意要约的意思表示”。见姚欢庆：《民法概论》，中国人民大学出版社，2003 年，153 页

么两岸政治沟通则是处理两岸交往过程中的动态问题。① 在两岸的政治互信维持过程中，由于双方对一些问题的基本认知不同，可能会产生一定程度的误解，从而影响政治互信的可持续性。因此，沟通作为重要的消除误解的途径，在两岸政治互信的维持中发挥了关键性影响。两岸政治沟通的核心在于信息的交流与交换。信息作为一种宝贵的资源，在现代社会政治过程中的重要性日益突出，已成为政治体系维持其功能的基本要素。② 信息沟通对两岸政治互信的构建殊为重要。对于两岸政治互信而言，如何克服维持过程中的信息不对称，以及因为信息不对称而引发的误解，是两岸政治互信要解决的重要问题。沟通的功能在于让对方了解自己的基本立场和利益所在，同时也传达出自己对合作者的期望，能有效减少因合作双方各行其是对政治互信带来的冲击。在两岸政治互信维持与延续的过程中，国共平台的成功运作就成功发挥了沟通的功能。

3. 危机管理。危机管理是一个宽泛的概念。有的管理学理论认为，具有完善危机处理机制的组织或是平时训练有素，危机意识强；或是早已对一些危机进行了资源上的准备；或是有着良好的思想准备，所以它们面对危机时沉着、冷静，这一切都属于危机管理的范畴。③ 简而言之，危机管理其实涵盖了危机的预防（prevention）、准备（preparation）、危机爆发时的反应（response）和危机结束期的恢复（recovery）四个层次的内涵。

由于台湾政局和台海局势的复杂性，两岸政治互信出现波折的可能性非常大，所以危机管控机制对两岸政治互信的维持和延续就显得异常重要。例如，热比娅访问事件中双方进行的危机管理就较好消解这一事件对两岸政治

---

① 政治学理论中一般是在政治系统内部运行的语境下使用“政治沟通”概念。见刘振洪等主编：《政治学导论（下）》，内蒙古人民出版社，1988 年，273 - 277 页。

② 孔德元：《政治社会学导论》，人民出版社，2001 年，106 页。

③ 王浣尘主编：《信息技术与电子政务（通用版）——信息时代的电子政府》，清华大学出版社，2004 年，187 页。危机管理从本质上来说是对形势变化的消极回应和被动应对。所以有的学者在讨论两岸关系和平发展的问题时提出了“机遇管理”的概念，这一概念显然是对形势的积极和主动的回应。见周志怀：“两岸关系和平发展的历史机遇与机遇管理”，《北京联合大学学报（人文社会科学版）》，第 8 卷第 1 期，2010 年 2 月。但是这并不影响危机管理概念在两岸政治互信理论中的分析功能。其实，离开了危机管理，两岸政治互信的存在是很困难的。

互信的冲击力道。2009 年 8 月，莫拉克台风给台湾带来重大的财产和生命损失，在马团队正为救灾忙得焦头烂额的时候，民进党展开了政治突袭，8 月 26 日，高雄市长陈菊、嘉义县长陈明文、屏东县副县长钟佳滨等台湾南部民进党县市首长，召开记者会，宣布所谓达赖“愿访台为灾民祈福”的消息。随后，台北行政当局在经过了紧急商讨后，马英九拍板决定同意让达赖以“宗教领袖”身份赴台参加法会。由于达赖“政治和尚”的特殊身份，大陆对此反应强烈，两岸互信面临考验。在此后的危机处理过程中，国民党一直强调在这个事件中的被动地位，并通过技术性处理，对达赖的活动进行了限制，而大陆也没有进行进一步反制，两岸才度过了这次信任危机。

由这个事件可以看出的是，在两岸政治互信的危机管理过程中，有三个方面的因素对危机管理的成效影响甚大：（1）两岸沟通的成效。即一方能够使对方了解到自己的想法，并将自己无意损害对方利益的意图清晰地表达出来；（2）互信双方的战略视野。在两岸和平发展的大视野下，要求两岸互信机制具有一定的弹性和抗冲击能力，否则和平发展的大局就会受到影响；（3）损害管控。即将危机造成的损害控制在可以接受的范围之内。只有这样，两岸互信机制才可能有可持续性。

四、结语

两岸政治互信是两岸合作的基础，而政治互信构建则是在合作与声誉累积的过程中不断向前推展。从根本上说，政治互信的构建起源于两岸经济贸易交流越来越密切的现实，两岸民众之间已经形成了越来越庞大的利益联结，两岸合作成为不得不为之的趋势。这种局面要求两岸关系必须从 1949 年以来的军事对抗转向全面合作，现在两岸已经从过去的“不合作博弈”转变为“合作博弈”。[①] 这是和平发展理论的基本内涵，也是台海形势发展的客观需求。从政治互信构建的目的而言，综合了国家统一层面和经济发展层面的多项诉求，显得非常复杂。因此，两岸政治互信的管控也比较困难。

---

① 陈孔立：“两岸建立互信此其时也”，《统一论坛》，2009 年 6 期。

不过，由于两岸合作是一个不可逆转的趋势，所以尽管在一些细节问题上会出现一些波折，但是总的方向还是向互信不断强化的方向迈进，以前那种刻意炒作两岸关系来谋取政治利益的做法已经越来越没有市场。现在即使是一直对两岸交流持消极态度的民进党也不得不考虑建立与大陆交流的平台，而这必然是以政治互信的存在为基础。否则，类似陈菊那样，在大陆捞完利益回到台湾就邀达赖访台，伤害大陆民众情感的情况如果经常出现，民进党根本无法与大陆建立起持久的互信。在这个意义上说，两岸互信的构建其实是一个不可逆的过程，是与国家统一相始终，也是中国走向和平统一的一个重要组成部分。

（会议论文，原文印发，文中用语和观点系作者个人意见）

两岸政治互信与台湾民众的政治认同

张文生*

随着2008年台湾政局的变化，两岸关系迅速改善，也使得海峡两岸建立了初步的政治互信。2010年4月29日，中共中央总书记胡锦涛在上海会见连战、吴伯雄、宋楚瑜等台湾各界人士时指出："要继续增进两岸政治互信，不断增强两岸关系和平发展的推动力。"① 巩固并增进两岸政治互信，为破解两岸政治难题作准备，是进一步推进两岸关系发展的重要任务。然而，影响两岸政治互信的关键因素不在于台湾当局或台湾各政党领导人的政治态度，而在于台湾民众的政治认同。

一、两岸政治互信的概念分析

政治互信，就是双方在政治上的相互信任，也是双方各自在政治上相互给予对方政治信心。大部分情况下，政治互信是通过各自的言行建立起来的，当然，也不排除通过相互口头约定、书面协定建立政治互信的情况，比如国际关系中常用的信心建立措施（CBMs）、和平协议等等都是建立和巩固政治互信的书面协议的方式。

两岸政治互信，就是海峡两岸在政治上的相互信任，或者说是海峡两岸

* 作者简介：张文生，厦门大学台湾研究中心、厦门大学台湾研究院副教授。

① "胡锦涛会见出席上海世博会开幕式的台湾各界人士"，《人民日报》2010年4月30日第1版。

各自在政治上相互给予对方的政治信心。对于台湾来说，就是要给予大陆“台湾不会走向分裂、海峡两岸最终将走向统一”的信心；对于大陆来说，就是要给予台湾“保持台海和平稳定，两岸统一对台湾人民有利”的信心。从20世纪90年代中期开始，由于李登辉和陈水扁的内外政策，两岸政治互信被破坏殆尽。马英九上任后，两岸政治互信得以重建，并且逐渐巩固，但是由于两岸长期固有的、历史所形成的结构性矛盾，目前的两岸政治互信并非完全稳固。海峡两岸应当继续努力，使两岸政治互信得以进一步巩固、深化、稳定，为维护两岸关系和平发展的局面奠定坚实的政治基础。

2008年12月31日，胡锦涛总书记在纪念《告台湾同胞书》发表30周年座谈会上的重要讲话中提出了六点意见，其中第一条就指出：“恪守一个中国，增进政治互信。”并且指出：“两岸在事关维护一个中国框架这一原则问题上形成共同认知和一致立场，就有了构筑政治互信的基石，什么事情都好商量。”① 一个中国原则始终是建立两岸政治互信的基础，只有恪守一个中国原则，两岸政治互信才能不断增强；违背了一个中国原则，两岸政治互信就会遭到破坏。

2005年，两岸关系以政党交流的模式，掀起了一个又一个的高潮。国民党、亲民党和新党都先后组织访问团参访大陆，不仅使两岸的政党关系开创了前所未有的新局面，而且国亲新三党与中国共产党之间建立了以“坚持九二共识、反对台独”为基础的政治互信，在两岸的政党之间建立了共同的政治基础，为两岸关系注入了新的动力。

体现“一个中国原则”的“九二共识”是两岸政治互信的现实基础。两岸政党交流尤其是国共两党交流，是巩固两岸政治互信的重要渠道。2008年5月28日，中共中央总书记胡锦涛在会见中国国民党主席吴伯雄过程中，重申了“建立互信、搁置争议、求同存异、共创双赢”的16字方针，并且明确指出：反对“台独”、坚持“九二共识”，是双方建立互信的根本基础。2009年5月26日，胡锦涛总书记在北京人民大会堂会见了吴伯雄及其访问

---

① 胡锦涛：“携手推动两岸关系和平发展　同心实现中华民族伟大复兴——在纪念《告台湾同胞书》发表30周年座谈会上的讲话”，《人民日报》2009年1月1日第2版。

团一行，胡锦涛总书记对于国共两党交流作了高度的肯定，这是因为国共交流有利于增进两岸政治互信，有利于促进两岸沟通与理解，有利于推进两岸协商谈判。

体现海峡两岸共同坚持“一个中国原则”的“九二共识”也是两岸两会谈判的政治基础。马英九上任以后，承诺坚持“九二共识”，为两岸两会的复谈扫除了障碍。自从2008年6月两岸两会复谈以来，海协会会长陈云林与海基会董事长江丙坤分别在北京、台北、南京、台中举行了四次会谈，双方共签署了12项协议和一项共识。两岸两会商谈的成果是在“坚持九二共识、反对台独”的政治互信的基础上取得的，没有这项政治互信，就没有两会商谈的成果。

两岸关系在新的历史时期取得了重大的成就，走上了和平发展的正确轨道。一方面，继续推动两岸政党交流，巩固国共交流所建立的政治互信；另一方面，恢复了两岸两会的协商谈判，使两岸“三通”基本实现，两岸交流不断扩大。以和平发展为主轴的两岸关系的推动，遏止了“法理台独”破坏两岸关系和平稳定的局面，在岛内外造成了良好的政治和社会影响，得到了大部分台湾民众的肯定与支持，为两岸关系和平发展的继续推进奠定了稳固的社会基础。然而，也要看到，两岸关系的改善并未在台湾民众的政治认同上产生立即的影响，两岸统一的进程仍旧是长期的、艰巨的、复杂的过程。

二、台湾民众的政治认同与两岸政治互信

认同（Identity）问题，即身份问题，是人们在社会存在中的基本的自我定位，是解决台湾问题所面临的核心因素。两岸统一，无论采取何种方式——和平方式或非和平方式，最终都必须解决台湾民众的政治认同问题。人们在生存过程中，面对种种自然环境与社会环境的压力，不断地形成自我意识，寻找“我是谁？我是什么？我来自哪里？我要往何处去？我怎么了？”等种种问题的答案，构成了人们对于自我的身份认知，形成文化的、社会

的、政治的自我认同。“认同是人们意义与经验的来源”①，人们在寻找自我认同的过程中获得生存的意义与群体的结合。政治认同则是人们在政治生活中的自我归属。“人们在社会政治生活中产生一种感情和意识上的归属感。它与人们的心理活动有密切的关系。人们在一定社会中生活，总要在一定的社会联系中确定自己的身份，如把自己看作某一政党的党员，某一阶级的成员、某一政治过程的参与者或某一政治信念的追求者等等，并自觉地以组织及过程的规范来规范自己的政治行为。这种现象就是政治认同。”② 政治认同的核心是国家认同，但是国家认同则包含政治认同与文化认同两个层面，“政治认同和文化认同都是国家认同的重要层面，他们共同创造了公民对国家忠诚的感情”。③

两岸关系中的政治认同问题，也就是关系到台湾民众对于自身的文化属性、民族属性、政党属性、国家属性的认知，其核心是台湾民众的国家认同，是影响台湾民众统独倾向的关键因素。海峡两岸的统一，最终必须实现台湾民众对于中华民族认同、对于中国认同、对于中国政府认同的回归，只有解决台湾民众政治认同的疏离问题，才能最终实现两岸的和平统一。

两岸政治互信受到台湾当局与台湾地区各政党领导人的政治态度的直接影响，但是由于经过20世纪80年代以来的政治转型，台湾已经演变成为一个以选举为导向的多元化的政治社会。台湾民众的政治认同对于台湾当局和台湾各政党领导人的政治态度和政治行为起着关键的制约作用，因此，归根结蒂，台湾民众的政治认同才是影响两岸政治互信的基础因素。由于体现“一个中国原则”的“九二共识”是两岸政治互信的现实基础，而对于“一个中国原则”的政治认同牵涉到台湾民众对于自身的国家属性、民族属性、文化属性的政治认知，是台湾民众政治认同的核心内容。在一定程度上，台湾民众通过选举投票或政策公投支持某个政党或政治人物以表达政治认同，

① 曼纽尔·卡斯特著，夏铸九、黄丽玲等译：《认同的力量》，社会科学文献出版社，2003年版，第2页。

② 《中国大百科全书·政治学》卷，中国大百科全书出版社1992年版，第501页。

③ 江宜桦：《自由主义、民族主义与国家认同》，台湾扬智文化事业股份有限公司1998年版，第90页。

这使得台湾当局和各政党的领导人不得不根据本身的政治利益选择政治倾向，在“一个中国原则”和“九二共识”的问题上表现出不同的政治态度。

第一，台湾民众的政治认同决定了台湾地区各政党及其政治人物的政治选择。

由于台湾是一个选举社会，选举是台湾政治生活的核心，是引导台湾政局发展的主要因素，也是决定台湾地区各政党和政治人物政治取向的重要原因。台湾地区各政党及其政治人物基于本身的政治和经济利益，无不把选举利益放在首位，因此，选民的好恶成为引导政党和政治人物进行政治选择的主导性因素。虽然民意本身具有不确定性、不稳定性和可变性，但是台湾各政党和政治人物往往为了选票的需要，着眼于短期利益，流于短线操作，迎合选民的短时期的情感好恶，这也导致台湾政治生活中出现了民粹主义的倾向。

第二，台湾民众的政治认同影响了台湾政局的发展方向。

台湾民众的政治认同在选举中直接表现为对于各政党和政治人物的认同，选举结果影响了台湾政局的发展方向。由于台湾社会已经经历了两次政党轮替，政党轮替成为台湾政治生活中的常态。而国民党和民进党的国家认同和统“独”倾向相互区别，使得台湾当局在内外政策尤其是大陆政策上呈现出不稳定性，对两岸关系的和平稳定造成一定程度的冲击。马英九执政以来，民意支持率不断下挫，这既是执政者承担执政责任的正常发展，也是马英九当局施政失利的后果，为民进党的重新上台提供了机会，因此，不能排除民进党重新上台执政的可能性。台湾《远见》杂志的民调显示，台湾民众对马英九的满意率仍在下降，只有23.8%，不满意率则上升到了66%①。台湾TVBS在2010年5月份马英九就职两周年的民调显示，马英九的满意率是33%，不满意率是47%②。台湾民众对马英九和国民党的政治认同趋势将直接表现在选举中，从而影响台湾政局的发展方向。

---

① “‘对签定经济合作协议看法、民众终极统独观、马总统满意度’民调”，台湾《远见》杂志2010年4月号，http：//www. gvm. com. tw/gvsrc/201003_ GVSRC_ others. pdf

② 台湾TVBS民调中心“马英九总统就职两周年民调”，http：//www. tvbs. com. tw/FILE_ DB/DL_ DB/yijung/201005/yijung－20100520185157. pdf

第三，台湾民众的政治认同制约着两岸关系的发展前景。

台湾民众的政治认同也表现在对于台湾当局大陆政策的支持或反对上。当然，由于具体的大陆政策尤其是两岸经贸等相关政策较不具有政治的敏感性，同时具有互利互惠的特征，台湾民众的政策支持并不完全等同于政治认同，但政治认同往往成为政策支持或反对的借口和动员工具。民进党利用台湾社会的政治认同分歧操作反对 ECFA、反对开放陆生赴台就读就是典型的政治操作。随着两岸协商谈判的深入，政治议题摆上两岸谈判桌后，民进党操作政治认同干扰政治谈判的倾向将更加强烈。泛绿阵营将更加积极推动将两岸和平协议、两岸军事安全互信机制列入公投议题，使得两岸关系和平发展的前景受到台湾民众的政治认同的直接制约。

三、两岸关系和平发展对台湾民众政治认同的影响

两岸关系的和平发展符合台湾民众求和平、求安定、求发展的主流民意，得到台湾绝大部分民众的支持与肯定。当然，台湾民众的支持出于多方面的原因，有的是担心两岸关系的紧张导致战争，有的是希望两岸关系稳定从而摆脱统“独”的困扰，也有很大一部分人是希望通过改善两岸关系促进台湾经济的发展。无论出于何种原因，他们都反对民进党当政时期的“台独、分裂”政治路线的挑衅两岸关系、恶化两岸关系的做法。

根据台湾《远见》杂志 2010 年 4 月份发表的民意调查，我们可以看到，虽然马英九的信任指数处在下跌的趋势，台湾民众认为两岸关系缓和的判断指数却一直维持 60% 上下。台湾当局的大陆政策也得到大多数台湾民众的高度肯定。

在台湾民众支持两岸关系缓和的同时，却体现出了台湾民意的另一面，即台湾民众要求经济利益与排斥政治结合的双重性的特点。台湾远见杂志 4 月份发表的针对当前台湾民众统独立场民意调查显示：54.9% 主张维持现

状，26.2%主张“独立”，10.5%主张统一；进一步针对台湾民众的“终极统独观”进行的调查显示，若两岸在经济、政治、社会各方面条件差不多时，65.5%认为没必要统一，15.3%认为可以统一，19.3%没有明确表态；66.4%不赞成两岸最终统一，45.5%赞成台湾最终“独立”；44.1%的台湾民众认为两岸的关系最后可能成为“生意伙伴”，18%认为是“朋友”，7.5%认为是“家人”，5.2%认为是“亲戚”，5.1%认为是“敌人”，2.6%认为是“陌生人”。[①] 台湾TVBS民调中心2009年12月的民调显示，如果只有两种选择，有68%的民众倾向于台“独立”，13%倾向于统一，19%没有意见[②]。虽然这样的民调并不完全能够准确反映台湾民众的政治认同，但是却在一定程度上反映了台湾民众的政治倾向，即两岸统一在台湾社会的认同度依然不高，统一在台湾社会的基础依然薄弱。相反，“台湾独立”的认同度在台湾社会却仍处在上升的趋势。

台湾是中国领土不可分割的一部分，这是天经地义、无可置疑的客观存在和法理事实。然而，由于台湾社会的特殊历史环境，这个无可辩驳的政治和法理事实却在台湾民众中产生了认知上的异化。李登辉和陈水扁分裂主义政治路线的推行，给台湾社会带来了深刻的政治影响，也给两岸关系带来了重要的影响。在李登辉和陈水扁分裂主义政治路线的影响下，台湾民众的政治认同越来越显得混乱而迷茫，“台湾认同”呈现日益“台独化”的倾向。李登辉和陈水扁改变了蒋氏父子时期所坚持的代表全中国的“中华民国”概念，以所谓“中华民国在台湾”、“中华民国是台湾”、“台湾是一个主权独立国家，名字叫中华民国”、“中华民国是一个主权独立国家，主权与治权仅及台澎金马”等等相似的主张形塑新的国家认同，使得台湾社会“中华民国认同”与“台湾国家认同”日益重叠，“中华民国”日益成为“台湾国”的

① “‘对签定经济合作协议看法、民众终极统独观、马总统满意度’民调”，台湾《远见》杂志2010年4月号，http://www.gvm.com.tw/gvsrc/201003_GVSRC_others.pdf

② 台湾TVBS民调中心“第四次江陈会陈云林来台前民调”，http://www.tvbs.com.tw/FILE_DB/DL_DB/doshouldo/200912/doshouldo-20091218191946.pdf

代名词。日本学者若林正丈恰如其分地以“中华民国台湾化”① 的概念形容李登辉当政以来的台湾政治发展。

李登辉和陈水扁在岛内推行分裂主义政治路线，一边打压“中国意识”，一边扶植“台湾认同”，造成台湾社会政治认同的日益混乱和迷茫。根据台湾政治大学选举研究中心的历年台湾民众重要政治态度民调显示，从1992年到2009年，虽然认同自己既是中国人又是台湾人的比例维持在了40%左右，但是中国人认同的比例大幅下跌，而台湾人认同的比例大幅上升。1992年6月，台湾民众认同自己为中国人的比例为26.2%，认同自己是台湾人的比例为17.3%；2009年12月，台湾民众认同自己为中国人的比例大幅下跌，只剩4.2%，而认同自己是台湾人的比例大幅上升，达到51.3%。即使马英九上台，台湾人的认同仍然处在上升的趋势。台湾社会的“中国意识”越来越淡薄，而且成为政治不正确的代名词；相反，“台湾认同”却越来越浓厚，而且成为政治正确的判断标准。

台湾社会经过李登辉12年的统治，及其后民进党籍的“总统”陈水扁的8年统治，“中华民国”的外壳虽然没有改变，原有的“中华民国宪法”依然部分有效，海峡两岸“一国两区”的法理定位依然存在，但是台湾民众的国家认同已经发生了根本性的改变。多数台湾民众已经从心理上接受“台湾是一个主权独立国家”的所谓“现状”，迫于现实，他们也不得不接受“中华民国”的外壳。但是此“中华民国”的内涵已经不同于蒋氏父子时期版图包括大陆和台湾的彼“中华民国”的内涵，李登辉曾经在《亚洲的智略》一书中表示：“这个‘旧国家’也已经产生本质的变化，现在的中华民国不再是以往的‘民国’，而是拥有崭新内涵的‘新的共和’（New Republic）。”李登辉还以“中华民国第二共和”来定义所谓的“新的共和”，认为：“台湾的认同问题已成熟到‘台湾中华民国’的阶段。中华民国已不再

① 日本东京大学若林正丈教授对“中华民国台湾化”的定义是：“以‘正统中国国家’为前提建构的战后台湾国家的政治结构（国家体制、政治体制、国民统合意识形态）转变成为附合1949年后只统治台湾的政治现实的结构的过程。”转引自2010年3月24日若林正丈教授在厦门大学台湾研究院演讲稿。

是原来的中华民国，而是‘新的共和’（New Republic），也就是‘第二共和’”。[①] 李登辉的主张也得到部分民进党人士的赞同，2007 年 3 月，以台大教授陈明通为召集人起草了“中华民国第二共和宪法草案”，目的之一是“以第二共和宪法作为台湾与中华民国的宪法连结”[②]。

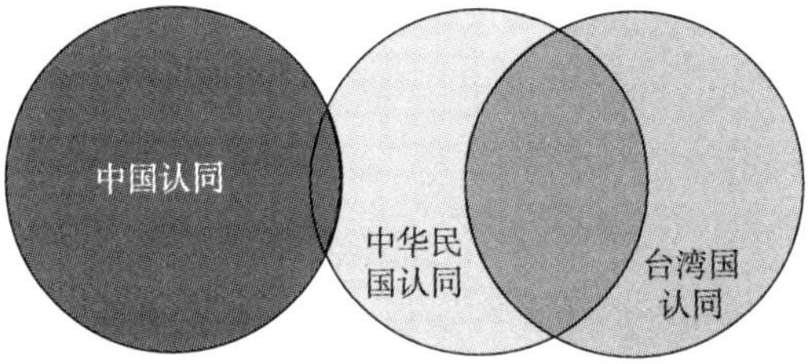

图 1：两岸政治认同图示

台湾社会绝大多数民众认同“台湾化的中华民国”，但是他们多数仍然不认为自己是主张“台独”的独派，他们承认两岸有特殊的历史、文化、血缘和民族渊源，他们甚至于不排除未来两岸走向“最终统一”。在《远见》杂志的民调中，79.6% 的台湾民众自认为是中华民族的一分子，其中泛蓝民众高达 93.1%，中立民众 75.1%，泛绿民众也有 70.1%。[③] 即使他们认同海峡两岸同属中华民族，然而，他们认同的政治现状却是“台湾（中华民国）是一个主权独立国家”。即使是李登辉本人，在 2007 年 1 月 29 日接受《壹周刊》专访时仍然表示，他不是“台独教父”，“我不是台独，也从来没有主张过台独”，但是他却同时表示：“我不必追求台独，因为台湾事实上已经是一个主权独立的国家”。[④]

“台湾化的中华民国”或“中华民国的台湾化”使得未来两岸政治谈判触及和处理“中华民国政治地位”问题变得更加复杂和困难，“台湾化的中华民国”与“一个中国原则”之间的矛盾更加尖锐。表面上，这种政治认

① 李登辉、中嶋岭雄著，骆文森、杨明珠译：《亚洲的智略》，台北远流出版事业股份有限公司，2000 年版，第 41、42 页。

② 财团法人台湾智库、中华亚太菁英交流协会主办：“审议式民主：中华民国第二共和宪法草案研讨会”会议手册，第 7 页。

③ “‘对签定经济合作协议看法、民众终极统独观、马总统满意度’民调”，台湾《远见》杂志 2010 年 4 月号，http://www.gvm.com.tw/gvsrc/201003_GVSRC_others.pdf

④ 台湾《联合晚报》2007 年 1 月 31 日。

同仍然保留着“中华民国”的外壳，也没有“废除中华民国宪法”；然而，实质上，内在的国家认同已经发生了根本的变化。在两岸政治谈判的立场中，要求大陆承认“台湾（中华民国）是一个主权独立国家”是台湾社会的普遍要求，“特殊国与国关系”是目前台湾社会较为广泛的政治认同，即使马英九当局也无法违背这样的民意。中国文化大学教授邵宗海认为：“马英九只会接受九二共识，不会接受一中”①。马英九要求两岸“互不否认”，“互不否认”什么？马英九没有明说，但很显然是“互不否认”双方对等的“国家认同”。

四、重构两岸政治认同是巩固两岸政治互信的有效途径

外国学者曼纽尔·卡斯特根据打造认同的形式与起源将认同区分为三种形式，即合法性的认同（legitimizing identity）、拒斥性的认同（resistance identity）、计划性的认同（project identity）。“合法性的认同由社会的支配性制度所引介，以拓展及合理化它们对社会行动者的支配。拒斥性的认同由那些在支配的逻辑下被贬抑或污名化的位置/处境的行动者所产生的，他们建立抵抗的战壕，并以不同或相反于既有社会体制的原则为基础而生存。计划性的认同指当社会行动者不管基于哪一种他们能获得的文化材料，建立一个新的认同以重新界定他们的社会位置，并藉此而寻求社会结构的全面改造。”②

台湾社会的政治认同的核心要素即国家认同正好处在上述三种划分的不同类别中。“中华民国”认同是台湾社会现存的合法性认同，在国民党重新执政后，得到台湾支配性制度的拓展，并且被塑造成台湾社会的政治认同中

---

① “邵宗海：‘国安会’换将　影响两岸关系执行面”，中评社台北2010年2月12日电，http://cn.chinareviewnews.com/crn-webapp/search/allDetail.jsp?id=101228905&sw=%E8%B5%B5%E5%BB%BA%E6%B0%91

② 曼纽尔·卡斯特著，夏铸九、黄丽玲等译：《认同的力量》，社会科学文献出版社，2003年版，第4页。

的最大共识。“中国认同”则在很大程度上遭遇了污名化的命运，受到台湾各种政治势力有意识地贬抑，虽然台湾社会的部分统派人士仍坚守最后的战壕，顽强抵抗各方的政治诋毁，但在台湾社会仍然居于拒斥性认同的地位。“台湾（共和）国”认同则是台湾社会的“独派”势力借助于各种各样的政治的、文化的、法理的论述，有计划、有目的地试图在台湾社会重新建构的计划性认同。推动“台湾（共和）国”认同的政治势力利用20世纪80年代以来的台湾政治开放、文化多元与社会本土化趋势，通过文化运动、社会运动、政治运动的方式，不断推进台湾政治认同重构的过程，最终实现台湾社会政治结构的全面改造。

“政治认同是人们在特定社会的政治生活中产生的情感上的依赖和意识上的归属感，它与特定民族文化是紧密相关的”。① 台湾在蒋氏父子统治时期，坚持“一个中国”的政治认同，但也坚持“中华民国”是代表中国的“法统”，台湾民众在民族文化认同与政治认同上处于相互统一的状态中。然而随着台湾政治的转型，这种民族文化认同与政治认同相统一的状态在一部分台湾民众中被逐渐割裂开来，“经过多年的民主化进程后（尽管路途走得崎岖），台湾人已能具体地把文化认同（以血缘、历史、风俗为基础）和政治认同（国家效忠、政治价值）进行切割。”② 当然，这种切割只存在于部分台湾民众中，而且这种切割也只是暂时的现象。

“政治认同是社会成员与政治体系关系的反映，是社会成员在政治生活中对一定的政治体系的同向性的情感、态度和相应的支持行为。”③ 社会成员是政治认同的主体，政治体系是政治认同的客体（或称为对象），由于客体（对象）的不同，必然导致政治认同的差异。1949 年以来，由于国共内战导致海峡两岸长期政治对立，存在着两个相互对立的政治体系，这两个相互对立的政治体系，塑造着两岸民众相互差异的价值观念、政党认同、国家

---

① 林伟健：“国家凝聚力：从文化认同到政治认同”，《广东省社会主义学院学报》，2009 年第 3 期。

② 洪奇昌：“谈两岸文化交流下的台湾认同”，《中时旺报》2010 年 4 月 8 日。

③ 方旭光：“政治认同——政治实践的范畴”，《兰州学刊》2006 年第 9 期。（会议论文，原文印发，文中用语和观点系作者个人意见）

认同，对立政治体系的现实造成了政治认同差异的现实。台湾长期维持着“国家体制”，既有“中央政府”、“宪法”和军队，也有部分国家给予它“外交承认”，台湾当局以及台湾民众不仅不可能自我否定，而且进一步要求大陆不否认甚至承认“中华民国（台湾）”的存在现实及其在国际上的政治地位。可见，两岸政治认同的差异和冲突不仅仅是历史造成的后果，也是两岸政治现实的产物。

基于两岸政治现实，现阶段消除“中华民国（台湾）”的认同几乎是不可能的。巩固两岸政治互信、建立两岸关系和平稳定互动架构的有效途径在于超越“中华人民共和国认同”和“中华民国（台湾）认同”，重塑“大陆和台湾同属一个国家”的“中国认同”。前海协会长汪道涵先生提出的“两岸同胞共同缔造统一的中国”，台大教授张亚中提出的“一中三宪”的构想，厦大台研院刘国深院长提出的“球体理论”等等都是重构两岸政治认同的有益尝试。当然，政治认同属于政治实践的范畴，如何在相互对立的政治体系之上重构新的政治认同对象，把台湾社会的“中国认同”从拒斥性认同转变为计划性认同，这是两岸关系和平发展的进程中必须努力解决的政治难题，有待于两岸当政者以最大的耐心和最大的善意来推动两岸政治认同的重构，为两岸苍生开辟台湾海峡永久和平的新局面。

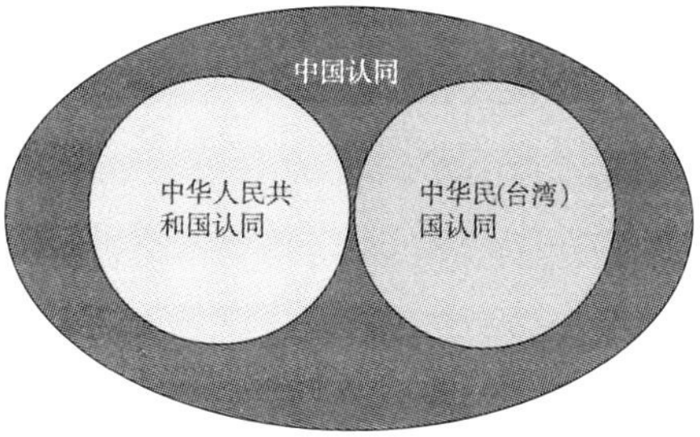

图 2：两岸政治认同的重构

五、结语

从 2008 年以来，两岸关系走上了和平发展的正确轨道。两岸两会的谈判日益深入，两岸民间交流更加频繁，两岸经贸关系越来越密切，然而，在两岸关系和平发展的表象背后，始终潜藏着两岸政治认同分歧的阴影，影响和制约着两岸政治互信的建立与巩固。在两岸政治谈判的过程中，政治认同分歧将成为达成协议的最大障碍。两岸政治认同分歧是国共内战历史遗留下来的政治难题，要破解这些政治难题并不容易。随着台湾社会政治的转型，“台独、分裂”思潮的泛滥，“台独、分裂”势力的扩张，政党政治的制约，社会多元化的发展，两岸政治认同分歧的解决面临更加复杂的岛内政治环境，也使得两岸统一的历史使命变得更加艰巨。超越两岸政治认同的现实分歧，重构新的政治认同对象，是巩固两岸政治互信的有效途径，但是，海峡两岸共同重构新的政治认同对象的过程必定是艰难的、复杂的、长期的过程。两岸人民和两岸当局应当共同努力，重构政治认同，巩固政治互信。

主观博弈论视角下的两岸政治互信初探

唐　桦①

两岸关系处于一个开放的系统中，相互作用、共同影响彼此的发展。信任也许存在于人们的默契理解之中，也许存在于人们头脑之外的某种符号表征之中，某些理念被参与人共同分享和维系，由于具备足够的均衡基础而逐渐演化为互信。政治互信内生于两岸参与者的博弈过程，并作为博弈的均衡形态外化形式出现，得以成立取决于两岸在博弈过程中构建的一系列制度。理解两岸政治互信的发展过程就等于理解两岸参与人协同修正其理念的方式，有利于减少两岸交往的复杂性。

一、两岸政治互信的博弈诠释

经典博弈论在解释那些已经稳定下来的制度是如何起作用的问题上是非常有说服力的，但在制度变迁问题上很难描述“从均衡到均衡”的跃迁。与经典博弈论相比，青木昌彦所发展的“主观博弈论”探索性地运用博弈论清晰表述了制度变迁问题，并考虑观念的因素，把制度变迁模型化为博弈参与人“共有信念”系统的改变，更适合两岸政治互信的研究。青木昌彦将制度定义为“关于博弈重复进行的主要方式的共有信念的自我维系系统”。② 两岸政治互信是由两岸的策略互动内生的，存在于两岸参与者的意识中，并且

---

① 作者简介：唐桦，厦门大学台湾研究院政治所助理教授。

② 关键一点在于，一种具体表现形式只有当参与人相信它时才能成为制度。

是可自我实施的。两岸政治互信作为两岸共有信念的自我维系系统，其实质是对两岸博弈均衡的概要表征（信息浓缩），起着协调两岸参与人信念的作用。两岸的博弈是重复进行的，由此演化出一个稳定结果（行动组合），每个参与人基于个人经验对两岸博弈进行的方式形成了大致的认知。参与人依靠这些浓缩信息得出自己的行动规则（策略）。政治互信对应着的就是两岸参与者共享的那部分均衡信念，其中信念是关于两岸博弈将实际进行的方式的预期。两岸政治互信是一种均衡状态，但不是在一次博弈下的结果，也不是一种完全的静态平衡，它代表了实际上重复参与博弈的两岸自我维系的基本预期，是由“有限理性和具有反思能力的两岸关系参与者构成的长期经验的产物”。① 两岸政治互信是指两岸交往过程中交往双方彼此对对方能作出符合制度行为的持续性期望。所以，我们把两岸政治互信定义为两岸在主观博弈模型中显明和共同的因素，即关于两岸博弈实际进行方式的共有理念。

政治互信造成一种心理上的秩序，从而满足了人们心理上的安全需求，也造成了一种事实上的秩序。两岸政治互信是一种社会建构的现实，因而它必然内生于两岸博弈过程之中，它通过其扼要表征——默契的或符号的——协调着参与人的信念。参与人基于共有信念而做出的策略决策共同决定了政治互信的再生，政治互信反过来又强化了关于它的概要表征，参见图1。政治互信的本质是对两岸博弈路径显著和固有特征的一种浓缩性表征，该表征被相关域参与人所感知，认为是与他们策略决策相关的。这样，政治互信就以一种自我实施的方式制约着参与人的策略互动，并反过来又被他们在连续变化的环境下的实际决策不断再生出来。② 所以，政治互信虽然是内生的，但同时又客观化了，也就是说，政治互信具有内生性③和客观性的双重性质。

---

① ［日］青木昌彦：《比较制度分析》，周黎安译，上海：上海远东出版社，2001年，第13页。

② ［日］青木昌彦：《比较制度分析》，周黎安译，上海：上海远东出版社，2001年，第28页。

③ 青木昌彦的制度观只是强调制度的内生性特征，但并不否认制度的可设计性以及第三方监督，这在青木昌彦近几年的观点中表现得十分明显。

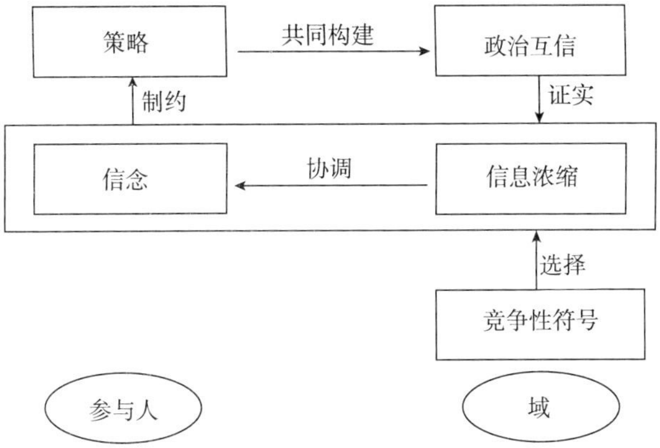

图1　作为共有信念和均衡概要表征的政治互信

两岸政治互信的博弈诠释必须包含五个相关方面：首先，政治互信是在两岸博弈过程中产生的，而不是外在给定的。第二，两岸参与人在做决策的过程中，不可能也不必要预期对方所做决定的每一个细节。政治互信是浓缩信息的载体，这些信息涉及参与人在一些重要场合行动决策的基本特征，降低了有关他人决策的不确定性。第三，政治互信概括为两岸参与人关于博弈重复进行的方式的共有信念系统，它能够经受住环境的连续变化，对参与人微小偏离行动决策的隐含规则具有承受力。第四，两岸关于政治互信必须有一些共同理解或共享认知，虽然可能对这些状态的含义的解释因人而异。第五，政治互信是人为的秩序。政治互信对两岸关系中的行动决策具有多重意义，一方面它帮助主体节省决策所需的信息加工成本，另一方面，它又对主体的行动决策施加人为约束。虽然我们致力于把政治互信理解为“内生的博弈规则”，但是哪一个均衡被选中无法由模型内生决定，我们有必要获知过去发生的历史事件和过去通行的规则以及邻近域所通行的规则，这些因素促成了对特定均衡的选择。

二、两岸政治互信的演进轨迹

两岸政治互信随着历史的进程不断变化，而推动这种变化的力量，来自于两岸之间的相互交往。两岸的政治互信是一个从过去到现在又延展到将来的流形，这个流形由一系列局部博弈过程所构成。每个局部博弈过程都是一个特定博弈实现均衡的过程，它基于以前的博弈均衡，从一个随即突变开始，以实现某个均衡为结束。参照丹麦新制度主义研究者尼尔森教授的历史制度主义的四个理论支柱①，本文对于政治互信的分析框架为下图（图2）：

首先，找出两岸政治互信的形成时段，即确定应当追溯的影响政治互信的历史时段到底有多长，初始设置应该划在哪里。两岸关系最本质的内涵是政治关系，是20世纪40年代以来的中国内战及其延续所造成的政治对立。1946年6月，中国内战爆发。这场内战的根本原因是，参与双方对中国统治权的争夺。② 尽管内战规模巨大、损失惨重，但参与的双方始终坚持的，都是争夺中国唯一的合法代表地位，即中国的统治权，而没有任何一方试图损害中国的领土主权完整。中国内战及其延续对两岸政治关系的影响，首先并最集中地表现在对两岸政治互信的影响上。③ 在中国内战延续的六十多年中，双方之间的政治互信，特别是1949年以后的两岸之间的政治互信及其发展变化，却有更为复杂的表现。

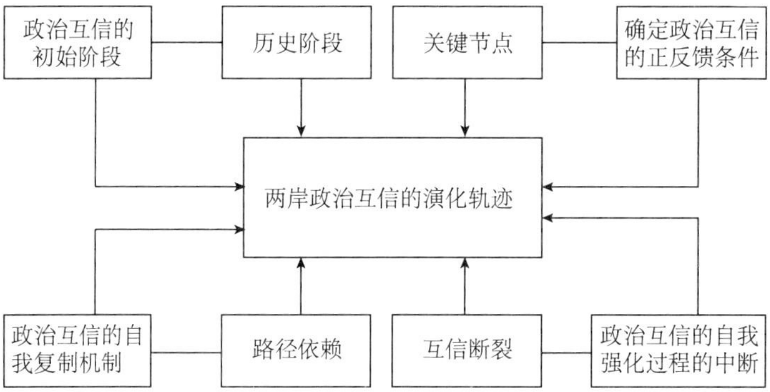

图2　政治互信历史演进的分析框架

---

① 何俊志、任军锋、朱德米：《新制度主义政治学译文精选》，天津：天津人民出版社，2007年，第13页。

② 内战一方的“国民政府”坚持“动员勘乱”，力图消灭另一方的中国共产党；同样，内战一方的中国共产党坚持“打倒反动派，解放全中国”，力图消灭另一方的“国民政府”。

③ 郭震远：“中国内战及其延续中的两岸政治关系——关于两岸政治协商起点的探讨”，《中国评论》，2010年第5期.

结合两岸关系的历史分期，本文将政治互信的演进轨迹分为四个阶段：

1. 1949—1987 年，两岸之间存在薄弱的政治互信

1949—1979 年，两岸关系格局的基本特点是全面隔绝和军事对峙，两岸之间没有政治互信的基本状况。但当时台湾的数位密使多次与大陆交往、沟通，表明两岸之间实际上存在某种薄弱的双方都坚持“一个中国”原则的政治互信。1958 年的金门炮战后，两岸由过去激烈的军事对抗转向以政治对抗为主、军事对抗为辅的对峙状态。① 当时，大陆连续发表了两份《告台湾同胞书》，其中都提到“我们都是中国人。台、澎、金、马是中国领土，这一点你们是同意的，见之于你们领导人的文告。台澎金马是中国的一部分，不是另一个国家”；“世界上只有一个中国，没有两个中国。这一点我们是一致的。美国人强迫制造两个中国的伎俩，全国人民，包括你们和海外侨胞在内，是绝对不容许其实现的”。② 金门炮战及其长达二十年的延续，是以两岸之间重要的政治互信为基础，即以双方之间存在着的关于反对美国“划峡而治”，维护中国领土主权完整、反对“两个中国”的互信为基础，而达成默契的结果。③

1979 年元旦，全国人大常委会发表《告台湾同胞书》，提出“通过两岸的商谈结束军事对峙状态，为双方任何一种范围的交往接触创造必要的前提和安全的环境”。同时提到“台湾当局一贯坚持一个中国的立场，反对台湾独立，这是我们共同的立场，合作的基础。”④此后，中国政府又在此基础上确立了“和平统一，一国两制”的基本方针，在坚持一个中国原则的基础上，积极推动两岸各项交流和人员往来。大陆采取了一些有利于两岸关系缓和的措施，提出了“三通”的主张。台湾当局前期由于担心两岸关系发展会威胁到“反共戡乱体制”，制定出“不接触、不谈判、不妥协”的“三不”

---

① 国务院台湾事务办公室：《中国台湾问题外事人员读本》，北京：九州出版社，2006 年，第 39 页。

② 《告台湾同胞书》，《人民日报》，1958 年 10 月 6 日；《再告台湾同胞书》，《人民日报》，1958 年 10 月 26 日。

③ 郭震远：“中国内战及其延续中的两岸政治关系——关于两岸政治协商起点的探讨”，《中国评论》，2010 年第 5 期.

④ 全国人大常委会：《告台湾同胞书》，《人民日报》，1979 年 1 月 1 日。

政策，坚持“反共拒和”。但随着形势的发展和两岸接触的频繁，国民党当局的政策也出现松动，用“三民主义，统一中国”取了“反共复国”。[①] 直到20世纪80年代中后期之前，在两岸执政的国共两党都承认在国家统一的问题上有许多共同基础，如共同承认台湾是中国领土的一部分，双方都反对“台湾独立”或国际托管，双方都强调要用和平的方式解决台湾问题，谋求国家的自由、独立和统一、谋求中华民族和国家的强盛、繁荣，以及包括台湾人民在内的全国人民的幸福。[②]

2. 1987—1999年，两岸政治互信前期初建，后期中断

进入八十年代以来，两岸经贸往来、人员交流持续、较快增长，军事对抗逐渐缓解，反映了两岸之间出现了保持台海和平、促进两岸交流、交往的互信。1987年11月2日，台湾当局被迫开放台湾居民赴大陆探亲，两岸的民间交流出现迅猛发展的势头。1988年李登辉上台之初，延续了蒋经国的“一个中国”的立场，1988年12月，李登辉首次提出必须面对“中国只有一个，但却无法有效在全国行使统治权的现实”。[③] 1991年2月23日，台湾制订了《国家统一纲领》，正式提出“互不否认对方为政治实体”。虽然仍然坚持一个中国原则，但对一个中国的内涵并没有做出说明。3月9日，台湾率先成立“海基会”，希望借此推动两岸对话，两岸交流进入双向交流的对话阶段。1992年3月23日，两会协商正式开始，此后在北京、厦门、香港、台北举行多轮两岸对话。1992年8月，台“国统会”就一个中国涵义发表声明，提出“中国暂时处于分裂状态，由两个政治实体，分治海峡两岸”。1992年10月28—30日，两会在香港举行商谈，集中讨论两岸事务性商谈中如何表述坚持一个中国原则的问题。1992年11月，两岸达成体现一个中国原则的“九二共识”，为“汪辜会谈”及此后各种事务性协商谈判奠定了基础。1993年4月27—30日，在“九二共识”的基础上，在祖国大陆

① 李鹏：《海峡两岸关系析论—以和平发展为主题之研究》，厦门：鹭江出版社，2009年，第70页。

② 朱天顺：《国民党与中国统一》，朱天顺，《当代台湾研究》，厦门：厦门大学出版社，1999年，第123页。

③ 李登辉：《李登辉先生七十九年言论选集》，台北：“行政院”新闻局，1991年，第35页。

的积极推动下，海协会会长汪道涵与海基会董事长辜振甫，在新加坡正式举行第一次“汪辜会谈”。[①]“九二共识”，以及第一次汪辜会晤，进一步表现了两岸之间关于坚持一个中国原则的互信，“一个中国”仍然被视为两岸走向整合协商的进程里不可缺少的原则或主要条件。[②]

1995年李登辉访美使得两岸事务性协商中止，台海地区出现了20世纪70年代以来前所未有的紧张局面。1997年7月，李登辉发表“特殊国与国关系”论，两会协商渠道彻底终止。1999年7月9日，李登辉在接受“德国之声”采访时公然表示，台湾当局已将两岸关系定位在“国家与国家，至少是特殊的国与国的关系”。[③]台湾当局的两岸“主权分裂论”逐渐发展成为“台湾主权独立论”。1999年，民进党通过“台湾前途决议文”，其中就明确提到“台湾是一主权独立国家，其主权领域仅及于台澎金马及其附属岛屿，以及符合国际法规定之领海与邻接水域。台湾，固然依目前宪法称为中华民国，但与中华人民共和国互不隶属”。台湾当局对于一个中国原则由混淆、否定演变为背弃，两会商谈被迫中断，刚刚初建的政治互信也被迫中断。

3．2000—2008年，政治互信中断，但基础在累积

2000年台湾政权首次“政党轮替”，标举“台独党纲”的民进党取得了执政地位。陈水扁就职时提出“四不一没有”[④]，大陆提出了“听其言、观其行”。2000年8月，钱其琛副总理提出“一个中国”的新三段论述，即“世界上只有一个中国，大陆和台湾同属于一个中国，中国的领土和主权完整不容分割”，作为善意回应。2001年大陆一方面对岛内“台独”活动进行批判，另一方面也强调只要台湾当局接受一个中国原则，回到“九二共识”，两岸就能恢复对话和谈判，而且什么问题都可以谈。陈水扁拒不接受一个中国原则，否定九二共识；2002年，陈水扁提出了“一边一国”论，让两岸

① 虽然台湾当局以“单向、间接、局部、渐进”为原则，希望借此限制两岸人员往来和民间交流，但两岸交流交往的扩大和深化的格局已逐渐形成。

② 邵宗海：《两岸关系》．台北：五南图书出版股份有限公司，2006年，第301页。

③ 新华社（北京），1999年7月11日电。

④ 2000年，陈水扁在“中华民国第十任总统”就职演说中表示：“只要中共无意对台动武，本人保证在任期之内，不会宣布独立，不会更改国号，不会推动两国论入宪，不会推动改变现状的统独公投，也没有废除国统纲领与国统会的问题。”

关系再次跌入谷底。2003 年至 2004 年，陈水扁在竞选过程中变本加厉地抛出“台独”主张，不仅将选战定调为“一边一国”对“一个中国”的对决，并推出“台湾正名”、“公投制宪”的“台独时间表”，以“公投绑大选”的方式强势进行“和平公投”；此后，陈水扁更是有恃无恐地推动“去中国化”、鼓吹带有“台独”意识的“台湾主体意识”、废除“国统会”和“国统纲领”、通过“宪改”谋求“台湾法理独立”、鼓噪“以台湾名义”申请加入包括联合国在内的各种明显需要主权国家身份的国际组织、推动举办以台湾名义加入联合国“公投”、授意民进党炮制“正常国家决议文”这一新的“台独纲领”等等赤裸裸的“台独”分裂活动。① 陈水扁大肆推进“台独”路线，严重破坏了两岸之间实际上一直存在的，关于坚持一个中国原则，维护中国领土主权完整的政治互信。这不仅导致台海局势、两岸关系几次陷于高度紧张和危险之中，而且对未来两岸政治关系的改善产生了严重不利影响。

2005 年四五月间，大陆相继邀请中国国民党主席连战和亲民党主席宋楚瑜访问大陆，并与中国共产党建立了政党沟通交流平台，两岸出现了一些促进两岸关系的积极因素。4 月 29 日胡锦涛和连战的会谈新闻公报中就提到，坚持“九二共识”，反对“台独”，谋求台海和平稳定，促进两岸关系发展，维护两岸同胞利益，是两党共同的主张。② 在与宋楚瑜发表的会谈公报中也提到，1992 年两岸达成的共识应当受到尊重。在两岸各自表明均坚持一个中国原则，即“九二共识”（“两岸一中”）的基础上，尽速恢复两岸平等协商谈判，相互尊重，求同存异，务实解决两岸共同关心的重大议题。③ 两岸关系以政党交流的模式，掀起了一个又一个的高潮。2005 年 8 月，国民党台中市、彰化县、台南市、新竹市党部参访团先后抵达厦门、青岛、深圳、苏州

① 李鹏：《海峡两岸关系析论——以和平发展为主题之研究》，厦门：鹭江出版社，2009 年，第 71 - 72 页。

② 《胡锦涛与连战会谈新闻公报（全文)》，人民网，http：//tw. people. com. cn/GB/26741/47107/47312/3360547. html。

③ 《中国共产党总书记胡锦涛与亲民党主席宋楚瑜会谈公报》，中国日报，http：//www. chinadaily. com. cn/gb/doc/2005 - 05/13/content_ 441721. htm。

展开交流访问，中国共产党与国民党基层党部交流分阶段展开。中国共产党与国民党、亲民党之间的政党沟通平台启动后，不仅使两岸的政党关系开创了前所未有的新局面，而且国亲新三党与中国共产党之间形成了“坚持九二共识、反对台独”的政治互信，在两岸的政党之间建立了共同的政治基础，为两岸关系注入了新的动力。

4. 2008 以来，两岸关系和平发展，政治互信恢复和巩固

两岸政治互信在李登辉、陈水扁于台湾执政期间遭到严重损害，但在 2008 年 5 月以后，在两岸关系进入和平发展历史新阶段进程中，得到明显表现和加强。2008 年 5 月 20 日，马英九在就职演说中明确表示，我们今后将继续在“九二共识”的基础上，尽早恢复协商。两岸双方得以在反对“台独”、坚持“九二共识”的基础上建立了政治互信，两岸关系也朝着改善和缓和的方向发展。两岸恢复了中断多年的“两会”制度化协商机制，2008 年 5 月以来，已进行了四次陈江会，尽管都没有涉及具体的政治事务，但两会接触、汪辜会和陈江会实际上都应视为两岸之间的政治交往，因为都是两岸官方授权的机构和个人的接触、沟通。2008 年 9 月马英九在接受墨西哥《太阳报》的专访时，就两岸关系作出新的诠释，说海峡两岸双方的关系应该不是“两个中国”，“而是在海峡两岸的双方处于一种特别的关系”。

2008 年 12 月 31 日，胡锦涛总书记在纪念《告台湾同胞书》发表 30 周年座谈会上的重要讲话中提出了六点意见，其中第一条就指出：“恪守一个中国，增进政治互信。”胡锦涛对两岸政治关系的定位提出新的表述，他指出：“1949 年以来，大陆和台湾尽管尚未统一，但不是中国领土和主权的分裂，而是上个世纪 40 年代中后期中国内战遗留并延续的政治对立”。并且指出：“两岸在事关维护一个中国框架这一原则问题上形成共同认知和一致立场，就有了构筑政治互信的基石，什么事情都好商量。”一个中国原则始终是建立两岸政治互信的基础。自“三通”以来，两岸各项对话全面开展，比较值得关注的有在福建举行的两岸民间“海峡论坛”，在湖南召开的“两岸经贸文化论坛”，两岸故宫博物院合作举办“雍正文物特展”，在浙江举行

的“两岸农渔水利合作交流会”，在台湾举行的“两岸一甲子”研讨会等。① 国共党际交流平台也逐步得到新的确认与发展，从而初步形成海峡两岸之间“两轨交流机制”，这些为两岸之间保持沟通、消弭误解、增进互信、并达成共识奠定了重要的基础。两岸关系步入和平发展的轨道后，政治互信有了很大的发展。面对两岸关系发展这样的新形势，巩固和深化两岸政治互信就成为可能，并显得尤为必要。

其次，在政治互信的演化起点与历史跨度大体确定之后，要寻找在整个政治互信发展过程中起着关键作用的时间点（也称制度断裂点）。政治互信的演进过程是一个间或被一些转折点所穿刻的过程，当实质性的变迁发生时，就会由此产生出某种“关键节点”，使得政治互信的发展走上某种新的道路。很显然，1979 年，1992 年，1995 年，2002 年，2005 年及 2008 年，都是这样的关键节点，在这些关键节点②上，两岸关系中的制度设计者们的某一重要决策直接决定了下一阶段两岸政治互信的方向和道路。这些时间点上所发生的事件极大地改变了政治互信的发展轨迹，形成一种“断裂”，很长时间内影响着后续的两岸关系。③

最后，分析政治互信的正反馈条件和自我复制机制，即找出政治互信的依赖路径及深层基础。（1）社会经济系统和政治背景的大范围变化，即大陆经济发展、两岸经贸文化往来和岛内政党轮替产生某种适合培育政治互信的环境。当前两岸关系发展面临难得的历史机遇，两岸经贸关系不断拓展和深化，两岸民间往来更加便捷密切，和平发展已经成为两岸关系的大势，成为海峡两岸同胞共同的追求。（2）分散化或个案协商的方式试验两岸政治互信的新策略。以“中华台北”称谓台湾执政当局既是对台湾执政当局参与国际空间的政治认同，也是对保留台湾现行“宪政制度”的政治保证；这是中国大陆对台湾执政当局最大的政治善意，也是两岸构建新型政治关系的开始。

① 乐美真：《两岸新闻交流不能就此止步》，中国评论新闻网，http：//cn. chinareviewnews. com/crn－webapp/search/。

② 不仅重要的历史事件，某些微小的细节也可能引起制度变迁。

③ 突发性的历史事件往往在最终推动政治互信的发展上起着至关重要的作用，这能够解释政治互信在历史时期内发生的可能性。

（3）文化认同与政治认同的一致与分离。两岸共享一个共同的民族意识和国家主权的感情基础存在。但是由于政治权力不断介入，岛内认同的二元性日渐显露，分离趋势愈加明显。李登辉先后鼓吹“新中原”、“新台湾人主义”，认为台湾可以建立“民族国家”。这种政治认同就已经偏离国民党在台湾长期建构“一个中国”政治认同模式。民进党执政时期充分利用各种资源来建构新的政治认同模式，即建构以台湾为核心的文化与政治认同的总体工程，将本土化与“台独”公开画上等号。虽然执政当局试图建立与政治认同新模式相适应的文化认同模式，但是由于文化认同更多是基于血缘关系的拓展，很难从短时期内对它进行彻底的改造和革新。① 针对这种认同的二元性的分离趋势，大陆开始依靠岛内政治认同与文化认同相对趋于一致的政治力量，一起来强化政治认同与文化认同的一致，从而建立起对未来的国家认同。在两岸文化认同相对一致的情况下，大陆需要在已经有非常良好的政治实践的基础上，进一步用实际行动来增强对台湾民众政治认同的吸引力和感召力。⑷政治互信的培育是通过两岸关系的“制度化”和“社会化”来实现的。制度化和社会化可以使两岸之间的“搁置争议、求同存异”真正落到实处，并在此基础上来建立和增进政治互信。同时配合互信机制的建立，才能减少交往中风险、增进交往各方的相互依赖、维持持续的交往关系，更好地维护长期利益和维护自身声誉。制度化之后的两岸关系中的政治互信是一种边际量上的累积，是稳定的，显示出连续性的特征，突发事件下的非连续的制度变迁也是在原有制度框架下不断发生的边际调整的累积性结果。

三、关于增进两岸政治互信的思考

我们假定，两岸博弈结构参与人只拥有有限的主观认知，这些认知来自过去的经验，只有在环境发生重大变化或认知出现内部危机时才被修改。我

① 任勇：“从认同的二元性看未来两岸关系的发展趋势”，《世界经济与政治论坛》2006（3）。

们把每个参与人对博弈结构的主观认知称为主观博弈模型。① 两岸关系中的参与人自觉或不自觉地调整行动决策的主观集合与决策规则的方式，不是随即和相互独立地发生，而是以相互协调的方式进行的，最终将导致共有信念系统（两岸政治互信）的产生。政治互信的主观博弈模型满足以下四个条件：

第一，参与人 i 技术上可行的策略决策的客观集合 A_i（iN）可以用一个无限维的空间代表，但是在任何时点上都只有一个有限维的子集处于启用状态，它被称为行动的启用集合。

第二，对于博弈的内生性规则，参与人共享一个公共信念系统 Σ^*，即制度；除此之外，当博弈的实际策略组合为 $s \in \times_i S_i$时，参与人对于博弈域的内在状态还形成私人剩余信息 I_i（s）$= \Sigma_i^*$（s）$\Sigma^*_{(s)}$。这两者的加总就是参与人对于博弈的全部主观认知。

第三，给定被认知的制度 Σ^*，每个参与人拥有一个主观的后果函数 φ_i，I_i（.）：Σ^*，e)，其中 S_i是参与人的决策，e 是参与人对博弈域环境的解释。这个后果函数就是参与人的主观推断规则。

第四，参与人从行动启用集合中选择策略 S_i^*，使其预期效用 u_i（φ_i（s_i，I（s)：Σ^*，e）最大化，由此得出的策略选择称为最佳反应决策规则。

从两岸政治互信的主观博弈模型中我们发现最核心的条件是：在两岸关系的初始政治域，必须有超过临界规模的参与人修改对于域内部结构和外部环境的认知，并以分散化或相互协调的方式联合采取新策略，这样才能导致新均衡序列（稳定的政治互信）的出现。和平发展已经成为两岸关系的大势，通过加强交流，加深理解，为政治互信累积基础。但是，只要主观博弈模型的第二个条件——共同认知无法满足，两岸的政治互信很难建立。在两岸关系中，尽管两岸共享一个共同的民族意识和国家主权的感情基础存在：共同的语言、文化、习俗，日益深入的经济交往，以及对中华民族复兴的期

① ［日］青木昌彦：《比较制度分析》，周黎安译，上海：上海远东出版社，2001 年，第 240 页。

盼等。但是台湾民众这一情感的制度化缺乏必要的组织基础，所以很容易在“台独”势力下不断被侵蚀。政治互信中共同认知的现实建构，需要一种公共秩序和集体行动逻辑的达成，以及制度创新和文化实践的促动。

更具体来说，建构两岸政治互信中的共同认知，主观方面，两岸人民必须感觉到使他们团结在一起比使他们分裂更珍贵。① 本文在刘国深教授的“球体理论”和张亚中教授的“两岸统合论”的基础上提出基于周易精髓的两岸“和合论”②（见图3），它是中国文化的生动体现，是中国人圆满盈溢的审美理想的体现。中国人的智慧就体现在“仇必和而解”中。这就是用和谐的方法来消除矛盾、解决矛盾，使事物向一个更新的方面来发展。《易经》中云“乾道变化，各正性命，保合太和，乃利贞。首出庶物，万国咸宁。”③ 人世间万事万物依循天道的变化，各自获得自性、本质、命运，形成定位，这就是说分殊、差分和冲突，而又保持住内外的“太和”。冲突融合的更高层次即和合。“和”这个字是从“口”和声，它的意思是说每个人都有饭吃，也就是说每个人都应该有生存的权利。“和”字从古代来说，就是讲声音相和。“合”的意思是由不同的事物合拢或者集中起来纳入口中，或者是放在器皿当中，盖上盖子，使它发酵，也就是氤氲，使它成为新的事物。和合的基本意思就是冲突、融合，然后和合成新事物，④ 和合本身就是对称的、相关的、动态的过程。

---

① ［美］莱斯利·里普森：《政治学的重大问题：政治学导论》，刘晓译，北京：华夏出版社，2001，第130页。

② 张立文：《和合学——21世纪文化战略的构想》，北京：中国人民大学出版社，2006年，第187页。

③ 朱熹：《周易本义》卷一，上海：世界书局，1936年，第2页。

④ 这个思想在中国古代的《五经》当中就有丰富的资源，比如说，《尚书》第一篇《尧典》就说“协和万邦”，也就是说，国家与国家之间都应该协和。在《周易》当中，就是“保合太和”。《诗经》上讲“和羹”，也就是说怎么样使肉汁成为美味，应该把各种佐料，比如油、酱、醋等等加在一起，使它得到中和，才是美味的。后来晏子把“和羹”做了政治上的发挥，提出了“应该向君主提出不同的意见，而不能只同意君主的意见”，只有提出不同的意见，才能够使政治完满。《国语》就提出了“和合五教”“以他平他之谓和”，这就是说，他与他之间都是平等的，没有你贵我贱的区别。那就是说，和是他与他在互相交流之间互相尊重，不能是你打倒我，我打倒你。进一步说“和”是什么意思？“和”是多元元素的一种平等的、互相的融合。所以它讲“土与金、木、水、火杂以成百物”。

图 3　两岸和合论

“易”是阴阳两种同存于一体的能量互动的张力，两岸（阴阳）并不是彼此对立生死相克的，只是作为不同的能量而存在，能够相互影响。和合论首先承认两岸目前的政治现实，肯定差异性，两岸融合而生生不息。我们可以通过五种从共同的文化传统中凝练出的共识来融合两岸，以增进互信。这便是：（1）和生。也就是两岸都是生命体，我们不能采取非此即彼的方法，而只能在竞争当中互相生存，互相尊重，而不能互相残杀。（2）和处。尽管两岸各有不同，但是，我们可以和处，也就是和平共处，以“温良恭俭让”[①] 的规范自律。（3）和立。就是孔子说的“己欲立而立人”，“己所不欲，勿施于人”。[②] 尊重彼此的独立性。（4）和达。就是“己欲达而达人”，两岸之间应该互相通达、共同繁荣。（5）和爱。使两岸之间充满爱，也就是孔子所讲的“泛爱众”，墨子所说的“兼相爱”。这样的中华民族才是真正和谐、和平、和合的民族。

建构两岸政治互信中的共同认知，客观方面，两岸人民需要一定的组织来使这种感觉制度化。

1. 从调整所有参与人的认知着手，建立真实有效的沟通系统，扫除政治互信中的认知障碍。虽然两岸已经开放了二十多年，但两岸之间依然缺乏深入的了解，存在认知与现实的不对等，互信基础严重不足。建立真实有效的沟通系统。如果信息不透明，虚假信息泛滥，导向偏差，那么不仅政治互信，连两岸之间的人际互信都难以普遍出现。改变历史形成的刻板印象，重

① 《学而》，《论语集注》卷一，第 3 页。
② 《雍也》，《论语集注》卷三，第 26 页。

建对“他者”的认知图象。要理解并尊重两岸人民的特殊情感，正如廖义辉指出“大陆更强调统一，台湾强调‘主体性’”。① 台湾同胞无法体会在大陆的中国人百年来对中华民族遭受列强瓜分欺压，民族自尊荡然无存的悲愤心情，以及他们极欲在21世纪重新恢复民族的尊严，重新在国际上受到重视的强烈的民族使命感；同样的，在大陆的同胞也无法体会台湾人民百年来是如何在夹缝中求生存，如何委曲求全，在国家认同的错乱中寻找自己的未来。因此我们要加强同台湾同胞的联系，注意倾听台湾同胞的意见和要求。充分尊重台湾同胞当家作主和争取民主权利的要求，保护台湾同胞的一切正当权益。最后要理解和尊重台湾人民对民主和自由的追求，真正落实“寄希望于台湾人民”的既定方针。另一方面，反思“两会模式”，推行“三党多元互动形式”。不仅国共之间，国共双方与台湾其他主要政党之间也要逐步要建立互信。开放两岸政党基层沟通、交流和交往。这要特别说明的是，政党基层之间的交流和交往不需设置政治前提。中国共产党如果有顾虑，中国的民主党派可以与之接触、沟通、交流和交往。

2. 以最广泛的两岸事务政治参与的制度设置来凝聚政治互信。进行一系列保证两岸事务要让两岸人民具有有效的机会来参与政治过程，且具有平等的权利来选择议题并控制议程的制度设置：充分发展利益集团、大众传媒等社会中介组织，使分散的、潜在的两岸人民意愿转化为明确的政策要求；两岸政府主动通过社会对话等一系列手段和方法，了解彼此民意；提高两岸事务决策过程的公开性和透明度，这样才能强化两岸协商过程中具有公共精神的公共参与。多渠道共同参与两岸事务的政治意义在于对两岸政治教育的渗透力，亦使各有自己特殊利益的阶层、集团和地区同时具有“责任共担的习惯”。

3. 凝聚“中华民族”认同，培育两岸公共文化服务，以两岸合作的方式创造公共价值，作为政治互信中的交叠共识。文化认同是一个民族的根本性心理结构，通过影响人的自我认同，进而影响人的政治态度。“天处乎上，

① 陈孔立：“两岸隔绝的历史记忆与台湾民众的复杂心态”，《台湾研究集刊》，2004年，第1期。

地处乎下，居天地之中者曰中国，居天地之偏者曰四夷，四夷外也，中国内也。”① 中国传统意识的认同是天下、国家、文化三位一体。由于血缘关系本身的拓展性以及心理稳固性，长期经过积淀的共同特征也就在文化上形成了绵延不断的脉络，构成了整个社会运行的基本网络，即费孝通总结的“差序格局”。这种网络成为了古典中国社会文化认同的基础，儒家学说以及龙、妈祖等图腾成为连接这些网络的关键环节，形成了所谓的古典中国的“道统”。这种社会网络成为连接“中华”的主链条。台湾民众文化上对于中华的认同仍然具有主导的位置。两岸政府应该把培育文化认同视为自己的重要任务，提供两岸公共文化服务。文化认同的实现不仅在于文化因素本身，更与政府的文化认同建构能力有关。两岸政府需要的是一种大规模共同文化参与的“文化动员”。覆盖网络的构成除了包括公共图书馆与博物馆、美术馆、剧院以及艺术中心之外，也涵盖了文化馆与文化广场、电影院、电视台、文化信息数字网络、书店等。尤其是要利用媒体来再现集体记忆，比如将两岸相关的集体记忆融入故事叙述、借助于新闻报道唤醒公众记忆等；台湾需要进一步加强认识当代大陆，大陆则需要体认台湾的多元化政治环境，要善于利用媒体培养两岸共同的历史记忆，以一种积极的、参与的方式，通过开放性的讨论，在动态的过程中（不是静态地对历史或现实的事实的认定）逐步建构两岸共同体的文化认同。中华民族的建构要周延，终究要找出彼此都接受的政治理念。

4. 开放思维，灵活增进政治互信。大陆如果想要加强台湾人对中国人的身份的认同，政策措施上必须弱化台湾人对大陆的敌意。一个途径就是自下而上地把台湾的专家、组织拉进国际代表团，更多地借助于软诉求，比如温总理的“兄弟说”。考虑到台湾的政治现实，“中华民国”的问题在非官方、非正式场合，适当采取模糊或者弹性处理。放宽自下而上的沟通管道，使更多台湾民众切身体验到做一个中国人时祖国带给他们的便利、光荣、尊重、安全、实利，从而愿意做一个中国人。两岸从可以改变的地方入手，依靠点滴来累积善意和扩大共识。两岸共同探讨两岸互动模式，如“和平发展

① 梁启超：《中国近三百年学术史》，上海：复旦大学出版社，1985年，第95页。

下的治权竞争”、“多种形势下的中华共同体”等。两岸可以考虑发展“一种富有层次性和延展性的主权观念”。创建新的两岸目标，体现一种两岸共同要求交流与发展的诉求观，共同推动建构的国家。① 在涉外事务方面，双方应相互支持，共同维护两岸民众在国际上的合法权益，并通过务实协商，解决台湾民众关心的参与国际活动的问题。

两岸双方都带着自己由历史给予的“视域”去理解对方时，就一定会出现两个不同“视域”的问题。我们无法摆脱由自身历史存在而带来的“先见”②，又不能以自身的先见去任意曲解对方，所以我们需要一种融合产生的新的可以扩大行动启用集合的更大的视域，意味着给两岸政治互信开辟新的可能。两岸的政治互信就是我们在互为“他者”的情境下，互相理解，然后形成共同理解。两岸长期存在的“刻板印象”，唯有透过持续、善意的交流，重建对“他者”的认知图象，逐步产生认同并营造共同利益，才可能为增进政治互信夯实基础。尊重可以产生信任，信任可以使人敞开心扉，寻找共识，寻求合作的可能。减少侮辱、蔑视和暴力，不断地把“他”变成“我们”，不断加强对话和交往共同体内的联合，从而增进人们的“团结”，形成和创造更具包容性的两岸的“命运共同体”。

（会议论文，原文印发，文中用语和观点系作者个人意见）

① 陈信凤：《台海两岸的新目标》，价值中国网，http：//www. chinavalue. net/Blog/327179. aspx。

② ［德］伽达默尔：《真理与方法》，洪汉鼎译，上海：上海译文出版社，1999 年，第 391 页。

论两岸的政治互信

——一种两岸关系复杂性的简化机制

沈惠平*

随着两岸关系深入发展，两岸前期采取的一些开放措施的正面轰动效果逐渐递减，一些深层次的矛盾问题逐渐突显，表明单靠经济利益让渡和单纯文化交流是不够的，必须在深化两岸各项交流交往的同时，正视研究解决最敏感最复杂的政治军事等难题，否则，诚意不至，敌意难除，心防难去，互信难立，两岸关系难以持续良性互动。① 换言之，当前两岸关系和平发展的最大难题是政治互信的建立与过渡性政治框架的建构。② “没有互信，两岸和平发展路径根本无法启动；没有互信，路径即使启动，沿路必是荆棘重重，随时可能会停滞或逆转。互信是社会和谐互动的基础，更是两岸关系能否正常化的关键。”③ 因此，“建立互信”是两岸关系能够顺利和平发展的基础与前提。正是在这个意义上，胡总书记在不同场合不断的强调两岸互动原则——“建立互信、搁置争议、求同存异、共创双赢”，在这16个字当中，为首的就是“建立互信”。本文先从两岸关系的复杂性引申出两岸的政治互信问题，接着依循“是什么（what）、为什么（why）、怎么办（how）”这样一种认知事物的基本逻辑，对此问题进行初步的探讨，以求教于方家。

---

* 作者简介：沈惠平，厦门大学台湾研究中心助理教授、博士，国家“985”工程台湾研究创新基地成员。

① 杨立宪：“两岸如何‘增进互信、务实合作’之探讨”，（香港）《中国评论》，2010年2月刊。

② 刘国深：“两岸关系和平发展新课题浅析”，《台湾研究集刊》2008年第4期，第5页。

③ 张亚中：“论海峡两岸建立互信”，（香港）《中国评论》，2009年11月刊。

一、两岸关系的复杂性

两岸关系的进一步发展必须面对以下几个主要的复杂性与挑战。

首先，两岸关系本身如何解读？随着两岸交往的不断加深，困扰两岸进一步交往的政治分歧日益显现出来，如何定位两岸之间的关系就显得尤为重要。台湾方面两大政党在不同的时期有不同的表述。2000 年以前国民党执政时期两岸关系的法律表述是，两岸关系是中国大陆地区与台湾地区的关系（意为两岸同属一个中国），民进党一向的政治定位是“台湾与中国的关系”（即两岸为“一边一国”关系），2008 年国民党重新执政后的定位是“中华人民共和国”与“中华民国”的关系（即坚持“一中各表”下的“九二共识”，实为“一中两国”关系）。大陆的定位则是国家主体与特殊地区的关系，即台湾地区与祖国大陆的关系或台湾与大陆关系，确认台湾是中国的一部分。可见，如何定义两岸关系涉及对一个中国的认同与两岸事实分裂的界定等重大问题。概言之，今天两岸关系的症结，仍然是“两岸关系如何定位”，也就是如何安排“中华民国”和“中华人民共和国”之间的关系。“这种关系的复杂性在于，它表面上被虚拟为两个国家之间的关系，实质上却是一个国家的领土，在特定条件下处于分裂状态的两个互不隶属部分之间的关系。”①

其次，对台湾当局的政治定位问题。这涉及台湾当局以何种身份参与两岸政治谈判的问题，也就是“台湾当局是什么”的问题。是国家？是政府？是对等政治实体？是割据政权？是叛乱团体？台湾当局当然不可能是国家，那么是否承认其政府的地位？是地方政府还是割据政权？台湾当局必然要求对于“我是什么”作出一个说法。事实上，两岸在进行经济、文化交流，协商谈判 ECFA 的时候可以带白手套，但是到了真要进行政治谈判的时候，就不可能带白手套了，因为台湾方面一定会坚持要大陆说清楚“我是谁”的问题。海峡两岸目前的状况是“互不承认”，即相互都不承认对方政权的合法

① 陈有为：《两岸关系中的中华民国因素》，（新加坡）联合早报网，2008 年 6 月 12 日。

性，这是延续了蒋氏父子“汉贼不两立”的政策，其基础是海峡两岸均坚持一个中国原则。对于台湾当局来说，能够达到“相互承认”是最终的目的，是最佳的结果，在无法实现“相互承认”的状况下，退而求其次，台湾当局要求“互不否认”，因此，台湾当局现阶段两岸定位的目标是追求“互不否认”，即要求大陆在两岸关系和国际场合不得公开否认“中华民国”的存在，否则，就是打压，就是不具有善意，就要逆转两岸关系和平发展的进程。“互不否认”的政策虽然没有要求大陆方面公开承认其“中华民国是一个主权独立国家”的地位，但是实际上是要求大陆方面默认、默许两岸分裂分治的事实，客观上大陆方面难以全盘接受，也很难在此一原则问题上让步。总之，一个不可回避的核心问题是双方政治身份定位，否则两岸谈判必然无法继续开展。而海峡两岸的相互政治定位问题，实际上也就是台湾现政权的政治地位问题，或者说是“中华民国”的政治地位问题。这是台湾当局在政治谈判过程中最有可能提出来的政治难题。

第三，两岸当局对最终目标追求的差异性。大陆谋求两岸关系和平发展的最终目的，是要为两岸最终走向和平统一、实现中华民族振兴奠定基础，创造条件，而不是让两岸在和平发展中长期保持现状，甚至是渐行渐远。但马英九当局推动两岸关系发展的目的，是要发展经济，稳定政局，为其连任创造条件，两岸统一是其不愿面对与竭力回避甚至拒绝的议题。马英九曾公开表示，在他任期内不可能谈统一问题，甚至认为他这一生都看不到统一的目标。[①] 由此可见，执政的国民党已经承认“九二共识”，并承认“两岸同属中华民族”，这较民进党执政时是一个进步。尽管这两点与大陆追求“一个中国”和“两岸统一”期望相距甚远，但两岸在双方关注的共同点上共同前进，毕竟打开了信任大门，这何尝不是两岸迈出统一的第一步。当然，现在的两岸信任基础非常脆弱，还有许多不确定性。其中的一个变数将是两岸在国际上继续“你争我夺”，相互的外交角逐，就很可能让好不容易才建立互信基础的两岸关系破坏殆尽。从过去的一些例子，可以来证明这样情势

---

① 董玉洪：《积极推进两岸关系和平发展》，周志怀主编：《新时期对台政策与两岸关系和平发展》，北京：华艺出版社，2009 年，第 149 页。

发展的结果。首先是2002年8月当陈水扁宣称“台湾与中国、是一边一国”时，曾在事后说明是针对北京在他兼任民进党主席之同时，突然宣布与瑙鲁建交的反弹。另外一个例子则是非典（沙斯）事件之后，台湾民众强烈盼望能进入世界卫生组织（WHO），但是，北京一连串对台北的杯葛措施，不仅引燃了台湾民众内在的反弹情绪，而且还让当时北京高层苦心经营“寄希望于台湾人民方针”的努力，几乎化为白费。总之，两岸之间在未来发展设若再度上演“外交角逐”的情事，肯定又会为已经走热的两岸关系降温。①

第四，岛内“台独”社会基础在短期内出现崩盘式裂解的可能性不大，仍将会给两岸关系和平发展格局、和平统一进程造成极大的冲击。近年来，民进党频频遭受重挫，“台独”社会基础恶性膨胀的势头受挫，但泛绿基本盘仍维持在40%。马英九因背负“外省包袱”和连任考虑，仍迎合民进党所宣扬的“台湾主体性”，不敢对陈水扁的“去中国化”施政进行彻底的拨乱反正。李登辉、陈水扁20年执政期间恶性膨胀的“台湾主体意识”仍有上升趋势，岛内“去中趋台”的民意走势仍未被有效遏止。在较长时期内，省籍矛盾、族群矛盾、统独矛盾难以根本解决，难以逆转的本土化趋势将不断深化。尤其是，美国出于“以台制华”战略考虑，将加大介入台湾政局的力度，仍将采取措施扶植“台独”势力。“台独”社会基础将在较长时期内维持一定规模，短期内不可能出现崩盘式裂解。值得注意的是，在特定环境与条件下，“台独”社会基础再度膨胀的可能性不能排除。未来如果民进党重新执政后，利用执政权展现政绩，在操控“本土论述”话语权的同时务实发展两岸关系，尤其是更为得心应手地运用执政资源拉拢社会各阶层，有可能进一步扩大“台独”的社会基础。② 而这必将增加两岸关系和平发展的复杂性。简言之，要看到主张“台独”的民进党仍有相当社会基础，他们仍控制了台湾相当部分的话语权，他们会不断地用“台湾主体意识”和“爱台”压迫对方。如何转化他们，破除“台独”魔障，依然是大陆方面的巨大挑

① 邵宗海：《两岸关系发展尚存在的变数》，（新加坡）联合早报网，2008年6月23日。

② 《彭维学：“台独”及其社会基础的发展演变》，查阅：http：//www. china. com. cn/overseas/txt/2008－11/19/content_ 16789078. htm。

战。我们是否应从全面封杀转变为“化独维和”，更多从疏导着手？此工作其艰巨性一时难以改变。[1] 从现实的岛内政治情势来看，由于民意对马政府的治理缺乏信心，特别是在野党针对两岸和解交流的大陆政策，进行非理性的反对，两岸关系和平发展的进程并非一帆风顺，而是充满不确定的风险，随着选举风潮的动荡，社会危机和信心危机已广泛的蔓延，更将加剧风险的挑战。

最后，美、日等政治势力凭借其强势地位将继续蓄意挑拨，将台海问题国际化、复杂化。从外部环境来看，美国和日本等相关国家在台湾问题上有特殊的利益需求，尤其是美国，对台湾有着很大的影响力。一直以来，台湾问题的形成及其复杂化都与美国有着极其密切的关联。以其世界头号超级大国的实力地位和利益需要，美国成为台湾问题的最重要的外部关注者，更是台湾最大的保护者和支持者。因此，两岸关系的持续发展离开美国因素是不客观也是不现实的。一方面，美日希望台海和平与稳定，但另一方面，又不愿意看到两岸快速接近，尤其是往统一方向的发展。两岸政治关系的改善和推进是否意味着有利于推动两岸统一的进程与趋势，美日会非常关注。对美国来说，在台湾有着巨大的军售利益。即使在奥巴马上台后，美国对台军售也没有改变。马英九也不断声称两岸军事现状严重失衡，呼吁美国依“台湾关系法”出售台湾必要的防卫性武器。如何在坚持原则的同时，打消美日等国对当前两岸互动的一些疑虑，解决相关国家的利益关切问题，这也是两岸关系复杂性的一大表现。

综上所述，目前的两岸关系属于和平发展的初级阶段。这个初级阶段的特点是政治互信初步构建，还在逐渐积累中，尚处于不稳定的状态，远未达到和谐默契的程度；经济上的合作刚刚开展，但共同利益机制的构建远未达到休戚相关的阶段；岛内社会舆论与主流民意虽然支持两岸关系和平发展，但对如何深化发展分歧较大，尚未形成共识；在思想和意识形态方面，冷战思维及其阴影至今笼罩岛内，反共恐共心态短期内难以消除；在反对势力的

---

① 章念驰：《关于两岸关系和平发展的思考》，周志怀主编：《新时期对台政策与两岸关系和平发展》，北京：华艺出版社，2009 年，第 125 页。

鼓动和歪曲下，部分民众对两岸关系和平发展持保留态度，担心两岸走得太近，关系发展太快，害怕被“统”了。由此引发出“集体焦虑症”，其表现就是“闻中色变”，“逢中必反”，造成岛内族群分裂加剧，恶斗不止。这些都是和平发展初级阶段的特点，也符合当前两岸关系艰巨性、复杂性、矛盾性并存的特点。[①] 换句话说，“历史的恩怨、民族的使命、经济的诱因、政治的排他、制度的差异、人民的情绪、强权的利益”[②] 等使得两岸关系错综复杂。至于如何化解两岸关系的复杂性，人们见仁见智。德国社会学家卢曼在《信任》一书中说道：“在不断提高的社会复杂性的条件下，人们能够而且也必须发展出比较有效的简化复杂性的方式。……信任构成了复杂性简化的比较有效的形式。”但“信任从不是复杂性简化的惟一机制”。[③] 本文受其观点的启发来探讨两岸的政治互信问题，主张两岸之间的政治互信是一种有效的可以化解两岸关系复杂性的简化机制。

二、政治互信与两岸关系的未来

一般认为，新时期的两岸关系，其核心是建立互信尤其是政治互信。这是因为，政治互信的建立与深化对两岸关系的影响，是最为基础且最为重要的一个问题。而所谓的“两岸政治互信”，就是海峡两岸双方彼此以口头、书面或行为默契的方式，展现出共同维护两岸同属一个中国的法理和政治现实之意志，建立起相互包容和信任的政治关系。[④] 本文认为，两岸的政治互信是在两岸关系和平发展的前提之下、双方坚守“一个中国框架”的基础之上，共同缔造一个以两岸民众福祉为中心、以振兴中华民族为己任、“未来统一的中国”的过程中，两岸所应当承诺和遵循的政治原则和行为准则。这一界定有几个内涵。首先，合作而非对抗的思维模式是两岸建立政治互信的

---

① “推进两岸关系发展：风物长宜放眼量”，（香港）《中国评论》，2010 年 2 月刊。

② 张亚中：“两岸和平发展的理论探讨”，（香港）《中国评论》，2010 年 4 月刊。

③ （德）尼克拉斯・卢曼著，瞿铁鹏等译：《信任：一个社会复杂性的简化机制》，上海：上海人民出版社，2005 年，第 10 和 118 页、第 21 页、第 21 页、第 12 页、第 7 页。

④ 刘国深：“加强两岸政治互信 ABC”，（香港）《中国评论》，2009 年 12 月刊。

前提；其次，反对“台独”、坚持“两岸同属一个中国”是两岸建立政治互信的最基本条件。换句话说，两岸对一个中国框架的共同认知是两岸政治互信赖以形成的最基本共识；最后，两岸双方信守各自承诺不仅是两岸之间信任关系中最为基本的道义要求和约束规则，也是两岸政治互信得以存在和深化的必要条件。概言之，政治互信是两岸关系的基础，离开这一基础，两岸关系的未来必将充满不确定性。反过来说，为了减少和消除两岸关系未来的不确定性，两岸必须不断的增进与深化双方之间的政治互信。

首先，根据著名的心理学理论的观点，信任增加了“对不确定性的承受力”。① 众所周知，复杂性必然带来不可避免的危险。当前两岸关系发展的亮点主要集中在经济、文化领域，这也是两岸之间较为能够形成共识的领域。但随着两岸协商与对话进程的推进并不断取得进展，两岸间敏感的政治问题如两岸在政治、外交领域的矛盾与分歧将会逐渐浮现出来。这些矛盾与分歧如果处置不当，很容易导致两岸关系发生倒退。但是，两岸之间如果能够维持起码的政治互信，就可以增强对两岸关系不确定性未来的研判和承受能力，并预先采取相应的对策来减轻甚至消除由于不确定性未来给两岸关系和平发展所可能造成的冲击。值得注意的是，今年开始以来，两岸不约而同地对一段时间以来各界呼声很高的“和平协议”等政治性议题轻轻放下，反而都以低调、务实的态度提出相近的主张。在此之前，两岸各界人士曾就两岸政治性协商议题纷纷发表意见，焦点集中在是否需要立即开启两岸和平协议、结束两岸敌对状态的谈判以及建立两岸军事安全互信机制等议题上；由此相关联的，又涉及“何为一中”？怎样坚持“一中”以及“一中”的性质与内涵为何？两岸如何政治定位等问题。这些问题由于涉及两岸关系的核心议题，两岸之间对此争异很大，差异显著。如果不进行充分的准备，现在就进入高阶的政治议题谈判，势必造成两岸政治冲突公开化，激化两岸矛盾，引发岛内政局动荡，使两岸关系再度触礁。② 由此可见，两岸之间建立与维

---

① （德）尼克拉斯·卢曼著，瞿铁鹏等译：《信任：一个社会复杂性的简化机制》，上海：上海人民出版社，2005 年，第 10 和 118 页、第 21 页、第 21 页、第 12 页、第 7 页。

② “推进两岸关系发展：风物长宜放眼量”，（香港）《中国评论》，2010 年 2 月刊。

持起码的政治互信之重要性与必要性。“信任增加了对不确定性的宽容，从而增加了人们行动的勇气和可能性。”①

其次，信任能够发挥其功能以理解并减少复杂性。或者说，“要简化以或多或少不确定的复杂性为特征的未来，人们必须信任。”② 五年前连战先生对大陆的历史性访问，使国共两党达成了坚持“九二共识”与反对“台独”的共同立场，同时也就维持两岸关系的现状达成了一定程度的默契。但是，“维持现状”本身却不能构成一项明智的政策。任何政策都不应仅仅是对现实的承认。对台海两岸的任何统派政党而言，将“维持现状”作为两岸关系方面的一项阶段性政策，有其合理的地方，现状是人们所熟悉和习惯的，维持现状的风险也往往最低。但这种政策却也无法向人们说明，如果两岸统一在目前是难以实现的，为什么仅仅对现状加以维持就能使统一在将来更容易实现。况且，“维持现状”本身就很复杂，使得未来充满不确定因素。“表现在：两岸之间仍未正式结束敌对状态、签署和平协定，仍在‘九二共识’如何表述和两岸关系定位上存在歧见，仍在军事、外交领域和台湾国际活动空间等问题上存在龃龉摩擦；两岸交往主要通过国共、半官方的两会以及诸多民间机构平台进行，缺乏最高领导人、公权力和高级民意代表之间的直接接触沟通；以民进党为代表的绿色阵营强烈反对国民党的大陆政策，国民党的执政优势并不稳固；一些国际势力惟恐两岸关系发展过快伤害其地区战略与自身利益，以各种方式进行牵制；等等。”③ 虽然“维持现状”并非明智之为，但却是大多数台湾民众现阶段的首选，这是不争的事实。究其原因，经济上的善意不能取代政治上的怀疑和敌意，单纯的交流不能改变复杂的认同，两岸关系发展欲速则不达，“心病还得心药治”。心结的形成有其深层的历史背景与社会根源，而且又与两岸不同的社会制度紧密相关。因此，

① 郑也夫：《信任论》，北京：中国广播电视出版社，2001 年，第 102 页、第 53 页、第 102 页。

② （德）尼克拉斯·卢曼著，瞿铁鹏等译：《信任：一个社会复杂性的简化机制》，上海：上海人民出版社，2005 年，第 10 和 118 页、第 21 页、第 21 页、第 12 页、第 7 页。

③ 杨立宪：“两岸如何‘增进互信、务实合作’之探讨”，（香港）《中国评论》，2010 年 2 月刊。

要完全化解这一心结，并非易事，也不是短期内可以达到的。两岸之间各个方面的交流沟通是化解心结的必经道路，而相互包容则是促进相互理解的必要前提。再经过若干年的交流交往，进一步削弱敌意，积累互信，化解这一心结应当是水到渠成的事。① 我们相信通过增强和深化两岸的政治互信能够化解双方的心结，支持两岸扩大交流合作、期盼两岸关系和平发展越来越成为台湾的民意主流，成为两岸民众的普遍共识。“对预期抱有信心，正是我们定义的信任；而以过去的经验去预见未来，正是信任的一种根据和形式。”② 如此一来，两岸的政治互信一定能够减少甚至消除两岸未来关系中的复杂性因素。

最后，信任有助于增强面对未来挑战的自信心。“未来的复杂与变幻，造成了对现在的确定性的需求的增长。这种在心理上增加确定性，即信心的最重要的机制之一就是信任。”③ 在今天的两岸关系和国际政治现实中，任何一方都不可能不计后果地采取片面改变现状的行动。过去 30 多年的两岸风风雨雨已经证明，台湾方面没有采取片面行动成功地改变两岸政治关系现状的能力，大陆方面也没有不惜一切代价诉诸武力的主观意愿和必要。经过 20 多年的交流合作，两岸利益已经紧密地结合在一起，维护两岸和平发展大局才是两岸关系的最佳选择。在彼此充分了解自身价值和对方意图和能力的基础上，在相信交流合作会带来稳定力量的认知基础上，双方的自信心都会逐步提升，双方可以理性地、稳步地深化政治互信。同时又可以以强化政治互信来增进双方自信，实现良性循环。④ 反之，“没有自信就没有互信”。随着近年来的经济快速发展，中国大陆愈来愈能够展现出其自信。面对诡谲多变的世局、逐渐走向分离的台湾，大陆仍能坚定地主张“和平发展”，这就是自信的表现。反观台湾，意识形态民粹式的动员让台湾内耗十余年，迄今

① 陈孔立：《折磨人的政治符号》，（新加坡）联合早报网，2009 年 11 月 25 日。

② 郑也夫：《信任论》，北京：中国广播电视出版社，2001 年，第 102 页、第 53 页、第 102 页。

③ 郑也夫：《信任论》，北京：中国广播电视出版社，2001 年，第 102 页、第 53 页、第 102 页。

④ 刘国深：“加强两岸政治互信 ABC”，（香港）《中国评论》，2009 年 12 月刊。

没有停止迹象。大陆的论述成为泛绿可以操弄的代罪羔羊。1970 年代以前，台湾还有与大陆“争正统”，“争谁才是真正中国”的气魄；但是在与美国“断交”后，处于劣势的台湾逐渐失去自信，不再敢多谈“一个中国”。但大陆虽然已有较多的自信，还是没有接受“中华民国政府”仍然存在的自信。这是因为大陆担心，如果接受“中华民国政府”的法理存在事实，是否等于接受了“两个中国”。可见大陆对于“和平统一”仍然缺少信心，缺少用两岸平等方式追求统一的自信。台湾也必须重拾自信。坚守“一个中国”不仅是政治上的原则，更是一种权益上的责任，坚持“一个中国”不仅是对历史负责，更是拥有中国未来的权利。总之，两岸都需要自信，台湾需要有坚持“一个中国”，才能引导中国发展的自信，大陆需要有透过“两岸平等”，更容易走向统一的自信。两岸如果能够重拾自信，互信自然可以水到渠成。① 有了坚实的互信，人们就更有信心对两岸关系的未来保持比较乐观的立场。

总之，互信是两岸关系和平发展的基石。相同的文化背景，逐渐扩大的两岸各界交流，硕果累累的两岸发展成果都进一步增强了两岸的互信。“显示信任就是为了预期未来。”② 但是，我们依然要看到两岸关系发展存在的困难。“两岸互信存在问题，是由于意识形态、政治制度、思维逻辑、生活方式和价值观念的不同所造成，特别是‘法统’的敏感性和意识形态的对立，使得两岸建立互信，既相当重要又有相当的难度。”③ 目前，两岸政党交流所开创的政治互信是两岸人民的宝贵财富，在新的历史时期，显得尤其珍贵。无论碰到什么问题，只要双方以两岸同胞福祉为念、以两岸关系和平发展大局为重，以最大的诚意、尽最大的努力建立互信，就一定能求同存异，找到解决问题的办法，两岸关系和平发展的道路就一定会越走越宽广。④

---

① 张亚中：“论海峡两岸建立互信”，（香港）《中国评论》，2009 年 11 月刊。

② （德）尼克拉斯·卢曼著，瞿铁鹏等译：《信任：一个社会复杂性的简化机制》，上海：上海人民出版社，2005 年，第 10 和 118 页、第 21 页、第 21 页、第 12 页、第 7 页。

③ 刘红：《两岸关系和平发展的机遇和挑战》，周志怀主编：《新时期对台政策与两岸关系和平发展》，北京：华艺出版社，2009 年，第 135 页。

④ 张文生：“建立互信促进两岸关系和平发展”，《两岸关系》，2008 年第 5 期，第 1 页。

三、政治互信与两岸的互动

在一个社会当中，“信任在互动框架中产生，互动既受心理影响，也受社会系统影响，而且不可能排他地与任何单方面相联系。”① 同样的道理，两岸的政治互信也是经由两岸双方组成的互动框架之中产生、发展并得以深化的。

首先，增进两岸的政治互信必须正视历史与现实。这包括：重新审视历史，包括正确评价国民党在抗日战争时期在正面战场发挥的主力作用，淡化国共两党的历史恩怨；正确论述近代以来中国的完全独立时间是1945年抗战胜利后参与了联合国的创建、在大陆收回了“租界”、收复台湾之时而不是1949年中华人民共和国成立之时，等等。重新定位“中华民国”和台湾当局，可以承认“中华民国”在1949年只是被中国共产党领导的人民革命推翻了，但并没有被消灭掉，只不过是“逃亡”而不是“流亡”到中国的领土台湾省，并且仍然保持了一套完整的“国家”工具，继续有效地在台湾省、福建省的金门、马祖以及东沙、南沙群岛的部分地区行使治权。所谓的“中央政府”已经沦为只是控制中国部分领土和行使权力且不再可能对中国大陆行使权力的地方政权，不再是一个主权国家的政府，或者可以称其为“前中央政府”。相信有了“前中央政府”的名义，任何台湾当局的领导人都不能再说是“矮化台湾”了。如此，所谓地位“平等”或者“对等”的问题也就迎刃而解了。至于扩大“国际活动空间”的问题，只要台湾不图谋“独立”，不坚持要以“主权国家”的名义参与国际社会，相信并不难解决。大陆目前提出可以由台湾方面参加中国代表团，允许台湾参照“奥运会模式”以“中华台北”（Chinese Taibei）的名义如同香港、澳门一样单独组团参与非政府组织（NGO），并不必拘泥于一定要用“中国台湾”（Taiwan,

① （德）尼克拉斯·卢曼著，瞿铁鹏等译：《信任：一个社会复杂性的简化机制》，上海：上海人民出版社，2005年，第10和118页、第21页、第21页、第12页、第7页。

China）的名称，而且或许可以改为“中华台湾”（Chinese Taiwan）。[①] 如此等等，不一而足。概言之，大陆应正视中华人民共和国未完全继承“中华民国”的政治现实，不强行促进统一，不谋求“单方面改变现状”。台湾则应承认中华人民共和国政府代表中国的主体，两岸同属于中国，不谋求改变现状的“法理独立”。在“一国两区”的定位下，两岸之间互不为外国，同时也互不为行政管辖范围，彼此可以“大陆地区”、“台湾地区”或“大陆方面”、“台湾方面”（MOU 模式）互称，共同承诺以和平发展为主题创造双赢，共同为中华民族复兴统合尽力。[②]

其次，增进两岸政治互信的关键是寻求破解难题。难题是事物主要矛盾的集中体现，具有牵一发而动全身的特性，在某种情况下对全局的发展起关键的作用，破解了它，形势就朝前迈进一步，反之，则止步不前甚至倒退。比如，在台湾经济没有根本好转之前，在台湾主流民意未形成有利于两岸政治谈判的气氛之前，在国共两党没有共识之前，暂缓推动敏感的政治议题谈判。[③] 但是目前不推动两岸政治谈判不代表要搁置这个议题。正如贾庆林所指出的，“还应着眼未来，积极稳妥地探索如何破解制约两岸关系发展的难题，为今后两岸协商政治和军事安全等问题预作准备、创造条件。”而寻求破解难题则必须不断的增强和深化两岸之间的政治互信。为此，应组织两岸智库学者研究“一中共表”，统一政治定位口径。“九二共识”是两岸关系和平发展的政治基础，但“一中各表”的提法本身就存在争议，搁置争议亦非长久之计，为求“增进互信，务实合作”、“行稳致远”，应考虑整合相关提法。与此同时，双方互释善意推动建立军事互信机制。大陆因承担两岸关系和平发展与和平统一的主要责任，应率先就台湾同胞关心的“撤导弹”问题作出积极回应；台湾则应随之减少对美军购数额，与此同时，应要求与两

---

① 范海泉：“开启两岸互信对话的时代”，《南京理工大学学报（社会科学版）》，2008 年第 3 期，第 11 页。

② 杨立宪：“两岸如何‘增进互信、务实合作’之探讨”，（香港）《中国评论》，2010 年 2 月刊。

③ 杨立宪：“两岸如何‘增进互信、务实合作’之探讨”，（香港）《中国评论》，2010 年 2 月刊。

岸关系密切且支持两岸关系和平发展的美国相应作出姿态，逐年减少对台军售，直至两岸均认可的适当水平。除外，应适当加快旨在增强互信的军事交流活动，建立某种沟通管道，加强相关信息通报，尽量减少不必要的猜忌和误判。在台湾参与国际活动方面，继续现有的平等协商、个案处理、分阶段推进的做法，循亚银模式、奥运模式、WHO 模式、APEC 模式、WHA 模式等来解决现阶段台湾的国际参与问题。继续贯彻“外交休兵”，台不挑战大陆在国际组织中代表全中国的合法性，大陆则帮助台在国际社会中保持某种有限的自主性与参与度。① 总之，我们相信，针对“如何把握和对待两岸之间存在已久的矛盾和分歧”，经过前瞻性的思考、理性的协商与反复的沟通，两岸必能以中华民族的福祉为最大公约数，互谅互让，在和解共存中找到最佳的政治解决方案。

第三，站在对方的角度来思考问题，是增进互信最好的办法。两岸建立互信，增进互信，继而深化互信，是一个先易后难、循序渐进、需要长时间积累的过程。建立互信的基础是“九二共识”，但两岸的认知有很大差距。所以两岸政治关系和政治互信的基础至今仍很薄弱，如果轻举冒进去碰政治难题，很容易损坏得来不易的和谐气氛。② 因此，“互信”必须根基于“了解”，愈能深入了解，愈能建立互信的路径。而给予与体会对方的善意是很重要的，是两岸累积政治互信的重要方面。两岸双方在去年“达赖访台”、“热比娅风波”等事件的处置上所体现出来的相互理解、配合与支持，表明两岸在短短的一年多时间里积累的政治互信是建立在两岸坚实的经济基础和相互尊重的政治基础之上的，两岸完全有能力应对台湾政治势力及国际政治势力为阻止两岸发展关系而制造的“流言蜚语”或“政治挑拨”的冲击。与此同时，藉由两岸关系的改善和双方的默契，这一年多来，确实已累积彼此的互信基础；透过具体的实践，更使“两岸互不否认”，逐渐为大陆方面接受，至少不强烈反对。例如熊猫来到台湾的过程中，为了避免被矮化为

① 杨立宪：“两岸如何‘增进互信、务实合作’之探讨”，（香港）《中国评论》，2010 年 2 月刊。

② 钟岷源：“两岸政治互信新考验”，《南风窗》，2009 年第 19 期，第 23 页。

"国内移动"，最后便用台湾和大陆"互赠"的方式，大陆有出口报单，台方有进口报单，并且经台方检疫，完全符合"国际惯例"；再加司法互助协议签订后，司法审判互相承认，也具有"治权"象征意义；此外，高雄世运与台北听障奥运，大陆代表团都参加，马英九也以"总统"身份宣布开幕。凡此种种，在在显示大陆即使还不公开承认，至少也不否认"中华民国治权"，这当然是两岸关系的重大进展。由此可见，两岸关系的进一步发展必须建立在相互的谅解与彼此的善意之上，也就是大陆固然要了解台湾同胞的心声，台湾也要体谅大陆方面的立场；如果大陆硬要以高姿态逼迫台湾就范，固然十分不智；同样的，台湾若是非要故意挑衅大陆，也是极为不明智的做法。总之，两岸政治互信的强化，除了巩固基本的原则性共识外，也有赖双方在具体的政治互动中保持与人为善的态度，并形成互相体谅、避免为难对方的政治行为规范。"换位思考有助于两岸同胞相互理解，相互学习，超越制度、意识形态和历史恩怨，化敌为友，进而面对现实，共创双赢，因而是实现两岸关系和平发展的思想基础。"①

第四，交流与交往是真正弥合隔阂、减少分歧的良药。长期以来，阻碍两岸交流扩大和两岸关系回暖的最重要因素就是两岸缺乏互信，特别是民进党当政八年来，不但不求改善两岸关系，反而将两岸的低度紧张视为凝聚支持者的工具，不断炒作两岸议题，谋求政治利益，导致两岸之间互信荡然无存。在这种情况下，两岸之间已经丧失了良性互动的基本环境。而自2005年以来中国共产党与中国国民党的交流与交往虽然几经风雨，但是互信已经建立起来，双方在两岸问题基本方向上的共识成为两岸进一步合作的良好开端。② 2008年台湾完成第二次政党轮替，确认了"九二共识"，恢复了"两会"协商，让"三通"全面通了起来，共同确立了"和平发展"为两岸共同的追求。当前，应充分利用两岸关系缓和的有利时机，积极推动两岸各层次、各领域的交流，包括政党之间、立法机构之间、人民团体之间、市际县

① 杨立宪：《探讨推进两岸关系和平发展的基础工程》，周志怀主编：《新时期对台政策与两岸关系和平发展》，北京：华艺出版社，2009年，第141页。

② 陈星：《和平发展视角下的两岸关系制度创新》，周志怀主编：《新时期对台政策与两岸关系和平发展》，北京：华艺出版社，2009年，第174页。

际之间等方面的交流，通过交流，化解歧见，增加了解，密切感情，增进共识，让两岸更加紧密的结合一起。① 亲民党主席宋楚瑜首访大陆时曾经说过，“两岸要心灵相通，只要心灵相通，一通百通”。经济交流本身，做得再好，并不能从根本上消除两岸的心灵隔阂。而通过两岸文化交流，则有助于促进两岸人民互相了解，增进台湾人民认识新中国的发展，改变台湾社会“亲美、反中”思维，扬弃长期反共意识形态形成的对中国大陆的成见与心结。② 简言之，两岸之间政治互信的深化，不仅在有赖于高层之间更加密切的政治互动，两岸人民之间建立在交流交往、互利合作基础之上的相互理解和信任更加重要。因此，应当利用两岸关系缓和，交流频繁的机会，继续做好台湾民心工作，着力强化台湾民众对两岸“共同家园”、两岸“命运共同体”、两岸“同属中华民族”的认同，增强台湾民众对大陆及两岸终将统一的政治认同，扭转台湾民调中存在的两岸经贸关系越密切，民众统一观念越淡化的现象。③

最后，重建两岸的话语工程，为深化政治互信创造有利环境。一段时间以来，两岸从迂回试探到正面对话，都付出了相当的心力，双方都在语言修辞上细心斟酌，尽可能表达善意，避免刺激对方，并保留各自的诠释空间，这无疑是累积互信关系的重要步骤。回顾二十多年来两岸关系的发展历程，不难发现，双方长期话语上的对立也影响了两岸互信关系的发展。在两岸关系发展的新形势下，如果两岸能够以更加宽容的心态，致力于寻找彼此间共识与善意，其本身就是加强互信的过程。当前，两岸都强调“中华民族”的共同认知，维护中华民族的整体利益，虽然中华民族只是文化认同概念，但两岸在这一概念上具有高度的共识，双方可以以此为基础，从经济、文化乃至政治等层面构建彼此都可以接受的“话语”，逐步扩大两岸共识的空间，

① 董玉洪：《积极推进两岸关系和平发展》，周志怀主编：《新时期对台政策与两岸关系和平发展》，北京：华艺出版社，2009 年，第 152 页、第 153 页。

② 《台湾统派大集合 促建两岸共同家园》，中评社台北 2010 年 3 月 24 日电。

③ 董玉洪：《积极推进两岸关系和平发展》，周志怀主编：《新时期对台政策与两岸关系和平发展》，北京：华艺出版社，2009 年，第 152 页、第 153 页。

为两岸互信关系的建构创设有利的话语环境。① 有了良好的话语环境之后，两岸就能在诸如“一个中国”的定义与内涵等问题上找到双方可以接受的共同表述，而这必将有利于增进两岸的政治互信，从而有效地化解两岸关系的复杂性。

总而言之，两岸政治互信的建立绝不仅仅是官方之间或政治领导人之间表面的政治宣示和口头的承诺，而是必须与一系列实际的政治行为相联结。互信是基于共同的利益和安全要求下的相互信赖、尊重和包容，在互信的基础上，双方的行动都要有一定的瞻前顾后，都要彼此照应，相互支持。否则，互信的基础就有可能受到损害。② 也就是说，两岸政治互信的建构过程不仅是双方在政治交流与交往的过程中不断重新认识对方的过程，也是双方不断释放善意、寻求谅解的过程。在此过程中，双方都要有更大的包容心、诚心和耐心，相互理解和包容各方的意见分歧，切勿因偶发的、个案性的突发事件而中断理性的沟通和对话。

四、结语

近年来，胡总书记在各种不同场合不断地强调“建立互信”的重要性。这充分说明了，“建立互信”是两岸关系能够顺利和平发展的基础与前提。事实上，两岸关系发展的经验显示，政治互信是最基本的前提。也正是在互信的基础之上，双方找到了发展两岸关系的新道路。那就是：“在‘九二共识’的基础上，以和平发展为主题，以为两岸同胞谋福祉为根本归宿，以深化互利双赢的交流合作为有效途径，以平等协商为必由之路，以建立互信、搁置争议、求同存异、共创双赢为指导思想；遵循先经后政、先易后难、先急后缓、循序渐进的步骤，务实合作，开创未来。”2008 年下半年以来“三通”的实现、两岸经济关系正常化与两岸经济合作制度化的推进、两岸民间论坛与社会文化联系网络的发展等，都是这条新道路的具体体现。“总而言

① 王公龙：“新形势下两岸互信关系的建构”，《党政论坛》，2008 年 7 月刊，第 42 页。
② 刘国深：“加强两岸政治互信 ABC”，（香港）《中国评论》，2009 年 12 月刊。

之，目前两岸关系取得了六十年来最大的突破与发展，但深层次矛盾依旧，台湾民众对大陆的怀疑与敌意并未根本转变，在这种情况下，两岸均应加强对彼此的了解与理解，相互尊重，相互扶持，相互体谅，不仅要求同存异，还要求同化异，携手走一条符合中华民族根本利益、符合两岸关系实际的合作振兴与整合之路。”① 放眼前路，胡总书记的话语催人奋进：“尽管前进道路上还会出现困难和阻碍，但只要我们坚定信心、不懈努力，紧紧依靠两岸同胞，就一定能够开创两岸关系和平发展新局面，迎来中华民族伟大复兴的锦绣前程。”②

（会议论文，原文印发，文中用语和观点系作者个人意见）

---

① 杨立宪：“两岸如何‘增进互信、务实合作’之探讨”，（香港）《中国评论》，2010 年 2 月刊。

② 《新华社：两岸和平发展共同愿景 5 周年回顾》，中评社香港 2010 年 4 月 30 日电。

试析民进党政治运作中的“本土牌”

林　劲*

一、导　言

自上个世纪80年代中期政治转型以来，台湾地区政治意识形态领域最大的变化，莫过于台湾本土意识（即所谓“台湾意识”、“台湾主体意识”）的持续高涨。民进党凭着“本土政党”的出身以及较为系统的本土论述，在本土意识的推动过程中扮演着重要的角色。在选举中，民进党时常将“本土牌”作为攻击对手、切割选票的一种重要手段，而本土意识的不断增强确实一度让民进党在选战中占尽便宜。本土意识亦即台湾意识，是台湾民众一种由于历史上曾经被遗弃、受歧视而产生浓厚的乡土观念和地域认同感，进而逐渐成为强烈要求当家作主、掌握自己命运的群体意识，这源于台湾特殊的历史遭遇和特殊的政治生态。在此所指的台湾社会特殊的政治生态就是由来已久的省籍——族群矛盾，这一社会政治问题有其深刻的社会历史根源，并且由此衍生诸多论述和理念，曾经较为流行且影响较大有“台湾生命共同体”、“台湾命运共同体”、“台湾主体意识”等等。民进党的“本土论述”

* 作者简介：林劲，厦门大学台湾研究中心、厦门大学台湾研究院教授。

就是建立于台湾社会本土意识的基础之上，包括“政治本土化”的民主诉求和以“去中国化”为核心内容的“本土历史文化教育”等一系列政策主张，这均属于意识形态范畴。

“本土牌”正是政治势力或者政治人物利用台湾民众的本土意识在政治运作中进行相关议题的炒作和煽动，挑动省籍——族群对立以从中获取政治利益的工具及手段，属于政治运作范畴。民进党的“本土牌”正是以其“本土论述”为指导原则，在实践中不断运用而逐步形成的，历经多年的摸索已经到了操弄娴熟的地步。在民进党执政之前，“台独”学者已经进行了充分的意识形态论述，包括政治、经济、文化、历史和族群关系等等许多方面，形成了一整套关于“台湾主体性”的理论。这一套理论，在民进党执政8年中，牢牢掌控着台湾意识形态的主流话语权。每遇重大选举，民进党都会诉诸历史悲情，把自己塑造成“本土”、“爱台”形象，把国民党塑造成“外来政权”。“泛蓝”阵营拿捏不到反击的意识形态着力点，只能随着民进党主导的议题打转，被动挨打，选战打得倍感辛苦。

然而，2008年两场重要选举接连惨败的残酷现实，已经让民进党内部分人士意识到，过度操弄本土意识，不仅无法打败对手，而且可能反噬自身。于是，在选后的反省和检讨中，对于未来的路线和定位，民进党的代表人物不止一次表示需要“重建本土论述”。本文将对民进党“本土牌”运用及操弄的脉络及其效果作一初步的分析。

二、民进党“本土牌”运用及操弄的脉络分析

（一）党外时期及建党初期“本土牌”的运用

所谓“本土牌”，在台湾的政治场域中，指的是一种糅合了省籍及族群冲突、统独矛盾、两岸对峙等意涵，通过煽动对立情绪，然后区分出“我群”与“他群”的概念，借此切割选民群体的斗争策略①。“本土牌”之所

① 郑又平：《民进党选举策略中“本土牌”运用之政治分析》，国家政策研究基金会网站：http：//www. npf. org. tw/particle－3025－2. html

以成为民进党的一种斗争策略，与台湾独特的政治发展历程以及民进党的成长背景有着密切相关。

在台湾政治民主化的过程中，政治本土化始终是一条主轴。由于在国民党威权统治时期，当局一方面以“动员戡乱”和“反攻大陆”为借口，坚持所谓“法统”、拒不实施民主，台湾民众的政治参与权利受到压制；另一方面，为维持其在台统治的“正当性”，刻意用“中国文化”与“大中国意识”粗暴地贬抑台湾的“乡土文化”与“乡土意识”，加之“二二八事件”的历史悲剧以及戒严时期的“白色恐怖”所造成的省籍矛盾和冲突，台湾省籍民众蓄积了强烈的“被压迫意识”。于是，80 年代中期开始的台湾政治转型，“本土化、台湾化”成为主题，夹杂着民主意识和分离主义意识。当时以本省籍政治人物为主的反对运动人士，选择省籍问题来作为政治动员的利器，在各种选举场合，党外及民进党籍候选人以“本省人投给本省人”，“台湾人选台湾人”为号召来争取本省籍选民的支持。在此阶段，民进党的“本土牌”主要体现为利用省籍/族群矛盾，虽然有利于扭转长期由国民党外省籍政治精英长期垄断政治权力的局面，具有一定的正当性，但是这一策略不可避免地加剧省籍、族群之间的矛盾，并沦为某些政党和政客权力斗争的工具。

（二）李登辉主政时期“本土牌”的操弄

进入 90 年代之后，随着台湾地区政治环境的巨大变迁，民进党的“本土牌”操作出现一些新特点。

首先，从“本土牌”的作用对象上来说，自李登辉上台之后，国民党内的省籍矛盾逐渐公开化，在李登辉稳定其地位之后，外省籍政治精英逐步被排挤出权力核心，而民进党基于省籍情结和满足于“台湾人出头天”的心理，在国民党的内争中给李登辉予大力支持，联合国民党内本土势力，极力“抹红”国民党内外省籍政治精英以及后来的新党，并冠之以“外省集团”、“外省人政党”、“急统派”、“中共同路人”等帽子。

其次，在李登辉的主导下，国民党展开一系列本土化转型，并且逐步抛弃长期坚持的“一个中国原则”和“大中国意识形态”，转而走向分离主义路线，并致力于在政治思想文化等方面打造与“本土牌”密切相关的“台湾生命共同体”、“台湾主体意识”等。因此，民进党的“本土牌”除了对新党以及国民党外省籍人士尚能起点作用之外，对于国民党本土派政治人物则失去了威力①。这无疑给民进党带来莫大的压力，并成为其在 90 年代中后期推动路线转型的重要原因之一。

再次，从“本土牌”的内涵来说，随着台湾政坛的统独争议渐趋白热化以及两岸关系的跌宕起伏，“本土牌”的内涵增加了煽动敌视大陆和利用两岸对立的内容，为了激发和凝聚“台湾主体意识”并获取选举利益，“台独”分裂势力通过不断挑起事端来塑造大陆对台湾“蛮横打压”的负面形象。总之，这一时期“本土牌”的内涵得到进一步扩充，由于以李登辉为首的国民党本土势力和民进党在政治理念的趋近，尤其是二者都倾力鼓吹“台湾主体意识”，使得民进党无法独占“台湾”和“本土”的种种好处，在“本土论述”上与国民党处于既竞争又合作的关系。

（三）执政时期“本土牌”的操弄

在 2000 年的“总统”选举中，民进党以微弱优势胜选，一跃成为台湾的执政党。此后，台湾政坛进入了泛蓝、泛绿两大阵营对峙时期。下台之后，国民党对李登辉主政时期的分离主义路线进行了清理，同时加强与亲民党、新党的合作，积极推动两岸和解和交流。而民进党当局顽固坚持“台独”主张，极力推行“渐进式台独”以及“去中国化”政策，不断地冲击和恶化两岸关系。于是，在蓝绿两大阵营意识形态差距拉大及李登辉投入泛绿阵营的情况下，民进党以“本土政权”自居，大有掌握本土论述主导权的趋势，不遗余力地利用“本土牌”对泛蓝阵营展开持续的攻击，具体表现为：通过发展出一整套理论论述，充分运用媒体包装将“民进党 = 民主 = 本土政权 = 爱台湾”，同时巧妙地把国民党、亲民党、新党与“外来政权”、“外省人”、“威权专制”、“中国”、“中共同路人”、“出卖台湾”等画上等

① 譬如，在 1996 年的“总统”选举中，尽管民进党候选人彭明敏试图通过标举“台湾人总统”来争取本省籍选民的支持，但还是无法避免“弃彭保李”局面的出现，据选后的调查结果显示，当时有相当一部分的民进党支持者出于所谓“李登辉情结”而将选票投给了李登辉。

号，然后再透过口耳相传予地下电台、宗教社团、竞选桩脚等各种信息网络，向选民灌输、散播“本土优先”思想①。在近年的选举以及个别重大事件②中，民进党都或明或暗地利用“本土牌”成功地挑起部分本土民众的情绪。而泛蓝阵营在民进党“本土牌”的打击之下曾一度处于被动挨打的局面，从而不得不采取一系列的本土化转型动作并通过着力建构系统的本土论述来应对民进党的本土论述霸权③。在利用“本土牌”打击泛蓝阵营且再三尝到甜头之后，尽管此举已造成台湾社会的严重撕裂，但民进党仍然变本加厉地将“本土牌”的效用发挥到淋漓尽致。

原本民进党“本土牌”的打击对象是泛蓝阵营的政治人物，然而在某些政治人物的操弄下，“本土牌”的打击对象不断扩大，甚至蜕变为赤裸裸的内部权力斗争工具。以民进党和台联党的关系为例。当初李登辉主导成立台联党所标举的主要目的，就是要结合所谓“本土力量”，来协助民进党“稳定政局”，从而巩固“本土政权”，两党合作共同对抗“非本土”或“不够本土”的泛蓝阵营。然而，随着民进党与台联党关系的不断恶化，民进党对李登辉及台联党也祭出“本土牌”，质疑后者对于本土路线的坚持④。除了被用于对付同属所谓“本土阵营”的台联党之外，民进党的“本土牌”也被某些政客用于党内权力斗争，最终导致严重内讧。在2007年“立委”和

① 郑又平：《民进党选举策略中“本土牌”运用之政治分析》，国家政策研究基金会网站：http：//www. npf. org. tw/particle－3025－2. html

② 最为典型的一个例子是在2006年底的“反贪腐倒扁运动”中，民进党前主席施明德一度动员百万民众走上台北街头，对绿营造成强烈震撼，但是当绿营打出“本土牌”将倒扁、挺扁定位为蓝绿对决与南北对立，民进党主席游锡堃高喊“倒扁就是中国人糟蹋台湾人，台湾绝对不能让红色恐怖打到、被糟蹋、被看轻！”就顺利地整合了泛绿阵营。即使以施明德为首的红衫军一度企图区隔陈水扁与民进党，但是“本土优先”旗帜一出，就迅速瓦解了倒扁的力量。

③ 譬如，为了迎战2008年的“总统”选举，国民党于2007年对党章做了重大的修正，首次将“台湾”写入党章，宣示将“以台湾为主，对人民有利”作为党的信念，而马英九也特地出版《原乡精神》一书，来提出自己的“新本土论述”。总的说来，国民党这几年发展本土论述的主要目的就是要破除不断受到对手以“外来政党”、“外来政权”来攻击的魔咒，并且反对民进党本土论述的封闭、保守以及狭隘特点，主要方向是不断强化“中华民国”和“台湾”或“本土”的联结（为此其领导人甚至还提出“台湾就是中华民国”的说法），并且将解释成一个包容性的、多元性的概念。

④ 李正修：“背离‘主权在民’的民进党政府”，中央日报网络报，2007年5月16日。

“总统”选举党内初选过程中，被“台独”基本教义派绑架的民进党当权派，竟然将“本土”作为检验党员忠诚与否的工具，于是就出现部分民间形象较好而不“挺扁”且在两岸关系持务实态度的参选人被“抹红”而冠上“中国琴”、“西进昌”以及“十一寇”帽子的一幕。① 甚至连“总统”候选人谢长廷以往的“宪法一中”主张，在初选过程中也难逃竞争对手“本土牌”炮火的攻击。② 此外，这一时期民进党的“本土论述”最为人诟病的是沦落到不分价值是非的地步。特别是在陈水扁政权因贪污腐败和施政无能而造成民怨沸腾的时候，民进党当权派竟然利用“本土牌”将挺扁与反扁的斗争操弄为本土与非本土、爱台与卖台、泛绿与泛蓝以及南部与北部的对立，公然蔑视普世价值和民意，引起党内有识之士的批判。前民进党文宣部主任陈芳明愤怒地写道：“把陈水扁视为本土政权，其实是对本土最大的羞辱。本土，岂能容许贪腐？本土，岂能纵容反民主？本土，岂能施用清党手段？然而，在本土的面具下，在民主开放社会不该发生的倒行逆施，竟然都发生了，而且，都一一实现。”③

三、“本土牌”的操弄的效果及未来的走向

上述可见民进党操弄“本土牌”的脉络，即根据政治需要而随时对“本土论述”内容作出调整并扩大斗争范围。泛蓝阵营、台联党、民进党内

---

① 所谓“中国琴”即萧美琴，“西进昌”即洪奇昌，“十一寇”即林浊水、李文忠、洪奇昌、段宜康、沈发惠、蔡其昌、林树山、郭正亮、郑运鹏、罗文嘉和沈富雄等十一人。这十几个人都是民进党内走温和务实路线的改革派，对于当时以陈水扁为首的民进党当权派多有批判。

② 《苏贞昌狠批谢长廷：宪法一中把大家当傻瓜》，星岛环球网：http：//www. stnn. cc/hk_taiwan/200704/t20070424_ 520744. html。

③ 陈芳明：《视扁为本土政权，是对本土最大羞辱》，中国评论新闻网：http：//www. chinareviewnews. com/crn－webapp/new/doc/docDetail. jsp? docid＝100544256。

的异议人士、反扁人士、北部、中国大陆甚至美国[①]，都曾经成为民进党“本土论述”所塑造的“他者”。这种不断扩大“本土牌”打击对象的做法，其结果只能使民进党“愈做愈小”。随着民进党本土论述的工具性色彩渐趋明显，尤其是一度沦为主政者掩盖贪腐无能的遮羞布，其道德正当性不可避免地受到严重削弱。而民进党处处以“本土”正统自居，动辄将自己等同于“台湾”，不尊重台湾民众的自由选择，并且无视国民党已得到相当部分台湾民众认同的的事实，这种心态和举措更使许多台湾民众心生反感。

2008年败选之后，民进党内部开始检讨“本土论述”所存在的问题，时任主席谢长廷在谈到民进党未来的定位时指出，民进党推动的“台湾主体意识”，已经获得社会共识，未来民进党“不再垄断台湾或本土”，而必须和很多“本土政党”竞争进步性。[②] 在此，谢长廷实际上承认国民党等政党已是本土政党、今后不能再乱扣“外来政权”帽子的事实。继任主席蔡英文在检讨“本土论述”时承认，“过去在政治攻防中，尤其在选举过程中，有些人有意无意的（我相信是无意的）把‘本土’窄化成一种排他性的观念。这种窄化的本土诠释忽视了移民社会最需要的包容，跟我们团结成为生命共同体的需要是矛盾的”，因此，民进党需要对其最核心的本土价值“进行重新诠释”，将“‘本土’重新诠释为一个包容性的观念，让这个社会所有的新旧移民不分族群都能共享‘本土’”。[③] 这一观点无疑切中以往民进党本土论述的症结所在。然而，这种迥异于以往民进党本土论述的理念是否真能得

---

① 如在“入联公投”议题上，台湾当局就不顾美国的反对而执意推动，使美台关系降到冰点。在这种情况下陈水扁于2007年8月出访中南美洲时过境美国，在阿拉斯加拒绝下机，他向迎接的美国在台协会荣誉主席浦为廉表示：“这样的过境待遇‘不方便、不舒适、甚至有失尊严’”。陈水扁强调他是“忍辱负重”，但“美国作法羞辱的不只是他个人，更是羞辱所有台湾人民”。一场失败的“酒钱外交”就在这么一个“新悲情牌”的遮掩下悄然过关。另外在2007年8月底，美国政府白宫国安会亚太资深主任韦德宁甚至说出：“台湾或中华民国在国际社会都不是国家”及“中华民国是一个尚未解决的议题（an undecided issue）”的重话。就这样，陈水扁聪明地将“本土牌”顺势操作出不分蓝、绿选民都深感羞辱及愤慨的“新悲情意识”。见郑又平：《民进党选举策略中“本土牌”运用之政治分析》，国家政策研究基金会网站：http：//www. npf. org. tw/particle－3025－2. html。

② 谢长廷：《台湾维新，从民进党开始》，民进党新闻稿，民主进步党网站：http：//www. dpp. org. tw/ 。

③ 蔡英文：“以新本土观捍卫台湾”，（台）《中国时报》，2009. 03. 22。

到落实，外界不无疑问。一个时期以来，民进党动辄把马英九政府积极推动两岸协商与谈判的作为斥之为“倾中”、“促统”、“卖台”，甚至发动大规模街头抗争行动，在在显示民进党的实际作为仍未摆脱其“本土论述”中根深蒂固的“恐中”与“仇中”思维的束缚。诚然，作为反对党，不能期待民进党公开支持马英九大幅开放两岸交流的一系列政策，总是要评头论足，说三道四，以显示政党的主体性，着力点无非寻找两岸交流中出现的失误和弊端进行上纲上线的攻击。例如2008年的“毒奶粉”事件，民进党对大陆疯狂攻讦的同时，也夹带对马英九政府政策的指责；例如，开放大陆观光客赴台旅游初期赴台人数和效果不如预期就受到民进党的强烈质疑，大陆援助台湾灾区的组合屋质量问题及捐款到位问题、一个时期以来两岸商签“经济合作框架协议”（ECFA）引发的争议，都受到民进党的激烈炒作。

本来民进党最值得注目的发展潜能，表现在于充满高性能的调整能力。但是下台之后的民进党，至今尚未表现出充分的危机意识，并未对路线、政策和组织等方面做出必要调整，原因在于不具有调整的迫切性且具有因为调整而发生内部分裂的危险性。简言之，调整两岸关系政策对于现阶段的民进党来说：一是不具有迫切性，因为已经下台，不必直接面对两岸关系，而这一阶段的选举都是地方行政首长选举和区“立委”选举，涉及的主要是地方建设和民生经济等议题；二是不自找麻烦，调整两岸关系政策需要经过党内的讨论和酝酿，势必引发激烈的争议，甚至导致内讧，一动不如一静；三是顾不上，党内的整合及一系列事务尚且难以处理，又面对接踵而来的若干选举。

时至今日，民进党尚未对2008年的两次选举失败进行深刻的检讨，而且有相当部分党内重要人士认为两次选举失败的原因分别在于制度因素和候选人因素，即“立委”选举采取“单一选区两票制”使民进党未选先输许多席次，而“总统”大选则是当年马英九的气势不可阻挡，民进党无人可与之匹敌。在2009年发生的“8.8水灾”中，马英九政府的应变和处理能力及行政官员的态度引发社会极大的不满，作为转机，似乎给予民进党希望和信心，自始声势有所回升，也因此开始思考路线和政策调整问题。最近一个时期，民进党中央正在酝酿和推动似乎为蔡英文量身打造的“十年政纲”，其中如何调整政策路线还有待观察，尽管“十年政纲”目前还停留于建构框架阶段，但是如此一个具有指导意义的纲领性文件绝对无法回避涉及“本土论述”和政党互动路线以及两岸关系政策等重大问题。当然不论是推动的过程或者最终通过的时机，还是议题讨论及炒作如何与选举的结合，民进党都将从自身利益的考量而进行精密的算计。然而，由于出身方面的优势，“本土牌”无论如何都将是未来民进党政治运作的一种有效的、重要的手段。

（会议论文，原文印发，文中用语和观点系作者个人意见）

对当前台海局势的几点观察

朱卫东*

当前影响台海局势发展的战略环境与条件虽未发生重大质变，在大陆、台湾和美国三方的博弈中，没有任何一方可以单独决定或主宰两岸关系，但一些关键变量已出现充满希望的前景，两岸关系和平发展的势头强劲，两岸政经整合的步伐加快：从外部因素看，中美实力差距在缩小，大陆话语权增大，外部势力干涉台湾问题的能力下降；从内部因素看，两岸实力差距在拉大，大陆对台新思想、新战略与新举措进一步增强其主导两岸关系发展的信心与能力。

尽管如此，两岸关系自 2008 年 3 月以来的重大历史性变化仍处于量变不断累积的初级阶段，岛内因素与外力因素的复杂性，使得两岸关系和平发展进程不可能一帆风顺，仍有相当一段崎岖之路要走，这对两岸执政当局和人民的信心和耐心都将是一个重大考验，需要我们登高望远从民族复兴的长远利益出发，通过善意、诚意和创意，不断累积彼此的政治互信，融合两岸的感情和利益，理性务实稳妥地破解难题，通过共同推进两岸经济的一体化逐步实现两岸政治一体化。

本文拟从影响台海局势发展的几个关键因素的最新变化来观察探讨未来的两岸关系发展前景。

* 作者简介：朱卫东，中国社科院台湾研究所副所长、研究员。

一、岛内因素的发展趋势

岛内局势正朝着有利于两岸和平合作、不利于“台独”的方向发展。台湾执政当局奉行积极务实的大陆政策，为两年来两岸关系在诸多领域取得历史性突破创造了重要条件，两岸关系初步形成大交流、大合作、大发展的局面。国民党当局大陆政策产生的客观效果符合两岸关系和平发展的战略要求。但应看到，马英九当局政策的出发点与归宿，是服从、服务于其巩固执政地位和谋取连任大目标的，基本战略是“和中亲美友日”，因而，其政策具有明显的两面性、局限性和实用主义特点。马英九、国民党对发展两岸关系的态度和做法是一个矛盾的综合体，复杂而多面，既有客观需求与压力，又有主观愿望与顾虑。尽管如此，也应看到，一些不利于两岸关系深入发展的消极因素也在增长，岛内“台独”分裂势力仍有东山再起的能量和条件，台湾主流民意中的“主体意识”仍在发展蔓延。

二、美国等外力因素的角色

外力因素的某种不可控性决定了中国统一的复杂性和长期性。美国对台政策的三个层面：1. 美国全球战略和亚太战略：中美冲突与合作难以避免。2. 美国对华战略与中美关系：复合复杂的竞合关系。美软硬两手的优先次序、重点和程度随着美国全球战略、中美关系的实际状况以及中国的实力和发展方向的变化而转换。3. 中美关系中的台湾问题：以台制华与推美抑独、防美干预。美“以台制华”战略的本质难以改变，台海政策始终是清晰、明确的。美仍是影响台湾政局和两岸关系发展的最重要的外部因素。美国一个中国政策的基本点是：“一个中国、和平解决、两岸对话”，继续维持海峡两岸“不统、不独、不战、无限期拖延”的局面，通过策略上的“双轨平衡”技巧，保持两岸的战略均势，防止两岸任何一方单方面改变美国所定义的现状。在此大框架下，美国将进一步加大对台湾政治发展的影响和控制。美国确保两岸任何一方不片面采取行动挑衅对方。主要手段包括：对台军售；积极支持台拓展国际生存活动空间；提升美台实质关系的水平等。台湾角色定位的“被动性”与台当局亲美、倚美的“主动性”。

三、大陆因素的影响

（一）两岸实力差距拉大。

大陆在两岸关系上占据着战略和全局优势，这是最具实质意义的。大陆比以往更有条件、更有信心、也更有能力把握两岸关系和平发展的主导权，决定两岸关系发展的基本格局和前进方向。

（二）中美实力差距缩小。

外部势力实施“以台制华”战略的空间被压缩，美、日对两岸关系发展的影响弱化，但美不会心甘情愿地放弃“台湾牌”。

（三）对台新思想与政策务实有效。

两岸关系和平发展思想与构建两岸关系和平发展框架主张，成为大陆新形势下对台工作的根本指标。其思想精髓是：解决台湾问题的核心是实现祖国统一，最好的方式是和平统一，首先要确保的是两岸关系和平发展。据此，大陆实施一系列自信而积极的对台政策与措施，实践已充分证明，推进两岸关系和平发展的思想和战略是完全正确的，不仅大方向正确而且卓有成效，是符合两岸同胞共同愿望的，也给两岸同胞带来了实实在在的利益，有利于实现两岸的整合与民族的复兴。推动两岸关系和平发展不是权宜之计，而是中国国家发展战略的重要组成部分，是实现中华民族伟大复兴的战略选择。

四、两岸关系发展的内驱力

（一）历史性转折与历史性突破

1. 两岸在承认“九二共识”，反对“台独”方面建立了政治互信，两岸关系有了发展的基础和前进的动力。2. 两会制度化协商取得丰硕成果。3. 推动三十年之久的两岸全面、直接、双向“三通”基本实现，为今后更长远的发展创造重大积极条件。“三通”大门一旦打开，将很难关闭，即使是民进党上台。4. 两岸妥善处理了联合国涉台提案、台以观察员身份参与 WHA 等一系列敏感问题，使干扰两岸关系发展的消极因素得到有效控制。

（二）两岸政治僵局：深层次和结构性问题复杂难解

影响和制约两岸关系和平发展向更高层次、更深领域推进的根本症结在于：在战略层面，国民党当局受选举政治等岛内环境的影响不敢、不愿和大陆谈统一，不放弃“中华民国是一个主权独立国家”的立场，而且积极呼应配合美国的对华战略；在战术层面，两岸关系发展正陷入某种环环相扣的逻辑怪圈中难以自拔，使两岸关系越往前走，难度越大，付出的代价越高，复杂性和变量越多，不仅未能形成良性循环，相反在一些关键问题上，如果处理不当，轻则使两岸关系停滞不前，重则使两岸关系严重倒退。

（三）两岸战略互信与解决问题的路线图

两岸秉持“建立互信、搁置争议、求同存异、共创双赢”的原则，保持良性善意互动，努力扩大共识；按照“先易后难、先经后政、把握节奏、循序渐进”的思路稳步扎实推进，妥善处理了一系列复杂问题，克服了各种干扰和破坏，维护了两岸关系和平发展的良好势头。这种新思维对两岸破解政治难题、保持长远的可持续发展十分有益。

五、未来的努力方向

当前和今后一个时期推进两岸关系应该努力的两大方向：

（一）不断培养和增进战略互信，为两岸通过政治商谈解决难题营造环境与条件

目前看，两岸只是建立了初步的政治互信，无论是国共两党之间、还是两岸官方与民间社会乃至领导人个人之间仍缺乏足够的互信，两岸关系和平发展的政治基础、社会基础和经济基础仍须巩固和扩大。因此，必须高度重视两岸政治互信对两岸关系和平发展的重要作用，通过不断增进彼此的政治互信，巩固和扩大两岸关系发展的成果，通过新的发展成果累积更多、更强的互信，推动两岸关系不断取得更大的发展。可以说，两岸政治互信的维护、累积和扩大，对两岸关系健康深入的发展至关重要，在此基础上，两岸容易减少猜忌，以实事求是的态度，妥善处理彼此的分歧和矛盾，也容易找到解决问题的办法。

（二）加快两岸关系和平发展的基础工程建设，从制度上确保发展的方向与成果是不可逆的

两岸关系目前这种靠单方施惠和“九二共识”模糊化所建构的和平稳定关系是脆弱的，发展也是不能持久的；只有将两岸关系和平发展机制化、制度化和法制化，通过制度性安排与保障，打开一扇扇大门，搭起一座座桥梁，拓宽前进的道路，排除各种干扰，为两岸关系和平发展注入强劲的动力；如此，两岸关系取得的进展和成果才能不断日积月累、行稳致远，真正朝着统一的方向迈进。

（会议论文，原文印发，文中用语和观点系作者个人意见）

论台湾政治市场的形成及特点*

朱松岭**

自从两岸关系进入和平发展阶段以来，两岸各自按照自己的逻辑和思维方式看待对方，两岸关系发展进程的模式依然没有从根本上改变。回溯2008年5月，两岸关系在“反独”和“九二共识”的共同政治基础上恢复两岸两会协商，并签署一系列协议、达成一项共识，但台湾已经在10年内形成了政治市场体系，这种表面的相似已经被台湾政治实质的变化所动摇。台湾经过李登辉时期、陈水扁时期的所谓“修宪”和“政治改革”，已经形成了以“台独”和“独台”为特点，以“爱台湾”和“不爱台湾”为话语标志的政治市场。这种政治市场已经对两岸关系的继续发展形成了一定程度的制约。要想进一步推进两岸关系的发展，使两岸在经济融合、社会融合的基础上进一步走向消除政治对立，达成国家的完全统一，必须改变台湾政治市场的特点，引导其走向国家统一和民族振兴之路。

一、政治市场的基本原理简析

政治市场概念是新政治经济学和政治社会学在引入“政治人”假设后创立的一个作为概念和研究方法的政治术语。百余年来的现代政党理论集中讨

---

* 本文是许崇德教授主持的2009年教育部人文社科规划项目《大陆对台湾60年政策研究》（课题编号09YJAGAT003）的组成部分。

** 作者简介：朱松岭，北京联合大学台湾研究院副教授、两岸关系研究所所长；“一国两制”法律研究所研究员兼秘书长。

论了政党与民主的关系，政党行为和政党制度的合法性等，当代新政治经济学如布坎南的公共选择理论、奥尔森的集团理论和诺思的新制度经济学理论等却试图用经济学的方法分析政治行为，进而对政党政治运作的效率、政党政治的科学性进行研究。政治市场（political market）就脱胎于公共选择理论。公共选择理论较为彻底地运用了经济学理论来解释政治，认为政治人物和政党像商人一样在政治的消费市场上相互竞争兜售自己的政策，借以通过选票获取权力。这一学派将经济理性人原则应用到国家身上，认为国家应分解为一个个由政客和官僚组成的代理人，所有这些代理人的行动都应该像经济领域的行动主体一样加以评判：在任何具体行动上，这些行为主体都是自私自利的，总在寻求最大化自己的利益、最小化自 己的损失。① 这些行为主体往往用“公共利益”来掩盖自己的私利。按照布坎南的观点，“在最基本的理想中，政治是一个完全类似于市场的复杂的交易过程。”② 按照公共选择理论的观点，政治市场上国家（政府）和公民之间的关系实质上类似于经济市场上的委托 - 代理关系。在政治市场上，选票相当于经济市场上的货币，选民在选票上填写选票的行为类似于经济市场上的购物行为，政治家的竞选政策就是他们的商品，他们要通过政治广告等手段与对手竞争，并提高自己的产品质量、扩大生产、追求高额利润。

一般来讲，对政治市场的定义都把握选民是公共物品的需求者，政府及其官员是共同物品的供给者这个基本原则。立基于此，大陆学者有两种代表性概念：一种认为政治市场是政治主体（选民、政府及其官员）围绕着共同物品的供给与需求而形成的关系体系；③ 一种认为，政治市场是指人们参与政治活动时，与其他政治个体和组织发生关系的场所。④ 在笔者看来，政治市场就是在民主政治条件下，政党或类政党组织制定竞选政策或其他政策，

---

① 詹姆斯·布坎南：《自由、市场和国家：20 世纪的政治经济学》，北京：北京经济科学出版社，1988 年版，第 5 - 6 页。

② 詹姆斯·布坎南：《自由、市场和国家》，上海：三联书店，1989 年版，第 129 页。

③ 李程伟：《政治与市场：横断科学视角的思考》，载《兰州大学学报》（社科版），1997 年第 3 期，第 126 页。

④ 倪星、何晟：《公共选择理论的政治学含义》，载《探索》，1997 年第 4 期，第 50 页。

通过公民（在选举中为选民）的选票购买，获取实施政策的合法性，进而组成政府，兑现政策的公共物品供求行为。在政治市场中，政党和公民（选民）都遵循利益最大化原则行事，政党政治和宪政密切相连。

按照政治市场中有影响力的合法政党的数量及政党间竞争的程度，可以把政治市场分为完全竞争型、垄断竞争型、寡头竞争型和完全垄断型四类。①对这四类政治市场的基本论述都源于西方经济学对经济市场的划分，并结合政治市场作出描述：完全竞争型政治市场里，政党数量不受限制，政党之间有充分的竞争，民众的政治行为是完全理性的，并且对政党的信息有充分的了解；完全垄断型政治市场则失去了政党和政府间的界限，政党的执政地位和政府的组成不再依赖民众选票的支持，政党和政府就会因失去制约而不负责任，政党也变成政府、官僚机构的组成部分；垄断竞争型政治市场是一种介于完全竞争和完全垄断之间的政治市场，这种政治市场中存在着较多数量的政党，彼此有较为激烈的竞争，政党所提出的竞选政策有明显差别，政党的进入和退出都较为容易；寡头垄断的政治市场则是介于垄断竞争与完全垄断之间的一种较为现实的混合市场，是指少数几个政党控制着政治市场生产和销售的市场结构，这几个政党被称为寡头政党。寡头垄断型政治市场有两类：一类是竞选政策没有太多差别，彼此依存程度很高的政党组成；一类是竞选政策差别大，彼此依存关系较低的政党组成。由于公共物品供给方面规模效应的要求和公共权力的天然垄断性特征，寡头垄断型政治市场成为政治市场的常态。②

二、台湾政治市场的形成

国民党中央当局败退台湾后，一直维持着“党国一体”的体制，从政治市场角度看，是完全垄断型政治市场。众所周知，蒋介石为了维护其代表中

① 朱昔群：《政党政治市场与政党制度的发展》，载《马克思主义与现实》2007 年第 5 期，第 88 页。

② 同上，第 88 页。

国的唯一“合法政府”地位，去台湾后实施了长达38年的“戒严”期，以致出现终身“总统”和“万年国会”。1971年10月25日，联合国2758号决议恢复了中华人民共和国在联合国的合法席位，把蒋介石的代表撵出联合国。在台湾的国民党当局面临着“宪法”中的法统和实际控制区的矛盾、也面临因蒋介石去台后实施的“二元制”统治而来到的危机。蒋介石去世后，其继任者蒋经国在中国国民党“十一全大会”上指出：“我们的党是革命民主政党。……革命是我们确保民主的责任，而民主则是我们始终一贯、生死以之的目的。也可以说，我们在民主进程中，需要革命的精神；在革命进程中，要求革命的民主；我们是为民主而革命，也是为保障民主而继续革命的。”① 蒋经国的观念超出了传统上对“革命民主政党”的理解，包含了党的“民主化”和“政治民主化”的多重意思。蒋经国此时以及后来采取的将国民党民主化的改革措施与“党外”的反对有关。“党外”一词在20世纪60年代末开始出现。② 蒋介石的“二元制”统治是地方政权允许选举，“中央政权”“暂行”冻结。因此，在1954年时，就有非国民党籍的高玉树击败国民党提名的王名宁当选台北市长的例子。1977年11月，“中坜事件”爆发，反对国民党的“党外”势力获得了30%以上选民的支持。③ 蒋经国等人也意识到高压政策的危险，改善了后来国民党候选人的品质要求。受此次“地方选举”成果的鼓舞，1978年10月31日，“台湾党外人士助选团”向各候选人提出“十二大政治建设”，作为“党外”候选人的共同政见，这是台湾30年来党外人士第一次有了共同的政见。④ 1979年12月，“美丽岛事件”爆发，对“美丽岛事件”的“军法大审”在客观上传播了“台独”的有关思想。“美丽岛事件”后，“党外势力”在1980年底的选举中证明了它已经得到了恢复和发展。1981年台湾“地方公职人员选举”中，“党外运动”再度活跃。虽然后来“党外势力”出现分裂，但总体上“党外势力”

① 《蒋经国先生全集》第11册，第109页。

② 茅家琦、徐梁伯、马振犊、严安林等著：《中国国民党史》，鹭江出版社，2009年5月第1版，第750页。

③ 同上，第750页。

④ 同上，第751页。

要求改革现状的原则是一致的，因此“党外势力”依然得到发展。1984 年，中英经过谈判解决了 1997 年中国政府恢复对香港行使主权的问题，国民党当局受到了一定程度影响，恰如国民党当局的“行政院长”俞国华所言：“香港落入中共统治，对我们的影响太大……影响我们未来的国际间的处境。”① 内外的窘境使得台湾知识界反省台湾政治体制的弊端，同时国际上传来韩国、菲律宾独裁人物被人民撵下台的消息。20 世纪 80 年代，国民党当局被历史逼到一个痛苦选择的十字路口。面对严峻的形势，蒋经国决定酝酿发动政治革新。蒋经国 1985 年 12 月 25 日发表讲话，② 解除了台湾内外对“总统继承”和“军事统治”的隐忧，蒋经国已经开始改变完全垄断型政治市场，台湾正式进入垄断竞争型政治市场。

在威权体制下要改变政治市场的结构，唯有权威人物才能做到。恰如陶百川所言：“一杯色香味俱佳的茶水，首先是茶叶具备了色香味的本质，其次要有开水去泡开，两者缺一不可。各种外来压力便是开水，蒋经国便是茶叶，各种力量汇集起来，向总统的茶叶一冲，改革的色香味都出来了。”③ 在蒋经国决策后，1986 年 3 月 26 日，国民党十二届三中全会正式启动了“政治改革”。1987 年 7 月 14 日，蒋经国宣布自 7 月 15 日起“解严”。台湾舆论普遍认为，倘无蒋经国全力督促，“解严”实施日期会延沓。1986 年 9 月 28 日，“党外”在台北圆山饭店召开“全国党外后援会”，出人意料的成立“民主进步党”（民进党），台湾的第一个反对党仓促出世。蒋经国以默认的方式承认了民进党的存在，并在 10 月 15 日的国民党中常会上通过了两项“政治革新”方案：第一，即将取消“戒严令”；其二，修改“非常时期人民团体组织法”，准备开放党禁。此后，1988 年 1 月 1 日台湾当局解除报禁。1989 年 1 月 20 日，“立法院”三读通过“动员戡乱时期人民团体组织法”，各政治团体均得以自由成立，并自由从事选举等活动。自此，台湾垄断竞争的政治市场得到进一步加强。

---

① 台湾《联合报》，1984 年 6 月 20 日。

② 具体参见《蒋经国先生全集》，第 12 册，第 523－524 页。

③ 陶百川：《迈向 21 世纪的中国政治》，台湾《中国时报》，1985 年 5 月 24 日。

蒋经国去世后，李登辉集“总统”、国民党主席于一身，但国民党内的主流派和非主流派之争，李登辉在政治、经济、社会、两岸关系等方面面临的挑战日渐明显。国民党内的斗争白热化使得李登辉走向用选票重新塑造自己的权威之路。1989 年 6 月，国民党在“内政部”做“政党登记”而转变为“人民团体”后，召开了十三届二中全会。这次会议对国民党未来的改革和台湾政治市场的转型有着一定程度的影响。由于台湾“解严”、开放“党禁”和“报禁”，3 年内涌现出 30 多个“合法”政党，1989 年底的三项“公职”人员选举激烈。但此时，国民党和民进党两党竞争的基本格局已经形成。

1990 年开始，李登辉采取了“修宪”、“民意机构台湾化”的改革，1991 年底 85% 的“资深国代”和 40% 的“资深立委”退职后，国民党作为“全国性政权”的“法统”已经名存实亡。“民意机构台湾化”对以后台湾岛内政治发展埋下了肇因。

1991 年 6 月，国民党和民进党在“公职人员选举罢免法”修改过程中进行政治分赃，增列了政党比例代表制的规定，确定“全国不分区代表”及“侨选代表”以“一票制”产生，同时以得票率计算其席次分配，凡得票在 5% 以下的政党不能分配政党比例席次，政党推荐名单必须在选前公布，选后不能得撤换和调整。两党另一个分赃协议是：以“动员戡乱时期”终止为界，在此之前犯有“内乱、外患罪者”放宽候选人资格限制，此后犯该罪者不予放宽。因此，反对国民党当局的民进党内人士可以参加以后的选举。从政治市场规则制定和修改的控制权中我们更清晰的看清楚了台湾寡头垄断型政治市场的本质。

第一阶段“修宪”结束后，第二阶段“修宪”使得“中华民国总统”由台湾人民选举产生。加之台湾“刑法第 100 条”修改，将“台独”除罪化，所谓“中华民国自由地区”选举的“中华民国总统”已经成为实际上的“台湾总统”。民进党为了和竞争对手国民党相区隔以获取选票而推行的“台独”为特色的政党竞选纲领和政党政策，并在 2000 年首次获得台湾当局的执政权。此时，国民党被民进党挤压到极小的空间，甚至出现了泡沫化的危险。随着民进党在“台独”论述上的逐渐完善和成熟，国民党被进一步“外来化”。国民党为了争取台湾政治市场的份额，在民进党身后“拿香跟拜”，将“中华民国”与台湾相联结，形成了“独台”的政党政策。至此，以“台独”和“独台”为特色、以“一人一票”为基本标志的政治市场已基本成形。

无疑，这种垄断竞争型的政治市场对两岸关系的发展和祖国统一大业来讲，有着相当负面的影响。

三、台湾政治市场的特点：“台独”与“独台”

台湾政治市场形成的原因和争权夺利有关，说到底，其民主规则是政治团伙争权夺利的结果，是分赃的标尺，而非融入公平、正义的神圣民主规则。自蒋经国去世后，国民党内讧不断，民进党趁火打劫，两党在“公投”、“单一选区两票制”等问题上达成的妥协都是为了自己的私利。可以说，为了私利牺牲小党的利益、台湾人民的利益，整个中国的利益、中华民族的利益都稀松平常。因为，政治市场既然也是一种市场，这种市场就以利益最大化为根本追求，公平、正义、良心、国家利益、人民利益都可以作为争取利益最大化的工具！恰恰是为了获取权力，也由于台湾“宪法”的法源基础是“包括外蒙古、大陆和台澎金马”在内的“全体中国人民的意志”，而其选举又是在“台澎金马”这个所谓的“中华民国自由地区”进行，这就为台湾政治市场中形成“台独”和“独台”的特点提供了诱因。

（一）“台独”：民进党攻击时国民党时形成的政策

“台独”主张对民进党成立有一定的影响，但尚未取得民进党内的主导地位。从党外时期开始，党外人士及所谓“自由派人士”就认为，“反攻复国”是国民党政权存在的意识形态基础，并成为其得以垄断政治主导权，维持戒严体制与动员戡乱体制之政治资本。① 这个时期至民进党成立初期，党

① 颜万进：《在野时期民进党大陆政策》，台湾：新文京开发出版股份有限公司，2003 年 4 月版，第 60－61 页。

外、民进党延续了“开放、和缓、终止两岸敌对状态”为基调的两岸关系缓和论。对抗国民党，打破“汉贼不两立”的迷思及两岸的敌对状态便是民进党能否持续存在的重大关键。[①] 实现这一目标，即迫使国民党让步后，民进党人将注意力逐渐由民主运动转移到“独立运动”。严格而言，民进党的路线都是围绕着获取选举胜利而制定的，这基本包括两大类。第一类，为选举而采取的具体方式：“议会路线”与“街头抗争”；第二类，为与国民党相区分而获取选民支持的特色路线：“台独”。

就民进党在政治市场上运作的具体方式来看，符合民进党的出身及特点。从其具体运作方式也可以其为获取权力而死抱“台独”的关系。民进党本身就是由不同派系的人组成的有分歧政治主张的政党。创党之前的“公政会”与“编联会”就对党外改走“议会路线”还是“群众路线”有争议。创党之后，这种争议继续存在。民进党创党前五、六年，其发展方向是“街头抗争”，原因之一是他们在“议会”中还没有足够与国民党抗衡的实力，原因之二是“街头抗争”的所谓“群众路线”是当时主导党机器的“新潮流系”的一贯主张。1991 年，许信良当选党主席后，提出“选举总路线”，民进党开始转型。当民进党从 1992 年在“国会”中拥有 50 席到 1998 年拥有 70 席，民进党在政治市场上的运作方式开始转向所谓“议会路线”。到陈云林访台时，民进党依然交替采用这两条路线：即，当他们在“议会”有优势时，重点用“议会抗争”的模式；当他们在“议会”没有优势时，就重回街头，采取“街头抗争”式群众路线。这种一切以获取权力为中心的运作方式对推广“台独”，塑造以“爱台湾”与“不爱台湾”为区隔的道德标准有着重要的作用。

从形式入内容，民进党成立以来一直争论不休的就是其“大陆政策”（在坚定地走“台独”路线之后改成“中国政策”），当然，其争论的目的是围绕着怎么把国民党赶下台，怎么使民进党获取执政权而展开。从早期的“住民自决论”到中期的“台湾主权独立论”，再演变为“台湾独立建国论”，一直到“台湾事实上已经独立，他的国号就叫‘中华民国’论”，其

① 同上，第 61 页。

中的内容基本上是“台独论”，其调整的目的只有一个，那就是怎么才能对选举有利。从1977年“党外”提出“十二项共同主张”开始，“住民自决”的观念成为民进党对两岸关系的主要论述，当然，主要是因为共产党希望跟国民党谈两岸关系，“党外”要分一杯羹。民进党成立初期也延续了这项立论，主张“台湾人民有住民自决权利”，这个时候民进党仍保持论述的弹性，可在“统”和“独”之间进行选择。1987年，民进党二大，“台独”势力开始抬头，该次会议通过决议“人民有主张台湾独立的自由”，开始进入民进党的“台湾独立论述期”。这个时期的主要论述是：“台湾事实主权独立，或是台湾主权独立”。两岸关系方面，主张“准两国两府”。民进党这一主张提出后，并没有得到台湾选民的认同。1988年，民进党三大，为了获取民众认同，通过了经陈水扁提议的“台独”前提：“四个如果”（即如果国共片面和谈、如果国民党出卖台湾人民利益、如果中共统一台湾、如果国民党不实施真正的民主宪政），则民进党主张“台湾独立”。这种“独立建国论”存续至1991年。4月，民进党和国民党就“制宪”与“修宪”斗争的“一届国大二次临时会”的抗争，“临代会”在民进党和无党籍“国代”退场的情况下，通过了“宪法增修条文”、废止了“动员戡乱时期临时条款”案。这之后，李登辉提出了大陆和台湾“两个政治实体论”。[①] 而民进党则召开“人民制宪会议”并通过了“台湾宪法草案”。同年民进党五全代表大会，决议通过“公民投票方式建立台湾共和国”，并正式列入党纲。民进党从主张“独立”进一步演变为“建国”。这个时期的民进党将两岸关系定位为“一中一台”、“台湾共和国”与中华人民共和国都是主权独立的国家，而且互不隶属。民进党的“激进台独”政策在政治市场上处于失利状态，根本得不到以主张和平、安定，害怕战争的中产阶级（占台湾社会的多数）的支持，因此当年的“国民大会”选举中民进党就遭遇了前所未有的挫败，得票率仅为22．7%。[②] 为了避免在选举中继续失败，施明德当选为党主席后，率领民进党进入所谓“大和解”时代。施明德先后在1994年台北市长选举

① 台湾《中央日报》，1991年5月1日。

② 钟年晃：《失落的民进党》，商智文化出版，2001年5月版，第224－227页。

中和 1995 年访问美国时改变策略，显示出处理两岸关系的弹性，借以获得选民的支持。因此，民进党开始向中间靠拢，不再坚持建立“台湾共和国”。1998 年底的台北市长选举中，寻求连任的民进党候选人陈水扁败给了国民党候选人马英九，极大刺激了民进党的神经。民进党内出现了检讨的声浪，开始通过调整其大陆政策获取民众的认同。通过检讨，民进党开始及时调整其大陆政策，并通过了“台湾前途决议文”，这使得陈水扁 2000 年竞选台湾地区领导人时有了民进党关于两岸关系“国家定位”的系统论述，客观地讲，陈水扁能够在选举中不为两岸政策所困，“台湾前途决议文”扮演了相当重要的角色。民进党上台后，野心进一步扩张，甚至要对国民党“割喉割到断”。他们在区隔国民党的“台独”政策上也从保守的中间路线走向“激进的”“台湾法理独立”。虽然 2008 年的“以台湾名义加入联合国的公民投票”因种种原因以失败告终，但是，“台独”品牌已经和民进党绑到了一起。时至今日，民进党的“台独党纲”依然存在，其政党的“台独”特色也是众所周知。

（二）“独台”：国民党争权夺利和防守民进党中形成的政策

一般意义上的“独台”是指坚持“分裂分治”立场，推行“一个中国，两个对等政治实体”或“阶段性两个中国”的政策的台湾当局所奉行的路线，亦被称为“B 型台独”、“国独”。“独台”的表现为，台湾当局在国家观念上，坚持自 1949 年 10 月以后就不复存在的“中华民国法统”，但又以“目前治权不及于中国大陆”，海峡两岸处于“分裂分治”状态为借口，以台澎金马地区为“中华民国”的“统辖区域”，声称“中华民国在台湾是一个主权独立的国家”。“独台”对内通过“修宪”、直接民选“总统”、废除台湾省建制、实行单一“国会”等手法，凸显台湾的“主权”和“国家”形态；对外在国际上大肆进行“务实外交”活动，谋求“双重承认”、“重返联合国”，企图使台湾获得独立的、完整的“国际人格”，成为与大陆平起平坐并受国际承认的“对等政治实体”，从而使两岸的暂时分离状态固定化、“合法化”、永久化。“独台”实际上是一种由台湾当局推进的经过包装的分裂路线，与“台独”没有本质区别。① 当前“独台”所表现出来的特征就是“维持现状”，和平发展。

蒋经国去世，李登辉继任之时，台湾岛内经济发展和社会变迁已经到了一定程度，中产阶级成为社会的主流，民主意识、自主意识增强，台湾经济转型迫在眉睫，民进党要求资源分配，社会转型中的矛盾重重。最重要的是，国民党内“官邸派”、“开明派”、“少壮派”、“本土派”斗争激烈，党、政、军三个权力系统权与利的角逐日渐激烈。国民党十三届二中全会前，国民党进行了“人民团体”登记，身份有了根本的改变。而这次全会则就“总统任期回归宪法”、“资深民代”退职、三项“公职”人员的选举问题进行了决定。之后，国民党的权力角逐从党内转移到行政系统。此后，1990 年 2 月开始的“国民大会第一届第八次会议”将正式选举所谓“中华民国”第八任“正副总统”。围绕“总统”选举，权力争斗日渐激烈。李登辉通过“国是会议”等整合自己的势力，并向民进党输诚，甚至基本接受了民进党提出的“总统”“公民直选”的主张。李登辉非常清楚“直接选举”和“委任选举”对“法统”产生的影响。因为，之前国民党“修宪”策划小组主导人施启扬、马英九设计出“委任直选制”时有清晰的说明：“委任直选的意思，是由选民投票选出一位国民大会代表，这位国代在将代表选民选举他在竞选时承诺要投票支持的总统候选人。赞成者认为，这是一票两目的，既选国代又选总统的做法，有总统直选的意义，却能避免总统直选的弊端。所谓弊端，除了选举期间可能带来的社会纷扰，主要还是政治考量。直选，因为是直接自台澎金马地区选出，有‘台湾总统’的意思，未能涵盖中华民国宣称仍拥有主权的中国大陆的民意。”② 李登辉情知如此，而且组织班子进行了评估和确定方向两个阶段，最终认为“直选”而非“委任选举”对他最有利，因而选择了“直选”。其间，民进党为了策应李登辉，还在 4 月 19

① 新华资料：http://news.xinhuanet.com/ziliao/2003-09/24/content_1097002.htm。新华网，2010 年 1 月 4 日检索。

② 周玉蔻：《李登辉的一千天（1988-1992）》，台北，麦田出版，1993 年版，第 288 页。

-25日进行了民进党成立以来历时最长的群众游行示威。[①] 李登辉获取此次胜利借以巩固自己地位后，第三阶段“修宪”中又同“非主流派”进行了斗争。第三阶段“修宪”之前，郝柏村公布了他的4点“护宪主张”，摘录如下：“中华民国宪法与中华民国不可分，而中华民国与中国不可分。任何有关废宪、制宪的言行，如用意在改变国号、割裂中国、皆是对国家的不忠诚与背弃。……宪政体制是千秋万世的，决不可因人立法，因人修宪。二次宪改已违背宪法的基本理念……中华民国的国号、国旗是国体的表征，宪章的核心，不属于修宪的范围，否则即为毁宪。”[②] 但1993年的政治斗争经历，使李登辉下决心利用岛内外拥护“直选”的声音全力“修宪”，增强“总统”个人在政局中的主导。1994年8月1日，李登辉公布了“宪法增修条文”，最具实质意义的就是确定了“总统”直接选举的制度。正如黄光国教授所言：“由国民党主导的一人修宪已经使台湾在制度设计上走上了民粹式民主的道路。”[③]“宪法增修条文”对台湾政治市场的形成产生了重大影响。李登辉在与司马辽太郎的谈话中表露出其思想核心是要建立台湾人自己的“国家”。李登辉的言行造成了国民党内的极大混乱。之后，李登辉为了巩固自己在党内并不十分稳定的权力，利用省籍矛盾，造成了“本省人的总统”被“外省人的行政院长”欺负的表象，以获取党内外本省籍人士的支持。台湾民众很容易产生“李登辉情节”而对其强烈支持。在多元化的口号下，台湾一些政客和学者制造出台湾“族群划分”，以本土和外来简单切割台湾社会，造成了准“种族主义”的社会氛围。族群政治、暴力抗争使得李登辉登上了“民选总统”的宝座，也使得国民党的论述节节败退。李登辉执掌国民党，将“三民主义”束之高阁，并背离一个中国原则，推行“台独”分裂路线，借以捞取私利。2000年连战败选后，国民党重塑党的政治标志，凝聚认同基础，争取民众支持，并在2001年3月24日实现了国民党创党以来的首次党员直接选举党主席。2001年7月29-30日，国民党召开十六全大会，

---

① 茅家琦、徐梁伯、马振犊、严安林等著：《中国国民党史》，鹭江出版社，2009年5月第1版，第824-827页。

② 王力行著：《无愧-郝柏村的政治之旅》，台北，天下文化，1994年出版，第382-382页。

③ 黄光国著：《民粹亡台史》，中国友谊出版公司，1997年版，第42页。

这是国民党退居台湾后，首次以在野党身份召开党的全代会。大会通过的《国民党团结人民救台湾》大会宣言，其中讲到："中国国民党一直是坚守中道的全民政党……早已在实践中证明，是名副其实、不折扣的'爱台湾'的本土政党。"① 根据"国家至上、人民第一、台湾优先、永续发展"的原则下，国民党提出"国家新蓝图、台湾新动力"作为政纲主轴，并在政纲中提出"两岸搁置政治争议，从事制度竞赛，走向全面政经建设，形塑政治民主、经济自由的现代化国家。"②

但在2004年的台湾地区领导人选举中，连战则表达了放弃统一大陆的意思。2008年台湾地区领导人选举中，萧万长就提出"激活本土化实践三部曲"，最后将正式宣布"中华民国就是台湾"，让国民党完全转型为本土政党。2010年马英九的元旦讲话中强调"中华民国"是"主权独立的国家"，台湾也早已成为"主权"在民的民主社会；台湾的未来，当然是掌握在台湾2300万人手中。这是对"中华民国主权"的窄化，也是"独台"的表现之一。

民进党本身就是反对国民党的产物，其成立之初并非是一个"台独"政党，只是为了和国民党相区隔，形成自己的政党特色才逐渐吸收、融合了种种"台独"力量，形成了在国家认同、政党认同、制度认同等层面成系统、有体系的"台独"主张，他们的主张和"台独"、"台湾国"密切相关，去掉了"台独"就要了他们的命。国民党本身曾经是中国唯一合法政府国民政府的执政党，1949年后因政府继承而被迫将其"政府"和中央党部移居台北，其本来的意图是"光复大陆"，这个意义上说，国民党是个"全国性政党"。但是，在"台独"主张的进攻下，国民党选票渐失。为了捞取选票，国民党被迫提出放弃"反攻大陆"，转变成一个地区性政党。这个地区性政党本身和"中华民国"血肉相连，表里难分，去掉了"中华民国"也要了他们的命。而吊诡的是，台湾当局的"法源"虽然全中国的性质没有改变，但其权力来源却因"自由地区"的限制而变成台湾2300万人。所有拥有权

---

① 台湾《中央日报》，2001年7月31日。

② 同上，2001年7月30日。

力的人都是向其权力来源负责，因此，这个打着“中华民国”旗号，却又再无“反攻大陆”野心的政党为了在台湾岛内生存和发展，为了获取台湾政治市场的利益，只好将“中华民国”和台湾相联结，形成其“独台”的四不像方针。不管是民进党当局的“四不一没有”还是国民党当局的“不统、不独、不武”都是“台独”和“独台”的畸形表现，都是为了其自身利益的表现。长此以往，这种鸵鸟心态带来的危害可想而知。

台湾岛内的两大政党国民党与民进党在争夺利益的过程中形成了“独台”和“台独”两大特点，并以此为自己的产品特色，在政治市场上广而告之，形成了媒体、政党、财团等一条龙的产品体系。只有对台湾政治市场有清醒的认识，才能认识到民众对台湾政治市场的制约作用，才有可能进一步探讨改变台湾政治市场的问题。

（会议论文，原文印发，文中用语和观点系作者个人意见）

民进党“十年政纲”评述

林　冈*

民进党主席蔡英文提出研拟“十年政纲”的构想后，该党政策委员会在2010年4、5月间，就“人口老化下的社会发展”，“如何面对下一波的生态浩劫”，“全球化下台湾经济发展新策略”和“变动的国际情势与台湾全球战略”举行了四场题为“台湾无可回避的挑战”社会对话系列座谈会。按照民进党“中央党部”的规划，举办一系列公开座谈会的目的，是凝聚社会共识，在与民间社会的互动中，形塑“十年政纲”，最后交由党代会通过，作为规划民进党未来十年的政策纲领。

“十年政纲”的性质为何？对民进党的未来发展有何意义？对两岸关系有何影响？本文对这些问题予以分析。

一、“十年政纲”的性质

“十年政纲”属于议题广泛的政策白皮书。民进党政策委员会所设计的系列座谈会，从社会、生态、经济谈到涉外、两岸和军事议题，说明“十年政纲”所涉及的政策议题广泛，也反映了民进党优先关注岛内社会议题和公共治理，立足本土、由内而外的思维模式。

作为政策白皮书，“十年政纲”的位阶低于民进党的党纲和“台湾前途

* 作者简介：林冈，上海交通大学国际与公共事务学院教授。

决议文”，但高于竞选纲领。民进党前“立法委员”林浊水在2010年5月2日研讨会上表示，党纲是规范基本价值的长期纲领，政纲是依据基本纲领的精神而订立的中、长期政策纲领，竞选纲领只是为了满足短期的选举需求。政纲的位阶是在党纲和竞选纲领之间。①以此看来，“十年政纲”不可能与民进党的党纲精神相冲突，其作用是规范民进党在未来十年的竞选纲领，包括2012年和2016年的两次大选。

民进党主席蔡英文力推“十年政纲”的目的，是确立民进党的未来发展方向，及其本人在民进党内的领导地位。目前“十年政纲”尚处于讨论阶段。从参与“十年政纲”公开讨论的人员来看，以学术界（包括大学和智库人员）和社运团体人士为主，政界人士较少参加。例如讨论人口老化问题的研讨会，由“中研院”社会学研究所研究员瞿海源主持，参加者包括台大社工系教授林万亿、台大经济系兼任教授林全（前“财政部长”）、“中研院院士”陈建仁、台湾劳工阵线秘书长孙友联、税改联盟召集人王荣璋、老人福利联盟秘书长吴玉琴、文化大学劳工系助理教授李健鸿和民进党“立委”黄淑英。参加生态问题讨论的人士，绝大部分也是学者，只有绿色阵线联盟执行长吴东杰和“立委”田秋堇是例外。参加台湾涉外和两岸关系研讨会的人士，多是曾经在民进党执政时期担任重要职位的官员，包括前“驻美代表”吴钊燮、前“陆委会主委”陈明通、前“国安会咨询委员”陈文政、前“立委”林浊水、台大经济系教授林向恺（前高雄市“财政局长”）、“新台湾国家智库”执行长罗致政（前“外交部研究设计委员会主任委员”）、前“立委”萧美琴、淡江大学副教授郭建中，由前“国安会副秘书长”陈忠信主持，其中萧美琴和郭建中系顶替未能与会的张荣丰和郑丽君（台湾智库执行长）。

“十年政纲”的酝酿过程，反映了蔡英文的行事风格及其对民间论坛的重视，其用意在于吸引中间选民，但能否为民进党内不同派系和草根党员所接受，则另当别论。不少人士认为，“十年政纲”只是蔡英文周围少数人的

---

① 林浊水：“十年政纲发言纲要”，“变动的国际情势与台湾全球战略”，民进党政策委员会：《台湾无可回避的挑战社会对话系列座谈会之四》，2010年5月2日，台北。

作为，影响有限，难以成为民进党的指导纲领，达到“台湾前途决议文”的程度。①从“十年政纲”的研讨过程来看，蔡英文固然参与了四场研讨会的全过程，但党内“四大天王”和其它重要人士，则未前来捧场。政策委员会副执行长刘建忻全程参加所有的研讨会，其他重要党工或“立委”则很少出现在会场，秘书长苏嘉全只在第一场研讨会上出现过。“新潮流系”的参加人士只有“立委”黄淑英和田秋瑾，重量级的人物，如段宜康和赖清德则未出现。参加研讨会的学者中，林万亿与贺陈旦跟苏贞昌走得较近，林向恺跟谢长廷较有渊源，罗致政代表“独”派，可以视为不同派系对“十年政纲”的有限参与。蔡英文可能在有了“十年政纲”草案之后向民间征求意见，采取自下而上的方式。但要使“十年政纲”成为对民进党以后的领导人有约束力的文献，就需要民进党党员的投票，像“台湾前途决议文”一样。②而这一过程，就是党内不断搓和的过程，也许会使最初的草案和最后的定案相去甚远。③为此，民进党的“十年政纲”能否使民进党有所变化，能否经得起“基本教义派”的冲击，值得审慎观察。④

二、“十年政纲”的政策取向

民进党在建党之初，基于反对运动的特点，较国民党更多地代表了社会中下层的利益，尚未与财团发生密切关系。而且在从事社会抗争的过程中，党外势力与台湾的环保运动和劳工运动，也发生了或多或少的关系。民进党的党旗以绿色为底色，林义雄的环保诉求成为民进党的神主牌，均为典型的例子。早期的“党外”运动还包括了夏潮联谊会这类有社会主义思想的团体。一些民进党人士曾以美国的民主党自诩。出于对国民党黑金政治的不满，不少知识分子也曾一度为民进党所谓“绿色执政，品质保证”的口号所吸引。但民进党在2000年执政后，迅速与大财团发生了广泛的联系。在

① 笔者面访记录，2010年4月14日，台北。
② 笔者面访记录，2010年4月8日。
③ 笔者面访记录，2010年4月27日。
④ 笔者面访记录，2010年4月16日。

2008年选举中，民进党在台湾中、南部选票的部分流失，跟其阶级性的淡化不无关系。

“十年政纲”研讨会，以社会对话为切入点，广邀台湾劳工阵线、税改联盟、老人福利联盟、绿色阵线联盟、台湾环境保护联盟等社运团体的负责人参与研讨，反映了民进党重拾党外运动时期所追求的社会价值，争取中下阶层支持的选举考量。就此而言，“十年政纲”颇有“二次党外”的意味。

在社会福利政策上，“十年政纲”以反对“新自由主义”为导向。台湾劳工阵线秘书长孙友联在座谈会上，先是评执政当局以“薪资补贴”和“公共就业”，创造就业机会，只能在表面上减少失业率，无助于问题的根本解决，继而批评国民党和民进党两个主流政党执迷于过度“商品化、自由化”的政策走向，在大学教育、医疗护理、住房、金融以至劳动市场方面的政策，侵蚀台湾社会各阶层的基本生活，影响未来劳工的消费和储蓄能力，应作为台湾社会改革的重点之一。其建议是“透过经济民主实力的实现，翻转过去过度自由化、商品化的政策思维，营造对于劳动阶级更为友善的环境”，加强“工会组织的普及化发展”和劳动保护，并实现“劳工参与公司治理的产业民主化”、“企业资讯的透明化”以及“基本生活保障的公共化”。①林万亿在发言中指出，“政府社会福利服务的分权化与私有化将使社会福利的城乡差距持续扩大”，在“新自由主义全球化下获利的大资本财团，不会轻易放弃其曾经有过的高额利益分配”，而难以延续在2008年金融风暴阴影下向中下阶层倾斜的风险治理政策。他主张“建构完善的社会安全网”、“取消不正义的福利特权”、“保障经济、地理、身体、年龄、性别、性倾向、族群”等弱势团体的福祉、并“透过公平税制与社会保险费分摊”，缩小贫富差距。②与此相应，陈建仁强调健康不平等议题，认为“健康政策应考虑增进性别、教育程度与收入、地区差异及族群的平等，致力于缩减生命

① 孙友联，“就业困境、失业窘境与新社会公共工程的重要性”，“人口老化下的社会发展”，民进党政策委员会：《台湾无可回避的挑战社会对话系列座谈会之一》，2010年4月11日，台北。

② 林万亿，“2020年台湾的社会福利愿景”，“人口老化下的社会发展”，民进党政策委员会：《台湾无可回避的挑战社会对话系列座谈会之一》，2010年4月11日，台北。

周期、社经背景、以及身心状况所致之健康差距。”①

在经济政策上，“十年政纲”亦具有反自由化的意味。郑丽君和郭建中认为，台湾在面对全球化和区域化的挑战下，不应该简单顺应自由化的市场经济需求，将“先经中国再到全球”视为理所当然，而应该以“深耕台湾为第一要务”，而后再“布局全球”，即依循台湾内部“提升产业结构的需要，开放有竞争力的企业到先进国家投资以取得先进的技术和管理，然后辅导以加工为主竞争力弱的制造业到亚洲其他成本较低的国家进行布局和投资”。他们主张以“重视内需市场、内部投资转型和出口并重”、“制造、服务系统整合型”的“平衡发展经济模式”，取代“以代工出口为主”、依赖大陆市场和廉价劳动力的经济发展模式；改变地方依赖“中央”资源的发展模式；并实行“先美日、后中国”的经贸合作战略，即先致力于和美、日等国家签订自由贸易协定，达成国际布局后，再从“经济自主定位”来处理对大陆的经贸议题。与自由主义贸易观主张发挥比较优势、推动经济增长不同，这一发展模式强调凭借政府力量，引导产业发展，在贸易伙伴的选择上，更多考虑政治因素，而非经济逻辑。事实上，如果从纯经济逻辑考虑，台湾欲与美、日签署自由贸易协定，并非一件易事。所谓“先先进国家，再后进国家”的全球布局，是否像民进党的一些策士所认为的那样具有可操作性和前瞻性，是令人怀疑的。

民进党以台湾中下层民众感受不到两岸经济交流的好处为由，反对两岸签署ECFA，目的是与国民党相区隔，寻求部分选民的支持。从贸易自由主义的视角观察，ECFA显然有利台湾经济的发展，即使两岸经济交流的进一步开放会在短期内对岛内一些企业和阶层带来冲击，但随着经济增长和政府调控措施的实行，利益受损的阶层和企业也有可能从经济交流中获利。一些民进党人士将“反中”情结、“反商”情结和“反全球化”的“经济民族主义”情绪捆绑在一起，宣泄台湾的“主体”意识和自我封闭心态，操纵意识形态上的左右或阶级问题与统“独”议题，以争取“左独”的选票，跟

① 陈建仁，“全民健康”，“人口老化下的社会发展”，民进党政策委员会：《台湾无可回避的挑战社会对话系列座谈会之一》，2010年4月11日，台北。

其政党属性有难解之缘。民进党主席蔡英文在2009年2月“民间国是会议”闭幕时表示，要对马英九行政团队的大陆政策进行总体检，戳破马团队依赖中国大陆挽救台湾经济神话的谬误，强调台湾若失去经济自主性，人民生活只会更痛苦、没希望，①显然是在对中下层的选民喊话，塑造其代表中下层民众的政党形象。

在意识形态上，民进党历来以自由主义自诩。自由主义源于欧洲，其主要信条包括反对政教合一，赞成代议政府，支持民族自决，关注少数团体的权益，重视个人自由和创新举动，不满传统陈规，对社会行动持怀疑主义态度，并带有浪漫主义和无政府主义的倾向。②民进党的策士认为该党是一个自由主义的信仰者，强调多元民主价值，基于这一信仰，建立了一个全球赞誉的民主“国家”和国际“政党网路”。③也有人认为民进党对传统具有天生的“颠覆性格”。④从“十年政纲”的讨论过程中民进党强调中下阶层的利益、反对新自由主义、主张包容外来人口、重视非传统性安全议题、积极发展军民双用科技（使军队建设与经济发展和产业升级并行不悖）⑤和多边主义“外交”等主张，似乎可以看到一些自由主义的影子。但是在对外经济交往议题上，民进党却带有明显的保守主义的意识形态取向，与自由主义的精神判然有别。民进党对东协十加三的区域经济整合的大趋势，消极回避，就是这种保守心态的反映。

---

① 蔡英文，“三月体检大陆政策，推全民参与机制”，《中国评论网》，2009年2月22日。

② Harold J. Laski, *The Rise of European Liberalism* (New Brunswick, New Jersey: Transaction Publishers, 1997), pp. 15－16.

③ 吴钊燮，“立足国际、深耕亚太：以多元民主价值擘建台湾的国际战略”，“变动的国际情势与台湾全球战略”，民进党政策委员会：《台湾无可回避的挑战社会对话系列座谈会之四》，2010年5月2日，台北。

④ 王昆义，“民进党的颠覆性格”，《中国评论》月刊2010年5月号，总第149期。

⑤ 陈文政，“国防军事建设的战略与任务：战略转型与战力重振”，“变动的国际情势与台湾全球战略”，民进党政策委员会：《台湾无可回避的挑战社会对话系列座谈会之四》，2010年5月2日，台北。

三、对两岸关系的影响

在处理两岸关系方面，“十年政纲”将遵循“台湾前途决议文”的精神，采取稳健的“台独”策略，不利两岸关系的长远发展。林浊水认为，虽然台湾社会主体意识有相当增长，但仍不够成熟，加上两岸实力失衡，台湾对大陆的经济依存度巨幅上升，国际社会对激进“台独”的反感增加，台湾仍有必要采取稳健的“台独”策略。所谓“稳健台独”，指的是：（1）“主权立场明确”，“重申两岸对等，台湾为主权独立国，决不接受一中”；（2）态度善意，强调两岸全面交流与互惠，推动互信，文明共享；（3）政策弹性务实，强调“在和中国改善关系时应同时强化和亚太周边国家的合作”，坚持“由世界进入中国的途径”，积极“参与国际组织”，建立“和蓝军不同的两岸产业链的联接关系”。①

与此类似，陈明通在5月2日的研讨会上发表论文，引述“台湾前途决议文”有关“民主进步党中国政策的最终目标，是要和中国建立互惠而非歧视、和平而非冲突、对等而非从属的关系”的说法。陈明通认为，马英九提出的“不统、不独、不武”政策，无法解决两岸的“政治安全”困境；两岸政治安全的核心是“北京担心台湾独立，台湾担心被北京并吞式的统一”。解决这一困境的基本方针是：（1）“在全球网络中，定位与中国的关系”；（2）“与中国维持稳定关系，并与周边国家合作”；（3）“强化与中国及周边国家的对话及交往”；（4）“全民”参与“监督对中国政策的制订、执行与互动”；（5）“以公民投票的方式”决定“任何有关独立现状的更动”。陈明通同时还提出建立两岸“政治安全困境”的风险管理机制、协商建立两岸和平稳定互动架构、“鼓励中国政治民主化”、“关切中国的自由与人权”、“建立一个符合现代文明价值的互动基础”、“守护台湾主权挽救主权流失”、“追求符合国家利益与社会分配正义的两岸经贸交流策略”、“强化两岸事务监督机制”等八大策略。陈明通特别说明，双方“要避免将‘统独’视为

① 林浊水：“十年政纲发言纲要”。

政治安全的议题；这不是‘统独休兵’，而是跳脱这样的安全困境结构”。他认为，两岸关系的安全困境是台湾“拒统”被视为谋“独”，大陆反“独”被视为促统”，其逻辑结果是维持“不统、不独”的现状。此外，陈明通建议要发展出一套兼顾台湾安全与经济利益的两岸经贸关系。①

“由世界进入中国”是“十年政纲”处理两岸关系的主要思路。吴钊燮在座谈会上指出台湾所面临的内外挑战，认为，“中国政、经、军不断崛起”，“成了美国或其他国家在处理众多国际议题时，必须寻求合作的重点对象”，这一格局的持续，将对台湾产生更大的制约作用。同时，岛内因为“蓝、绿”对立，“国际战略”因为政党轮替而出现“‘断层’而无‘传承’”，批评马“政府”不再“标榜自由、民主、人权的价值观”，主张将台湾明确定位为“一个单独与国际接轨而不透过中国视镜的台湾，一个与主流国际社会价值相同的台湾”。为达成上述愿景，吴钊燮提出十大政策建议，包括（1）“以民主自由为国际连接的主轴”；（2）“强化台美、台日之安全关系”；（3）整合“国家安全”体系，善用国际网络；（4）强化台湾与主要国家的经贸往来；（5）建立台湾的“亚洲主义”，与日本、新加坡、印度、韩国、印尼、泰国、蒙古等重要亚洲国家建立更密切的政治、经济、安全与文化关系；（6）发挥软实力，“凸显台湾与中国之区隔，打破国共两党同时推销之‘台湾文化即中国文化’之作为；（7）让“外交”预算与“外交”战略相契合，加重对美、日、欧、新（加坡）的“外交”预算比例；（8）加强对国际社会的人道救援；（9）强化“国家安全”与“外交”专业人才的培训体制；（10）建立台湾的全球定位。②与此相应，陈文政提出强化台湾“国防军事建设”的三个战略性任务，分别为“强化台湾国际地位”、“稳定两岸的和平共存现状”和“深化民主并提升经济与产业发展”，同样体现了民进党以国际力量和“民主自由”价值为依托，处理两岸关系的思路。③

就两岸关系而言，由于“十年政纲”的最后成形，要考虑党内各方面和

① 陈明通，“台湾面对中国的战略思考”，“变动的国际情势与台湾全球战略”，民进党政策委员会：《台湾无可回避的挑战社会对话系列座谈会之四》，2010 年 5 月 2 日，台北。

② 吴钊燮，“立足国际、深耕亚太：以多元民主价值擘建台湾的国际战略”。

③ 陈文政，“国防军事建设的战略与任务：战略转型与战力重振”。

基层支持者的意见，难以想象该“政纲”最后能作出富有前瞻性的重大政策调整。从民进党策士对“十年政纲”的讨论，可以看到一些悖论。例如，吴钊燮承认中国已经成为美国或其他国家在处理众多国际议题时，必须寻求合作的重点对象”，但在两岸关系上，却主张绕过大陆，“由世界走向中国”。林向恺就认为，台湾不能将大陆视为友善的“国家”，将大陆当作市场体系或世界工厂。萧美琴认为国民党批民进党“锁国”没有根据，马英九想通过大陆走向世界才是“锁国”，但根据民进党不承认“一个中国”的政治逻辑，这种说法显然难以成立。民进党有关包容外来人口的主张和其对本土意识的强调之间存在着内在的张力。民进党的策士在酝酿“十年政纲”时，尚难摆脱意识形态的制约，考虑到其基层支持者的思维取向，“十年政纲”在处理两岸关系上能否迈出新的步伐，也就更值得怀疑。

例如，解决两岸安全困境的关键是民进党停止“台独”活动，接受以“不独”为核心内涵的“九二共识”。但这一点恐怕正是“十年政纲”所无法突破的意识形态禁区。正如林浊水所明言的，“十年政纲”应该重申台湾为“主权独立的国家”。他甚至认为这样可以“避免因引诱中国造成其误判以至规划不切实际的对台政策；也可避免因开统一空头支票反而激怒中国”。这种说法如果不是故作轻松，就是低估了大陆方面的反分裂立场。而陈明通希望北京对台湾申请“加入联合国”或“宪政”改革予以尊重；将台湾经大陆同意，参加“世界卫生大会”视为“在国际社会上体现中国是台湾的宗主国，是一件出卖台湾国格，损害台湾主权地位的错误政策”，也意味着“十年政纲”的基调，无助于两岸在国际社会“和解休兵”。

四、结论

民进党失去政权后，既未能根本终结党内派系共治的纷争，也不能停止党内的路线分歧，其转型困境恐非研拟中的“十年政纲”所可扭转。民进党在八年执政期间都不能实现转型目标，由“为反对而反对”的草根性在野党，转变为以“和解－沟通”为导向的精英型执政党，由激进、冒险的

“台独党”转化为稳定两岸关系、对台湾前途负责的“中道”力量。以此看来，其在失去政权后，面对政治空间的紧缩和“基本教义派”的牵制，更难进一步转型，短期内也未必能提出务实可行的大陆政策。

根据民进党的政党属性和意识形态取向，“十年政纲”的重点不是推动两岸签署和平协议，建立摆脱“安全困境”的机制，而是解决台湾人口老化、生态恶化和经济发展受限等内部议题，并致力于减轻两岸扩大交流后台湾面临的经济、文化和社会层面的冲击。“十年政纲”是蔡英文倡导的方案，目前尚未得到其它重量级政治人物的呼应，其实际作用还将取决于党内权力博弈的结果。

（会议论文，原文印发，文中用语和观点系作者个人意见）

国际法的国家同一性理论与两岸国家认同

范宏云*

自从胡锦涛总书记在十七大报告中呼吁“在一个中国原则的基础上，协商正式结束两岸敌对状态，达成和平协议”以来，对和平协议或和平发展协议框架的研究就成了两岸理论界的热点。各界都不否认两岸国家认同应该成为和平协议或和平发展协议的基础性规定，只是对两岸国家认同的界定不能达成一致的观点，各说各话，造成了有什么样的国家认同就会有什么样版本的和平协议，如台湾张亚中教授的以“整个中国认同”的《两岸和平发展基础协定》② 和武汉大学的周叶中教授和祝捷博士的以“中华民族认同”为基础的《两岸和平协议》（建议稿）③。两岸国家认同原本不是一个“问题”，它之所以成了一个问题除了政治因素的干扰之外，还因为理论界对两岸国家认同的内涵并没有耐心去研究和界定。本文拟引入国际法的研究方法，结合国家同一性理论研究两岸国家认同。

一、国家同一性理论

国家不是一成不变的。在国际法秩序下，与国家相关的重大变动，如领

---

* 作者简介：范宏云，深圳市委党校教授，厦门大学台湾研究院985二期创新基地国家统一研究团队成员，武汉大学国际法博士，中国社会科学院法学博士后，研究方向国际法与两岸关系。

② 张亚中：“两岸和平发展基础协定刍议”，载《中国评论》2008年10月，总130期。

③ 祝捷：《海峡两岸和平协议研究》武汉大学博士学位论文2009年5月，编号10486；周叶中 祝捷：《海峡两岸和平协议》（建议稿），载《法学评论》2009年第四期。

土、统治者、政权体制、人口等方面的变动，都可能涉及变动事件发生之前或发生之后该国家是否是同一个国际人格者的问题，即国家同一性问题。在传统“国际”社会秩序下，王朝国家往往是孤立的存在，国际法无从产生，王朝国家的重要变动不会导致王朝国家在国际法上的权利和义务的承担和转移的问题，所以国家同一性问题在由传统王朝国家组成的“国际”社会里，显得并不重要；但是，在由国际法规制的现代国际社会，国家同一性问题是一个非常重要的理论和实践问题。

国家同一性问题就是探讨国家在时间维度上的存在问题，而国家作为由一定领土上的人民和政府组成的政治体决定了国家在时间上的存在必然以其在空间上的存在为依据。凯尔森就说“国家在时间上的同一性是直接以领土的同一性为根据的”。“如果该领土整体上仍然是一个国家的领土，那就不可能推定一个国家已不再存在而另一个国家已在同一领土上出现，继续存在的是同一国家。”①“一个国家不仅在空间中存在，而且在时间中存在”；“当人们说在一定空间内不能存在一个以上的国家时，显然这就意味着在同一时间的同一空间内不能存在一个以上的国家”。②“根据国际法，只要领土实质上仍然是同一个，国家也就仍然是同一个”。③

上述凯尔森的国家同一性理论有三个基本点，一是在同一时间内的同一块领土上只能存在同一个国家；二是前后两个国家，如果领土是同一的，那么这两个国家实际上是一个国家，即领土同一，国家同一；三是国家领土上的人或事无论发生什么变动，如人口或多或少，政府的治理方式从专制变成共和，只要这些变动不影响领土的同一性，那么存在该领土上的国家就是同一的。④

---

① ［奥］汉斯·凯尔森：《法与国家的一般理论》，北京：中国大百科全书出版社，1996 年版，第 246 页。

② ［奥］汉斯·凯尔森：《法与国家的一般理论》，北京：中国大百科全书出版社，1996 年版，第 244 页。

③ ［奥］汉斯·凯尔森：《法与国家的一般理论》，北京：中国大百科全书出版社，1996 年版，第 246 页。

④ ［英］詹宁斯 、瓦 茨修订：《奥本海国际法（第一卷第一分册）》，中国大百科全书出版社，第 134 页。

凯尔森讨论的是领土不变的情况下的国家同一性问题，奥本海国际法进一步探讨了领土发生变动的国家同一性问题。奥本海国际法认为“即使领土的丧失使一个大国变成一个小国，这个国家的国际人格仍是不受影响的”。这一观点源于1947年联合国大会第六委员会在讨论巴基斯坦从以前属于印度的领土上产生出来的情况时所作出的法律意见，该意见认为：“作为一般原则，认为一个是联合国会员国的国家并不仅仅因为它的宪法或边界有了变动就终止成为会员国。”根据这一法律意见，巴基斯坦独立前的印度和巴基斯坦独立后的印度保持了同一性，后者继续承担前者在国际法上的权利和义务。

根据实证分析得知，国家在“边界有了变动”的情况下，仍然保持同一性，这种同一性依赖于国际承认。俄罗斯联邦与前苏联保持了同一性就离不开国际承认。1991年12月21日独联体的首脑一致支持俄罗斯继承前苏联在联合国的席位，包括继承安理会的常任理事国地位，以及其他国际组织成员地位。尽管1991年底独联体提供的法律文件并不都与国家同一原则相一致，例如，由俄罗斯、白俄罗斯、乌克兰签署的明斯克协议宣称：前苏联作为一个国际法主体已经不再存在。尽管如此，这并不影响俄罗斯与前苏联之间的国家继续。俄罗斯声称自己是前苏联的继承者获得了其他前苏联加盟共和国和国际社会的支持。德国以“德意志民主共和国加入联邦德国并作为国际法主体消亡，联邦德国扩大其领土继续存在”的方式①完成统一。也就是说，统一后的德国与联邦德国保持了同一性。在德国的统一过程中，国际社会普遍接受以下观点：联邦德国保持继续，而民主德国消失。而南斯拉夫问题可以提供相反的例证，波斯尼亚和黑塞哥维那在1992年2月、3月举行全民公决，多数赞成独立，而塞尔维亚和蒙特尼哥罗则于1992年4月27日建立一个名为南斯拉夫联盟共和国（南联盟）的新国家。欧盟南斯拉夫问题仲裁委员会指出，前南斯拉夫停止运作，斯罗文尼亚、克罗地亚和波斯尼亚被欧洲联盟和其他国家承认并被接纳为联合国会员国。但是，南联盟继续坚持它不是一个新国家，而是与前南斯拉夫保持同一性的国家。南联盟的观点遭到前

① （德）沃尔夫刚：《国际法》，法律出版社2002年版，第283页。

南其他共和国一致反对，国际社会也不接受。安理会 1992 年 777 号决议指出，前南斯拉夫不再存在，南联盟不能自动继续拥有前南斯拉夫在联合国的席位。南联盟迫于形势，在 2000 年转变态度，要求以新成员加入联合国。南联盟单方面坚持与前南斯拉夫的同一性因没有获得前南其他共和国以及国际社会的支持而流产。

通过对相关理论和实践的分析，国家同一性的基本理论已经明确，一是关于领土同一的国家同一性结论，即只要领土是同一的，在同一领土上存在的国家就是同一的，基于领土同一的国家同一性具有自然属性，不需要或不依赖于国际社会的承认，国际社会的承认只承担证据功能；二是关于领土不同一的国家同一性结论，即在领土发生重大变化的情况下，国际社会的承认对国家同一性的保持具有决定性作用，值得注意的是，这种承认是以领土部分重叠为依据的，如俄罗斯与前苏联的同一性，统一前的联邦德国和统一后的联邦德国的同一性。第一项是基本规则，第二项是补充规则。

国际社会的发展与成熟，为国家同一性基本规则的适用奠定了越来越明确的基础——国际社会和国际法发展至今，主权国家的一项外部特征已经越来越明确并获得国际法的确认，即主权国家的领土边界具有法律上的确定性。“除地球两极和公海以外，地球表面都被划分为许多大小不等的部分，每一部分都是一个主权平等的国家；国际法对这种划分予以确认，并承认每一部分里只存在一个国家人格，只有一个国家意义上的国际法主体，而不论这一特定部分的名称或内部治理秩序如何变更。”① 刘国深教授也形象地把主权国家描述为一个个由领土和人民构成的球体，国际社会就是由 200 个左右的国家球体构成的国际星系，各国家球体必须拥有领土、人民和政府，按照联合国宪章规定的国际关系轨道运行。正是这种领土边界的法律确定性，为现代国际社会确定国家同一性提供了直接的判断工具。

---

① 范宏云：《国际法视野下的国家统一研究——兼论两岸统一过渡期法律框架》，广东人民出版 2008 年版，第 2 页。

二、建立在国家同一性理论基础上的国家认同

认同心理是人类的基本特性之一，包含鲜明的价值判断与价值期待，具有持久性和根本性。所谓认同，是指主体对自己身份、角色、地位和关系的一种定位，是主体对从属于哪一群体的基本认知。在现实生活中，个体或群体具有多重身份，也就具有多元认同，其中最为重要是国家认同，国家认同对个体或群体的意识判断和行为选择影响最大。国家认同就是个体或群体判断自己归属于哪个国家的问题，国际法意义上的国家认同体现为这些个体或群体对一定领土上的由民众和政府组成的共同体的认同。根据国家同一性理论，国家认同的核心是对一定领土的认同，当今国际法对国家的认同也是以领土为依据的，而依附于领土存在的历史、文化、宗教只居于此要的参考因素。个体对领土的认同是通过一些依附于领土的法律和政治联系而实现的，也就是说，个体由于法律和政治的规定而产生对领土的认同。因此，国家认同具有超越个体意志的规范性和强制性。

与国家认同相关的概念还有政府认同、政党认同和民族认同。政府认同与国家认同的联系最为紧密。由于政府符号和表现形态上均与国家有着紧密的联系，因此，政府与国家常被有意无意地混淆。政府是国家的对内管理者和对外代表者，政府的有效治理范围通常与国家的领土完全重叠。但是，在例外的情况下，国家的领土范围内存在一个以上的政府，那么这些政府的有效治理范围显然小于国家领土的范围。在这种情况下，由于存在一国领土之内的各个政府各自管辖一定的地域和人口，并具有不同的政府符号，所以国内民众和国际社会对这些政府的认同一般不会混淆。容易混淆的是国家认同。如果把政府认同混淆成国家认同，该国就会面临国家分裂的危险。国际社会在处理一国之内存在一个以上的政权情况下的国家认同时，采取的规则是，只要国际社会承认这些政府所治理的领土总和的范围内只存在一个国家，根据国家同一性的领土规则，该国的同一性继续保持。与政府认同相联系是政党认同，因为当今世界各国的政府莫不由政党来组织和管理。政府认

同是比政党认同更加上位的概念，政府认同并不关注某一个政府所采取的制度形态，也不关注该政府中占据主导地位的意识形态，而只关注政府所表现出来的外在形态。而政党认同事实上是一种意识形态认同，因为政党是以某种特定的意识形态为思想基础所形成的政治团体，是意识形态的政治存在。民族认同体现为对一个具有共同风俗、起源、血缘和历史记忆的民族的认同。民族不具有组织性特征，仅仅拥有来自于民族成员的心理认同；国家可以将外在的一致性作为其存在的基础，而民族则是一种“想象的共同体”的产物。①

通过上述分析可知，国家认同建立在领土的同一性之上，而政府认同、政党认同和民族认同并不需要领土同一性作为认同的基础，因此，政府认同、政党认同和民族认同都不能代替国家认同，不能被认作是国家认同的“不断发展的必然选择”②。

三、中国的国家同一性是两岸国家认同的基础

中国的国家同一性以中国领土的同一性为基础。所以，要研究中国的国家同一性，必须首先要明确，中国作为一个国际人格者，它的领土范围何时得以确定并获得国际法上的确认和保护以及国际社会的承认。鉴于本文运用了国际法的分析方法，所以不研究国际法产生以前中国作为一个王朝国家其领土变动的情况。根据对近代以来历史资料的简单回顾，可以得出这样的结论，即中国领土范围的最终确定并获得国际法的确认，应当归功于 19 世纪后半期开始的一系列历史事件和国际法律文件。

19 世纪中期以后，唯我独尊的中华世界秩序在西方武力攻击下开始瓦解，发端于西方“文明”国家间的国际法秩序逐渐向东方蔓延推展，但中国在被卷入国际法秩序的初始阶段并未取得与强国平等的主权国家地位。一系

---

① ［美］林茨、斯泰潘：《民主转型与巩固的问题：南欧、南美和后共产主义国家》，孙龙译，浙江人民出版社 2008 年版，第 22 页。

② 祝捷：《海峡两岸和平协议研究》武汉大学博士学位论文 2009 年 5 月，编号 10486。

列不平等条约不断地侵蚀中国从王朝国家时期所继承下来的领土，台湾就是受到侵蚀的对象之一。台湾岛及所有附属岛屿，由中华民族最先发现并开发治理，这足以成为国际法认可台湾属于中国的证据。但是，1895 年中国甲午战败，被迫签订《马关条约》，该约第二款规定“中国将管理下列地方之权并将该地方所有堡垒、军器工厂及一切属公物件永远让与日本”。“下列地方”是指台湾全岛及所有附属各岛屿（包括钓鱼岛）和澎湖列岛。自此日本占领台湾长达 50 年。1941 年 12 月 8 日，日军对珍珠港发起突然袭击，挑起太平洋战争。当天，中国政府对日正式宣战。次日，中国政府正式发布《宣战布告》：

兹特正式对日宣战，昭告中外，所有一切条约、协定、合同有涉及中日间之关系者，一律废止。特此布告。

根据国际法一般原则，“战争使得交战国的条约失效”。[①]《马关条约》废止，日本借以侵占台湾的法律凭借，已不复存在。1943 年下半年中、美、英三国首脑举行开罗会议，商讨如何协调对日作战的军事问题和战后如何处置日本等政治问题。于 1943 年 12 月 1 日，发表《开罗宣言》，庄严宣告：

三国之宗旨，在剥夺日本自 1914 年第一次世界大战开始以后在太平洋所夺得或占领之一切岛屿，在使日本所窃取于中国之领土，例如满洲、台湾、澎湖列岛等，归还中华民国。

1945 年 7 月 26 日，中、美、英三国发布《波茨坦公告》，敦促日本投降。《波茨坦公告》第八条重申：

《开罗宣言》之条件必将实施，而日本之主权必将限于本州、北海道、九州、四国及吾人所决定其他小岛之内。

可见，《波茨坦公告》再次确认台湾属于中国领土，应该归还中国。1945 年 9 月 2 日日本在东京湾签署《无条件投降书》，接受“中、美、英共同签署的、后来又有苏联参加的一九四五年七月二十六日的《波茨坦公告》中的条款”。日本在《无条件投降书》中所接受的，就包括将台湾等地归还中国的条款。上述四项国际法律文件，即中国《对日宣战布告》、《开罗宣

① 周鲠生：《国际法》，商务印书馆，1976 年版，第 677 页。

言》《波茨坦公告》和日本《无条件投降书》，均明确地承认了台湾作为中国领土的一部分的法律地位。

从此，中国从疆域不断变动的王朝国家升华为领土边界明确并受国际法确认和保护的主权国家，国际社会普遍承认在涵盖大陆和台湾地区的领土范围内只存在一个主权国家意义上的国际法主体，并以中国（China）指称这个国际法主体。二战期间和结束二战的一系列国际法律文件确定了判断中国同一性的领土范围和法律基础。虽然有1946年外蒙古的独立造成中国领土边界的变动，但国际社会的承认使中国的同一性不受该事件的影响。

台湾海峡两岸的分离是在判断中国同一性的领土范围已经确定之后才发生的历史事件，又因为国家认同应当以领土为依据，所以两岸国家认同应当以两岸分离时中国的领土状况为依据。两岸分离是由于中国国内两派政治力量为争夺中国的领导权而导致，两岸分离并没有造成中国领土边界的任何变动，对中国领土完整性并未造成任何损害，因此，中国在两岸分离之前和之后的国家同一性继续保持。这种国家同一性的保持又可以推出这样的结论，即在两岸分离之后的中国领土范围之内并未产生一个新的除中国之外的所谓国家。两岸分离以来中国的领土保持同一性以及国家保持同一性，这是两岸国家认同的前提和基础。这种建立在领土同一性基础上的国家同一性不需要国际社会的承认，当然获得国际社会的普遍承认无疑是锦上添花。在横跨台湾海峡两岸的960万平方公里的土地上只存在一个主权国家，这不仅获得了当今国际社会的普遍承认，也被两岸各自的根本法所确认。这是两岸各界在讨论两岸国家认同时理应遵守的事实和法律。

两岸国家认同，可以简化为两岸认同“在横跨台湾海峡两岸的960万平方公里的土地上只存在一个主权国家”，这个早已确定的事实和法律应当成为各界讨论两岸和平协议，构建两岸和平发展框架，推进两岸和平统一事业的起点。只有确认“在横跨台湾海峡两岸的960万平方公里的土地上只存在一个主权国家”这一基本事实和法律，才能对混乱的两岸国家认同理论和实践进行正本清源。

确立以领土同一性为依据的国家认同之后，我们会发现两岸并不存在所谓“国家”和“主权”的争议，因为两岸各自根本法都规定他们的政府所代表的国家的领土实质上是完全重叠的（重叠的是横跨台湾海峡两岸的960万平方公里的土地，外蒙古显然不包括在内），根据领土同一，国家同一的原则，两岸所代表的国家实质上是同一的。领土同一，国家同一，主权当然仍然同一，所以“搁置两岸主权争议”就成了一个伪命题。马英九在2008年接受墨西哥《太阳报》采访，回答记者提出的“中华民国台湾是一个主权国家，而中国大陆又认为台湾是中国的一部分，你的意见如何?”的问题时说：“这样的争议是属于主权层面的争议，目前无法解决，但是我们虽然不能够解决这个问题，却可以做一个暂时的处理，这就是我们在1992年与中国大陆所达成的一个共识，称为‘九二共识’，双方对于“一个中国”的原则都可以接受，但对于‘一个中国’的含意，大家有不同的看法。因为对主权的问题到底能不能解决？如何解决？何时解决？目前可以说都没有答案。”根据国家同一性理论，该问题是否属于主权争议有一个前提，那就是，他认为的领土范围涵盖面有多大，如果他认为只涵盖台湾地区，显然上述问题就属于主权争议，如果他认为涵盖“横跨台湾海峡两岸的960万平方公里的土地”，那么两岸所指的国家是同一的，就不属于主权争议。根据马英九同次谈话中的其他内容判断，他所指的领土范围涵盖“横跨台湾海峡两岸的960万平方公里的土地”，所以，作为资深国际法学者的马英九在此处也把政府认同以及指代政府和国家的符号认同混淆为国家认同或主权认同。

确立以领土同一性为依据的国家认同之后，我们还会发现两岸争议的焦点实质上是合法政府和国家符号。如大陆方面在1992年前明确规定中华人民共和国政府是代表中国的唯一合法政府，中华人民共和国就是中国。中华人民共和国宪法规定“台湾是中华人民共和国神圣领土的一部分”，中华人民共和国与外国建立正式外交关系都必须以该外国承认中华人民共和国政府是中国的唯一合法政府为前提。1992年大陆和台湾透过海协会和海基会达成“九二共识”。1995年1月，江泽民在“江八点”中没有将中国明确指明为中华人民共和国。1998年钱其琛提出了“一个中国三段论”，不再提“中华人民共和国是中国的唯一合法政府”，而是只提“台湾是中国的一部分”。

不提“中华人民共和国是中国的唯一合法政府”的一个中国原则最终得到国家法律的确认是经由2005年通过的《反分裂国家法》第二条的规定。由于《反分裂国家法》是以《中华人民共和国宪法》为立法依据，所以《反分裂国家法》第二条实质上是对宪法有关台湾问题的规定的一个补充。

台湾方面在1992年两会达成“九二共识”之前，基本按照“中华民国”政府是代表中国的唯一合法政府和中国就是“中华民国”的思路来处理两岸关系。“九二共识”之后，台湾“国统会”重新界定一个中国，称一个中国是1912年成立的“中华民国”，“其主权及于整个中国，但目前治权，则仅及于台澎金马”。[①] 正是有了“治权仅及于台澎金马”的提法，才有了后来的“特殊两国论”、“一边一国论”、“中华民国就是台湾”等“台独”言论。尽管如此，这些言论并不能改变“中华民国”“宪法”的“一中”架构，更不能改变国际社会普遍承认“在横跨台湾海峡两岸的960万平方公里的土地上只存在一个主权国家”的国际法框架。

马英九在接受墨西哥《太阳报》采访时说“双方对于一个中国原则都可以接受，但对于一个中国的涵义，大家还有不同的看法”。对“一个中国的涵义”有不同看法，就是指两岸对中国这个国家的合法政府和国家符号有不同的看法。马英九继续说“两岸不是国与国的关系，而是一种特殊关系”是“因为中华民国的宪法无法容许领土上还有另外一个国家。同样地，大陆的宪法也不允许在宪法所定的领土上还有另外一个国家”，可见，两岸领导人对“在横跨台湾海峡两岸的960万平方公里的土地上只存在一个主权国家”并不存在不同看法。可以认为，马英九实际上在运用“领土同一、国家同一”的国家同一性理论来证明他的“两岸不是国与国的关系，而是一种特殊关系”的观点。

---

① 台湾当局“国统会”：“‘一个中国’意涵定位结论”（1992年）。

四、国家同一性理论不支持“整个中国认同”论和“中华民族认同”论

“整个中国”论是张亚中设计的《两岸和平发展基础协定》的基础。该协定草案由前言部分和七条主体条款组成。通过对协定文本和文本补充说明进行分析，可以认为作为协定基础的“整个中国”理论是“整个德国”理论的翻版。本文认为德国统一经验不是不可以借鉴，只是“整个中国”理论本身存在不可调和的矛盾。

该协定在前言中说“协定当事方认知到整个中国自 1949 年起处于分治之状态，但仍为中华民族一分子之事实，鉴于彼此对促进民族和平与发展之共同责任，意识到两岸同属整个中国、彼此相互平等是和平之基础条件”。补充说明对“整个中国”进一步解释，“两岸目前的分治，并不表示‘整个中国’就不存在，因此，‘一族两国’并不是正确的两岸定位。‘中国’作为一个政治与法律的概念仍然是存在的，‘中国’不仅是一个历史、地理、文化上的概念，更是一个政治与法律的概念，我们可以将‘整个中国’看成一个屋顶或是两岸相加之合，‘整个中国’的权力目前暂时由两岸政府分别行驶。”第一条规定“两岸同属整个中国，彼此均无意从整个中国分离，并承诺不分裂整个中国、共同维护整个中国之领土主权与完整”。以上规定或说明似乎顾全了“整个中国”的领土和主权的完整性，但是，“整个中国”的领土和主权的完整性又被以下内容所撕裂。如协定第三条规定“两岸同意，尊重对方在其领域内的最高管辖权，任何一方均不得在国际上代表对方，或以对方之名义行为。双方尊重任何一方的内部宪政秩序与对外事务方面的权威”。该条的补充说明认为，文本中没有使用“主权”，而使用“最高权力”一词，是为避免造成两岸为国际法上的外国关系。“尊重对方在其领域内的最高权力”是指“由于目前两岸还没有统一，因为北京与台北的政府均只有在自己所管辖的领域内享有完整的管辖权，而不能及于对方。如果用国际法的术语来说，两岸只有在自己的领域内才是个完整的国际法人，如

果从整个中国的领域，或整个中国的事务来看，两岸均非完整的法人”。第六条“两岸同意，双方在国际组织中彼此合作，双方在国际组织之共同出现并不意涵整个中国之分裂，并有责任共同维护中华民族之整体利益”。该条的补充说明又认为，因为台湾方面不可能同意加入中国大陆在国际组织中的代表团，台湾社会选举频繁，“中华台北”容易被理解成“中华人民共和国台北”的简称、“中国台北”的同义词或“中国人台北”，观察员地位又会被台湾社会理解为中共的统战行为，总之，以上这些各种各样的原因迫使“在国际组织中相对台湾为强势的中国大陆”必须思考“如何让台北政府在国际组织能够有正式的会员资格而又不会造成两岸永久分裂的事实”。为解决这个问题，协定补充说明设计了一套“两岸三地”方案，即不论国际组织的性质，台北政府以“台北中国”名义参与成为正式成员，台湾也同意两岸共组一“两岸共同体”代表团作为两岸参与的第三席。

通过上述分析可以认为，张亚中“整个中国”论是一个难以调和的矛盾体，其难以调和之处在于，在横跨台湾海峡两岸的960万平方公里的土地上不可能存在“整个中国”、“北京中国”和“台北中国”等三个主权者。因为，根据国家同一性理论之“同一块领土上在同一时间内只能存在一个主权者”的规则，在横跨台湾海峡两岸的960万平方公里的土地上要么存在的是“整个中国”，要么存在的是各据一方的“北京中国”和“台北中国”。张亚中方案中的“整个中国”是毫无根基的虚化物，因为它的领土实际上被“北京中国”和“台北中国”所瓜分。没有领土的“整个中国”就像没有血肉身躯的孤魂，丝毫看不出它是“一个政治与法律的概念”。“北京中国”和“台北中国”在横跨台湾海峡两岸的960万平方公里的土地上各据一方，在各自有效管辖的领域范围内享有最高权力，对外都以正式成员身份参与任何国际组织，可见张亚中的方案实际上给予“北京中国”和“台北中国”主权国家的法律地位，只不过称之为“内部宪政秩序”。张亚中以为用“内部宪政秩序”称呼“北京中国”和“台北中国”，而“没有使用‘国家’一词，就可以避免传统国际法用语可能引发两岸是‘国与国’外国关系的误会”。张亚中的“整个中国”理论是德国分裂时期的“屋檐学说”① 在中国问题上的再适用。“屋檐学说”所坚持的观点是在德意志帝国的领土上虽然成立了德意志联邦共和国和德意志民主共和国，但是德意志帝国作为国际法主体并未消亡。但是1949年成立德意志联邦共和国和德意志民主共和国，1972年签订《两德基础关系条约》，1973年分别加入联合国，两者的主权国家地位获得了东西方阵营的广泛承认，这些充分证明两个德国是两个主权国家。那么既然在在德意志帝国的领土上存在两个主权国家，1945年前的德意志帝国就再也无容身之地。“屋檐学说”虽然获得了联邦德国政府和理论界的部分支持，但是在法理上是说不通的。可见，无论是“整个中国”还是“屋檐学说”之“德意志帝国继续存在”论，都经不起国家同一性理论的检验。

“中华民族认同”论也不是一个新的理论，令人感到耳目一新的是，有人认为海峡两岸和平协议的性质应该定位为“中华民族认同基础上的法理共识”。武汉大学法学院2009年宪法学专业祝捷博士的博士学位论文《两岸和平协议论》，洋洋30万字，围绕上述观点展开论证。该论文没有回避把“中华民族认同”作为两岸签订和平协议的认同基础，是否与中共十七大所主张的“在一个中国原则的基础上，协商正式结束两岸敌对状态，达成和平协议”相违背，“中华民族认同”是否意味着放弃“一个中国”原则这个问题。作者给出的答案当然是否定的。既然“中华民族认同”并不意味着要放弃“一个中国”原则，那么为什么又不以含有“一个中国”原则的国家认同作为和平协议的基础呢？作者认为两岸在“一个中国”原则的“中国”的涵义、事实与规范、现状与目标等三个具体问题存在分歧，并认为，“九二共识”是两岸国家认同基础上的临时协议，其营造的稳定状态，不论在理论上还是在现实中，都是不稳定的。而“两岸同属中华民族”是两岸都可以接受的事实，不提及“国家认同”，但也不否认“国家认同”，不仅不违背

---

① 屋檐学说认为德意志帝国并没有因为两个德国的产生而消亡，德意志帝国缺乏行为能力，但是联邦德国和德意志民主共和国依然是整个帝国屋檐下的两个部分政权。联邦德国宪法法院在1976年12月21日的对《两德基础条约》的裁定采纳了屋檐学说。参见沃尔夫刚：《国际法》，法律出版社，2002年版，第281页。

“一个中国原则”，而且与涵义不断丰富和深化的“一个中国”原则相适应。选择“中华民族认同”作为和平协议的认同基础，也是“一个中国”原则不断发展的必然选择。①

根据上文对国家同一性原理与两岸关系的论述，本文认为两岸关系可以定性为存在于一个主权国家的领土范围内的两个竞争性政府之间的关系，“在横跨台湾海峡两岸的960万平方公里的土地上只存在一个主权国家”，这是两岸统一事业的现实基础，也是经国际法和两岸各自根本法确认的法律基础，包括和平协议、和平发展框架等在内的所有两岸政策的设计和制定必须考虑这样一个不容回避、不容否认的基础。大陆方面，在两岸关系领域在阐述“一个中国”时不加“中华人民共和国”前缀，十七大报告中首次提出“家园论”（“中国是两岸同胞的共同家园，两岸同胞理应携手维护好、建设好我们的共同家园”）和“命运共同体论”（“十三亿大陆同胞和两千三百万台湾同胞是血脉相连的命运共同体”），这些并不能表明大陆两岸政策的认同基础，“逐渐从政权层次转向国家层次，并开始探索民族层次的认同”。② 实际上，阅遍国家领导人的相关讲话和国家相关法律但凡涉及两岸关系时都毫无例外地包含“两岸同属一中”精神。之所以如此，是因为建立在领土同一性基础上的国家认同是经国际法和两岸根本法确认的法律基础，两岸和平协议是推进两岸和平统一事业的基础性协定之一，该协定如果不以领土同一性的国家认同作为基础，那么和平统一事业就会迷失方向（有可能以“不统一”为方向），民族认同是与国家认同不同的两个范畴，它具有与国家认同不同的功能，它只能作为国家认同的补充，而不能代替国家认同，更不能认为是国家认同的“不断发展”，所以，把两岸和平协议定位为“中华民族认同基础上的法理共识”的观点值得商榷。

---

① 祝捷：《海峡两岸和平协议研究》武汉大学博士学位论文2009年5月第46页，编号10486。

② 周叶中，祝捷：“论海峡两岸和平协议的性质——中华民族认同基础上的法律共识”，载《法学评论》2009年第2期。

五、结论

建立以领土同一性为基础的两岸国家认同，可以最大限度的剥离长期附着在两岸国家认同上的政治、政权、意识形态等干扰迷惑因素，从而恢复两岸国家认同的基本事实和法律内涵，即两岸认同“在横跨台湾海峡两岸的960万平方公里的土地上只存在一个主权国家”。张亚中教授的“整个中国”理论，企图在同一块领土上放置三个主权者，显然违背国家同一性理论的常识，也不符合国际法和两岸各自根本法的规定。把两岸和平协议定位为“中华民族认同基础上的法理共识”是一种没有学术立场的理论，它在事关两岸关系发展的原则性问题还没有研究清楚之前、在两岸就原则性问题达成共识的可能性还没有完全破裂之前就避难就轻地放弃必须始终坚持的原则；它是一种违背基本学术常识的理论，在两岸关系领域，民族认同只能作为国家认同的补充，不能因为国家认同难以达成就换成容易达成共识的民族认同，把民族认同作为和平协议的基础。两岸和平协议是一国之内两个竞争性政府之间的和平协议，而以民族认同为基础的和平协议可能是“一族两国”协议，如《两德基础关系条约》。学术研究一定要本着事实、规则和经得起实践检验的理论，坚守学术独立，而不是做学术“乡愿”，只有这样才能体现学术研究的价值。

（会议论文，原文印发，文中用语和观点系作者个人意见）

新闻交流在增进两岸政治互信中的作用

段皎琳*

当前，两岸关系在“九二共识”的基础上建立了基本的政治互信。但是两岸的政治互信并不稳固，合作并没有达到融洽和谐的程度，两岸关系和平发展尚处于低级阶段。为了增进互信，逐步破解两岸难题，需要两岸不断的累积和创造条件。政治沟通是政治信息的一种传播过程，指传送那些相关政治信息，并通过一定的政治传播媒介在不同政治主体之间有效地互相传递和交流政治信息的过程。在当今现代化的国家中，政治沟通的基本机构是大众传播媒介。在各个新闻领域工作的专业沟通者，已经成为政治态度的自主力量。在发达工业社会中，有些人认为，传播媒介的权力大到了足以安排或至少可以改变国家政治议事日程的程度。新闻所具有的时效性、新奇性、重要性等特点，使新闻交流成为两岸交流的桥梁，在沟通两岸人民，逐渐消除误解方面起到过积极的作用。随着两岸关系的解冻缓和，如何增进两岸的政治互信成为关注的议题，新闻交流在其中扮演怎样的角色？将起到怎样的作用？成为本文探讨的问题。

一、两岸新闻交流对建立政治互信的影响

新闻的性质就是对新近发生的对大家都重要的事实的报道，它的特性是向人们传递各种信息。交流是指彼此把自已有的提供给对方。新闻交流就是

---

* 作者简介：段皎琳，厦门大学台湾研究院2008级博士。

指两岸间交换新闻信息并且安排记者互访和驻点以及设立办事处。

自1987年《自立晚报》记者到大陆采访以来，两岸新闻交流从无到有，从单向到双向，经历了漫长的发展时期，两岸间交换新闻信息并且安排记者互访和驻点以及设立办事处，这对于两岸的政治互信建立发挥过重要的作用。在两岸关系发生变化时，新闻媒体成为两岸交流沟通的平台，并借由此平台，沟通两岸民众，消除彼此的误会，建立两岸的信任感。互信是对相互间的承诺，指双方都有信用和信心，恪守已达成的共识和协议，对于仍未有共识的问题，双方都有互谅互让的诚意。两岸政治互信是指“海峡两岸双方彼此以口头、书面或行为默契的方式，展现出共同维护两岸同属一个中国的法理和政治现实之意志，建立起相互包容和信任的政治关系。”① 两岸新闻交流对政治互信的影响主要表现在两岸在一定程度上的理解和包容，并且在此基础上对影响两岸关系的事件加以克制，从而保持两岸和平稳定的发展。

1. 两岸新闻交流对建立政治互信所起的作用。

两岸通过新闻交流消除了误会，建立了信任感，并且尝试着用包容的心态看待两岸间的事情，从而为两岸政治互信的建立打下了基础。台湾是一个新闻媒体开放自由的地区，各种观点在此共生共融，加之台湾政治生态蓝绿分布的特殊状态，使得台湾的媒体报道的政治倾向中亦有蓝、绿之分。从而对两岸政治互信的建立产生了正负两方面的作用和影响。

（1）消除误解，建立信任感：两岸新闻交流在沟通两岸民众的感情，以及增进两岸民众相互了解，消除误解，建立信任感方面发挥了重要的作用。两岸隔绝多年，两岸同胞认识彼此最主要的是靠媒体的报道。两岸新闻交流畅达前，两岸间误会重重，从而将一些小的突发事件，扩大成为影响两岸和平进程的大事件，同时还加深了民众间的误解。例如千岛湖事件，案件中32名台湾观光客及大陆船工在浙江省杭州市淳安县的千岛湖被劫杀，事发后，大陆方面迅速作了妥善处理。实际上这只是一宗简单的刑事案件，但是由于当时新闻交流不顺畅，此事件最终演变成了政治风波，使台湾自认为“台湾

---

① 刘国深：“加强两岸政治互信ABC”，《中国评论》（香港），2009年12期，第17页。

人”的比例大幅提高。①

随着两岸新闻交流的逐步深入，相互认识并逐渐建立起一定的信任感，当出现阻碍两岸关系正常发展的事件出现时，两岸媒体大多能够理性报道，有所克制，使两岸维持和平稳定的发展态势。例如，2009 年 9 月下旬，高雄市策划播放美化民族分裂分子热比娅的影片，并拟邀请热比娅访台，从而恶化两岸关系。为制造声势，民进党等“台独”势力甚至与热比娅公开唱和，连手给台当局施压，但台当局在 9 月 25 日以热比娅与国际恐怖组织有关为由，拒绝热比娅“入境”。热比娅访台企图破灭后，民进党等“台独”势力坚持在岛内播放热比娅影片。民进党热炒达赖、热比娅事件的主要目的是，想借机挑起两岸政治对立，破坏两岸关系和平发展势头。对于此事件，两岸媒体都进行了大量的报道和分析，但这些报道和社论都站在公平和客观的立场上，其中《联合报》社论指出：“许多‘台独’人士对于热比娅是何许人原本毫无所知，只不过看了一部影片，就惊为天人，不嫌太天真吗?”另外，台湾《中国时报》26 日在题为“两岸良善互动不该被恶意挑动所破坏”的社论中写道，民进党摆明了就是要挑起大陆怒意，再收割酿成冲突后的政治利益。“（两岸关系）不该也不必因为少数人的恶意操作，就让刚刚经营出来的良善氛围，旦夕间陷入危局。”从而点出了事情的实质。而对于民进党热炒的热比娅事件，民众的反应是如何的呢？首先，从远见杂志长期跟踪调查的“政治乐观指数”② 显示，热比娅事件后，台湾民众对两岸关系的缓和

① 根据当时的民调数据显示，千岛湖事件（1994 年 3 月 31 日）爆发前，2 月底台湾民意测验中，认为“自己是台湾人”29.1%；认为“自己是中国人”24.2%；认为“自己既是台湾人又是中国人”43.2%；其余是不知道或拒答。在千岛湖事件发生后不久的 4 月底，同样的民意测验，认为“自己是台湾人”增加为 36.9%；认为“自己是中国人”减少为 12.7%；认为“自己既是台湾人又是中国人”45.4%；其余是不知道或拒答。千岛湖事件对台湾人的自我认知与统独趋势，影响之大实在是历史之最。当年台湾赴大陆的人数，从 1，541，628，遽降到 1，152，084 人次（《台湾统独消长的转折点：千岛湖事件》，中国选举与治理，http：//www. chinaelections. org/NewsInfo. asp? NewsID = 12368）

② 台湾民心指数（TPMI）包括政治与经济两大面向，即政治信心指数（Political Confidence Index，PCI）与经济信心指数（Economic Confidence Index，ECI）。台湾民心指数及其各项次指数皆介于 0 到 100 之间，指数大于 50 即代表乐观或正面评价，指数愈高表示民众愈乐观愈肯定、愈得民心；指数小于 50 即代表悲观或负面评价，指数愈低表示愈悲观愈否定、愈失民心。

指数不减反升，从2009年的8月的63.1上升到9月份64.5。另外，根据台湾联合新闻网在台湾拒绝热比娅“入境”后的在线调查显示（截至北京时间9月25日22时10分），在3594名参与投票的台湾网民中，有3117人表示支持当局拒绝热比娅访台，约占投票总人数的86.7%，表示不赞成的只有470人，约占总人数的13.1%，其余投“没意见或不知道”的有7人，约占总人数的0.2%。① 由此表明，两岸新闻交流的深入，媒体的客观、真实的报道，两岸信任度的走高，使得民众能以客观的态度面对两岸间发生的事情。

两岸新闻交流不仅增加了两岸民众的信任感，而且通过两岸新闻交流为两岸的产、官、学搭建了沟通平台，为增进它们的相互了解贡献了力量。例如，由海协会会长汪道涵定名的《中国评论》于1998年1月在香港创刊。2000年，中华人民共和国新闻出版署批准其在内地公开销售。2001年，台湾“新闻局”批准其在台湾公开销售，就此《中国评论》月刊成为第一家在两岸公开发行的时政杂志。2005年5月，中国评论通讯社（简称中评社）在香港注册成立，同年6月3日，中国评论新闻网（www. China Review News. com）开播。2007年2月8日，中国评论通讯社与台湾中国时报联合举办的“海峡两岸旅游可持续发展座谈会”在北京举行，受邀的18家计30余位代表围绕如何促进海峡两岸旅游特别是大陆居民赴台旅游良性可持续发展畅所欲言，献计献策。2008年8月，中评社记者作为随行记者，采访了马英九就任“总统”之后的第一次出访活动。至此，中评社成为历史上以及目前唯一得以跟随两岸领导人出访的新闻媒体。由此中国评论通讯社（中评社）成为两岸新闻中最具权威性和影响力的“两岸共同媒体”。借由中评社的平台，两岸各界人士经常齐聚一堂探讨当前的两岸间的问题。对于诸多的突发事件，可以借由此平台，面对面的讲清楚，说明白。避免了诸多的误会。而且借由网络媒体“成本低”、“功能全”、“大容量”的特点，使得中国评论新闻网在两岸同胞彼此了解上构建了新的渠道，据统计，中国评论新闻网的点击率平均是3000万次/天，其最高时达到9000万次/天。除此之

① “台湾拒绝热比娅入境”，《珠江时报》，2009年9月27日。

外，中评社经由其在两岸的特殊地位，在南台湾设立办事处，并且聘用台湾人作为记者，第一时间，向两岸人民展示真实的南台湾。据中评社社长郭伟峰介绍，南台湾存在一股推动两岸和平发展的力量。

（2）增加了两岸同胞的包容心。两岸新闻在交流中发挥了重要的沟通作用，通过大量的新闻报道、分析，透露了大量信息，增加了两岸同胞的包容心。例如：1995 年 6 月，李登辉不顾大陆强烈反对访问美国，并且在康奈尔大学发表的演讲中一次都不提一个中国，却多次使用“中华民国在台湾”和“在台湾的中华民国”的说法，导致两岸关系的紧张。而当同年大陆在南海举行大规模的军事演习时，由于两岸新闻交流的闭塞，引起了台湾民众的恐慌，数以千计的市民赶到银行提领存款或换购美金。部分群众挤在机场想取得机位，飞往美国及加拿大的华航客机班班爆满。① 对此情形台湾方面不予解释和劝导，其“国防部”部发言人刘志坚还大肆宣扬，在整个“导弹危机”期间，“国军已经奠定了良好的备战基础”，加深了两岸的误解。随着两岸的长期沟通和了解，当类似的事件出现时，两岸民众表现出极大的包容心。例如，民进党邀请“达赖访台”以及近期蔡英文抛出“中华民国是流亡政府”的言论。这两件事情虽然严重地影响到大陆的情感，前者有着“台独”和“藏独”合流的隐忧，后者是赤裸裸的“台独”言论，不仅受到了大陆方面的谴责，而且台湾岛内部对于民进党这样的行为和言论也提出了质疑。由于两岸新闻交流的通畅和透明，使得这两个事件并没有实质性的影响两岸关系的发展，两岸民众对两岸关系的发展仍然保持着高度的信心。

2. 两岸新闻交流对建立两岸政治互信的启示

据上文分析，两岸新闻交流在两岸关系和平稳定的发展中发挥桥梁作用，为两岸政治互信的建立积累了经验，其中出现的问题亦给予不少的启示。

（1）两岸新闻交流未形成常态化、机制化。两岸新闻交流虽然经历了 20 多年的发展，到目前两岸并没“常驻”机构。台湾方面虽然相继开放大

① 《台“国防部”公布 1996 年台海危机解密文件》，凤凰网，http：//news. ifeng. com/history/2/shidian/200803/0314_ 2666_ 441130. shtml。

陆媒体记者“驻点”台湾采访，但是仍然限制重重。到目前为止，大陆除了五家中央级媒体和两家地方媒体可以“驻点”台湾外，其它的媒体记者是无法在台湾采访的。除了限制进入台湾地区“驻点”媒体的数量外，台湾方面还会无理的取消大陆媒体记者的“驻点”。例如，2001 年 7 月台湾突然停止新华社的驻点采访资格，而改用中新社记者到台驻点采访。2005 年 4 月 10 日，台湾又无理的宣布暂缓新华社和人民日报两家媒体记者申请到台驻点采访，并且没有说明开放的时间。直到 2008 年 6 月，马英九“就职”，两岸关系缓和，台湾方面才同意恢复以上两家媒体在台驻点采访。当两岸关系受到阻碍，需要借由两岸新闻交流增进了解和互信时，台湾方面却会单方面的减少到大陆采访的记者人数。1995 年李登辉抛出“两国论”两岸关系处于危机的时候，根据资料显示，1996 年到大陆采访的记者从 1995 年 476 人降至 320 人，降幅为 33% 。①

（2）台湾方面对两岸新闻交流始终保持戒备心理。两岸长期的隔离，李登辉时期的“戒急用忍”政策、陈水扁的“台独”意识的负面影响，使得台湾在涉及两岸关系上持续保持着戒备之心。这点可从台湾相关法律法规的制定上给予管窥。例如：《大陆地区新闻人员进入台湾地区采访注意事项》中规定“经许可进入台湾地区采访之大陆地区新闻人员，应于入境后十五日内，向居住地警察分驻（派出）所办理登记手续，并与邀请单位保持密切联系。”而且“前项大陆地区新闻人员应依许可之采访计划及行程表从事采访活动，不得擅自变更。采访计划及行程表有变更者，邀请单位或该大陆地区新闻人员应先向新闻局报核，再检具变更活动计划及新行程表送境管局备查。”《政府机关（构）接受大陆地区新闻人员采访注意事项》也规定“政府机关（构）对于大陆地区新闻人员申请采访案，应审酌下列事项，以为准驳：（一）采访者有无行政院新闻局核发之记者证；（二）申请采访是否与内政部入出国及移民署许可之行程表内容相符；（三）考虑业务性质是否接受采访。”对于其它地方的驻台记者，台湾方面却宽松很多。比如说，外国

① 韦奇宏（台湾）：“两岸新闻采访交流的结构与变迁（1997—2001）——新制度论的分析”，《问题与研究》第 42 卷 第 1 期 2003 年 1、2 月。

驻台记者申请驻台，首次申请驻台期间最长不得逾一年，第一年期满后仍有驻台必要时，应由该记者于期满三十日前备具下列文件，向“行政院”新闻局申请登记继续驻台，每次申请延长驻台期间最长不得逾二年。相较于来说，针对大陆记者到台湾采访不仅限制到台湾的媒体，而且约定人数只有二人。而且每次驻点只有三个月来说，条件太过严苛。而直到现在每个到台湾的大陆记者只要离开大台北地区，不管是采访还是旅游，都要提前向台湾“新闻局”报备，而且每个行程都要写清楚，包括乘坐的交通工具、时间、居住饭店、采访对象以及联系方式等。台湾各县市的警察都会派专人负责“保护”记者。

总之，两岸新闻交流经过长期曲折的发展，为两岸政治互信的建立积累了宝贵的经验。但是两岸间存在的历史和现实的原因，使得两岸新闻交流并没有建立起机制化的交流模式，而且台湾方面对两岸新闻交流仍然抱有“戒严”的心态。以上对两岸政治互信的建立是不利的。

二、两岸新闻交流在增进政治互信中的困境和对策

两岸政治互信建立需要分阶段，先易后难。当前两岸政治关系和政治互信的基础非常的薄弱，尚处于两岸政治互信的初级阶段。由此在上海世界博览会开幕式上，胡锦涛总书记提出“两岸关系发展要靠两岸同胞共同推动，两岸关系未来的道路要靠两岸同胞共同开拓。两岸各界应该扩大和深化交流合作，不断凝聚推动两岸关系和平发展的共识，不断共享两岸关系和平发展的成果。要继续增进两岸政治互信，不断增强两岸关系和平发展的推动力。”因此在此阶段两岸应该在不断建立经济互信、文化互信和社会互信的基础，增加两岸的沟通渠道，逐步消除误解，进一步加强和深化两岸各界的充分理解，逐步消除误解，从而搭建起两岸政治互信的基础，增进两岸政治互信的途径则是扩大和深化交流合作。

1. 两岸新闻交流在增进政治互信中的困境

两岸新闻交流虽然在推动两岸关系上，搭建两岸沟通桥梁上发挥过重要的作用，在未来两岸新闻交流仍然将会发挥重要的作用。由于长期的隔离和误解，使台湾民众对祖国大陆的发展变迁保持负面观感。近来，两岸关系的缓和，新闻交流的频繁，台湾岛内对于祖国大陆的相关报道逐步导入正轨，但无论是两岸新闻交流，还是两岸的政治互信，还是两者间都存在诸多的问题。

（1）两岸新闻交流的问题。两岸新闻交流渠道不健全，导致沟通效力下降。对于沟通来讲，要不断地获得反馈信息，有赖于良好的沟通网络，沟通通道的健全与否，要看其能否迅速而正确地传送恰当的数量信息。虽然两岸相继开放媒体记者“驻点”，当前经核准在大陆采访的台湾媒体有 13 家，经核准在台湾驻点采访的大陆媒体 5 家中央级媒体和 2 家地方级媒体。但是这些对于两岸当前大交流、大发展的背景来说，是远远不够的。

两岸新闻交流在某种程度上讲，就是两岸信息的传递，只是这个信息是新鲜的、真实的。因此两岸新闻交流过程中，也存在着信息失真，灵敏度低和信息“噪音”的问题，这些导致了两岸的误解，也妨碍了两岸政治互信的建立。信息失真是指信息在传递过程中被歪曲，到达信息接收者手里的是被歪曲了的信息。灵敏度低主要表现为该控制的信息得不到控制而“外溢”出去，该传送的信息不能迅速传送而被搁置下来。“噪音”则是指与信息接收者的要求或决策活动无关的信息。因为信息失真，灵敏度低和“噪音”的影响，使得两岸之间的互信难以建立，而且还持续的影响两岸关系和平发展的进程。关于撤飞弹就是其中一例，台湾方面经常宣传，大陆东南沿海分布的导弹是专门针对台湾的，由此引发台湾民众对祖国大陆的恐惧，为其购买各种武器提供借口。实际上，祖国大陆的海防线如此之长，为了保护国土的安全，布置飞弹是可以理解的，另外关于飞弹的数目的问题，这其中也存着极大的问题，作为军事秘密，台湾当局是如何获知的呢？媒体又是如何获知的呢？而这其中由于飞弹信息传播当中存在着灵敏度低和“噪音”的问题，使得两岸在飞弹问题上持续不下，而且造成了台湾民众对祖国大陆的误解和恐惧。

（2）增进政治互信方面的问题。两岸关系从对峙到和缓，到建立政治互信，以及当前不断的增进两岸政治互信，走过了一条漫长而艰辛的道路。当前，两岸相继开通了“三通”，签订了12项协议，开放大陆游客赴台旅游，并在“九二共识”的基础上签订和商谈各类议题，使得两岸关系朝着良性的方向发展。但两岸的政治互信仍然处于初级阶段，政治互信的基础非常薄弱。这其中除了两岸长期积累的心结外，还涉及“主权”的问题，“国际空间”的问题，“统独”以及人心向背的问题。这诸多的问题层层叠加，使得增进两岸政治互信变得困难重重。

2. 如何增强两岸新闻交流对促进政治互信的作用

（1）建立常态化、机制化的新闻交流渠道。新闻交流是两岸的重要沟通渠道，在两岸关系中起到了独特的桥梁作用。因为通过两岸的新闻交流可以促进了解，消除歧见，同时可以增加共识。两岸隔绝多年，两岸同胞要认识彼此主要依靠各自的媒体报道。通过两岸新闻交流，使两岸民众从完全陌生，到感情接近，新闻交流起到了十分重要的作用。经过两岸新闻媒体的长期交流，信息的充分沟通，两岸民众有了初步的认识，不会完全受情绪煽动，使得台湾在政治舆论上的操弄所起到作用越来越弱。但如上文分析，两岸的新闻交流并没建立起常态化、机制化的交流体制，使得两岸新闻交流随着两岸关系的发展而张弛。因此两岸间设立媒体常驻成为一个迫切的议题。例如，在2009年7月举行在长沙举行的第五届两岸经贸文化论坛上新华通讯社副社长周锡生呼吁两岸新闻界以更加开放的态度，采取更加积极的措施，深化彼此的交流与合作，在两岸即将全面实现直接双向“三通”——通邮、通航、通商之外，也尽快实现双向直接的“信息通”，促进两岸关系的和平发展。① 2010年2月12日，针对两岸媒体常驻问题，范丽青则表示“希望两岸本着先易后难、循序渐进的精神，共同努力，创造条件，早日促成这个好事情”。她认为，互设常驻机构是两岸媒体长期以来的强烈愿望，也是

① 《周锡生代表大陆新闻界呼吁尽快实现两岸媒体常驻》，新华网，http：//news. xinhuanet. com/tw/2009 -07/11/content_ 11692412. htm。

两岸媒体采访常态化的一个基本要求，更是两岸关系发展的客观需求。两岸媒体需要共同努力，更多地互相介绍两岸的情况，以增进两岸民众的沟通了解。①

（2）提高信息传递效力。两岸信息沟通时，由于各种原因，使得两岸信息的传递经常受到一些“噪音”的干扰，使得传递的信息失真，从而降低了整个信息的传递效力。当前两岸的政治互信基础十分的脆弱，在台湾岛内的统一与分裂的斗争贯穿其中，使得两岸问题危机大、麻烦多、问题重。在此情形下，更加要加强两岸信息传递的效力，即尽量做到及时、真实传递两岸的信息，减少两岸间的误会。特别是，近百年海峡两岸的隔离所产生的疏离感并不是容易拉近，强烈的悲情意识根深蒂固并不容易化解。60年的敌对对立所产生的强烈“反共恐共”意识并不容易消除，对祖国大陆和中国共产党所产生的成见敌意和偏见并不容易克服。近20年“去中国化”的教育、“反中国化”的宣传，对台湾社会造成深刻而广泛的影响，一时也很难去除。台湾岛内政治选举所导致的民粹化倾向，新闻媒体为求生存，不择手段地煽情化，很难对事件的经过原委做深入、客观的报道等等，更是很难迅速扭转。最近，由于全球性的金融危机使台湾经济仍在继续下滑，台湾百姓对马英九“马上好”的过度期待落空，使台湾弥漫着强烈的失望怨恨情绪。两岸经贸和旅游也一时很难救台湾经济之急，而两岸的和解和接近反而加深了泛绿阵营的恐慌，无望的“台独”势力更是在做拼命的挣扎。在此种情况下，如何增加信息的传递效力显得尤其的重要。

（3）建立和增加两岸新闻从业人员推动两岸和平发展和增进两岸政治互信的使命感。使命感，即人对一定社会一定时代，社会和国家赋予的使命的一种感知和认同。马克思曾说过：“作为确定的人，现实的人，你就有规定，就有使命，就有任务，至于你是否意识到这一点，那是无所谓的。这个任务是由于你的需要及其与现存世界的联系而产生的。”② 对于两岸的新闻从业

---

① 国台办新闻发布会，国务院台湾事务办事处，http：//www. gwytb. gov. cn/xwfbh/xwfbh0. asp?xwfbh_ m_ id =127。

② 《德意志意识形态（节选本）》，中央编译局编译，人民出版社，2003年。

人员来说，将推动两岸的和平发展和增进两岸政治互信作为自己的任务，并且在其工作中贯彻这种使命感，对于增进两岸的政治互信是十分有帮助的。现实生活中新闻属于知性传播，即是告知性公众信息的一种。新闻传播是从新闻来源到新闻传播者再到受众，然后由受众反馈给新闻传播者的过程。这其中新闻传播者承担着重要的作用，即它既承担着对新闻来源的分析，又承担着受众的反馈信息。因此，新闻传播者自身的使命感对于新闻传播有着重要的意义。对于两岸来说，通过新闻从业人员的相互交流，共同举办研讨会，逐步建立两岸和平发展和增进政治互信的共识，将成为努力的目标。

总之，在建立社会互信的过程中，两岸的新闻交流继续扮演不可替代的角色。对于促进两岸同胞更加客观的认识对方，更加准确地了解对方，提供了渠道和平台，从而有利于两岸的共同利益。因此，两岸当前应该加快两岸新闻交流与合作的速度、扩展交流与合作的广度，深化交流与合作的深度，引导两岸社会逐步建立相互信任合作的氛围的基础。

（会议论文，原文印发，文中用语和观点系作者个人意见）

对两岸政治协商起点的再思考
——基于以人为本理念的视角

古小明*

一、问题的提出

2008年5月以来，两岸关系发展面临重要历史机遇，两岸关系开始进入和平发展的快车道。两岸双方经过一段时间的磨合，初步形成了“先易后难”、“先经后政”务实推进两岸关系发展的基本思路与默契。① 然而，随着两岸关系进一步发展，“先易后难”、“先经后政”的基本思路面临着两岸快速变化的政经形势的挑战。越来越多长期沉潜的矛盾浮出水面。这些矛盾的解决不约而同地指向两岸政治难题的破解。在此形势下，两岸双方都应未雨绸缪，为近期可能展开的政治协商做好理论与实际规划。对于大陆来说，越早启动与台湾方面的政治协商，越能巩固两岸关系和平发展的成果，越有利于祖国完全统一和中华民族的全面复兴。

这一点在大陆各界是具有高度共识的。然而，对于台湾方面来说，要与大陆进行政治协商却面临着内部共识不足的困境。但是，冷静分析当前台湾

---

* 作者简介：古小明，厦门大学台湾研究院政治学理论专业博士研究生。

① 余克礼：“促进两岸政治关系是深化和平发展的必由之路”，《中国评论》月刊2009年，第12期。

政局可以发现，有利于两岸进行政治协商的因素正在逐步显现。关键在于两岸要能及时捕捉有利时机，共同营造有利于政治协商的气氛，着力引导台湾主流民意向有利于两岸政治和解的方向上来。大陆很多人认为，只要民进党不转变其基本政治立场，就难以改变其阻扰两岸政治协商的负面形象。其实，我们大可不必对民进党①抱持僵化的思维定势。即使在陈水扁主政时期，民进党也不乏形象清新人士开始重新评估李登辉的两岸遗产，认为李登辉主政十二年，两岸关系的决策出现严重失误，刻意回避两岸政治谈判的结果，反而使政治谈判更加逼近，使台湾不断流失政治谈判筹码，并呼吁民进党拓展视界，务实面对两岸政治关系。② 在两岸关系迈入和平发展的新形势下，民进党即使仅仅从选举考量，也不可能死守旧有的意识形态。种种迹象都表明民进党在两岸关系议题的主导权上并不愿意拱手让与国民党。这是两岸进行正式政治协商前的新因素。

但是，新因素的出现，并不必然意味着两岸就能展开正式的政治协商。两岸在关于政治协商起点的基本问题上，存在较大的分歧。大陆普遍认为，两岸政治协商的起点应该是中国内战以及由此延续的两岸政治对立关系。③ 2008 年 12 月 31 日，胡锦涛在推动两岸关系和平发展的“六点意见”中指出：“1949 年以来，大陆和台湾尽管尚未统一，但不是中国领土和主权的分裂，而是上个世纪 40 年代中后期中国内战遗留并延续的政治对立”。④ 从大陆民众的政治认知和历史认知现状来看，两岸政治对立关系肇始于 20 世纪 40 年代中后期的中国内战，这点也是不存在疑问的。然而，在台湾岛内，对两岸政治协商的起点的认知与大陆相比却有着显著的落差。对国民党来说，要无条件接受大陆关于两岸政治协商起点的主张有着极大的政治风险。如果接受大陆这一主张，那么国民党就要接受在中国内战中战败的结果。而若接

① 本文所说民进党特指民进党的主流，排除“台独基本教义派”等少数“台独”顽固分子。

② 郭正亮：《政治突围》，台湾时报文化出版企业有限公司，2001 年版，第 44 - 50 页、第 7 页。

③ 郭震远：“中国内战及其延续中的两岸政治关系”，《中国评论》月刊 2010 年，第 05 期。

④ 胡锦涛：《携手推动两岸关系和平发展同心实现中华民族伟大复兴》，新华网，2008 年 12 月 31 日。

受这一结果，也就意味着两岸之间的政治对立实际上是中国内部不同政治势力之间的政治对立，也就排除了所谓两岸的主权争议。根据这一逻辑并考虑到当前台湾民意的所谓“去中国化”趋向，国民党认为，在当前台湾政党政治的特殊生态中，如果接受大陆关于两岸政治协商起点的上述主张，那么国民党进行政治操作的机动性将大大减弱，甚至因此可能再次丧失执政权。部分国民党成员认为，中国内战是蒋介石与毛泽东的个人恩怨，两岸双方不要纠结于历史，要向前看。如果说国民党在这一问题上可能还存在着有条件松动的空间，那么对民进党而言，其对此一问题则采取丝毫不予合作的反对态度。民进党认为，内战是国共之间的事情，民进党与内战毫无瓜葛。“民进党根本不会接受两岸政治协商的起点或议题是讨论自 1949 年之后两岸因内战而遗留的问题，包括台北可能被定位为交战团体的定位”。①

国民党和民进党对两岸政治协商起点的立场，固然反映了台湾岛内两大政党自身的政党私利。然而，从现代政党理论来考察，台湾岛内两大政党的此种态度，却也折射了台湾民众对当前两岸政治关系的基本政治倾向。政党作为一种社会的政治组织，有着特定的政治理念，通常也有特定的政治目标和意识形态，针对社会问题有各自的主张。政党主要的作用在于“争取并运用政治权力，以维护成员的政治理想和增进成员的共同利益”。② 在现代政党政治中，一个社会的主要政党通常得到众多民众的政治支持从而具有相当的民意基础。从这个意义上来说，作为台湾两大主要政党的国民党和民进党对两岸政治协商起点的立场，可能代表了台湾岛内相当部分民众的立场。那么，台湾岛内对两岸政治协商起点的此种民意分布，是否意味着两岸政治协商大门将长期紧闭呢？回答是不一定。境界决定思路。以中国内战及其延续作为两岸政治协商的起点，虽然正确，但过于笼统，周延不足，在当前阶段，对争取台湾民众的普遍支持仍然欠缺说服力。但是，当我们提升自身境界、开拓思考两岸政治关系问题的新视界时，我们或许可以找到关于两岸政

---

① 邵宗海：“两岸对和平协议的立场与前瞻”，《台湾研究集刊》2009 年，第 03 期。

② 陈振明：《政治学——概念、理论与方法》，北京，中国社会科学出版社，2004 年版，第 206 页。

治协商起点的巨大分歧的症结所在，并可能在不必作出实质让步的条件下选择双赢的策略，使两岸顺利展开正式政治协商。

二、问题的症结：一种人本主义哲学诠释学的解释

那么，我们怎样提升自身境界、开拓思考两岸政治关系问题的新视界从而找到关于两岸政治协商起点的巨大分歧的症结所在呢？通过引入德国哲学家伽达默尔的人本主义哲学诠释学的理论，或许可以给我们提供一些有益的启示。

就认识论意义上而言，部分台湾民众对两岸政治协商起点的认识存在种种认识分歧，是多重因素造成的。一方面，部分台湾民众由于在理解发生于上世纪40年代中后期的中国内战历史存在着类似伽达默尔所称的“效果历史意识”,① 因而对历史造成了不同的理解；另一方面，部分台湾民众对自身在中国历史方位中的位置认识不清；再一方面，也不排除部分台湾民众（比如“台独基本教义派”）受特定意识形态绑架，而蓄意为之。为服务于本文的主旨，本文着重论述前两个方面的因素，对民进党的分析，主要聚焦于民进党成员的主要部分，排除民进党内“台独基本教义派”。

作为西方现代人本主义哲学诠释学大师，伽达默尔在其《真理与方法》一书中提出了人们理解历史的前见、时间距离、效果历史、视域融合等诠释学的基本概念和原则，为我们研究历史事件提供了新的理论视角。伽达默尔对理解的历史性、创造性、开放性作了深入研究，认为历史是主客观视域的交融或统一。伽达默尔认为，不同的人，对待相同的事物甚至对待相同的历史本文，由于视域的不同，能够产生不同的“效果历史意识”。“真正的历

① “效果历史意识”（Wirkungs geschichtliches bewusstsein）是伽达默尔诠释学的一个重要概念，意指与历史传统密切相关的意识，强调的是历史与诠释者之间相互影响的效果，历史是由于诠释者的参与所形成，对此历史影响效果的觉醒，就是“效果历史意识”。参见：［德］汉斯－伽达默尔：《真理与方法》第I卷，北京，商务印书馆，2007年版，第305、410－417、463－464页。

史对象根本就不是对象，而是自身和他者的统一物，是一种关系。在此关系中同时存在着历史的实在和历史理解的实在”。[①] 这样的历史，就既有历史事件的真实，又有理解历史事件的真实：两者的结合就是历史的真实，就是真实的历史。这也就是所谓“效果历史”。[②] 对当代两岸中国人来说，我们认识和理解中国内战的历史，一方面，我们要尽力忠实于中国内战真实的情景，另一方面，我们在理解这段历史情景时，我们自身必然对这段历史带着某种“前见”。“真前见”使理解得以进行，而“假前见”却使人误解历史。

对于发生在上世纪40年代中后期的中国内战，当代两岸中国人无法还原现场感受当时的真实情景——实际上也永远不可能。对于两岸中国人来说，不同的人群由于其所持的“视域”有所不同，其对历史的理解也自然不同。“视域概念本质上就属于处境概念。视域就是看视的区域，这个区域囊括和包容了从某个立足之点出发所能看到的一切。”[③] 此处的“视域”同“处境”相关联。在伽达默尔看来，“视域”即“地平线”，[④] 既表示一个人视力所能达到的范围和界限，同时又表明这种范围和界限是不固定的。随着看视主体的运动，视域可以不断地向前延伸。这体现了对历史事件理解的创造性和开放性。中国内战历史的真实与对中国内战历史理解的真实的辩证统一，这就成了两岸中国人理解这段历史而产生的所谓“效果历史”。历史总是离不开当代理解者自身的理解从而对历史进行赋值，它不是对过去的一种空洞的回声。这也是意大利历史哲学家克罗齐关于“一切历史都是当代史”命题的基本含义之一。历史并不是客观事件的连续，它是解释者对历史事件的理解的产物。解释的对象不可能是真正客观的、独立的。解释者的“前

① ［德］汉斯－伽达默尔：《真理与方法》第Ⅰ卷，北京，商务印书馆，2007年版，第407－408页。

② 伽达默尔认为，历史学的兴趣不只是注意历史现象或历史传承下来的作品，而且还在一种附属的意义上注意到这些现象和作品在历史上所产生的效果。对历史的理解按照其本性乃是一种效果历史（Wirkungs geschichte）事件。参见：［德］汉斯－伽达默尔：《真理与方法》第Ⅰ卷，北京，商务印书馆，2007年版，第408页。

③ ［德］汉斯－伽达默尔：《真理与方法》第Ⅰ卷，北京，商务印书馆，2007年版，第411页。

④ 在英文和德文中，视域和地平线用同一个词horizon表达。

见”① 总要与其它的视域相融合，从而产生新的统一的视域。对于台湾部分民众来说，由于台湾在近代以来既遭受了外国侵略者的殖民统治，又被迫接受了因中国内战战败而迁徙到台湾的所谓“中华民国”政府数十年的威权高压统治，其对中国内战有着不同的理解也是很正常的。因为台湾民众在理解这段历史时就已经预先持有某种“前见”。这种前见是理解一个历史事件所不可或缺的。理解一个历史事件，需要理解者把自身置入一种处境里，理解者必须首先具有一种视域。② 它一方面为理解提供理解的条件，另一方面又为理解造成某种可能的困难。在理解历史的过程中存在着两种不同的视域。一种是历史自己的历史视域，它是在特定的历史条件下，由特定历史存在的个人（比如撰写历史史籍的作者等。对历史的理解，人们往往是通过特定的媒介，比如史籍、影像、遗迹等。这些媒介都打上了存在于历史上的个人的印记。）所创造出来的。另一种是理解者的视域，这种视域是由他自己的历史境遇所赋予的。这样，两种视域就可能存在落差，并进而构成对历史理解的内在矛盾。在伽达默尔看来，这个矛盾可以借助“时间距离”来求得更完整地解释。

那么，什么是时间距离呢？时间距离意味着理解者在理解历史事件的过程中，“时间不再主要是一种由于其分开和远离而必须被沟通的鸿沟，时间其实乃是现在根植于其中的事件的根本基础”。③ 时间距离为理解的建设性和产生性提供了可能。也就是说，对于发生于60多年前中国内战的这段历史，人们既可能因为长期的时间洗礼而生疏甚至忘却历史事实，但也可能因为时间的延续而使人们对历史意义有了更深刻更贴切的理解。“时间距离不是一个张着大口的鸿沟，而是由习俗和传统的连续性所填满”。④ 时间距离表达着某种历史连续性，通过这种连续性，一切历史事件的意义才向我们呈

---

① 前见 Vorurteile，或称先入之见、成见、偏见。参见：［德］汉斯-伽达默尔：《真理与方法》第Ⅰ卷，北京，商务印书馆，2007年版，第368-369页。

② ［德］汉斯-伽达默尔：《真理与方法》第Ⅰ卷，北京，商务印书馆，2007年版，第414页。

③ 时间距离 Zeitlichen abstand，表达时间跨度对历史、传统等理解的意义的概念，既包括消极的意义，也包括积极的意义。参见：［德］汉斯-伽达默尔：《真理与方法》第Ⅰ卷，北京，商务印书馆，2007年版，第402-404页。

④ ［德］汉斯-伽达默尔：《真理与方法》第Ⅰ卷，北京，商务印书馆，2007年版，第404页。

现出来。“每一个人都知道，在时间距离没有给我们确定的尺度时，我们的判断是出奇的无能”。[①] 通常而言，当代史之所以比古代史更难写，其重要原因之一不在于史实本身的复杂程度，而在于作者同它之间的时间距离太近，很多意义呈现不出来。因此，对历史的把握必须依赖“时间距离”。“伴随着时间距离造成的过滤过程的这种消极方面，同时也出现它对理解所具有的积极方面。它不仅使那些具有特殊性的‘前见’消失，而且也使那些促成真实理解的‘前见’浮现出来。”[②] 只有时间距离，才能将理解得以进行理解的“真前见”与产生误解的“假前见”区别开来。[③] 两岸分隔60年，两岸人民对中国内战历史的理解没有因为60年的时间距离而对历史产生生疏，相反，还可能由此对同一历史事件的意义产生新的认识。2005年4月29日，国民党主席连战和中共中央总书记胡锦涛相聚在北京，就发展两岸关系和国共两党交往重大问题开诚布公地进行对话交流。这是国共两党为了中华民族的根本利益和两岸同胞的福祉，正视现实、开创未来的重要历史性事件。可以说，这是国共两党对发生于上世纪40年代中后期的国共内战的历史排除误解与误会、消弭内心隔阂并有了新的认识与理解的结果。这体现了时间距离的神奇妙效。所以，胡锦涛指出：“两岸应该本着建设性态度，积极面向未来，共同努力，创造条件，通过平等协商，逐步解决两岸关系中历史遗留的问题和发展过程中产生的新问题。”[④] 两岸只有携手向前，不沉湎于旧的历史格局，才能解决新老问题。两岸摒弃意识形态之争，意义也在于此。两岸关于政治协商起点产生理解分歧的症结，与时间距离这个因素是分不开的。一方面，关于中国内战，由于60多年的时间距离，两岸对历史可能有了不同的认识；另一方面，两岸对历史也可能有些相同的认识。也许60年太短，短得让历史事件的意义未能向我们全部呈现出来。也许60年太长，长得让人们对历史真实产生生疏。也许60年正好，好得让历史事件的真实

① ［德］汉斯－伽达默尔：《真理与方法》第I卷，北京，商务印书馆，2007年版，第404页。
② ［德］汉斯－伽达默尔：《真理与方法》第I卷，北京，商务印书馆，2007年版，第406页。
③ ［德］汉斯－伽达默尔：《真理与方法》第I卷，北京，商务印书馆，2007年版，第406页。
④ 胡锦涛：《携手推动两岸关系和平发展同心实现中华民族伟大复兴》，新华网，2008年12月31日。

意义呈现在人们面前，使人耳聪目明。也许60年勉勉强强，它让人们对历史事件雾里看花。总而言之，60年的时间距离，它构成了两岸对政治协商起点持不同观点的症结之一。

就民进党人士来说，为维护其“去中国化”的意识形态，以“缺场”中国内战为理由，拒绝接受关于两岸政治关系现状是由于中国内战以及由此延续的两岸政治对立的论述。以如此理由推卸应当承担的历史与现实责任在理论逻辑上是站不住脚的。民进党人士并不是从石头里蹦出来的。他们在当代台湾所从事的政治活动是在“给定”的社会环境中进行的。不管自己是否承认，在现实生活中人们总是无法摆脱历史对自己的条件约束。现实是即将过去的历史。历史是人们自己创造的，“人们自己创造自己的历史，但是他们并不是随心所欲地创造，并不是在他们自己选定的条件下创造，而是在直接碰到的、既定的、从过去继承下来的条件下创造。”① 从这个意义上理解，民进党人士尽管主观意图上试图撇清自己不想承担的历史责任，然而在客观上，他们却时时刻刻生活在历史“给定”的社会环境当中。民进党人士以“缺场”中国内战为理由，拒绝接受关于两岸政治关系现状是由于中国内战以及由此延续的两岸政治对立的论述在逻辑上是行不通的。

上述论述表明，台湾民众对两岸政治协商起点的不同看法既存在历史理解方面的原因，也存在认识主体对自身认识不清的因素。由于两岸在近代以来的种种特殊遭遇，对于中国内战这段不幸的历史进程有着不同看法，我们要全面辩证分析，接受其合理之处，剔除其不合理成分。对台湾民众心里的某些特殊历史情结我们也可以采取某种程度的“同情的理解”，并因势利导，以求得对这种特殊历史情结的化解。

以上分析了两岸双方对政治协商起点产生分歧的认识论因素。通过借鉴伽达默尔哲学诠释学的视域、前见、效果历史、时间距离等概念，可以看出，两岸对历史认识产生分歧的症结之一就是双方或一方总是对历史采取向后看的态度，缺乏有利于前瞻的宽广视域，从而双方未能对两岸政治协商起

① 马克思、恩格斯《马克思恩格斯选集》第一卷，人民出版社1995年版，第585页。

点的问题形成“视域融合”。① 当前两岸双方要坚持以人为本理念，对两岸政治协商起点的判定，应从国家本位转换为社会本位，落脚于人民幸福和民族复兴。可以认为，以“中国内战及其延续中的两岸政治关系”作为两岸政治协商的起点，在历史长河中格局太小，未必经得起时间距离的检验。当前，两岸应进一步解放思想、开拓思考问题的新视界、达到两岸双方的视域融合，寻求对两岸政治协商起点的“重叠共识”（overlapping consensus）。②

三、解开问题的症结：寻求“视域融合”与“重叠共识”

约翰·罗尔斯（John Rawls）提出“重叠共识”概念，是为了处理当今社会如何在多样性的基础上达成一致的意见、协调的行动和稳定的秩序的问题。“重叠共识”具有几个不同的层次（本文借鉴罗尔斯重叠共识概念，主要采纳其第三层次的含义）：持不同观点的人们都以合理的态度彼此相待；不同价值的人们从各自角度出发或通过采纳彼此视角而支持共同的规范；以及，目前持有不同观点和立场的人们，努力寻求未来的彼此理解乃至视域融合。罗尔斯认为，重要的不仅是在政治哲学中讨论重叠共识，而且是在政治文化中寻找重叠共识，尤其是在政治实践中构建重叠共识。两岸进行政治协商，是一个有意义的政治实践。由于双方对同一历史事件产生理解分歧，这是非常正常的事情。但是，如果双方在理解中国内战这一相同历史事件的过程中秉持一种开放的、向前看的态度，并由此产生视域融合，将给我们提供

① 人们一般从两个层次上理解伽达默尔的视域融合（Horizonte verschmelzung）概念。其一是指理解者与被理解对象的视域的融合，在这里，被理解的对象主要指历史事件、历史传统和历史本文；其二是指对相同被理解对象进行理解活动的两个理解者之间的视域融合。请读者注意本文在不同行文背景中采用这一概念时可能具有的不同含义。

② “重叠共识”的概念在罗尔斯 1971 年出版的《正义论》中就开始出现，并成为罗尔斯后期政治哲学的一个主要工具。参见：John Rawls，A Theory of Justice，Cambridge，Mass.：The Belknap Press of Harvard University Press，1971，pp. 387－388. 转引自童世骏：《关于“重叠共识”的“重叠共识”》，《中国社会科学》，2008 年，第 06 期。在此文中童氏使用的视域融合概念采纳的是笔者所说的第二个层次的含义。

在未来政治协商的政治实践过程中求得重叠共识的契机，使我们可能在政治协商的起点问题上取得一致意见。这需要具备一定的条件：一是两岸双方要更新自己的视域；二是两岸双方拓展理解中国内战历史并由此获得关于该历史事件的意义的视界。“‘视域’这一概念本身表达了进行理解的人必须要有卓越的宽广视界。获得一个视域，这总是意味着，我们学会了超出近在咫尺的东西去观看，但这不是为了避而不见这种东西，而是为了在一个更大的整体中按照一个更正确的尺度去更好地观看这种东西。”① 更新视域是为了拓展视界，拓展视界是为了“在一个更大的整体中按照一个更正确的尺度去更好地观看这种东西”。对中国内战这段历史，两岸政治家更应该站在全民族的高度，把自己置于自1840年鸦片战争以来中华民族救亡图存、振兴中华的时间跨度，进行理解和反思。这呼唤两岸政治家能够登高望远。对包括中国内战在内的中华民族的艰难历程，大陆要采取一种与时俱进的态度，并不把自己拘泥于国共两党的历史恩怨，不把自己封闭在一个无法攀越的栅栏当中。

胡锦涛在“六点意见”中指出：“回顾近代民族之艰难奋斗历程，展望未来民族之光明发展前景，我们应该登高望远、审时度势，本着对历史、对人民负责的态度，站在全民族发展的高度，以更远大的目光、更丰富的智慧、更坚毅的勇气、更务实的思路，认真思考和务实解决两岸关系发展的重大问题”。② 这体现了大陆更新视域、拓展视界的豪迈与勇气。我们期望台湾岛内有思想的政治家也能更新视域、拓展视界，对中国内战的认识与理解与大陆达到视域融合。

当然，要使两岸双方达到视域的融合还面临一定挑战，但仍然充满希望。对大陆来说，需要坚持以人为本理念，相信人民、为了人民。对中国内战的理解，着眼点要立足于有利于两岸政治和解，出发点和落脚点要立足于两岸中国人民的幸福生活和中华民族的伟大复兴。政治的出发点应该是追寻

① ［德］汉斯－伽达默尔：《真理与方法》第Ⅰ卷，北京，商务印书馆，2007年版，第415页。

② 胡锦涛：《携手推动两岸关系和平发展同心实现中华民族伟大复兴》，新华网，2008年12月31日。

幸福、实践正义。中国内战固然是两党恩怨，但如果把目光投射至从1840年—2050年的时光隧道，中国内战只不过是中国人民为实现两大历史任务：民族独立与人民解放以及国家发展与社会现代化——而进行的政治路线之争。这个路线之争，其最终归宿，都应落脚于中国境内两大政治势力分别代表部分中国人民谋求实现全体中国人美好生活（亚里士多德式语言）的过程。中国内战，应理解为主要由中国境内两大政治势力（应该还包括其他政党和民主党派、非党派人士）为国家的发展与社会现代化道路选择而展开的非和平竞争。

对民进党而言，当前要努力摆脱自我设限的思维。“人类此在的历史运动在于：它不具有任何绝对的立足点限制，因而它也从不会具有一种真正封闭的视域。”[①] 民进党目前自我设限，导致其在两岸政治关系中格局太小。民进党未参与国共内战，这是符合历史事实的。但是，民进党自身可能没有意识到，在中国历史的脉动中，民进党客观上也以一种特殊的方式实践从1840年来中国人民追求美好生活的理想。“历史是这样创造的：最终的结果总是从许多单个的意志的相互冲突中产生出来的，而其中每一个意志，又是由许多特殊的生活条件，才成为它所成为的那样。”[②] 人们创造历史的活动是由许多不同的主体按照各自的需要、利益和价值取向去改造历史客体的活动汇合而成的。[③] 由于复杂的历史际遇，民进党以“自由、民主、正义”旗帜反抗国民党威权统治，但是却犯了“把婴儿与洗澡水一起倒掉”的错误（婴儿是中国、洗澡水是威权）。民进党以“台湾独立”作为武器实现台湾政治的民主化摆脱国民党威权统治，其本意也在于为台湾人民谋幸福生活，本质上也在于在中国这个广阔的大地上（中国的局部地区——台湾）实践让人民过美好生活的理想。民进党其实也在创造历史。如果我们肯定台湾社会在20世纪80年代末以来取得一定的社会发展成就，那么没有人能怀疑民进党在其中所扮演着某种具有一定积极意义的历史角色。“其实历史并不隶属

---

① ［德］汉斯-伽达默尔：《真理与方法》第I卷，北京，商务印书馆，2007年版，第413-414页。

② 马克思、恩格斯《马克思恩格斯选集》第4卷，人民出版社1995年版，第697页。

③ 赵家祥：《历史哲学》，中共中央党校出版社，2003年版，第130页。

于我们，而是我们隶属于历史。早在我们通过自我反思理解我们自己之前，我们就以某种明显的方式在我们所生活的家庭、社会和国家中理解了我们自己。”① 如果我们把视域拓展，把台湾人民作为整个中华民族的一部分、把台湾作为整个中国的一部分，民进党实际上在无意识抑或不自觉中扮演了中华民族或者整个中国历史进步的推动者角色（民进党在两岸关系中的负面角色另当别论）。

当然，民进党在扮演着中华民族或者整个中国历史进步的推动者角色的同时，也同时扮演了阻滞中华民族历史进步的负面角色。这个务须全面辩证地看待。如果说大陆和民进党之间存在历史视域上的障碍的话，那么，这个障碍就是民进党的“台独”主张与“台独”活动。虽然从1986年到2000年间，民进党快速成长并走上在台湾执政的道路，可能是适应了台湾社会环境变迁的某种需求，其提出的政治主张也可能有着某种“时代的合理性”。② 但是，随着国内外形势的重大变化和两岸关系和平发展的稳步推进，民进党的两岸政策日益表现出左右支绌的态势，呈现逆历史潮流的性质。在这种背景下，近期民进党内出现了新的政策调整迹象，正在重新思考如何调整自己的大陆政策，以提升民进党适应环境变化的能力。民进党内也有人主张将“台独”党纲进行广义解释，将各种可能的“国体形态”都考虑进去，使民进党在统“独”的光谱上，发展出更灵活的竞争优势。③ 大陆和民进党之间存在的历史视域上的障碍有可能在更宽广的视界内得以克服。

对大陆和民进党来说，要使双方能达到视域融合必须具备两个条件。一是在主观努力上，大陆能更新视域、拓展视界；二是民进党能随着周围社会环境的快速变化调整意识形态，提升自身的格局，匡正自己在中国历史进程中的历史方位。这就要求双方要设身处地，为别人着想，也为自己着想，把自己置入对方的处境思考和理解问题。这样，对方的意识、对方的真实想法才能真正被把握住。这并不是要求任何一方完全放弃自己的全部思想和主

① ［德］汉斯-伽达默尔：《真理与方法》第Ⅰ卷，北京，商务印书馆，2007年版，第376页。

② 刘国深：《民进党的环境适应力》，“美丽岛电子报”2010年5月10日。

③ 郭正亮：《政治突围》，台湾时报文化出版企业有限公司，2001年版，第44-50页、第7页。

张。相反，双方对中国内战的历史的理解，只要做出某些技术性的视域调整，就可能达到双方视域融合的目标。“这样一种自身置入，既不是一个个性移入另一个个体中，也不是使另一个人受制于我们自己的标准，而总是意味着向一个更高的普遍性的提升，这种普遍性不仅克服了我们自己的个别性，而且也克服了那个他人的个别性。”① 那么，大陆和民进党对中国内战的理解怎样才能“向一个更高的普遍性的提升”呢？换句话说，如何获得两岸双方对一段历史的理解产生视域融合呢？这要求双方观看历史的视域得到拓展和延长：向前到2050年，向后至1920年代甚至更远至1840年。要肯定对方的正面价值，寻找共同的历史使命。邓小平首倡的“一国两制”，其伟大意义正在于这种制度设计超越了历史的前见，拓展了视域，开拓了视界。这意味着在两岸之间不再搞意识型态之争、社会制度之争，而是谋求双方和平相处、两岸共同发展。归结起来，实行“一国两制”根本目的就是实现近代以来中国人的奋斗目标，实现中华民族的伟大复兴。相信随着时间距离的进一步延续，“一国两制”必将体现其应有的价值。民进党和大陆未来可以通过一国两制的制度框架展开和平合作、求得共创双赢，共同为中华民族的复兴贡献自己的力量。

这样，对中国内战的理解过程中，双方产生了视域融合：肇始于20世纪20年代中国境内两大政治势力为中国的国家发展和社会现代化路线展开激烈竞争，并在20世纪40年代中后期，两大政治势力最终选择以战争作为冲突的解决方式。但是，中国内战不仅仅是国共双方的事实。实际上，国共双方只是分别代表了中国不同的民众，这场内战并非国共之间的内部争端。它是中国境内不同民众、不同政党之间的争端。例如，在1946年1月11日至31日召开的政治协商会议就说明了这一点。“对于这次会议，如果说不是两大对立党派，那么至少所有其他有关党派都寄予厚望。”本次政治协商会议的参加者，尽管并非民主选举产生，但“得到所有代表中国政治舞台上各

① ［德］汉斯－伽达默尔：《真理与方法》第Ⅰ卷，北京，商务印书馆，2007年版，第415页。

主要和次要政治团体的人士的承认”。[1] 实际上，在中国内战前后，中国境内不同民众、不同政党从来就没有缺席过中国内战的争端，独善其身是不可能的。也正是从这个意义上来说，不管民进党愿不愿意，它自己无法摆脱历史“给定”的社会条件，再重复一遍：“人们自己创造自己的历史，但是他们并不是随心所欲地创造，并不是在他们自己选定的条件下创造，而是在直接碰到的、既定的、从过去继承下来的条件下创造。”[2] 因此，民进党要撇清其在中国内战历史中不得不承受的历史责任是不可能实现的。承担这种历史责任是每一个中国人不得不接受的宿命。

当前，两岸长期以来不同的发展道路出现全新的交集，面临着汇聚到实现国家发展和社会现代化并实现中华民族复兴的共同大道上来的重要契机。[3] 从这个意义上说，今天台湾与大陆的关系，将有机会站在新的历史起点上。60 多年来，两岸走过了不同的发展道路。就大陆来说，这是历经艰辛探索而开创出一条全新发展道路历程。60 多年来，虽然台湾社会面对“历史大变局”的整体转型尚未完成，但台湾的经济和社会发展也取得了重要成就。海峡两岸 60 多年的发展历史奠定了两岸和平合作、实现中华民族复兴的制度和物质基础。

今天，当我们看到黄花岗烈士陵园，孙中山先生手植青松依然挺立在烈士的英灵旁边；当我们看见国民党领导人和中共领导人一同前往祭扫烈士墓……我们要问自己：从甲午割台始，110 多年过去了，两岸的中国人领悟到了甚么？60 多年一甲子过去了，我们能超越自我，为了国家和民族的利益，建立起我们共同的价值吗？[4] 相信只要两岸超越自身既有的前见，坚持以人为本理念，为了国家、民族和最广大民众的根本利益，更新视域、开拓视界，就能求得对中国内战历史理解的视域融合，从而在两岸视域融合的基础

---

① 费正清：《剑桥中华民国史：1912－1949》，下篇，中国社会科学出版社，北京，1994 年版，第 832－833 页。

② 马克思、恩格斯《马克思恩格斯选集》第一卷，人民出版社 1995 年版，第 585 页。

③ 郑必坚：《两岸关系 从历史变局说起》http：//www. zhgpl. com/doc/1011/3/5/9/101135969. html? coluid = 0&kindid = 0&docid = 101135969

④ 刘国深：“加强两岸政治互信 ABC”，《中国评论》月刊，2009 年，第 12 期。

上获得关于两岸政治协商起点的重叠共识。

四、结论

通过借鉴伽达默尔的人本主义哲学诠释学和马克思主义历史哲学的思想，以上分析了对两岸政治协商起点产生分歧的认识论原因。马克思主义与西方的人本主义对“人”的本质理解尽管存在歧义，但是仍然可以认为“人本主义就是以人为本思想”。①

以人为本理念在两岸政治协商中的理论指导意义，首先在于在价值层面上科学确定两岸政治协商的起点。实践以人为本理念，要求在两岸政治协商的活动中，一切活动的逻辑出发点要秉持以人民最大利益和根本利益的实现作为基本的价值，抛弃那种拘泥于政党争执或纯粹权力斗争的思维逻辑。伽达默尔的人本主义哲学诠释学和马克思主义历史哲学启发我们：明确两岸政治协商的起点，一方面要尊重历史事实，但另一方面，也要观照现实状况，要观照两岸政治协商的着眼点和落脚点的问题。

因此，笔者认为，对两岸政治协商起点的判定，不应是一个时间节点，而应是一个时间段。两岸政治协商的起点应是：上世纪20年代至40年代中后期，中国境内不同政治势力展开政治路线竞争，由此而形成非和平的政治竞争延续的两岸政治对立关系。

上述对两岸政治协商起点的重新判定表达了以下涵义：20世纪20年代以来，中国境内主要政治势力为实现国家发展和社会现代化展开了激烈的竞争，目前，这种竞争仍然没有结束。但是通过一国两制的制度设计，今后将有条件接纳包括民进党多数成员在内的台湾绝大多数民众以特殊的方式参与到建设中华民族美好大家庭的团队中来，回应两岸人民对美好生活的期待。

肇始于上世纪不同政治势力之间对国家发展和社会现代化的路线之争，是造成当代海峡两岸人民对两岸政治协商起点认识分歧的客观原因之一。值得庆幸的是，当前海峡两岸正摆脱成王败寇的逻辑，坚持以人为本理念。对

---

① 黄枬森：《关于以人为本的若干理论问题》，《中共中央党校学报》，2007年，第02期。

两岸政治协商起点的重新判定，将达成这样一种效果，即在一国两制框架内两岸求得视域融合并获得重叠共识，从而促成两岸正式开展政治协商以结束政治对立、终止内战状态。笔者乐观地相信，随着一国两制在时间距离中获得新的生命力，两岸人民的美好生活梦想和中华民族的伟大复兴大业必将实现。

（会议论文，原文印发，文中用语和观点系作者个人意见）

增進兩岸政治互信

蔡瑋（蔡逸儒）*

壹、前言

二〇〇五年，在馬英九贏得大選，國民黨奪回政權之後，台灣採取一系列政策，改善和中國大陸之間的關係；2008 年 12 月 31 日，胡錦濤主席在既有的政策基礎上，發表了對台政策的六點最新主張，北京也展現相當的誠意與善意。兩年來兩岸雙邊關係已有大幅改善，顯見雙方在主觀上都有意願、客觀上也有需要、在實踐上更有能力，能為兩岸關係的進一步發展做出具体的貢獻。一般以為，如果善用兩岸中國人特有的建設性思維和創造性的模糊，未來的兩岸關係將有無限的可能，更大的空間。

既然兩岸領導人都曾多次提及，共同努力、正視現實、擱置爭議、建立互信、相互尊重、逐步解決，① 除了發展經貿關係、強化文化血緣的努力之外，雙方甚至間或表示，願就結束敵對狀態、軍事互信、國際活動空間、和平協議等問題進行磋商，顯然增加政治互信已為當務之急。如何加強兩岸政治互信的討論雖然已經汗牛充棟，但本文除了一些基本的背景說明之外，也

---

* 作者簡介：蔡瑋（蔡逸儒），中國文化大學中山與大陸所教授。

① 有關雙方領導人談話和不同版本的所謂十六字訣，請參考總統府網址 http：//www. president. gov. tw/1_ president/97speak. html 及國台辦網址 http：//www. gwytb. gov. cn/。

不過這裡值得特別強調的是，大陸方面總將是建立互信擺在前面，而台灣方面則一貫將正視現實放在第一，這意味著雙方仍然各有堅持。最典型的是台灣的「正視現實，開創未來，擱置爭議，追求雙贏。」大陸方面則是「建立互信，擱置爭議，求同存異，共創雙贏。」

希望從不同的面向和角度，提出一些或許值得大家思考的建議，期望能對兩岸關係的進一步良性發展發揮一些作用。

貳、近期有關兩岸政治互信的文獻探討

2005 年 3 月，胡錦濤先是發表四點聲明，提出兩岸可以就建立軍事互信、和平穩定發展框架進行協商，接著在四、五月的連、胡，宋、胡會中，胡錦濤代表中共再次提出，希望在九二共識的基礎上，儘速恢復兩岸平等協商，其中包括正式結束敵對狀態、建立軍事互信、達成和平協定等等，① 但此時仍在民進黨主政期間，兩岸關係停滯不前，遑論建立政治與軍事互信。

2008 年 5 月，國民黨重新執政。選前、選後，馬英九一再表示，希望兩岸外交休兵，主張互不否認，提出暫行架構概念，強調台灣不但不會成為國際社會、兩岸關係的麻煩製造者，甚至還要成為一個和平締造者。他主張不獨、不統、不武的三不政策，要在九二共識的基礎上恢復兩岸協商。改善兩岸關係成了新政府的政策主軸。

2008 年 4 月初，副總統當選人蕭萬長在博鰲論壇中與胡錦濤會晤時，受馬英九之託，強調兩岸應“正視現實，開創未來；擱置爭議，追求雙贏”十六字訣。4 月 29 日，在辜汪會談十五週年及第一次連胡會三週年紀念日，中共總書記胡錦濤在北京會見國民黨榮譽主席連戰時表示，兩岸應“建立互信，擱置爭議；求同存異，共創雙贏”，算是對台灣方面做出了正式的回應。

2008 年 12 月底，胡錦濤主席再度發表重要對台政策聲明。胡六點中的第一點是堅持一個中國，結束兩岸政治對立；二是推動兩岸經濟合作，促進共同發展；三是兩岸共同努力弘揚中國文化，加強精神紐帶；四為加強兩岸人員往來，擴大各界交流；五是務實協商，處理台灣的國際活動空間問題；六為結束兩岸敵對狀態，簽署和平協議等等。② 北京顯然也有意積極把握兩

---

① 見國共連胡會新聞公報，國家政策研究基金會，台北，2005 年 4 月 29 日，http：//old. npf. org. tw/Symposium/s94/940615 - 3 - NS. htm

② 有關兩岸各界對胡六點的各種解讀，請參閱中國評論，香港，2009 年 2 月號，big5. am765. com/sp/xwzt/lasp/200901/t20090120_ 424001. htm

岸間的戰略機遇期。

2009年4月，台灣兩岸共同市場基金會最高顧問錢復在博鰲論壇與溫家寶總理會晤時，錢復帶來馬英九的新十六字訣“同舟共濟，相互扶持；深化合作，開創未來”。北京當即予以回應，並稱“面向未來，捐棄前嫌；密切合作，攜手前進”。部分人士甚至以為，兩岸關係經過一年多的磨合、摸索，似乎已經漸入佳境，“更上層樓”，兩岸間對推動兩岸關係和平發展，已從當初的“試探”、“拓荒”晉升到“定調”、“深耕”階段。①

隨後，在和平發展的戰略思想指導之下，總理溫家寶、國台辦主任王毅分別指示所屬，要積極從不同面向、多層次、多角度的推動兩岸關係。持平而論，兩岸雙方領導人多次提及改善雙邊關係的所謂十六字訣，但不同的順序意味著不同的重點和堅持。就北京言，建立互信代表反對台灣的法理獨立；在台北看，正視現實則是意謂著對“中華民國”的堅持。雙方仍有重大、根本的差異。

後來的發展顯示，台北回到九二共識的基礎，兩會開始恢復磋商，解決技術性的問題，馬英九先用不統、不獨、不武穩住現狀，使大陸不致動武，以降低兩岸及區域緊張，滿足美國、日本及歐盟的關切，但另一方面則是改善兩岸關係，在以台灣為主、對人民有利的基礎上，加強兩岸經貿往來，為台灣經濟找到出路，同時又再輔以互不否認，要求北京在外交及國際活動空間上表現善意。

話雖如此，但是問題的癥結仍在，目前只是在雙方領導人的自我克制、隱忍，以大局為重，在和平發展的政策指導之下，暫時轉移了爭議的焦點，但造成衝突、引發危機的誤解、誤判的可能仍然存在，未來只要雙方內政發生變化、台灣再度出現政權輪替，或是領導人出現了不同的政策思維，兩岸關係仍有急轉直下的可能。如何使兩岸政治互信更為機制化應為當前努力的目標。

除了政治人物的政策性言論之外，兩岸學者對此也有不少建議，大陸方

---

① http：//big51．chinataiwan．org/plzhx/hxshp/200904/t20090421_ 873404．htm

面近有廈大台灣研究院劉國深的球体理論，主張領土主權一體、政權差序併存，① 台研所的修春萍，全國台灣研究會的楊立憲分別指出，兩岸關係和平發展的初級階段，雙方的政治互信並不牢固，當前這種經濟和文化的交流是不夠的，兩岸必須就增進互信、務實合作做出努力。② 三人都提到實事求是、思想解放、循序漸進。

另一引起台灣各方重視的是，一向被認為是中國大陸溫和派、政府重要智囊的上海東亞所章念馳所提出的一些看法，把和平發展與和平統一期都視為一個期程，兩者都是一個很長的歷史階段與過程，而要建立新的相互認同不是立即可以奏效的，他主張大陸尤其不可有急功好利思想，不可簡單化和急躁化，做了幾天善事就要回報，因為那就是對“和平發展”的膚淺認識。③

此外，章念馳引用聯電名譽董事長曹興誠的觀點首次提出，北京應該正視中華民國存在的問題，強調“兩岸要和平統一，必須由尊重中華民國開始”，因為在台灣贊成統一、反對台獨的民眾，其中相當多的人也認同中華民國，中華民國是統一前台灣的國號，也是身份的代表，尊重中華民國就是尊重統一前台灣的地位，否則統一無從談起。大陸不承認中華民國，好比砍了頭，那麼留下四肢五臟還有甚麼用?④ 所言甚是，但如何轉化為具体行動與政策仍然付諸闕如。

台灣方面除了台大張亞中一直堅持的一中三憲、兩岸統合，一中兩國主張之外，還強調兩岸應該一中同表，文化大學蔡瑋所提出的一個中國、主權共享、兩岸分治概念，邱進益提出的兩岸和平協定，鄭安國所強調的兩岸互信應該在互動過程中逐漸累積。基本上，前述各人都看出當前兩岸和平發展

① 劉國深〈加強兩岸政治互信 ABC〉，《中國評論》月刊，香港，2009 年 12 月號，頁 20。

② 楊立憲〈兩岸如何、增加互信、務實合作〉，《中國評論》月刊，香港，2010 年 2 月號，頁 12。修春萍，〈兩岸關係和平發展與台灣國際活動空間問題〉，2010 海峽兩岸與台港關係學術研討會，2010，6，香港。

③ 見中國評論新聞網，http：//www. chinareviewnews. com/doc/1011/5/2/4/101152490. html? coluid = 33&kindid = 541&docid = 101152490&mdate = 1130163824

④ 《中國評論》月刊，香港，2010 年 5 月號，參見 http：//www. chinareviewnews. com/doc/1013/0/5/7/101305726_ 2. html? coluid = 7&kindid = 0&docid = 101305726&mdate = 0526135434

的侷限性，有人想要釜底抽薪，在一中問題上求得突破，但也有人強調正視現實及過程的重要。[①] 究竟如何在實踐的過程，把互信的概念落實、深化成為具体行動仍然有待思考。

整体而言，贊成追求國家統一、民族富強的兩岸學者，在研究如何增強雙方政治互信的問題上，有的尋求由高層次的認同及一中原則來解決問題，有的則是嘗試從現實及過程中尋找藥方，值得肯定的是，大家多半出於善意與務實的心態，同意解放思想及實事求是的重要，不要揠苗助長，不要有急功近利、急於求成的心理，不但要在適當的時候做適當的事，而且要確保能把事情做好。光此心態的轉變就是兩岸交流多年的一大成就。

參、增進政治互信的學術研究

根據東西方的實証研究，兩岸學者早已了解，誤解、誤判是造成衝突的主要原因，增進兩岸政治互信，消極的可以避免誤會，積極的還可以的增加了解。對此，我們其實可以借用國際關係中的一些理論，其中可從宏觀、微觀的角度切入，只有對症下藥才能真正解決問題。

舉例說來，微觀的理論認為，國家不過是個人的擴大，國家與國家、社會與社會之間的衝突（包括兩岸之間的磨擦）都可以由個人的因素中找到根源和起因，所以人的因素極為重要。但若由宏觀的角度出發，人類社會的衝突有其複雜的深層因素，大家應該對集團、群體、社會制度與結構、民族國家以及文化體系進行研究，如此才能增加互信，解構衝突的根源。增加互信必須多管齊下方能奏效。

西方心理學者提出一種所謂鏡象（mirror - image）的概念，認為當不同地區的人民長期處於具有強烈敵意的對抗狀態中，就會形成一種固定和歪曲的觀念，在雙方疑心極重的情況下，一方所採取的防禦性行動在他方可能視為挑釁行為，從而引起後者的進一步防禦性反應，而此一反應又恰恰証實前

---

① 〈兩岸和平合作前景展望〉，《中國評論》月刊，香港，2008 年 11 月號，頁 65 - 73。

者的猜忌，於是雙方關係陷入惡性循環之中，無法自拔。①

舉例來說，在兩岸關係方面，由於雙方對峙數十年，彼此均缺乏互信的基礎，北京不肯宣佈放棄使用武力，台北認為北京缺乏起碼的善意，其外交上的封鎖行動也說明大陸的不可輕信，因此台灣迫切的需要強化國防，並以務實外交來突迫中共的封鎖，但是台北的行動卻又增加了北京的猜忌，認為台北正在漸行漸遠，背棄國家統一的理想，証明了北京外交打壓的合理性和迫切性。②

對兩岸而言，彼此不但應該明確界定自己的核心價值，理解那些是基本價值，那些是高優先性價值，而且也應當認清對方的核心價值、基本價值，理解那些是不可讓渡，無由放棄，不應碰觸，那些是可以妥協、讓步，能夠商量的。雙方都應儘量避免原則面的對立，以及衝擊對方的核心利益。當然，對中共而言，這裡所謂的核心利益是國家統一，就中華民國來說，則應該是台灣的永續生存與發展。

過去幾十年來，北京一直把避居台灣的中華民國政府視為尚未「解放」，或拒絕臣服的地方政權，中共已在一九四九年成功的取得天命，繼承了中國的全部主權，成為中國的唯一合法代表，台灣並無主權可言。因此，北京自然無法公開「承認」主權分裂的說法，全然接受中華民國為一「對等」政治實体，台北當然也就沒有理由以國家名義參加聯合國等以主權國家為原則的國際組織。③ 這就是現實。

但就台北的立場而言，雖然國際社會或有不同見解，但中華民國並未滅亡也是事實，它仍然是一個不折不扣的主權國家，與在北京的中華人民共和國在國際社會中仍然應該是平等，而且可以共存的，中國的主權是重疊而共享的。在中國統一之前，為了台灣的生存與發展，台北必須踏入國際社會，與北京競爭。換句話說，台灣認為，兩岸關係的正常化，與國家的未來統一

① James E. Dougherty, Robert L. Pfaltzgraff, Jr., Contending Theories of International Relations: A Comprehensive Survey, 2nd. edition, (New York: Harper & Row, Publishers, 1981), pp. 282 - 284。

② 王在希，《台海形勢回顧》，北京，華藝出版社，一九九六年一版，頁一六八－一六九。

③ 辛旗，〈國際戰略的環境變化與台灣問題〉，北京，《戰略與管理》，第十七期，一九九六年，頁二十五。

必須由承認中華民國的存在，再走向主權統一。①

其實，學者費雪（Roger Fisher）及波普（Karl Popper）主張，涉案各方其實不妨把衝突的原因先行細膩的分為最小的組成部分（fractionate the contents of conflict），② 然後再逐一的加以處理，這或許不失為有效增加互信、解決衝突的可行方法之一。如果兩岸政府全在原則、理念的層面不斷糾纏，事情終究不易解決，與其猜測對方是否可信，不如將可能引發衝突、增加猜忌的問題加以細部分解，由簡單、容易解決的部分先行逐一加以處理，然後再隨著互信的增長，再處理較為困難、龐大、不易處理的部分。

比如說，如果兩岸能夠一方面在原則、概念層次有些基本的共識，体認、接受對方的核心利益，但又預留雙方各自表述的空間（如九二共識），避免大動作的衝撞既有体制及現況（status quo），另一方面再將爭執、衝突的內容予以進一步的分類，由簡單、容易解決的問題先行著手，用齊頭併進的方式嘗試解決困難，或許是一個增加互信的正確方法。

另外，學者博頓（John Burton）曾經指出，衝突的解決和危機處理其實是一種控制下的溝通（controlled communication），應由有經驗的專家在控制下嘗試對問題進行解構，其成功與否在很大程度上取決於事前準備的程度，雙方專家的經驗水平及涉案各方對解決問題的主觀意願等等。③ 而杜意志（Karl Deutsch）則主張，為了解決衝突，控制危機發展，涉案各方首先應該做到對抗利益的緩解，接著才是和諧利益的鞏固。④ 解決衝突、危機管理固然如此，增加互信同樣如是。

所以，兩岸當前尤其應對如何進行控制下的溝通，以及緩解對抗性的利益痛下工夫。在兩岸關係上，除非雙方有意激化衝突，北京與台北首先都應透過有經驗、高水準的專家、學者、官員進行公開，或私下的溝通，一方面傳達正確的訊息，另一方面則要避免誤判與誤解，對有關情事進行事前的精

---

① 石之瑜，《當代台灣的中國意識》，台北，正中書局，1993 年，頁一五四－－一五五。

② 同上页注①，pp. 354 & 479。

③ 劉金質、梁守德、楊淮生等主編，《國際政治大辭典》，北京，中國社會科學出版社，一九九四年，一版，頁 101。

④ 同前註。

密準備、幕僚作業，不管是要求同存異，或存同化異，總以先行降低、化解兩岸對抗性的利益為主要工作重點，然後再追求、鞏固雙方可能存在的共同利益，這才是解決問題之道。

關於緩解對抗性的利益，除了前面所談過的基本利益、核心利益之外，兩岸雙方首先必須理解對抗性的利益究竟所指為何，然後才能採取措施加以緩解。根據理解，兩岸過去最重大的對抗性利益及問題顯然出在台灣的務實外交，以及國際活動空間問題上，只要一觸及台灣的國際活動空間，北京是嚴厲打壓，台北則力圖抗拒，難怪馬英九上台後一再建議雙方儘早外交休兵，認為唯有如此才能緩解兩岸的緊張關係，然後再徐圖改善。問題已有轉機。

更進一步來看，過去西方的實証經驗也顯示出，在增加互信及和解的過程中，涉案雙方必須要有一個共同而且是可以達成的（mutual and attainable goals）目標，雙方高層的溝通管道必須維持暢通，以避免衝突誤會和危機的發生，彼此都要有同理心，理解對方的困難所在，不要強人所難，彼此都要進行社會各階層的內部整合工作，整合成高度的社會共識，雖然某種程度的外部壓力或能迫使繫爭雙方必須信守和平承諾，但共同的統一戰線也可以將雙方綁在一起，共同對付來自外界的政治、經濟及軍事或社會壓力。這些經驗看來也值得大家思考。

在許多西方文獻中，其中尤其聯合國政治事務政策計畫小組負責的聯合國維護和平資料庫中的和平協議（Peace Agreements in UN Peacemaker Databank，Policy Planning Unit，Department of Political Affairs，United Nations），及以色列台拉維夫的全球危機解決中心（Global Crisis Solution Center）所編撰之和平協議及其失敗（Peace Agreements and Their Failures：Factors Affecting the Process plus Negotiation Checklist）的研究成果雖然並未直接觸及如何增加互信，但有關結論仍然具有參考價值。

其研究成果顯示，一，沒有和平是不經妥協的；二，和平必須是社會大多數成員的共識；三，和平必須能夠帶來好處；四，和平所帶來的利得必須能夠讓社會接受；五，要達成和平必須要有決心和意願；六，和平雖然不保証未來的互動，但良性的互動有助於維護脆弱的和平；七，和平通常必須受到第三者所支持，即使這種支持有時只是形式上的；八，停火期間越長，繫爭雙方越難進入和平，因為這種暫時的狀態已經成為一種穩定的生活方式（用來解釋兩岸現況再恰當不過了）；九，越多人參與的和平過程，這種和平越為堅固；十，社會上不同階層越多的溝通與合作，將使得和平越為穩固；十一，和平必須是被社會各界視為公正的；十二，和平也必須看鷹派分子願意讓步的程度而定。①

這裡，我們只要把和平二字改為互信即可，事情顯然相當的複雜。

當然，在實務上這既不意味滿足了上述所有條件就能維持和平（互信），也不表示缺乏了其中的一或二項就無法實現和平，因為反過來看，我們也發現，過去有太多的例子証明，雖然鬥爭雙方都表示有意追求和平，想要增加互信，但由於缺乏溝通，彼此都出於本位思考，認為自己站在歷史正確的一方，只看到有利於己的事實，相信對方得寸進尺，而自我克制又可能被對方視為軟弱，加強自衛的結果又被對方視為挑釁，由於對方的所做所為（如中國大陆一致堅持統一、台灣部分人士主張獨立），所以不能讓對方有獲勝的感覺，堅不讓步，只要求對方讓步、道歉，而沒有適當的回魄等等，終於導致互信無法建立、和平無望。

另外，除了缺乏內部共識，彼此猜忌之外，可能使情況更糟的是，政治精英既可能因為準備不足、認識不清、資源分配失當，而錯失了和平（互信）的機會，也有可能因為個人或自以為是的集体利益，透過不實的指控來破壞和平。過去確實有許多衝突往往被用來做為解決、轉移內部的政治、社會、經濟矛盾的工具，把許多關鍵問題懸而不決也可能為未來的衝突埋下伏筆，有些政治人物或社會特定組成分子為了掌握、操控政治、經濟權力，而刻意公開或隱晦的透過各種方法，如洗腦、宣傳、教育、拖延、煽動、結盟、栽贓，製造猜疑來鼓動衝突。

或許有些人並不認為西方解決衝突，增強互信、尋求和平的經驗必然、或全然適用於兩岸之間，但其中恐怕仍有一些普世標準可供學習、參照。比

① http://globalcrisis.info/peace_negotiation.html

如說，從學理和實務經驗上看來，兩岸在和平發展的過程中所要追求的政治互信應該是多樣性的發展過程，如果能夠達成有助互信的協議當然會有幫助，其中有些內容可能重疊，成為引導對抗雙方達到最終解決的重要步驟。再比如說，協議的內容必須是務實、可以執行的，而雙方都應該承諾、保証和平，遵守國際行為規範，獎勵和平進展，處罰非和平的舉措，以和平理性方式處理潛在的威脅等等。這些都是不錯的主張。

用西方的術語來說，兩岸當前首要工作應是維護和平（peace - keeping），在此階段最重要的是要防止衝突（conflict avoidance），要達成此一目標必須透過信心建立（confidence - building）的過程，然後才是建構和平（peace - building），最後則是落實和平（peace - enforcement），此一階段也就是建立機制（mechanism - building）的時期。就目前看來，和平發展已成兩岸共識，防止兩岸衝突已經基本實現，眼下重點工作就就是落實信心建立的機制。

總的來說，互信是一個長期發展的過程，需要耐心、智慧與毅力。就積極面言，雙方都要多面向、多管道、多層面的交往，通婚、旅遊、體育、宗教、藝術、教育、學術交流、會議都應持續進行，短期內看來或與增加政治互信似無直接關係，但長久下來終將發生作用，增加彼此官民了解，就消極面來看，兩岸雙方都不可急於求成，不應強求對方表態，而要好事多做、好話多說，如果彼此因為內部政治需要必須講些官話，應該事先有所溝通，因此第二、第三軌道對話極為重要。目前的 ECFA、兩軍退役將領的互動都可以視為有助於增強政治互信的重要組成部分。

肆、代結論

一九四九年以來，兩岸分治超過半個世紀之久，經過多年對抗轉折，雙方幾度瀕臨衝突，台海問題一度被視為亞太地區最大的熱點。如今隨著胡錦濤主政，馬英九在職，兩岸當局都用新的思維，來處理歷史遺留的問題，抓住難得的歷史機遇。台北要重振經濟榮景，發揮本身的民主優勢，無意採取挑釁的行動，北京也希望維持一個安定的國內、國際環境，為中華民族的復興騰飛而努力。難怪增進互信之議提到日程表上來，雙方在主觀上都希望，從此以後兩岸關係能夠進入良性互動，全面正常化的新的歷史階段。

行文至此，筆者歸納出一些看法，首先，兩岸當局既然強調要增加互信，這就意味著台海兩岸當前雖然並無戰爭發生，但也並不是完全無事或絕對安全，兩岸根深蒂固的互不信任問題仍然必須想方設法加以克服，否則任何一方因為誤判、誤解，不經意的某些行動或談話，衝擊到對方的核心利益，台海局勢還是會有惡化，往衝突發展的可能。兩岸當前雖然處於一個自我克制，由低度往中度發展的冷和狀態，這種現況是有風險、不確定的，要不然就沒有討論增加互信的必要。

其次，雖然雙方都有意願降低緊張，增加互信，甚至簽署協議，但是一如前述，由於兩岸不同的發展階段、不同的歷史經驗、不同的思維邏輯，不同的堅持和立場，雖說國際對於和平的研究成果不無參考價值，但外國模式卻又未必適合兩岸現況（所謂的主權重疊、治權分立為其一，兩岸中國人對於抽象原則的堅持重於實質的利益為其二，中共的辯証邏輯，如結束內戰和結束敵對有廣義和狹意之別為其三，而和平統一及一國兩制的手段和目標可以是不同的概念為其四），目前雙方所主張的求同存異、互不否認固然有其作用，但仍然不能解決問題。

西方的研究成果有其參考價值之處者，兩岸不妨深入加以探討，如設定有限的目標，控制型的溝通方法、將原則和利益區別處理，讓更多的人民參與、易位思考等等都頗有見地，大陸方面尤其要体認，台灣當局必須受到民眾及民意機關嚴格監督和參與的事實，短期內這會對兩岸關係造成困難，甚至有些波折，但長期而言，沒有民意的支持，兩岸高層的互信很容易出現問題。戒之慎之。

如今之計，與其猜測對方的動機或政策，上策是為增加政治互信設計出一套機制，避免誤解、誤判，但這有相當的難度，中策則是摸著石頭過河，透過實踐、多管道、多面向、多層次，點點滴滴的增加互信，先易後難，先經濟後政治，由低階政治往高階政治發展，以漸進的方式，從澄清概念、說明立場、建立（加強）互信著手，先行就建立軍事互信、結束敵對狀態、外交休兵、和平協議等議題分門別類擬出腹案，進行二軌對話，不要急於求成。

（会议论文，原文印发，文中用语和观点系作者个人意见）

認識爭點，增進兩岸政治互信

紀　欣*

自 2008 年 4 月 29 日胡錦濤會見國民黨榮譽主席連戰時，首度提出「建立互信、擱置爭議、求同存異、共創雙贏」16 字箴言（本文以下稱 16 字箴言）後，胡錦濤一年多來不斷提到「建立互信」四個字，並總是放在 16 字箴言的首位，顯示它在兩岸關係發展上的重要性。2010 年 4 月 29 日，胡連首會滿五週年，胡錦濤在上海會見出席世博會開幕式的台灣各界人士時，針對兩岸關係和平發展發表了四點新的看法，第一點也正是「要繼續增進兩岸政治互信，不斷增強兩岸關係和平發展的推動力」，再度點出增進兩岸政治互信是兩岸關係發展的核心。

2008 年 5 月 3 日，馬英九就任前，即公開肯定 16 字箴言，並表示它是開啟兩岸關係新頁極為重要的方針。① 2009 年 7 月 27 日馬英九再度當選國民黨主席，在覆胡錦濤賀電之回函中，也寫了「正視現實、建立互信、擱置爭議、共創雙贏」16 字，其中除「正視現實」外，其餘 12 字皆與 16 字箴言相同，被解讀為對 16 字箴言的善意回應。但當時國民黨黨政高層就表示，馬英九刻意把「正視現實」排在第一，表達兩岸是兩個不同的政治實體，各自統治，互不隸屬，大陸正視這個現實，兩岸關係才能往良性方向發展。② 果不其然，兩年來，馬英九一再強調「正視現實」，「九二共識就是一中各

---

* 作者简介：纪欣，台湾中国统一联盟主席、法学博士。

① 《聯合報》2008 年 5 月 4 日。

② 《聯合晚報》2009 年 7 月 27 日。

表」,「中華民國是一個主權獨立的國家」,又於去年 8 月同意達賴來台,今年 1 月底向美國購買 64 億美元的武器,重創兩岸政治互信。

增進兩岸政治互信才能持續與深化兩岸和平發展,開啟政治對話,最終結束兩岸政治對立,而首要工作必須先了解兩岸究竟有哪些方面無法「求同存異」、「擱置爭議」,以至於影響到甚至破壞彼此之間的政治互信。瞭解這些阻礙互信的爭點,應有助於兩岸政治互信的增進,並可望及早找到化解爭議之道。

一、「一中各表」vs.「一中原則」

2008 年 3 月 23 日,馬英九在當選總統的第二天國際記者會上說,要在「九二共識,一中各表」的基礎上重開兩岸對話。① 兩年以來,馬英九一再表明,「『九二共識』就是『一中各表』,而依據中華民國憲法,『一中』就是中華民國;「『九二共識』的精神就是『求同存異』,對方不會否定我方說『一中』就是中華民國」。他甚至說過:「中共近六十年來,現在是最熱愛中華民國的時候!」此些論調,加上他的「不統不獨不武」,「終其一生也不會見到統一」、「堅持台灣主體性」,使「九二共識」的焦點成為「各自表述」,也使過去兩年台灣社會對於「大陸與台灣同屬於一個中國」的認同並未增強。

馬上台後,「一中各表」、「一中原則」的討論也成了藍營學界的顯學。去年 11 月的「兩岸一甲子」研討會,以及今年 4 月初的「本栖會談」上,大部分台灣學者要求大陸「淡化一中原則,接受一中各表」、「正視中華民國存在的現實」。渠等措詞之強烈,令與會的大陸學者感嘆良多。台灣學者王曉波解釋馬英九的「各表」,是因為在國家統一前,台灣的「一中」表述只能是中華民國,大陸方面也只能是中華人民共和國;「一中各表」是各自表述,不是「一中互表」相互表述;相互承認是「兩國論」,相互否認只能老死不相往來,要和解交流只能「互不承認,互不否認」,大陸沒有必要質

① 《聯合報》2008 年 3 月 24 日。

疑或否定「一中各表」。[①] 台灣學者邵宗海認為「一中原則」在台灣已逐漸被妖魔化，兩岸當局應以「領土和主權完整的說辭」來取代「一中原則」，這既符合台北的「憲法一中」立場，也不違反北京的「一中原則」。[②] 台灣學者 張亞中則認為「一中各表」形同「偏安自保」，兩岸應「一中同表」，以「一中三憲」走向兩岸統合。[③]

綠營至今不承認「九二共識」，不接受「一中原則」。但為向選民表達民進黨非「逢中必反、鐵板一塊」，民進黨主席蔡英文 5 月 2 日在「十年政綱研討會」中拋出：「民進黨不排除在不預設政治前提下，與中國進行直接並實質的對話」。此不許別人預設前提，自己卻先預設前提的要求，已遭國台辦鄭重駁斥。[④] 主張「民共兩黨應儘快展開會談」的民進黨前主席許信良則堅持：民進黨的台獨主張與中國大陸的「一中」原則都只是「圖騰」；如果中國大陸同意把「一中原則」交由台灣 2300 萬人公投決定，其結果民進黨就必須接受。[⑤]

綜上，兩岸當局對於「九二共識」內容仍有歧見，但都承認該共識的核心是「海峽兩岸均堅持一個中國原則」，也正因此，國民黨重新執政後，兩岸能重新展開對話，兩岸關係能和平發展。兩年來，大陸絕少提「一中」是中華人民共和國，台灣當局卻把「『一中』就是中華民國」、「中華民國是一個主權國家」、「台灣是中華民國」掛在口上。[⑥] 台灣有人說，這是因為國際上普遍認定「一中」指的就是中華人民共和國，台灣不得不強調中華民國的存在與其主權獨立。也有人抱怨，中共打壓中華民國。其實，根據國際法，世界上只有一個「中國」（state of China），認定 1949 年成立的中華人民共和國政府代表「中國」，享有國際法上的權利，負擔國際法上的責任，係兩岸國際勢力消長所致，也是國際法終於正常「運作」（practice）的結果，並非

① 王曉波，〈論「九二共識」與「一中各表」〉，《海峽評論》229 期，2010 年 1 月號。

② 邵宗海，〈取代一中原則的可能路徑〉，《旺報》2010 年 4 月 20 日。

③ 張亞中，〈一中三憲：重讀鄧小平的“和平統一、一國兩制”〉，《中國評論》，2009 年 8 月號。

④ 中新網 2010 年 5 月 12 日。

⑤ 〈民進黨不是台獨黨是公投黨〉許信良專訪，《旺報》2010 年 5 月 31 日。

⑥ 2009 年 5 月 19 日馬英九執政一周年記者會，《聯合報》2009 年 5 月 20 日。

出於大陸蓄意打壓或否認中華民國。

台灣當局應可看見，過去兩年，大陸以行動證明「內外有別」，不僅配合馬政府的「外交休兵」，也對台灣在參與國際活動上釋出極大善意。筆者以為，隨著中國國際地位大幅提升，國際上的「一中共識」已然堅固不搖，中國大陸已無需過分擔心台灣在國際上與之競爭「中國代表權」，這應有助於未來解決「中華民國定位」的問題。

歷史昭示我們，「一中原則」是決定兩岸關係的根本因素。有它，中國的領土與主權才從未分裂，台灣才能保留「一中憲法」，兩岸關係也才能走向和平發展。筆者以為，16字箴言中的「擱置爭議、求同存異」，其實就是願意也已經「正視現實」。台灣當局既也同意「擱置爭議、建立互信」，就應該站在中國歷史傳承、中華民族的至高點上，坦然接受「一中原則」，早日在「一中」的框架下解決兩岸爭議。

二、「中華民國定位」vs.「結束政治對立」

5月15日，「中華民國建國百年慶祝活動籌委會」鄭重宣佈，政府將召集學界撰寫「中華民國百年發展史」，建立「中華民國在地化」的「轉型史觀」。《聯合晚報》稱「這項計畫似乎標誌中華民國與台灣本土更深的連結，在政治上更意味馬英九有意在政治論述上，更強化中華民國植基於台灣而非對岸大陸的明確立場。」① 《自由時報》則直指「中華民國在地化」是要「表現『中華民國在台灣』中心理念」。② 看來，「中華民國在地化」是否能拉抬國民黨的聲勢與選票，尚不可知，已再度令人懷疑馬英九把中華民國當作「獨台」、「和平分立」的取巧工具，一步步走上李登輝的路線。

5月25日，民進黨主席蔡英文在深綠的台灣教授協會舉辦之「中華民國流亡台灣六十年暨戰後台灣國際處境新書發表會」上表示，「中華民國是一個流亡政府」、「是威權性與中國性的綜合體」，引起社會一片譁然。國民黨

---

① 《聯合晚報》2010年5月15日。

② 《自由時報》2010年5月16日。

府院黨譴責「流亡政府論」是「矮化國格，自我否定」,[①] 綠營有政治人物及《自由時報》出面相挺，但投身於五都選舉的高雄市長陳菊說：「中華民國現在不是流亡政府」,「目前台灣正式名稱是中華民國」。[②]

藍營媒體紛紛以中華民國早已直接民選，建立堅強政權主體性；民進黨從建黨參與選舉開始，即已進入中華民國體制；民進黨年底要競逐五都等等為由，反駁「流亡政府論」。《中國時報》社論也指出，即使國民政府 1949 年「流亡」來台，但當時仍為多數國際社會所承認，並未「亡國」。[③] 同一天《聯合報》社論在痛斥蔡英文之際，居然指稱「『流亡政府論』必然掉入『中共同路人』的統一戰線，不啻搶在北京前頭否定了中華民國」。[④]

蔡英文此時此刻提出「流亡政府論」，當然是刻意製造省籍對立，並想鼓吹選民（包括外省人第二代第三代）唾棄具「威權性與中國性」的國民黨，以取得五都選舉的勝利。但該論調更想突出獨派長期以來宣稱的「台灣地位未定論」，讓李扁的「去中國化」延續下去，也希望藉此吸納外省人，逐步走向台獨。蔡之動機及目的，的確應該大批特批，只是藍營種種對「流亡政府論」的駁斥本身有不少問題。筆者以下試舉幾例，謹供參考指正。

首先，「流亡政府」（government - in - exile）通常是指流亡至他國的政府，而台灣在 1945 年就回到中國的懷抱，國民政府 1949 年遷到中國的領土台灣時，並未流亡至外國，因此不是「流亡政府」。但有些國際法學者認為，當絕大部分中國領土在 1949 年已被中華人民共和國新政府統治，國民政府遷台後，僅在台澎金馬產生「效力」（effectiveness），又始終未放棄對於全中國的「權利主張」（claim of right），中華民國政府可歸類為「流亡政府」。[⑤]

其次，一個地區所採取的政治體制或其經濟狀況，與其是否構成「國家」（state）沒有任何關係，換言之，直接民選與經濟起飛不會改變中華民

---

① 《聯合報》2010 年 5 月 26 日。
② 《聯合報》2010 年 5 月 27 日。
③ 《中國時報》2010 年 5 月 31 日。
④ 《聯合報》社論 2010 年 5 月 31 日。
⑤ James Crawford, *The Creation of States in International Law*, *Second Edition*, Oxford 2006.

國是不是流亡政府的本質。

再者,《聯合報》稱「台獨得以滋長的根本原因,就是北京不承認中華民國」,[①] 這種論調不僅漠視事實,缺乏對國際法的認識,也有刻意製造「仇中」之嫌,完全無助於解決中華民國定位的問題。

依筆者看,中華民國確曾是台灣的最大公約數,但歷經李登輝的「兩國論」、陳水扁的「一中一台」,中華民國早已變質。尤其,卸任後的李登輝2003年8月23日公開表示「中華民國已不存在」、「中華民國只是個名字,不是一個國家」。[②] 而陳水扁雖表示在他任內要正名制憲「做不到就是做不到」,但他仍於2005年6月第七次修憲廢除國民大會後,展開長達兩年的「第二階段憲改」,希望「正名制憲」,正式終結中華民國。陳水扁2007年8月31日問「中華民國是什麼碗糕?」[③] 2009年在收押期間,還曾以「前任中華民國流亡政府總統」的名義,向美國華盛頓軍事法庭告狀。

李扁兩位總統先後將中華民國視為一個道具或空殼子,才是真正否定中華民國,讓人認為它隨時會消失或被拋棄。對於不少原本就認為國民黨是「外來政權」的人而言,他們本來就沒有「中華民國情結」,自然不必「捍衛中華民國」,他們較容易聽信綠營政治人物宣傳的「馬英九傾中賣台」。對於因家庭背景或受中華文化薰陶,而有民族感情或中國思想者,或從小習慣於中華民國作為國號者,或擔心自己做不成中國人者,在台灣社會長久缺乏統一論述的情況下,他們確實難以接受中華民國消失,也因此較容易接受「中共打壓中華民國論」。不過,依筆者之見,不論是以上哪一種人,恐怕都不會滿意「中華民國在地化」,因為它不可能從根本上改變中華民國的困境。

就國際法(係國家與國家之間的法律)而言,台灣海峽兩岸的問題,從來不是「中華民國 vs. 中華人民共和國」兩個國家之間的問題。具有幾千年歷史的中國,儘管朝代政權更替,一直是延續的,也始終是同一的國際法主體。中華人民共和國的成立,既沒有消滅舊的國際法主體,也沒有產生新的

① 《聯合報》〈黑白集〉2010年5月18日。

② 《聯合報》2003年8月24日。

③ 今日新聞網2007年9月1日。

國際法主體，也就是說絲毫不影響中國的國際法主體地位，至於兩岸的分立對峙，只是中國的內政範疇。基上，台獨確實有必要終結中華民國，與「中國」脫離關係，統一則只要解決「胡六點」中的「上世紀四十年代中後期中國內戰延續的政治對立」，無需「砍中華民國的頭」。①

大陸學者對「中華民國定位問題」相當理解，也已著手研究化解中華民國難題的各種可能性。例如上海學者章念馳在〈創條件解「中華民國」難題〉一文中表示，「面對中華民國是需要條件的」、「支持兩岸和平發展，就會給雙方創造這樣的條件」。② 該文雖未提出具體解決方案，但已表明只要兩岸關係和平發展繼續深化，兩岸政治互信不斷增強，必可創造出解決難題的條件。提出「國家球體理論」的廈門學者劉國深強調「加強政治互信不只是雙方在既有的互信基礎上，繼續擴大兩岸領土和主權一體性的認知交集，也該默認或接受『一個中國境內兩個競爭中國代表權的政權差序並存』的現實。」③ 該主張建議，只要台灣當局堅守「一個中國」與「領土和主權從未分裂」基本立場，中華民國政府應被認可為有效治理台灣的「政權」，兩岸可以在那個基礎上展開平等協商。此論述是否能被台灣當局接受，並在兩岸展開政治對話時，有益於化解中華民國定位問題，值得期待。

三、「擱置統一」vs.「復歸統一」

馬英九5月7日接受《華盛頓郵報》專訪時語出驚人，「大陸在口頭上擱置對統一的要求，台灣淡化獨立主張，彼此致力於維護和平」④ 該「擱置統一論」遭國台辦鄭重否認，⑤ 但5月19日馬英九舉行就職兩週年中外記者會再次強調，他任內不論四年、八年，都不會與中國大陸談判任何有關統一的問題，他還把兩岸關係定位成「和平護國」，不會讓中華民國主權、尊嚴

① 引述《聯合報》社論2010年5月18日。
② 章念馳，〈創條件解「中華民國」難題〉，《中國評論》月刊網路版2010年5月16日。
③ 劉國深，〈加強兩岸政治互信ABC〉，《中國評論》月刊2009年12月號，總第144期。
④ 《中國時報》2010年5月9日。
⑤ 中新網2010年5月12日。

受到影響和傷害。[①] 同一天，《自由時報》首頁登出〈王曉波：馬的方向是終極統一〉，使馬英九的統獨立場再次成為社會焦點。[②]

馬英九的統獨立場始終受人關注。2005 年底，時任國民黨主席的馬英九對美國《新聞週刊》說，「對我們的政黨而言，終極的目標是統一」；[③] 次年 2 月 14 日國民黨在《自由時報》刊登「尊重台獨選項」廣告；3 月底在美國說「中華民國是一個主權獨立的國家」、「台灣不需要獨立兩次」；2007 年競選總統期間，提出「不統不獨不武」、「台灣就是中華民國」，並宣示在其任內決不推動統一，在其一生之內也見不到「統一談判」；[④] 2008 年就職前接受日本《產經新聞》專訪時稱，「台灣作為東亞一個國家，歡迎一切有助於區域穩定及繁榮之事」；[⑤] 2008 年就職前夕，對媒體公開稱「中華民國主權屬於全體國民，台灣就是中華民國」。[⑥]

王曉波認為中華民國的「一中憲法」大方向是「終極統一」，馬英九既遵守憲法，其大方向只能是「終極統一」；而馬所說的「不統」是治權的「不統」，「不獨」才是針對主權。[⑦] 政論家南方朔則說馬「是一個萬花筒式的人，獨派可以把他看成是獨派，統派可以把他看成是統派，這是馬英九的過人之處，什麼都沾到一點，什麼都不是。」[⑧]

依筆者看，即使馬英九只重複說「台灣就是中華民國」，而從未說過「中華民國就是台灣」，但他經常把「中華民國」與「台灣」畫上等號，又曾表示要「堅持中華民國台灣的現狀」，[⑨] 上海學者倪永傑所稱：馬英九「心存台灣就是『主權獨立的國家』之念，其後果與民進黨的主張有相似之處或者就是一種異曲同工之妙」，[⑩] 不無道理。而且，且不論馬英九的真心

---

① 《中國時報》2010 年 5 月 20 日。
② 《自由時報》2010 年 5 月 19 日。
③ 《中央社》2005 年 12 月 20 日。
④ 《聯合報》2007 年 9 月 16 日。
⑤ 《聯合報》2009 年 5 月 20 日。
⑥ 中央社 2008 年 5 月 6 日電。
⑦ 《海峽評論》社論 234 期，2010 年 6 月號。
⑧ 華視新聞網 2010 年 5 月 19 日。
⑨ 《民眾日報》2007 年 11 月 23 日。
⑩ 倪永傑，〈馬英九兩岸政治定位主張評析〉，《上海台灣研究》第九輯，2009 年 12 月。

實意為何，其「不統不獨」、「堅持台灣主體性」與「台灣前途由2300萬台灣人決定」，確實使得李扁刻意營造的「拒統」氛圍繼續在台灣蔓延，令人不得不感到遺憾。

儘管和平發展是當前兩岸關係的主軸，儘管大陸對台工作始終抱持「先易後難、先經後政、把握節奏、循序漸進」立場，「爭取實現祖國和平統一」是大陸「一貫的立場和明確的目標」。① 而16字箴言中的「求同存異」指的是擱置爭議，決非擱置統一。和平發展也因此被解讀為和平統一的「初期階段」、「基礎階段」、「過渡階段」或「社會準備階段」。至於何為「統一」，「胡六點」已表明「1949年以來，大陸和台灣儘管尚未統一，但不是中國領土和主權的分裂，而是上個世紀40年代中後期中國內戰遺留並延續的政治對立，這沒有改變大陸和台灣同屬一個中國的事實」，「兩岸復歸統一，不是主權和領土再造，而是結束政治對立」。海峽兩岸關係協會副會長張銘清近日就指出：「胡六點」準確界定了兩岸關係的本質屬性和政治定位，吾人應當按照結束兩岸的政治對立的定位，思考破解政治難題的方向，解決兩岸問題。②

依筆者之見，「兩岸復歸統一」必然是「實力統一」。一方面，中國必須在改革開放30年的基礎上繼續發展建設，使統一的物質基礎、必要條件更加堅實，讓台灣民眾不僅現在就能得到「和平紅利」，統一後能享有更大的利益。另一方面，大陸必須快速有效爭取到台灣同胞感情上的認同，並使其對於共同實現中華民族復興產生榮譽感，持續強化統一的充分條件。有關後者，要如何讓台灣民眾恢復「祖國意識」，知道「結束政治對立」沒有「消滅中華民國」的問題，反而可以讓台灣人民享有全中國的領土和主權，的確需要時間，需要努力，更需要在國民兩黨，藍綠之外，民間社會有一股支持統一的聲音與勢力。筆者期望，在艱困環境中始終能堅持立場，愈挫愈勇的台灣自發性統派團體，今後能更團結一致，擴大統一戰線，增加社會的能見度，建立統一的話語權，使統一成為更多台灣人的選項。

---

① 國台辦發言人楊毅2010年5月12日新聞發佈上所言。中新網2010年5月12日。

② 張銘清，〈尋求兩岸和平發展路徑之我見〉，《中國評論》月刊網路版2010年6月7日。

四、「威脅論」vs.「不允許他國干涉內政」

從今年3月31日陸委會副主委趙建民在淡江大學發表《當前政府的大陸政策與兩岸關係》演講時指稱：「大陸對台灣永遠是威脅」、「台灣與美國關係優於兩岸關係」,① 到台灣駐日代表馮寄台近一個多月來兩度在日本公開呼籲日本朝野瞭解馬政府「反共和中」的方針，並說「台灣不會屈服於中國大陸」,② 再到國防部副部長楊念祖5月底在美國華府直指，大陸對台灣構成「明顯而立即的威脅」，請求美國儘速出售F－16,③ 可知兩岸關係雖已走向和平發展，馬政府官員仍把大陸視為「威脅」，而這些論調已嚴重傷害兩岸政治互信。

有人質疑上述言論是否代表馬政府立場，這顯然低估了馬政府官員的「服從性」。馬英九確曾於2008年1月初接受《聯合報》專訪時說，「未來兩岸協商不需要、更不必要美方介入，兩岸可以自己解決自己的問題」；「台灣的事情我們要自己做主」,④ 也在就任後決定兩岸之間「外交休兵」。不過，馬英九也毫不掩飾，他認為大陸是台灣的威脅。除不斷強烈要求大陸撤飛彈外，他也一再表達，只有向美國採購防禦性武器，才能「更有信心保衛台灣」,「以免兩岸政治談判時，台灣處於不利地位」。4月底他對CNN記者說「永遠不會要求美國人民為台灣而戰」，此說遭人質疑後，他立即並多次澄清，他是要表達「我們會繼續向美國採購武器」、「展現身為一個主權國家應有的自我防衛決心」。5月19日就職兩周年記者會時再次強調，台灣要採防衛部署、有效嚇阻，現在還不到建立兩岸軍事互信機制的時候。

「中國威脅論」自美英兩國人士在1990年代初期提出至今將近二十年，而這段期間，世界局勢發生翻天覆地的變化，中國也已和平崛起，中美外交關係更是日益密切，美國卻始終未放棄「中國威脅論」。美國表面上樂見兩

---

① 《聯合報》2010年4月1日。
② 《中央社》2010年4月9日及6月3日。
③ 《聯合報》2010年5月29日。
④ 《聯合報》2008年1月4日。

岸和解合作，暗中卻繼續「以台制中」；表面上說決不介入兩岸政治協商，卻在幕後下指導棋；不顧大陸抗議，繼續對台軍售，卻說這有助兩岸關係。美國之目的不難了解，除想以台灣問題「圍堵中國」，也為維護它在西太平洋的戰略地位與國家利益。比較令人不解的是，馬英九明明知道，這兩年來台灣能保住 23 個邦交國，連續兩年出席 WHA，完全是因為他承認「九二共識」，大陸釋出善意的結果，那他又為何頻頻拋出「威脅論」？對此，筆者臆測如下：

其一，馬英九相信，美國是盟邦，維持良好的台美關係，才能保障台灣的安全及自主權；台灣靠美國提供的防禦性武器，可增強自我防衛能力，未來和大陸政治談判時能處於較有利地位。馬有此想法，當然與其「反共情結」、長期被「美化」有關。對此，馮寄台的「反共和中說」表達得很清楚。

其二，深刻了解台灣朝野都是親美派，以為必須在兩岸政策與對外關係之間「採取平衡原則」，才能擺脫綠營的「傾中」指控，也才能在推動兩岸政策時減少阻力。馬的動機或許沒錯，但從各種統計資料看來，若要實現「以台灣為主，對人民有利」政策，兩岸關係的位階本來就必須高於對外關係。

其三，擔心台美關係不好，或其兩岸政策不符合美國的期待，可能影響 2012 年連任。對此，學者王曉波建議，為避免美國介入兩岸政治對話，或在 2012 年大選時搞「顏色革命」，馬英九不宜在第一任期內開啟兩岸政治性對話，或簽訂和平協議。筆者以為，不斷增進政治互信，才有條件開啟政治對話，馬政府應停止不利兩岸政治互信的「威脅論」。

「胡六點」明確指出「解決台灣問題、實現國家完全統一是中國內部事務，不受任何外國勢力干涉」。世界上沒有任何一個國家允許他國干涉自己的內政，正在走向富強的中國歷經一百多年列強的侵略，再也不容許外國勢力染指中國人自己的事情。馬政府應該認清，只要台灣誠心誠意與大陸休戚與共，與大陸建立兩岸共同家園，大陸絕非台灣的「威脅」，而是絕佳的「機會」。

五、結語

兩年來，兩岸在四次「陳江會」，各界全方位交流下，已產生初步的政治互信。但若想深化兩岸關係和平發展，開啟兩岸政治對話，簽訂兩岸和平協議，以至於最終「結束政治對立」，兩岸政治互信都必須大幅度增強，而認識當前存在於兩岸之間的基本爭點，將有助於加強政治互信，早日找出化解爭議之道。除此，為避免破壞政治互信，台灣當局應破除凡事要求大陸「有同理心」、「自制」、「體諒」的心態，尤其五都選舉在即，馬政府應避免不必要的「選舉語言」，以免讓兩岸關係淪為選舉的「祭品」。

（会议论文，原文印发，文中用语和观点系作者个人意见）

「一中三憲，兩岸統合」與兩岸互信之道

謝大宁*

一、　前言

兩岸整整一甲子的分隔，其間歷經了內戰與三四十年的武裝對峙，即使後來短暫的融冰，但數十年的互相醜化與仇視，又豈是短時間內所可化解。再加上近十幾年李登輝與陳水扁對台獨議題的操弄，兩岸的互信自然更是雪上加霜。從前國共只有「左與右之意識形態的對峙」，可是現在兩岸則更增添了「統獨的對峙」，而當這兩種對峙在台灣政治裡被相互運用時，也就是「右」成為「獨」的論述工具時，要談兩岸的互信，那就幾乎是緣木求魚了！

然而這兩年隨著國民黨在台灣重新取得執政權，兩岸的交流卻有一日千里之勢，這現象意味著甚麼呢？究竟是甚麼因素促成了兩岸得以突破原來的瓶頸呢？是兩岸已經擁有了完整的互信了嗎？底下我即想約略分析一下其中的關鍵因素。

二、維持目前兩岸交流狀態的互信基礎

就我的觀察，兩岸之所以能從複雜的對立因素中，快速地進入目前的全

---

* 作者简介：谢大宁，佛光大学文学系主任，台湾两岸统合学会秘书长。

面交流狀態，除了有各自內部發展上的需要之外，還有幾項足以促進雙方互信的政治基礎：

1. 鄧小平先生的「和平統一，一國兩制」的主張：鄧小平先生的主張無疑是兩岸得以有今天局面的最重要基礎，正是這個主張，為大陸解放了思想，也為兩岸之間創造了已出台或者未來將出台的所有可能性。而且它也具體地在港澳經驗中，展現了成效。雖然說，這個主張從出台以來，它在台灣一直就沒有很高的評價，但是它至少解開了兩岸屬於「左右」這一意識形態上的對峙。大陸不只以一套新的論述，也同時以它在港澳的成功實踐，讓台灣很難再單純地以左右的問題來阻擋大陸的和平攻勢。我以為，正是由於這樣一個主張，讓兩岸的鬥爭轉向到「統獨」的問題上，也就是說，左右的問題從此退居到次要的，戰術性的戰場上，統獨的對峙不只在台灣內部，也在兩岸的戰線上，成為了主要的問題。我始終覺得這一轉換是具有關鍵歷史意義的。

這也就是說，從最直接的角度上說，鄧小平先生的主張也許並未能立即促進兩岸的互信，但它卻是催化目前全面交流之關鍵性鎖鑰。換言之，在拉開了一定的時間跨距後，我們的確看到了「和平統一，一國兩制」之主張的重要功能。

2. 九二年國民黨通過的「國統綱領」：國統綱領無疑是另一個具有關鍵性的歷史文件。這個文件論其本身的內在結構，其實是充滿矛盾與妥協意味的，所以有人常戲稱它乃是「國家不統一綱領」。然而無論如何，這份文件確立了幾個關鍵性的兩岸定位問題。首先，它的名稱確定了國家統一仍然是國民黨政府追求的目標；其二，它確立了中華民國仍在一中憲法的架構下；其三，國民黨政府仍然確立了它在中國主權範圍內的正統地位，它不是一個偏安的政權，只是一個暫時僻處一隅的政權而已。這樣的定位無論其誠意如何，至少在形式上，它讓兩岸仍然回歸到「左右」的問題上，而避免了統獨的對峙。如此一來，結合了鄧小平先生「和平統一，一國兩制」的主張，基於此一主張給了左右並存的空間，兩岸就立刻從「敵我矛盾」轉成了「人民內部矛盾」，這就避免了你死我活的鬥爭。

3. 連戰先生的破冰之旅：國統綱領制定後，中間曾經整整出現了超過十年的曲折，這曲折總括來說，就是第一，中華民國已經從追求國家統一的總目標上漂移開了；其二，一中憲法的架構也逐漸遭到侵蝕；其三，國民黨政府已經逐步轉變成了從偏安到獨台的政權，其後的民進黨政府則更是從獨台逐步滑向了台獨。於是兩岸遂又進入了完全的「敵我矛盾」之中。二〇〇五年連戰先生以在野黨主席的身分，冒險往訪大陸，才終於重新為兩岸啟動了一條紐帶。從現在的角度看，連戰先生的訪問，事實上達成的關鍵任務，就是讓國民黨重新回到了國統綱領之上，並讓大陸充分相信至少國民黨會充分奉行國統綱領的基本原則，這點乃讓兩岸又有了轉進到內部矛盾的空間。

4. 國民黨的重新取得政權：這點當然已經沒有必要申論，然而也必須在此強調的是，當馬英九先生當選總統，原則上就代表了國統綱領重新成為中華民國政府的論述基礎。雖然說馬政府成立以來，事實上並未恢復國統會的運作，但馬政府在所有兩岸定位的論述上，的確是依照國統綱領的邏輯在陳述的，只是它一直將之稱為「一中各表」而已。

三、對目前兩岸互信基礎的評價

以上我簡單歸納了幾項促成兩岸目前交流狀態的互信基礎，綜合來說，也許可以將之濃縮成為這樣一句話，就是「基於『和平統一，一國兩制』與『國統綱領』所存在的交集，使得兩岸找到了某些共同的政治基礎，以推動雙方的各項交流」。這個交集也可以簡單表示為「主權重疊，治權分立，終極統一」，基於主權重疊，所以兩岸現階段仍然無法互相承認；但基於治權分立，所以兩岸實質上也互不否定。這裡當然必須強調清楚的是，雙方互不承認的是對代表中國主權的各自主張，互不否認的則是對雙方各自管轄範圍的有效治理能力。而這種互不否認的默契，則是來自於「和平統一，一國兩制」的政治宣示，與國統綱領所內含的「中國終將統一」的保證。

而我們現在可以問的問題是，這樣的互信基礎是否足夠強固？此一基礎能夠將兩岸的交流推進到多遠？在我看來，就上述基礎而言，只要國民黨仍然掌握台灣的執政權，其基礎在可預見的時間內，還是強固的，特別是馬英九先生守法的特質，讓他完全無法逃避憲法一中的規範，所以我們將很難想像在法律面馬政府有動搖其基本立場的可能。然而也正因為如此，所以這樣的互信基礎，其功能至多只能推動兩岸在經貿文化等層面的交流，而不可能僅憑這樣的互信就能跨越鴻溝，而進入政治層次的協商。這道理是很簡單的，任何政治的協商都不能避免要問來談的人「你是誰」的問題，而只要兩岸仍只在「互不否認」的階段，真正的政治協商就不太可能展開。這樣說當然不是說兩岸只有進到可以互相承認了，才有進入政治協商的可能；由於兩岸的主權是重疊的，所以它根本就沒有任何互相承認的可能性，因為一旦承認了對方，自己也就喪失了存在的合法性。但雖說如此，思考某種比治權上互不否認這樣的政治基礎還要更進一步的可能性，仍是可能的，只是國統綱領並沒有給出這樣的可能空間，一國兩制的主張對這個問題而言，其內涵也依然是模糊的，所以這就造就了目前這種有局限性的交流狀況。

於是，這就形成了一個非常詭異的局面，也就是某種「互信超載」的情況似乎正在發生，因而有可能為兩岸帶來重大的危機。怎麼說呢？其實這也是很好想像的。我所謂的互信超載，所意指的乃是兩岸目前其實只有「低度」的互信，可是由於交流的速度和廣度太大太快了，由之而引生了過高的互信期望值，而由此一期望值使我們常會忽略了許多仍然存在的困難與阻力，因而當任何挫折發生時，都可能返回來挫傷了原本就已經只是低度的互信，從而促成了危機。因此，為了避免這種互信超載的現象，我們乃有必要先來看看目前兩岸互信中所存在的隱憂。

四、兩岸現階段互信基礎中的隱憂

此處我想談的隱憂，並不包括台灣所存在的台獨思想與勢力，因為這已經不是隱憂，而是顯性的威脅，這一面向已經不必再做任何申論了。我想談的乃是另外幾個面向：

1. 台灣的逐步偏安化：這是一個很人性化，也極難處理的問題。偏安幾乎是中國歷史上所有相同處境之朝廷的共同宿命，之所以會如此，乃是有著幾個基本共同成素的。其一是「暖風薰得遊人醉，直把杭州作汴州」。我們看東漢竇憲北征以後，南匈奴南遷內地，遷進來就不想回去了，為什麼呢？因為南邊舒服，何必再去忍受塞外風寒呢？同樣的，東晉南遷，不到百年，王羲之之類的北方士族，就完全忘了故國河山，南宋不也是如此？這原因很簡單，南方膏腴之地，何苦只為了回到故鄉而拼命？而且另一個面向也更現實，那就是兩三個世代以後，究竟何處是故鄉呢？連馬英九都曾公開說，親人埋骨處就是故鄉了，這不就是「心理上的土斷」嗎？這個後現代的時代，原本就有文化斷裂的問題，再加上這十幾年台灣教育上刻意的去中國化，這些都讓台灣與大陸的文化紐帶有種難以接續之感。現在台灣的年輕人，已經很難再有對中國發展的使命感了，這如何能不成偏安的溫床呢？而偏安心理最嚴重的影響，就是認同的加速撕裂。事實上今天很多人都意識到了台灣在認同上與大陸的撕裂現象，這是所有民調一致的結論，而且這現象越來越讓人覺得，如果沒有突破性的作為，已經難有逆轉的可能。

2. 台灣對兩岸政治關係不切實際的期待：這種期待是和偏安心理密切相關的，從偏安的心態導致了某種消極的「維持現狀」的想法。台灣的歷次民調，在兩岸關係上主張維持現狀者，穩定地超過八成。但是我們都知道，現實的政治場域，現狀永遠都是動態的，因此我們如果掌握不住動態的關鍵因素，沒有現狀是維持得住的。可是在台灣，非常奇怪的是，在公共論域裡，幾乎沒有人在談應該如何才能維持住現狀，相反的，它只是要求大陸必須要尊重現狀，不能侵犯到任何的現狀。這其中最典型的講法就是「一中各表」的說法。

一中各表如果就「國統綱領」來說，是沒有問題的。國統綱領制定的時期，兩岸正處於將接觸未接觸的狀態，那時當然只能以互不承認，各說各話的方式處理。而以目前的狀態來說，如果兩岸還沒有意願進入政治協商，那就也只能還是各說各話。然而現在的問題是台灣頗有要將一中各表設定為政治談判之底線的企圖，除此之外，就視之為是對台灣（中華民國）主權的傷害，也視之為是大陸對台灣不尊重、不體諒的表現。這樣的想法姑且不論大陸能否接受，如果推究其基本思維，就是一種「將現狀固定化」的企圖。換句話說，台灣並不想去考慮如何處理動態的現狀，而是只想靜態地將現狀凍結在某個結構裡，如此台灣就可以自己過自己的日子了。此所以我說它是一種「消極」的維持現狀的策略之故。

其實如果我們對歷史熟悉的話，當年鄭克塽和康熙談判的過程，是不是和目前的狀況有些似曾相識呢?

3. 大陸以類比港澳的模式來思考兩岸統一的問題：大陸當然十分清楚，港澳的問題和台灣不同，所以在技術層次，絕對不會以類比的方式來處理兩岸問題，這是可以確知的，但是很難保證大陸不會在思維習慣上，仍以某種「回歸」的方式在思考整個問題。在我看來，這樣的思維模式確實存在。如果我們姑且不管台灣是不是「應該回歸祖國」的問題，而純論這樣一種思維背後的心理認知的話，它就不容易有一種「遠人不服，則修文德以來之」的寬容與自省的心態，也不容易以一種開放這個大家庭的方式，來歡迎、邀請那個在外的遊子來共同參與這個家庭的經營。它比較像是一種照顧式的家長心態，布置好一個溫暖舒適的房間，來「安排」遊子回到家中。而這樣的「照顧」看在遊子的眼中，卻很可能只會覺得「不自在」，也不容易「有回家的感覺」，於是結果就只是讓雙方覺得尷尬而已。這樣的尷尬很容易讓大陸覺得台灣「不知好歹」，因而無法體會台灣的某種不知道該如何融入這個家的「彆扭」之感，這就容易衍生誤會，從而導致互信的崩潰，以至釀成危機了。

综括來看，兩岸由「和平統一，一國兩制」與「國統綱領」架構起來的交集所營造出來的互信氛圍，如果一旦面臨上述所說的幾個隱憂的話，我們都將很容易感受到目前雙方互信基礎的脆弱，比如說馬英九先生採取了國統綱領的論述，卻根本不敢恢復國統會的運作，與其說是因為台獨陣營的牽制，還不如說是偏安氛圍的影響所致。這也是我一直以為現在兩岸蓬勃的交流，其地基並不是一個穩固的岩盤，而只是個浮游的沙灘的緣故。然則我們該如何來建立一個比較穩固的互信基礎呢?

五、「一中三憲，兩岸統合」的主張與兩岸互信

兩岸統合學會這一年多來，不斷通過各種管道來說明我們所提出來的「一中三憲，兩岸統合」的主張。關於這個主張本身，此處就不多介紹了，如果讀者有興趣，可以參考統合學會剛出版的《兩岸統合方略》與《兩岸政治定位》這兩本書。對本文而言，我也許可以簡單如此說，這個主張正是針對上述兩岸互信的幾個隱憂而發，並試圖提出解決之道，怎麼說呢？

首先，我們認為兩岸問題中一個最根本而棘手的問題，還未必是政治談判的問題，而是認同的問題。在台灣，如前所述，認同的斷裂現象，已經幾乎到了積重難返的地步了，所以我們乃想到了兩岸不只是需要交流而已，還必須在兩岸儘可能地創造各種「共同體」式的機制，也就是不只是交流與整合，還要更積極地尋求「統合」之道。因為許多研究都顯示，交流對促進認同，其成效是相當有限的，而歐盟這幾十年來的經驗告訴我們，共同體式的機制確實有助於促進歐洲各國人民對歐洲的認同，所以我們應當借鑑此一經驗，以重新彌縫那已經瀕臨崩毀的兩岸認同。在我們看來，這才是現階段兩岸最急迫的工作。

而我們覺得，共同體的設置，還有一個同樣重要的考慮，那就是既讓台灣與大陸重新取得聯結，也讓大陸把整個中國崛起的目標與過程同時開放給台灣，讓台灣同時擁有對中國的話語權。這也就是說台灣這個遊子不是「回家作客」，而是兩岸一起當中國的主人。如此一來，當兩岸可以從一些低度政治性的共同體開始，逐步累積了彼此的共事經驗，培養了共同為中國崛起而奮鬥的感情，也許才能真正為統一鋪平道路。這也就是說，「兩岸統合」作為我們主張的最核心部分，也是我們最要去實踐的面向，正是針對我上述所說的第一個和第三個隱憂而發，這兩個隱憂解除了，才能消除掉影響兩岸互信的心理障礙。

然而，如果要想在兩岸間推動各種共同體，就不可能不先解決一些政治難題，特別是那最核心的兩岸定位問題，兩岸一定要尋求某種彼此皆可以接

受的，但必須是「共同表述」的中國概念，否則所有的合作都將不可能展開。而如所周知的是，這是一個最需要創意的地方。而我認為「一中三憲」可能是迄今為止出台的所有兩岸定位主張中，最明確、具體而又有可操作性的主張。它不像一中各表的只企圖固定現狀，也不是屋頂理論之缺乏拘束力。此一主張的核心精神，乃是將兩岸定位在「由兩岸加起來所構成的『整個中國』下的兩個平等的憲政實體」這樣的基礎上，這就維持了現狀，但又超越了現狀。其維持現狀的面向是兩岸的憲法架構不變，彼此尊重對方的治權；其超越現狀的是兩岸都從屬到整個中國的架構之下，中國的主權得到了完整的保障。然而光是如此說是不夠的，為了使整個中國的概念不至於虛化，不會只是個屋頂，一中三憲的主張引進了第三憲的概念。這第三憲並不直接是一部完整的憲法，它是在既存的兩個憲政實體的架構下，通過諸如兩岸和平協議來確認彼此對整個中國的權利與義務，並以之為梁柱；再通過各種共同體協議的堆疊，而逐步架構起來的兩岸統合模式。如此一來，整個中國就成為一個可以與兩岸現行架構並行，並且實體運作的概念。而且，在這第三憲運作成熟完整後，它也可以在兩岸的協議之下，轉成為最高的憲法，到那時，當然也就是中國統一水到渠成的時候了。

關於這樣的想法，我們也可以說，它正是將鄧小平先生「和平統一，一國兩制」的創見轉個方向的實踐。因為「和平統一，一國兩制」的想法是兩岸先和平統一以後，再以一國兩制的方式安排兩岸。可是以兩岸目前的狀況來說，要想直接先進入和平統一的狀況，是有實質困難的；而若我們先以整個中國之下的兩個憲政實體這樣的一國兩制出發，經過上述第三憲的轉接，再逐步過渡到一中（整個中國）一憲，這不就正是「一國兩制，和平統一」嗎？因此，我以為「一中三憲，兩岸統合」的主張乃是平穩過渡到「和平統一，一國兩制」的最好方法，也是對鄧小平先生之創見的合理補充。

而對本文言，最重要的一點是，通過「一中三憲，兩岸統合」，我們才能消除掉兩岸互信中的所有隱憂，並引導兩岸來共同創造整個中國的未來。所以說，兩岸若是依照一中三憲來定位彼此，並將實踐重點放到兩岸的統合上，便將可以將兩岸從目前的低度互信，過渡到高度的互信，這應該是本文的合理結論。

六、結語

兩岸這兩年的和平發展，的確讓人看到了重大的希望，雖然整部中國的歷史還不曾有過以和平方式從分裂走向統一的例子，但它仍然是一條值得我們去努力的道路。坦白說，如上所述，我對迄今為止兩岸發展的前途，仍然抱持著戒慎恐懼的態度，兩岸的互信真是太脆弱了，更何況在台灣還有綠營人士不斷在兩岸的傷口灑鹽，因此我們一直在謹慎地評估形勢的發展，也在謹慎地思考最可行的對策，「一中三憲，兩岸統合」就是在這謹慎與反覆辯證中，我們所認為最妥適的架構。但是我們也充分了解，這樣的想法在現實上若要尋求實踐的機會，將很可能落入一種「循環式的困境」，怎麼說呢？

目前我以為最大的困局，就在台灣的選舉體制上。由於台灣選舉的高度民粹性，經常讓一個重要的議題講不清楚，理性常無法顯現到具體的政治場域之中。一個很顯著的事實就是，台灣目前的政治生態，讓「一中」與「統」等等字眼根本被妖魔化了，整個社會很難有平心靜氣的空間去了解一些重要有創意之構想的內容，因此它就很可能造成一個惡性循環的狀況，那就是讓一個有可能解決困局的構想先妖魔化之後，再去批判說沒有任何構想可以解決問題，因而就更拒斥任何新的構想。然則我們究竟該如何謹慎地讓「一中三憲，兩岸統合」的主張，避開這樣的循環式困局，這仍然在考驗著我們的智慧。而這也就是我想要藉此機會再次提出此一構想，以就教於各位先進的另一個原因。尚盼各位先進除了能再次針對我們的構想提出批評指教，也希望集思廣益，共同思考突破此一困局之道，以使兩岸和平發展的格局能夠越走越穩，越走越大！

（会议论文，原文印发，文中用语和观点系作者个人意见）

後 ECFA 時代之變化蠡測

楊開煌*

一、三大作為

自去（2009）年 11 月以來中共對台政策出現了明顯的變化，先是大陸地方領導人密集赴台訪問，計有四川省委書記劉奇葆、廣西自治區黨委書記郭聲琨、湖北省委書記羅清泉；而省（市）長則包括上海市市長韓正、福建省省長黃小晶、廣東省省長黃華華、浙江省省長呂祖善、陝西省省長袁純清、河南省人大常委會主任徐光春、湖南省委副書記梅克葆、山東省副省長才利民、陝西省副省長景俊海、北京市副市長吉林、青海省副省長王令浚、貴州省副省長謝慶生、廣州市副市長李榮燦陸續訪台，在台灣這成一波波的震動。國台辦的發言人稱「去年以來，大陸多個省區市主要負責人分別率團訪台提高了兩岸交往的水準和層次，進一步深化了兩岸經濟合作，擴大了兩岸文化交流。目的是實現互利雙贏、共同發展。」① 這些大陸省市長率團來台，直接而且大量地對台採購，自然有助於台灣緩解這一段時期的經濟困難，為台灣的產業注入新生機，同時有些的省市領導人在台也宣傳該省市的惠台新措施，這說明他們的行程中也有招商的意味，所以不是片面的「灑錢、讓利」；同時在行程中，有些省市領導人也安排和台灣民眾的直接互動，

---

* 作者简介：杨开煌，台湾銘傳大學公共事務學系教授。

① 〈落實“讓利說”大陸八省市黨政一把手接連訪台〉，《南方日報》2010 年 03 月 31 日。

我們相信大陸的地方領導人訪台，除了兩岸經濟、文化、城市的交流大大提升之外，應該也有助於地方領導知台、對台的感性經驗。有媒體指出「這些官員親身、第一手觀察台灣政經社會，接觸台灣各方面人才，能從不同角度思考，將有助於形塑更完整的對台思維；而不是像過去一樣，交由學術單位，從資料、時事、人物中研究台灣。」① 地方一、二把手訪台實際接觸，建立地方的「台灣觀」必然對未來中共對台政策的制定與執行，特別是地方的對台工作，必將從工作作風到工作方法，都將發生深遠的影響。

其次是國務院國發〔2009〕24 號文件，明確通過「關於支援福建省加快建設海峽西岸經濟區的若干意見」，顯然中共中央確立了「海西區東與台灣地區一水相隔，北承長江三角洲，南接珠江三角洲，是我國沿海經濟帶的重要組成部分，在全國區域經濟發展佈局中處於重要位置。福建省在海西區中居主體地位，具有對台交往的獨特優勢。」② 特別是在當前兩岸關係出現重大積極變化的新形勢下，中央和福建都應採取更加有力的措施，進一步發揮福建省比較優勢，建設兩岸經貿合作的緊密區域，推動建立兩岸產業優勢互補的合作機制，促進兩岸經濟共同發展。因此，賦予福建可以「先行先試」的政策，加快建設海峽西岸經濟區，③ 促進兩岸更大，更快的經濟社會的融合及發展。福建省長黃小晶於今（2010）年 5 月 5 日訪台，甫一抵台，開門見山地說“先行先試，不是一個口號說說而已，必須切實給大家走親訪友以幫助，給大家做生意以便利，給兩岸同胞帶來實實在在的好處。”之後，他又向台灣介紹了福建將採取的十個先行先試政策，涉及農業、產業、金融、用地、旅遊和交通等領域。④ 而福建省委書記孫春蘭在今年的「海峽論壇」上也宣佈「福建將繼續著力先行先試，密切閩台交流合作，積極探索促

① 〈大陸地方官訪台培養下一梯隊經驗〉，2009 年 11 月 12 日，《世界週刊》，http：//big5. ifeng. com/gate/big5/news. ifeng. com/taiwan/4/200911/1112_ 354_ 1432698. shtml。

② 2010 - 03 - 03，〈国务院出台意见支持福建建设海西经济区〉，http：//fj. sina. com. cn/news/z/2010 - 03 - 03/163719357. html。

③ 2010 - 03 - 03，〈国务院常务会通过支持闽加快建设海西经济区意见〉，http：//fj. sina. com. cn/news/z/2010 - 03 - 03/163019355. html。

④ 〈大陆地方党政一把手密集访台 两岸交流合作升级〉，2010 - 05 - 07，红网，http：//www. luckup. net/show. aspx? id = 147476&cid = 6。

進兩岸關係和平發展的有益經驗。福建省還將安排15個事業單位職位聘用台灣專才，擔任高等學校、科研院所和台灣農民創業園等機構的管理職務，促進閩台人才在更高層次、更大範圍交流合作。」① 打開兩岸共治的新領域。大陸官方也不諱言，「支持福建省加快海峽西岸經濟區建設，是進一步發揮福建省比較優勢，實現又好又快發展的迫切需要；是完善沿海地區經濟佈局，推動海峽西岸其他地區和台商投資相對集中地區發展的重大舉措；也是加強兩岸交流合作，推進祖國和平統一大業的戰略部署，具有重大的經濟意義和政治意義。」② 換言之，中共對海峽西岸經濟區建設是著眼整個中華民族的經濟圈的繁榮，而此一經濟區建設是跨台海兩岸的，中共從吸收台商登陸投資，到主動規劃跨海的經濟發展，無疑中共希望在新的世紀裏，在中國的沿海打造四大經濟發達區：環渤海、長三角、海西區、珠三角，以帶動大陸中部地區的崛起。所以海西的發展是面對台灣，背靠贛、湘的經濟區，此一設想，也代表了北京，第一次以實際行動向台灣展示了不會動武的信號，否則所有對福建的投資就失去意義，由此一角度來看，海峽西岸經濟區的大力建設是為和平發展的兩岸關係奠定最為堅實的物質基礎。

其三是兩岸ECFA的協商：對台灣而言，兩岸ECFA的簽訂是台灣經濟的必由之路，這是台灣人民也已經逐步認清的事實，因為簽訂經濟協議是雙方經貿往來正常化（而非特殊化）與規範化（而非任意化）的重要步驟。③ 透過此一步驟反而確立台灣與大陸平等的經濟地位，和正常化的經貿關係。國務院總理溫家寶在今年“兩會”答記者問中，他表示，協議是一個綜合性的、具有兩岸特色的協議。商簽這個協議應該把握好三個原則：第一，平等協商；第二，互利雙贏；第三，彼此照顧對方的關切。他說，在商簽協議時要充分考慮兩岸經濟規模和市場條件的不同，關心台灣中小企業和廣大基層

---

① 孙春兰，〈福建省将安排15个事业单位职位聘用台湾专才〉，2010－06/20，http：//www. chinadaily. com. cn/dfpd/2010－06/20/content_ 9993656. htm。

② 国发〔2009〕24号，国务院关于支持福建省加快建设海峡西岸经济区的若干意见，http：//fj. sina. com. cn/news/z/2010－02－25/222418037. html，2010/02/25

③ 2010－06－08，〈兩岸新時代即將開始〉，http：//big5. huaxia. com/tslj/jjsp/2010/06/1924319. html

民眾的利益，特別要照顧台灣農民的利益。[1] 由是觀之，ECFA 的簽訂不會傷害台灣的經濟，但必然改變台灣的經濟，未來台灣的經濟發展中，必然有更多大陸因素必須考慮，在台灣兩岸合作經濟實體也會大大增加，因此，台灣倘能加速改善自身的投資環境，加上簽訂 ECFA 的紅利，就有可能使得台灣在區域經濟的競爭中，創造另一個經濟起飛的可能性。反之，如果仍然陷在政爭之中，蹉跎時間，也就蹉跎掉機會，則台灣仍然有邊緣化的危機。

二、對台政策之調整

以上三大作為，使我們感到北京的對台政策，在和平發展的戰略方針指導下，已經出現了顯著的調整。

「歷史關係生活化」：中共的「一中」原則論述中，以往一直存在兩個核心的依據，即一是台灣屬於中國，甲午戰後為日本所強佔，抗戰勝利之後回歸中國；二是當今兩岸分治的局面主因之國共內戰。對中共而言，這兩大論述是法理，也是事實；然而在台灣經過政治生態的轉變之後，這兩大論述對台灣而言，縱使是事實，也只是台灣歷史的一部份，而且兩岸分離 60 年已經是二個世代，所以歷史上有關係，未必可以成為當今兩岸關係的制約，總之，中共的「一中」原則論述雖有法理的背書，有國際社會的不同程度的背書，但是，民主政治後的台灣則不認同，特別在馬總統執政兩年後的台灣，在民調上更張顯了這一點。依據陸委會的民調，台灣的民意為：主張廣義維持現狀（包括「維持現狀，看情形再決定獨立或統一」、「維持現狀，以後走向統一」、「維持現狀，以後走向獨立」、「永遠維持現狀」）的民眾占絕大多數（88%）。其中以主張「維持現狀，看情形再決定獨立或統一」是六種意見裡的最大多數（38.7%），其次是主張「永遠維持現狀」（25%）。[2] 對北京而言，如果在思路不作調整，則不但「和平統一」的終極目標只是緣

① 王毅接受台报专访问答全文，http://www.takungpao.com:82/gate/gb/www.takungpao.com/news/10/04/01/EP-1237250.htm，中评社（香港），2010-4-1

② 「民眾對當前兩岸關係之看法」民意調查，2010 年 4 月 29 日～5 月 2 日，http://www.mac.gov.tw/public/Attachment/05715135456.pdf。

木求魚的幻想，連「和平發展」的戰略目標也將深受衝擊。因此，讓台灣同胞重新生活在緊密的兩岸關係之中，直觀地感受到兩岸關係對台灣生存與發展的重要性和關鍵性，便是極其重要的政策思路。以往的思路只是片面的讓利，如今在大陸越來越市場化的趨勢下，物質的利益能讓的也越來越有限，故而「和平發展」戰略下的對台政策的思路，應該是在物質讓利的基礎上，深化兩岸的社會交流和文化交流。提供更多、更大量、更方便的交流平台，以便使兩岸同胞同時感受到：生活中的兩岸關係和生活化的兩岸關係。從此一關係中建立兩岸新的紐帶，新的關係。因此，未來不但在落地簽證的港口越來越多，而且有可能放寬台胞多次入境的簽證，以方便台灣同胞的大陸出入，當然對台灣對大陸同胞的訪台行政手續的簡化，也構成相同的壓力。

「經貿關係制度化」：經貿關係一直是兩岸關係中的極重要的組成部份，這一部份的兩岸關係是有變化的，在上一世紀的經貿關係表現為台灣去大陸，到了新世紀兩岸的經貿關係逐步平衡化，特別在全球金融危機之後，兩岸經貿關係的發展台灣的需求趨勢越來越明確，而崛起的大陸，也樂於提供台灣經濟的協助，建立兩岸經貿上更密切的關係，加上，「東協＋1」的生效，特別是2012年東協與日、韓經貿自由區的生效，因此，馬政府加快了雙方簽訂ECFA（兩岸經濟協議）的談判，促使台灣趕在日、韓之前，使得兩岸經貿關係朝市場化、正常化和制度化的方向發展，此一「兩岸經濟協議」的簽訂和執行，不僅僅是好處有多大的問題，而是阻止台灣經濟惡化的續命丹。林祖嘉教授就表示「在兩岸簽署ECFA的情況下，台灣產品得以免稅進入較大的大陸市場，甚至是東南亞的市場，相對而言大陸產品得以免稅進入一個較小的市場，所以台灣產品受惠較多，這是可以理解的。」① 當然，其後的發展仍然有賴台灣自己的努力；而且在大陸區域內的經濟發展也同樣趨向市場化的同時，「ECFA的簽署絕不是台灣的經濟因而受惠，中國大陸的總體經濟一樣會得到好處。」② 所以大陸商務部所做的研究顯示，「兩岸如果

① 林祖嘉，〈後ECFA時代經濟面貌系列之一——台灣經濟將結構性變化〉，December 2，2009，http：//www.npf.org.tw/post/1/6769。

② 同上註。

簽署 ECFA，中國大陸的經濟成長率可以增加約 0.36% 到 0.40% 之間。」① 至於在兩岸簽署 ECFA 之後，台灣與其他國家的經貿關係的安排，其實是另一套經濟邊邏輯，關鍵在於台灣和他國之間的供需關係。

除了經濟之外，大家也都看到 ECFA 的簽訂，對於兩岸關係的影響絕對不止是經貿而已，透過 ECFA 簽署，兩岸更多城市的直航，更多兩岸金融業的合作，也將大大牽動兩岸以至外國企業在兩岸的投資布局，形成不同以往的兩岸產業的分工，這些變化，必然會是兩岸社會關係、文化關係以至政治關係變化的物質基礎，從利益方面看，「制度化」的兩岸經貿關係，如果能夠真正加惠台灣的廣大的三中（中小企業、中低收入、中南部民眾）民眾，則有可能挑戰台灣民眾傳統的「大陸觀」「反共觀」，增進兩岸民眾的真正理解；因此，促使兩岸關係的發展有可能逐步超越台灣島內的藍綠政爭，此一結果，將為兩岸關係的「和平發展」奠定堅實的物質基礎和社會基礎。更有甚者，兩岸的 ECFA 簽署之後，將在兩岸兩會下成立「兩岸經濟合作委員會」② 以及分別設立「辦事處」這是兩岸經貿的機制化的時代的開啟，而機制化的合作就是行政磨合的第一步，「行政關係」的建立更將大大有助於相互的政治理解，以及兩岸政治互信的建立。

「政治互信增量化」：政治協商簽署兩岸的「和平協議」，是兩岸「和平發展」的必經之路，然而由於兩岸複雜的歷史和現實的原因，兩岸之間目前並無政治協商的可能，是以培養「政治互信」，便是當前兩岸兩會協商、兩岸經貿協商的政治目的，「政治互信」包括兩大內涵，一是「政治」，在此所謂的「政治」可以指政治價值，政治意識形態的部份，雙方在這一部份相同，則比較容易建立互信，但在兩岸之間，則主要是指兩岸的政府之間，特別是代表政府的領導人及相關官員其具體的言、行，政策措施作為的表現，是否具有邏輯的一貫性、一致性；如果在政治上是完全敵對，則不可能有互信；因為另一內涵是「互信」，即互相信任，互相相信對方的作為，「互信」

---

① 同上註。

② ECFA 的「兩岸經濟合作委員會」和 TIFA 的「貿易暨投資委員會」一樣，都是平等談判協商的平台，http://www.mac.gov.tw/ct.asp?xItem=84957&ctNode=5649&mp=1，2010/06/

可以被視是一種知曉對方的行為邏輯為基礎，到信任對方的作為，不會刻意為害我方；所以「政治互信」包括了兩大部份：誠意和善意，誠意代表了行動邏輯的可預測性，善意代表行動結果的互利的可能性。對兩岸關係而言，政治互信時時表現為一種不言而喻的政治默契，因此有時這是非常堅固信任感，例如，毛蔣之間視若寇讎，毛相信蔣不會尋求國家分裂，所以 60 年代之後就不急於「解放台灣」，① 但有的時候又是十分脆弱，李登輝派密使與北京密商時，雙方也有一定的政治互信，但是 1994 年的「生為台灣人的悲哀」訪問稿一出，雙方的互信就大大降低。之後的兩岸關係逐步走上猜忌式對抗，到了陳水扁時期兩岸在政治目標完全對抗性的，加上某些個人因素，特別在陳水扁完全否認「九二共識」之後，推翻雙方原本可以維繫往來的模糊的默契，之後雙方政府之間就只剩下互不信任的對抗，兩岸關係也走到危險期。到了馬英九總統主政之後，雙方在「九二共識」的基礎，重啟了兩岸兩會的談判，而且達成多項協議，有此基礎；然而單以經濟互利，仍不足以確保兩岸的和平發展，必須在此基礎上重建兩岸的「政治互信」，兩岸關係才能穩妥地往前發展。目前的情勢是國、共兩黨是有政治互信的，但是雖然國共兩黨在兩岸均為執政黨，而國共兩黨的政治互信卻無轉為兩岸政權的政治互信，主要的原因當然由於台灣比較特別的政治生態，因此國、共兩黨的政治互信就更不可能轉為兩岸的政治互信，然而「政治互信」在兩岸關係又存在一定的重要性，胡和馬先後都提到「建立互信」。② 所以兩岸協商先經後政，先易後難，先簡後繁的順序，其實也就是兩岸積累互信過程，從無到有，由少而多互信增量的過程，在過程中，北京讓台北相信，北京說的和作的是一致的，說到一定做到，有了此一互信，則台北同意北京的「一中」框架也就不會失自己的主體性；反之，台北讓北京相信大多數的台灣人民追求自己的主體性，其實是一個中性意義的政治價值，表現在兩岸關係的民調

① 〈台灣還是蔣介石當總統好〉，20070509，http：//www. 360doc. com/content/07/0529/21/7579_ 527801. shtml

② 洪志良，〈解读胡萧“十六字”箴言真理〉，2008 - 05 - 10，http：//www. zaobao. com/special/forum/pages6/forum_ tw080510a. shtml；〈馬英九覆電提“新十六字箴言”〉，2009 - 07 - 28，http：//big5. huaxia. com/thpl/tbch/tbchwz/07/1512804. html。

中，就是維持現狀，「主體性」的追求固然存有某種對抗被「統」的因素，但也包含了自主自願統合的可能性，主要的關鍵在北京的作為，所以胡錦濤很早就講過「三個凡是」[①] 其目標應該就是希望化解分裂力量，擴大島內「合」的力量。而兩岸政治互信的增加，肯定是兩岸關係全面正常化的基石，雙方均應善加維護。

三、結論

兩岸關係近 60 年來，從以往的全面對抗到近 20 年的經濟、社會交流發展再到今天的經濟合作，社會交流，但是政治的猜疑軍事對抗則一直沒有停止過，其關鍵就在於雙方的隔閡太久，猜忌太深，全無信任。如今我們看到北京的對台政策已經朝著建立互信作努力，特別是海西區的平潭島共治和 ECFA 的「兩岸經濟合作委員會」的設立，可以說是兩岸共治時代的開啟。所以在後 ECFA 時代，我們將迎接一個相當不一樣的兩岸關係，現在的問題在台灣內部是繼續以分裂、惡鬥的台灣去面對兩岸的新時代，或是大家願意坐下來，一齊商量出共同面對新局面的對策。如果是前者，則台灣雖然簽署 ECFA，仍有可能自我邊緣化，而且反對者還會把「帳」算在簽署 ECFA 的政策上。反之，台灣是有機會借 ECFA 之翼，開創台灣的新奇績。

在後 ECFA 的時代，逐漸會浮現出立體的兩岸關係，在此關係中不僅僅表現為多層次、多渠道的兩岸交流，而且其複雜性將遠大於現今。

第一，兩岸一日生活圈正式浮現，特別是台北和上海之間，將尤其明顯。

第二，兩岸通勤族也可能出現，而且逐步增加，這將有力促使兩岸的交通、通信需求大大增加，兩岸的資訊落差逐步縮小。

第三，由於人員交流的頻繁，兩岸的法域衝突也越來越突出，這將迫使兩岸法治需求大大增加，兩岸司法和偵防的機制建立必要性，日益突出。

---

① 「凡是有利於台灣人民的利益、凡是有利於祖國的統一、凡是有利於中華民族偉大復興，我們都要全力推動。」

兩岸治理將成為兩岸城市管理的新探索，這將有力促進兩岸社科人才，行政人才的逐步平等的交流。

總之，ECFA 的時代開啟之後，兩岸關係必然更加密切，以往被扭曲的關係將逐步正常化。此一趨勢將引起美、日及週邊國家也必需從政治、經濟、週邊安全、合作等議題上重作評估，制訂新策，從而影響到比一區域的佈局。

（会议论文，原文印发，文中用语和观点系作者个人意见）

當前兩岸關係若干重大問題的探討

潘錫堂*

近來兩岸問題中，諸如兩岸經濟合作框架協議（ECFA）第2次正式協商、「雙英辯」ECFA的意涵、上海世博會有利兩岸互利雙贏、如何看待陸生來台、以及馬英九主政兩年來的意涵與成果等議題，在在均值得探討與省思，因其全然體現兩岸逐漸走向和平發展的深層意涵。

壹、兩岸ECFA桃園協商獲多項共識

兩岸經濟合作框架協議（ECFA）第2次正式協商於3月31日及4月1日在桃園舉行一天半後，已圓滿落幕。① 雙方代表經過充分的溝通討論之後，部分項目已獲得具體結論，尚有爭議的部份亦已建立「快、易、少」的處理共識，整體協商確有不少實質進展，使得ECFA的簽署又往前邁進了一大步，在此穩固的基礎上，今後雙方必能加速協商進程早日完成簽署。

此次兩岸協商內容，主要包括貨品貿易、服務貿易及協商文本等3大部分。經過一天半的密集協商，雙方達成以下諸項共識：一、雙方同意納入「早收清單」的產品項目和服務業別，應考慮彼此之關切，以及急迫性、必要性及較易達成協議等原則；二、大陸方面表示充分了解台灣農民的關切，未要求台灣進一步開放大陸農產品輸台，在其「早收」要價中亦不含農產

* 作者簡介：潘錫堂，台灣淡江大學中國大陸研究所教授。

① 《中國時報》（台北），2010年4月1日、2日，版A1～A4。

品；三、大陸方面願在「早收清單」中盡力不影響台灣的弱勢產業和中小企業；四、雙方就協議文本充分交換意見，已有初步共識；五、雙方決定啟動原產地規則小組的協商工作，並就工作機制和商談時間表達共識；六、ECFA 第一次正式協商 1 月下旬在北京舉行時，大陸提議將「兩岸經貿正常化」詞句寫入協議文本，此次桃園協商時大陸同意不納入協議文本。

儘管如此，未來一旦進入涉及兩岸各自利益的協議內容之實質談判，困難度必然會急遽升高，但只要双方均能遵循彼此「擱置爭議」的共識，秉持歷次協商「優勢互補、創造双贏 」的精神，依據此次談判縝密規劃的框架穩健前進，必然可以縮小彼此的歧見，盡速完成 ECFA 的簽署。因此，儘管此次協商的過程並不能盡如人意，但兩岸協商代表均能兼顧各自利益與共同利益，逐步排除簽署的障礙，充分體現「讓利」「釋出善意」及「互惠互利」的精神，猶值得高度肯定。

回顧往昔一年間，馬當局為了增加台灣方面談判的籌碼與彈性，只能說明 ECFA 的概況，不方便向外界公開詳述 ECFA 的協議內容，這雖是維護台灣利益不得不然的權宜之計，卻給部分反對者有政治操作的空間，也大大扭曲協議的原意。經過兩次的正式協商後，ECFA 的輪廓日益清晰，內容證實純為經濟性，無論是貨品貿易、服務貿易，台灣均能堅守「對人民有利」之基本立場，適足破解不實傳聞的謬誤，有效消除部份反對者所持「對台不利」的疑慮。

尤有進者，既是談判，當然會有相互讓步妥協的地方，因此實際上也不可能完全按照單方面的「劇本」來進行，因此提早公布己方的方案細節，意義其實也不大。

總之，ECFA 的簽署，將是台灣走向東亞區域經濟整合的第一步。由於近期台灣與東亞經貿往來日趨緊密，大陸、日本、南韓及東盟等合計占台灣出口總額比重高達 65%，超過美國的 12%，由此可見東亞地區已成為未來台灣出口的主力市場，而大陸為台灣最大的貿易夥伴，又是各國積極搶進的市場，若加入東盟的國家之間享有關稅優惠，但台灣卻被排除在外，一定會面臨邊緣化的困境，所以簽署 ECFA 才能保障台灣與大陸及與東盟國家的經貿往來成果，進而提昇台灣的區域及全球競爭力。因此，ECFA 能否如預期在 6 月第 5 次陳江會談完成簽署，不僅有賴兩岸談判人員繼續努力，更需台灣全體人民給予最大的關注與支持。

貳、「雙英辯」ECFA 的意涵

馬英九與民進黨主席蔡英文於 4 月 25 日上電視公開辯論兩岸經濟合作框架協議（ECFA），針對簽署 ECFA 的必要性、急迫性、ECFA「早期收穫清單」到底何時公布，及簽署後的正負面效應、配套措施等議題，進行對話。① 基本上，此次辯論是台灣民主政治史上，朝野兩大政黨領導人首度針對重大政策議題，進行公開辯論，已獲得國際社會高度的重視與肯定。

「雙英辯」，就馬英九而言，作為「完全執政，完全負責」的舵手，或許不必有「予豈好辯哉？予不得已也」的想法，因為這場辯論經電視實況轉播，勝過下鄉舉行千百場說明會。就蔡英文來說，不啻是為民進黨陳明「不是為反對而反對」的大好時機。

由於 ECFA 攸關未來長期的兩岸經貿關係架構，此次辯論可視為台灣朝野對兩岸關係與大陸政策的總體說明，能讓社會大眾對於未來兩岸經貿關係與台灣經濟的長程發展，有理性的判斷。

雙方顯然都有備而來，蔡英文採取「仰攻」之勢，饒是她頗具論述能力，火力也不可謂不強，惟對於為何堅決反對 ECFA，乃至 ECFA 之於台灣有多大風險，進而提出足以讓多數台灣人民可以信其「不可行、不能行」的結論，似乎力有未逮。

反觀馬英九，全程站在既是台灣領導人，又是國民黨主席的高度，針對兩岸何以必須推動 ECFA，並就不從速簽訂勢必時不我待、坐使台灣徹底被邊緣化，做了最有力的闡述。更令人印象深刻的是，馬英九守中有攻，攻中有守，攻守自如，時而娓娓道來，時而咄咄逼人，溫良恭儉但不輕易退讓，顯得氣定神閒，理直氣壯。

---

① 《聯合報》（台北），2010 年 4 月 26 日，版 A1 ~ A3。

其次，馬英九一再強調，「如果 ECFA 談判，不能使台灣整體經濟獲益，我不能接受，我們寧可破局也在所不惜」，充分說明馬英九對 ECFA 必能「有利台灣」充滿信心。至於受 ECFA 衝擊較大的 17 項弱勢傳統產業，馬當局首波將提撥 960 億元基金作為因應。蔡英文一反 ECFA 到底，卻提不出不簽 ECFA 有何有效的替代方案。

「雙英辯」之後各種民調顯示，有六成到八成的人，因為聽了雙方辯論而了解 ECFA，因此從原來的質疑、保留轉為支持。尤其各界普遍認為馬英九表現超過預期，有助於民眾對 ECFA 的認識與支持，對 ECFA 的推動也就取得莫大的正面效益。

要言之，「理不辯則不明」，這場海內外矚目的辯論會，從雙方激烈攻防中，大家應可深切體悟：兩岸簽訂 ECFA，對台灣的機會絕對大於風險，簽訂時程已不容再蹉跎。

再者，尤其值得注意的是，「雙英辯」之後，多家民調都顯示馬贏蔡輸，馬英九的支持度還因此上升了好幾個百分點。民進黨為此體現出「心不甘、情不願」的態度，蔡英文也緊接着「跟進」加入「不甘心」的行列。

「雙英辯」中的蔡英文，儘管見解不符台灣社會的期待，但言談仍圍繞在主題上，鮮少使用政治語言。然而，那位理性的蔡英文，下了辯論台就消失了，緊接着出現的蔡英文，滿口政治語言，成為不折不扣的民進黨意識形態框架下的蔡英文。

「雙英辯」後，蔡英文先是說，2012 年若民進黨執政，將以公投方式廢止 ECFA，隨後又加碼為「民進黨執政后，將單方面廢止 ECFA」。她還要發動游行，反對兩岸在 6 月間簽訂 ECFA，也將責令「立法院」民進黨團強勢杯葛。蔡英文為何有如此大的變化？主因是她在「雙英辯」中不夠政治的態度，引起綠營反感，對她首當其衝的影響，是不利她 5 月 23 日競選連任黨主席。既然民進黨基層黨員普遍對她不滿，她續任黨主席就岌岌可危。所以「雙英辯」後，她「緊急調兵回防」，乃出現「變臉式」的辛辣發言，又使中間選民感到錯愕。左支右絀，進退維谷，這是蔡英文當前處境的寫照。

參、上海世博會再創兩岸互利雙贏

全球矚目的上海世界博覽會於5月1日盛大開幕，不僅凸顯現代「城市之窗」，也體現各國最現代化的科技文明，在184天的展期估計將有7千萬人參觀，可匯成龐大的「世博效應」。① 這場全球性的嘉年華，是中國大陸國力的綜合體現。其中代表台灣的元素無所不在，為台灣帶來不少商機，也成為台灣發光發亮的最佳平台，有利兩岸再創互利雙贏。

古代人類為慶祝豐收，會舉辦盛大交易活動，後來逐漸發展成大型的博覽會，第一屆世博會於1851年在英國倫敦舉行。此次上海世博會的舉辦，使中國大陸大大站上了世界舞台的前沿，不僅因它是首度在開發中國家舉辦，也是歐盟第1次參與歐盟以外舉辦的世博會。上海世博會共有來自全球189個國家和58個國際組織參加，計有208個展館，各具特色，宛如世界建築精品展，展出內容更是爭奇鬥豔，大展前衛。尤其展區總面積5. 28平方公里，各類型節目平均每天推出100場，規模之大與活動之多，堪稱歷屆之最；復以耗資人民幣4千億元，號稱史上最貴的世博會。

顯然上海世博會充分體現中國大陸已躋身世界強國之列，其可預見的實質效益則為歷屆之最。由於兩岸關係已大幅改善，近在咫尺的台灣自能獲益良多。

放眼所及，上海世博會充滿著台灣元素，「參展三館」——台灣館、台北館、震旦館，將數位化的「台灣味」體現得淋漓盡致；此外，世博文化中心屋頂的LED燈、中國館的「清明上河圖」的動畫人物、埃及館的數位家具等，出自台灣人的產品不計其數，世博最夯的紀念品「海寶」娃娃，亦為台灣設計師的作品。島內的食品、旅遊、綠能、電動車等產業，也都能在世博會獲得大好商機。

尤其大陸近年積極發展綠能，上海世博會不但有許多綠色產品，也有若干最先進的綠能技術。台灣許多高科技廠商，也在世博會一展身手，未來極可能成為大陸綠能產業的合作夥伴。

---

① 《人民日報》(海外版)，2010年5月2日，版A1～A2。

再者，在核心區的世博軸區餐飲店，有近8成來自台灣，包括85度C、克莉絲汀、老董牛肉麵等，都極具號召力，半年展期，營業額必然相當可觀。此外，商業貿易、交通運輸、食品飲料與百貨通路等，只要是台灣布局大陸內需產業，都可連帶受惠，旅遊業更是長紅。

台灣曾在日本大阪世博會參展，距今已睽違40年，如今台灣又重回世博，與大陸平和地矗立於黃浦江畔，欣然參展。台灣舘主題曲「台灣心跳聲」迴盪著「少一點仇恨，多一點我們；少一點戰爭，多一點單純」，聽了無人不為之動容。

上海世博會是有史以來，距離台灣最近的世博會，也是台灣商機最大的一次世博會，台灣在此難得的機遇應可獲致無限的機會，包括台北將自11月起舉辦世界花卉博覽會，可共創世博與花博合作互利雙贏。對此，上海世博的成功，台灣與有榮焉。

肆、正面看待陸生來台的意涵

開放陸生來台就讀與大陸學歷採證，已成兩岸教育交流之勢所必然，為此必須修正「兩岸人民關係條例」、「大學法」及「專科學校教育法」，因其賦予陸生來台就讀及大陸學歷採證之法源，被稱為「陸生三法」。然而，開放陸生來台及承認大陸學歷，討論兩年，全台灣公私立大學都做好準備，就是卡在立法院無法放行。

先是行政院送請立法院審議「大學法」、「專科學校教育法」等陸生來台二法修正草案，初審議程排了18次都遭遇民進黨強力杯葛，甚至演出全武行，後來在立法院長王金平調解協商下，藍綠雙方各讓一步重新提案交付委員會審查，再走一次初審程序。國民黨的新提案，內容和教育部版本一樣，民進黨則是黨團提案，將教育部配套方案「三限六不」（即：限校、限量及限域，不加分、不影響招生名額、不提供獎助學金、不允許校外打工、不可考照、不可續留台灣就業）納入「大學法」與「專科學校教育法」之中，才願意讓法案過關。

民進黨向來堅決反對開放陸生來台，如今黨團提案開放陸生，儘管民進黨人士承認會有如此重大的妥協，是因實力太弱、抵擋不住，然而實際上5月10日立法院的委員會初審，藍綠黨團仍在不斷衝突中完成「兩岸人民關係條例」修正草案的初審。其後立法院審另「陸生二法」修正草案，要期待過程理性和諧，應不可太樂觀。

民進黨為何堅持反對開放陸生來台？主因之一是他們擔心台灣的教育資源遭到排擠。其實，這樣的反對完全沒有道理。由於開放陸生來台就讀，可舒緩台灣若干大學招生嚴重不足的問題。何況，經由教育部「三限六不」，應已可消弭某些不放心的疑慮，再加上陸生來台就讀之學費為台灣學生兩倍以上，何愁瓜分台灣的教育資源？

前不久，前中研院長李遠哲公開表示「台灣社會應該歡迎陸生」。李遠哲是李登輝主政時期的教育改革召集人，他認同台灣，卻從不排斥大陸。他為何贊成陸生來台？因為「對教育有益的社會，應該是多元化的環境，存在不同階層的人。」

台灣既自視為民主社會，就應該接納、甚至歡迎多元環境，更重要的，因為他對台灣的民主，愈來愈有信心！對自己有信心的人，不會迴避開放，遑論拒絕。對於開放陸生來台這件事，沒有人比大學校長們更清楚、更深入，當全台灣大學院校做好一切利弊得失評估後，大多贊成並準備好迎接陸生，民進黨實在沒道理阻擋此事。

民進黨曾執政8年，「積極管理」式的「戒急用忍」讓台灣經濟競爭力停滯了8年，難不成現在還要搞教育交流的「戒急用忍」？台灣可以接受全球人才，為何要排斥來自大陸的人才？尤其兩岸交流，已是檔不住的歷史潮流，就要正視、處理各種類型的兩岸關係，教育當然是無法迴避的一環。

尤有甚者，對陸生來台，民進黨立院黨團提案要將「三限六不」入法，但三大校長協會均表示反對，因「三限六不」是階段性做法，現階段可以接受，但未來要不斷調整修正，法律沒有必要訂死。台大副校長陳泰然也指出，限來限去沒有意義，「三限六不」還不到法的層次，只是行政處理問題，且若限制太多，會讓台灣的大學喪失競爭力。

平實而論，開放陸生來台，設限太多並無意義，尤其「三限六不」若入法，則開放陸生等於「名存實亡」。例如：陸生既然採外加名額，實在不需要「限量」，因教育部每年會核定各大學的招生總量，招生不足的才可招收陸生，且不可超過總量，如此即可解決「量」的問題。又如「限域」，陸生來台可以到處查資料和修課或旁聽，他們要學習哪種領域很難控制，「限域」的效果只是讓他們拿不到這個領域的文憑，並無法真的限制他們不要學習。再如「六不」中的「第一不」沒啥道理，因只要不影響本地生錄取的機會，讓陸生考試不是更好，更可以測出他們的程度，而收到更好的學生。

總之，台灣不但不必拒絕陸生來台，還要發揮台灣的光與熱，吸引大陸學子接受台灣、喜歡台灣，把台灣的好處帶回大陸。

伍、馬英九主政兩年來的兩岸關係與經濟發展

馬英九就職滿2週年，兩年來，不僅營造出兩岸關係和平共榮的景象，也逐漸有效降低國際金融風暴對台灣經濟的衝擊，整體經濟表現普獲各方肯定。如520前夕，瑞士洛桑管理學院（IMD）發表「世界競爭力報告」，台灣從前一年的23名，一舉躍升到第8名，躍升速度之快前所未見。① 也誠如馬英九舉行記者會談施政成果與未來願景時，宣示打造台灣未來黃金10年，希望以和平建立台海秩序與經濟繁榮，他有信心將這和平與繁榮繼續發展下去。

前述瑞士洛桑管理學院公布2010年全球競爭力排名，台灣創下史無前例驟升15名的佳績，並首度擠進前10名，該學院副主任蘿思蕾分析其中原因，指向兩岸關係上，台灣採取一連串有利於經濟發展的措施，使台灣與中國大陸之間的經貿更為密切。此外，根據彭博社最新調查，台灣2010年第1季GDP成長率可能衝到11%，台灣的主計處也上修台灣的經濟成長率到5%以上，可望使台灣重回「亞洲四小龍」之首。這些數字是馬英九當局主政兩年來最具體的成績單。這些成績稱之為「大步向前」當之無愧，在此基礎上，馬英九宣示「開創黃金10年」，這個目標能否達成並持續，兩岸關係絕

---

① 《聯合報》（台北），2010年5月20日，版A1～A2。

對是最大關鍵。

馬英九自主政以來，在持續推動溫和務實、和平雙贏的兩岸政策後，兩岸得以建立互信基礎，緩和多年來緊張對立的狀態，同時，在此項雙邊互信的基礎之下，恢復兩岸制度化協商。過去2年，兩岸先後舉辦了4次「陳江會談」，簽署了12項協議及發布1項共同聲明。這些協議與聲明，都對改善兩岸經濟、民生問題有莫大的助益。例如：兩岸大三通，大幅減少民眾在兩岸往返的時間與金錢；大陸觀光客來台，則是帶動台灣觀光產業的繁榮；兩岸金融合作監理備忘錄（MOU）的簽訂，讓台灣的金融業能夠赴大陸市場開疆闢土；而即將簽訂的ECFA更讓台灣能夠吸納大陸經濟發展能量，促進台灣經濟快速步入「黃金10年」的願景。

此外，由於兩岸關係的改善，讓兩岸經貿、人員往來趨向正常化，而兩岸民眾也在交往中增進了解、消弭誤會、步向融合，無形中更加穩定未來兩岸關係和平發展的局面。這也使馬英九在兩岸政策上的表現，獲得絕大多數民眾和輿論的支持與肯定。

尤有甚者，兩年來，馬當局無畏全世界經濟景氣的低迷。將外部壓力轉換為大刀闊斧改革內部的動力，讓台灣經濟結構、人民生活品質，以及政府效能脫胎換骨。易言之，馬當局深知台灣經濟的發展，除了努力擴展兩岸及其他海外市場商機外，尚必須靠已力擴大島內需求。尤其從前面亮眼的數據，不只顯示台灣經濟正逐漸回溫，投資環境不斷改善，各項景氣指標都持續在好轉中，更充分體現馬當局這兩年來所採取的各項振興經濟措施確已發揮預期的效益，可望加速脫離國際金融風暴的陰霾。

總之，當前兩岸關係正走向「大和平、大交流、大合作」的黃金機遇期。展望未來，處在島內、外經濟回穩，兩岸經貿關係改善之際，台灣經濟發展前景應可樂觀期待，而台灣欲達「開展黃金10年」願景，必可水到渠成。

（会议论文，原文印发，文中用语和观点系作者个人意见）

兩岸和平協定：台灣可能的觀點與爭點（节选）[*]

蘇嘉宏[**]

一、前言：兩岸關係維持現狀的中華民國憲法框架（略）

二、兩岸和平協定雙方當事人的台灣定位（略）

三、台灣方面提議「簽署和平協定」的過程

（一）兩岸關係已由「國共內戰」轉變為「脫離內戰化」的格局

二次世界大戰之後的五十年中，台灣海峽兩岸已從實質的武力對峙，逐漸地轉變為政治上的低盪互動；尤其，台灣首先進入終止動員勘亂時期、廢止動員勘亂時期臨時條款之「正式而且率先片面放棄以武力方式追求國家統

* 由于本文篇幅过长，会务组对论文正文及注释进行了大幅删节，特此向作者表示歉意。

** 作者简介：苏嘉宏，辅英科技大学教授（台湾高雄）。

一」的階段①。相對於台灣方面逐步放棄在國際上與中國大陸就「一個中國」的「國家合法性的競爭」、「國際上爭取合法性的競爭」，台灣方面對兩岸關係已由「國共內戰」轉變為「脫離內戰化」的格局。② 對此，大陸方面對台灣問題一方面堅持：「台灣問題純屬中國內政，台灣是中國的一個省，中國的主權和領土完整是不容分割的；雖然，海峽兩岸尚未統一，但台灣是中國領土一部分的地位並沒有變。中國擁有對台灣的主權沒有變，海峽兩岸絕非兩個國家。」③，另外一方面始終不宣布「放棄以武力侵犯台灣」，而且對「涉台外交」，採取各種孤立台灣的「台灣問題國際化應變措施（國際上圍堵中華民國）」，至今雖稍有緩解，但改變有限。

一九九四至九八年間，一九九六年台灣舉行第一次直接民選的總統選舉前後，發生了多次的中國大陸在台灣海峽附近實施導彈試射演習，引發了美國派遣航空母艦戰鬥群巡弋台海的對峙型的中美軍事間接衝突，兩岸曾經一度持續開展的對話因之而中止；也在這次軍演之後，台灣方面政學界開始出現關注「兩岸和平協定」與「軍事互信機制（CBMs）」的評論或學術論文。④ 一九九七年，李登輝在其廢止動員勘亂時期臨時條款之六周年時主動發出新聞稿，呼籲大陸當局：「站到全中華民族發展的歷史高度上，停止在國際上孤立中華民國的行徑，互示真誠，藉此促成兩岸和平協議的簽署，共

① 對於台海兩岸分裂分治的根源與本質，台灣當局曾自「中華民國的創立」、「共產主義在中國的萌芽與發展」，予以析述，認為：「制度之爭是中國分裂分治的本質」。見台灣的行政院大陸委員會編印，《台海兩岸關係說明書》（台北：行政院大陸委員會，1994 年 7 月出版），第 15 至 18 頁。

② 若林正丈，〈民主化的展開〉，載於若林正丈、劉進慶、松永正義編著，《台灣百科》，台北：克寧出版社，1993 年 5 月，初版，第 77 至 83 頁。

③ 北京當局對台灣的定位到底是「中國的一個省」，還是「中國領土的一部分」？雖然有不少說法指出是「一部分」，而不是「一個省」，並認為這是對台灣當局的一種善意。但是，遠的不說，在 1999 年李前總統發表「七九講話」以後的一段時間，包括江澤民主席在內的中國大陸官方提到台灣的定位仍是一個省。當然，這個說法現在又已經有所不同，大陸方面認為這些「更為寬鬆」的講法對台灣方面是一種友善、善意的表示。

④ 其實在此更早之前，一九九一年二月十四日，台灣的聯合報就曾經以頭條新聞報導：「黨政高層消息來源指出，行政院院長郝柏村前天在記者會上公開表示，動員戡亂終止不表示兩岸政權已停止交戰狀態，對中共定位是否從交戰狀態變成敵對狀態，起碼要停火，有正式停火協議，這項說法並不一定表示政府未來企求兩岸政府真的要簽訂停戰協議，只要中共公開宣布放棄武力犯台，即可視為一種停戰協議的表示，亦即願意結束戰爭狀態，政府將視為對我終止動員戡亂的一種善意回應。」，參閱《聯合報》，1991 年 2 月 14 日，第一版。

同為亞太地區和平、繁榮做出貢獻。」① 兩千年，時任副總統的連戰先生也在當時的選前正式呼籲：「協商建立兩岸軍事互信機制，推動軍事相關人員交流互訪，以及演習通報、查證與互派觀察員，並建立雙方領導人『熱線』。」、「簽署兩岸和平協定，以正式結束敵對狀態，創建『台海和平區』，確保兩岸繁榮發展及亞太安全。」② 從這些談話中可以看出，在第一次政黨輪替以前過去台灣方面的設想中，簽署兩岸和平協議一直是發展兩岸關係的重要目標。③

在第一次政黨輪替以後，陳水扁主政期間對於兩岸和平協定雖也曾經多次提及，但是迄無深入的實質內容。在第二次政黨輪替以後，台灣方面的提法和思路，並沒有與前一次執政期間有過更新的公開的、正式的說法。以一九九一年三月一日，台灣當時的行政院長郝柏村在立法院答覆立法委員質詢時的繼續補充表示，當時台灣還在主流派、非主流派爭執之際，事隔雖久，然其內容可說是台灣方面迄今為止的最正式、公開立場，茲將其答詢內容分述如下：

1.「不能接受『兩黨對談』，談判需由『對等地位的兩個政府』來談」：目前兩岸簽訂停戰協議還不可能，因為我們不能接受兩黨對談，談判需由對等地位的兩個政府來談，目前時機還未成熟。

2.「訂定停戰協定後仍不能鬆懈國防軍備」：即使將來和中共訂定停戰協定，我們仍不能鬆懈國防軍備，因為如要停戰協議對中共有約束力，主要

---

① 《中央日報》，1997 年 5 月 2 日，第一版。該新聞稿並直接指出，李總統去年就職演說中亦懇切表示，願意到大陸從事和平之旅……實際上是告別了過去「不接觸、不談判、不妥協」的「三不」時代！當前兩岸關係「脫離內戰化」的質變，是一個無法規避的現實；大陸方面在過去辜汪會談所有的官方言論中「政治談判先行」的基調，也很突出。

② 中華民國第九任副總統連戰先生於中國國民黨陸指組提出有關大陸政策主張全文（民國八十九年二月十七日），資料來源：副總統辦公室新聞稿：〈建立和平競賽的兄弟關係〉，http：//www. gio. gov. tw/info/2000html/0217. htm。

③ 據報載，台灣自一九九六年三月總統大選後，當時執政的中國國民黨於當年五月六日恢復已經一年未運作，而於選後首次召開的「大陸工作指導小組會議」，其主要目的就是討論「兩岸未來簽署和平協定的步驟」，該報導引述「黨內高層人士說」指出：「兩岸簽署和平協定是中止敵對關係的重要步驟。」、「中止敵對關係則屬國統綱領規劃的近程目標，因此不會有躁進的疑慮。」，參閱《自由時報》，1996 年 4 月 27 日，第 2 版。

在於自己的力量。將來即使兩岸能三通，海防、空防仍不可廢。如果我們和中共訂定停戰協定，也不表示我們解除武裝，我們對軍備、戰備的警覺還是一樣。

3.「終止動員戡亂時期後中共的定位仍然未定」：終止動員戡亂時期後，並不表示中共就不是叛亂團體，中共雖非法律上的當然叛亂團體，但也不是法律上的當然不是叛亂團體。

4.「目前兩岸仍處於交戰狀態」：目前兩岸仍處於交戰狀態，如何終止，則有賴雙方的自制，這是不成文的。

5.「兩岸承認是相互的（互不否認）」：有關兩岸承認是相互的，我們不否認對方，但對方否認我們，我們仍不能承認對方。目前對中共的地位不適用國際法。只要信奉共產主義的人，就不能認為是我們的朋友。①

另外，台灣方面認為和平協定應包含台灣的對等外交空間在內，當時的行政院大陸委員會主任委員張京育於一九九七年八月十六日表示：「兩年來李登輝總統及連戰副總統一再呼籲恢復兩岸協商，目前兩岸關係漸驅緩和，我方樂見中共隨時派人前來討論政治性談判的先期作業；而政治性談判最優先的應是談解除敵對狀態，簽署和平協定，談判不拘過去形式，可由官方直接接觸，簽署者應是比海基會更高層及的政府代表。重要的是，和平協議中必須承認我方具有對等的外交空間。」雖然事隔久遠，但是對於談判的規劃腹案，張京育當時的主張仍然很難被忽視，他所提到的「討論政治性談判的先期作業」、「談解除敵對狀態，簽署和平協定」、「談判不拘過去形式，可由官方直接接觸」、「簽署者應是比海基會更高層級的政府代表」、「和平協議中必須承認我方具有對等的外交空間」。

---

① 另外當時還提到「對於三不政策的改變（及開放三通），依照國統綱領以進入中期階段，中進程階段沒有一定的時間，端賴雙方互動，快則一、兩年，慢則五至十年，目前還難以確定。」，參閱中央日報，1991 年 3 月 2 日，第二版。後來，台灣方面在「依法行政」的嚴格要求下，要進行通航不僅是需要先修改兩岸人民關係條例的現行相關條文，陳水扁擔任總統时期表明要繼續維持國統綱領，是則根據國統綱領，兩岸也必須要簽署和平協定才能進入「第二階段」，開始進行三通。因此，在台灣方面的現行政策中，「和平協定」是一個先於「三通」的前提，但是現在這個問題已經不存在，國統綱領 的「程序障礙」竟然已在過去陳水扁執政期間意外被卻除了。

（二）「兩岸和平協定」應該要取得最高層次的「憲法位階」

其後，一九九二年時任總統府副秘書長兼發言人的邱進益先生，也提出相似主張，但名稱則由郝柏村院長所提的「停戰協議」改稱為「和平協定」[①]，並一直在台灣方面被沿用至今；雖然邱進益強調這是「個人的」[②]看法，但這項「兩岸簽署和平協定」的看法，一直是其後至今台灣執政當局再三所提及的，目前看來也已經是兩岸雙方共同接受的用詞。邱進益的看法見諸報端之後不久，大陸方面即由當時的國家主席楊尚昆出面拒絕，楊尚昆稱：「簽定互不侵犯條約，將等於承認兩個政府；中共不接受兩個政府的談判，只能由兩黨談判，因為『中央政府在北京』。」[③] 大陸學者陳孔立指出這個提議被拒絕的關鍵是：「提出了要中共視對方為對等政治實體的要求！」[④]但是，當時台灣朝野立委的反應相當熱烈，一個在立法院舉辦的「兩岸簽署和平協定評估公聽會」中，包括時任立法委員的陳水扁、康寧祥等人也提出了許多版本的「中華民國與中華人民共和國關係基礎條約」。[⑤] 綜上所述，海峽兩岸、台灣朝野的爭點全在於兩岸和平協定的簽署雙方當事人的身分、地位問題。

東西德和平統一的經驗一直對台灣有深刻影響，尤其兩德統一前，在一九七二年十二月二十一日所簽訂的「基礎條約」及其他多項國際條約，經常在相關的討論中被提及。[⑥] 證諸後來台灣在這項議題的說法，都一直是用與歷次辜汪會談、海協會與海基會所訂定的各項協定一致的「協議」一辭，而不是「條約」，這是大陸方面不可能接受的「締結國與國之間的條約」，這

---

① 《中央日報》，1992 年 5 月 11 日，第一版。

② 邱先生當時「個人的」看法要點摘錄（略）

③ 中央社（台北），1992 年 5 月 31 日，新聞稿。

④ 中央社（台北），1992 年 6 月 17 日，新聞稿；當時，陳孔立先生為廈門大學台灣研究所所長。

⑤ 該公聽會的會議記錄，見黃主文著，《一個分裂的中國》，桃園：世紀出版社，1992 年 8 月 1 日，初版，第 113－171 頁。

⑥ 例如：蔡政文教授所撰寫的〈東西德經驗與兩岸的將來〉，載於《問題與研究》，第 34 卷，第 2 期（1995 年 2 月），第 50－63 頁。蔡教授望重士林，一直是為眾所周知的台灣決策當局所倚重的諮詢幕僚之一。

應該是大陸方面不可能妥協的底線的。[1] 用非「條約」的「協議」或「協定」等名辭應可為中國大陸所接受，本文亦依此而以「兩岸和平協定」為名。[2] 對台灣方面而言，未來「兩岸和平協定」還必須取得更高於「送立法院備查」的「法規位階（協議）」的法律位階，即使是經過公投，也只是啟動「創制」的程序，最終取得「立法院通過」的「法律位階」。為能凝聚台灣內部的高度共識，「兩岸和平協定」應該要取得最高層次的「憲法位階」；觀察「兩岸和平協定」的內容可能仍是「綱領性」、「框架性」的，所以「兩岸和平協定」入憲以後，取得了憲法法源基礎，行政部門才能據以推動衍生的相關法律草案草擬與推動立法工作，並在實務層面的執行，而不管台灣將來發生幾次政黨輪替，「兩岸和平協定」具有憲法位階的合法性，在剛性憲法的增修程序規定下，甚難撼動。

（三）「和平原則（台海安全）」是台灣歷屆政府處理兩岸關係的根本原則

從台灣方面歷任總統的多次講話內容可以看出，「和平原則」是台灣處理兩岸關係的根本原則；台灣方面決定放棄以武力作為解決兩岸關係的手段，而台海安全則是最重要的考量。

江澤民早在一九九五年一月卅日提出「為促進祖國統一大業的完成而繼續奮鬥」講話，建議兩岸就「正式結束敵對狀態，逐步實現和平統一」（「江八點」的第三點）進行談判之後，李總統登輝先生一九九五年四月八日在主持國家統一委員會第十次全體委員會議致詞時，曾經提出著名的「李六條」，其中除了重申他在第八任總統就職演講時所提出的，「當此全人類都在祈求和平、謀求和解的時刻，所有中國人也應共謀以和平與民主的方式，達成國家統一的共同目標」；為了「匯集國人的智慧，發揮我們的特長，以積極務實的作為，掌握民心的歸趨，主導兩岸關係的發展，早日達成國家統一的目標」。當時，台灣第一次直接民選出來的政府在「國家統一」的基本立場是「首應尊重台灣地區人民的權益並維護其安全與福祉，在理性、和

① 《人民日報》，1978 年 12 月 18 日。
② 兩岸迄今所達成的「協議」，均以「協議」為名。

平、對等、互惠的原則下，分階段逐步達成。」① 此後的一九九八年七月二十二日，李登輝以總統身分主持國家統一委員會第十三次委員會議、一九九九年三月，國家統一委員會第十四次會議都反覆重申了類似觀點。另外，台灣方面官方對此事的著重點：「一、兩岸和平協定的簽署，必需在雙方捐棄敵意，並體現對等與共存共榮關係下進行才有意義。而兩岸關係要持續發展，必須是互動的，徒有我方單方面的善意與誠意，並無法促進雙方關係的改善。兩岸現狀及未來協商或談判，必須在相互尊重，對等情況下才有辦法順利進行。政府對於兩岸和平協定的規劃以『和平』為基調，並朝『開放式』的設計，俾容納國內不同的意見，以隨時因應兩岸情勢變化，研擬較具體可行的方案。二、維護台海局勢的和諧與安定，對我們的安全與福祉可提供最有利的保障。因此，面對中共所製造出來的惡劣氣氛，我們一方面除應展現最大的耐心與誠意，俾使兩岸關係趨向和緩，並朝良性發展外；另一方面則繼續凝聚國內共識、鞏固國防力量，這才是當前處理兩岸關係的正確作法。」②

在兩千年台灣大選期間，連戰公開表示，中共的一中白皮書在台灣與世界各地引起強烈反應，因為中共試圖在總統大選前夕，威脅台灣人民的安全。他認為要解決兩岸紛爭與衝突，可以歸納出四點原則：「相互尊重原則(連戰以「中華人民共和國」稱呼大陸，表示 PRC 雖有廣大的領土與人口優勢，且為全球多數國家所承認，但 ROC 也是一個成功的國家，這是有根據的事實，因此中共單方面的統一構想，如「一國兩制」，並非推動統一的公平與妥適的方式。)」、「良性循環的原則（連戰表示，海峽兩岸存有許多歧見，例如雙方對所謂的「一個中國」原則有不同的定義，為解決問題，他建議雙方擱置爭議，以便解決彼此關切的議題，例如：迫切的三通問題，雙方或可發現，經由此良性循環的過程，可逐步建立互信與了解，以利未來解決更棘手的問題。)」、「和平原則（連戰重申，雙方朝簽署和平協定的方向努

① 國家發展會議籌備委員會（議題承辦機關：行政院大陸委員會），國家發展會議「兩岸關係」議題專題研究報告，一九九六年十二月，第 18－19 頁。

② 行政院大陸委員會對第三屆國民大會第一次會議國大代表劉孟昌先生國是建言辦理情形彙復表中所列之「辦理情形」，行政院大陸委員會一九九七年一月三日，（86）陸企字第 8517375 號函。

力，成立台海和平區及兩岸軍事互信的機制，包括雙方領導人『熱線』的設立。台海曾數度成為潛在火藥庫，令許多國家感到憂慮，他認為此一發展實在不幸，在進入新世紀之初，他希望雙方的領導人與人民應有智慧與決心拋開戰爭的陰影。)」、「定期的公開交流（礙於雙方現存的歧見，海基會與海協會有一段時間不能執行既定的任務，他期盼此一交流管道能再度啟動，因此在當選後，他將邀請海協會長汪道涵訪台，再促成兩岸政府領導人互訪，藉以安排定期的高峰會議。)」①

兩千年三月十八日當天晚上，陳水扁代表民進黨當選中華民國第十任總統，陳總統發表當選感言時說：「台海的和平與穩定，是雙方人民共同的期待。未來，我們願意以最大的善意與決心，進行全方位、建設性的溝通與對話。在確保國家安全與人民利益的前提之下，我們願意就兩岸直接通航、通商、投資、和平協定、軍事互信機制等各項議題進行協商。我們也誠摯的歡迎江澤民先生、朱鎔基先生以及汪道涵先生能夠來台灣訪問。阿扁與呂秀蓮也願意在就職之前，前往中國大陸進行和解與溝通之旅。我們相信雙方的領導人均能為彼此關係未來的良性發展，竭盡智慧與勇氣，邁向『善意和解、積極合作、永久和平』的永久目標。」可見，關於「和平協定」、「軍事互信機制」等各項議題進行協商，仍是陳水扁、民進黨執政之初關切的重中之重。②

綜上所述，台灣方面強調「在現實基礎上，協商並簽署兩岸和平協定，結束敵對狀態」；大陸方面則強調兩岸應討論「正式結束敵對狀態，逐步實現和平統一」問題，先談「一個中國原則下正式結束兩岸敵對狀態」，就政治談判議題、代表名義、方式等程序性問題進行商談。儘管兩岸各有自己的堅持，兩岸雙方到目前為止仍然都一致地表達了「談判」與「維護和平」的意願。這兩任總統之後，中國國民黨在連戰擔任黨主席後與胡錦濤達成

---

① 〈連戰籲擱置一個中國爭議〉，《工商時報》，2000 年 3 月 17 日，資料來源：http：//andy-want. chinatimes. com. tw/scripts/chinatimes/iscstext. exe? DB = ChinaTimes&Functi on = ListDoc&From = 20&Single = 1。

② 陳水扁先生於 2000 年 3 月 18 日，以 4，977，737 票，當選第二任民選總統後所發表的當選感言。資料來源：http：//home. pchome. com. tw/art/takuya_ kimura/abian/abian. htm。

「五點共同願景」，之後的2005年7月，馬英九當選國民黨主席，旋即在國民黨的十七全將「五點共同願景」列為中國國民黨的政綱，國共論壇繼續的多次交流，「兩岸和平協定」已是國共兩黨的共同主張，馬英九從競選期間至今對於兩岸結束敵對狀態、簽訂和平協定的問題也反覆多次重申。最近，馬英九接受外國媒體專訪時表示，願努力「在任期內」完成與北京簽署和平協定。①

四、兩岸和平協定應以「信心建立措施」為核心

（一）「衝突預防」累積互信

過去十多年來，台灣方面有關「信心建立措施」的討論已經越來越多。聯合國秘書長在1990年的「防禦性安全概念及其政策研究」報告中指出，「信心建立措施」的方式可分為五種：

1. 資訊性措施：各國家加強軍事資訊（指揮體係、兵力部署、武器系統、國防預算、軍事採購）的公佈與交換，以化解鄰國的猜忌與敵意。

2. 溝通性措施：軍事互信機制最早可溯及1963年美國與蘇聯之間建立的「熱線」制度，藉由白宮與克里姆林宮之間專線電話的聯絡，兩國領袖得以直接建立聯絡溝通管道，化解彼此歧見，減少因誤解而副生之危機。

3. 接觸性措施：直接建立管道，鄰國得以直接觀察演習，或當場查證軍事活動。

4. 通知性措施：相關軍事活動訊息提前宣佈，鄰近國家得以因應準備。

5. 限制性措施：將軍事活動與演習的規模、次數與時間加以限制，以降低衝突的可能性。

---

① 馬英九接受印度《印度暨全球事務》季刊專訪，在被問到能否在任期內達成讓中國撤除對台灣部署的近千枚飛彈等兩岸政策時，馬英九表示，台灣與大陸建立軍事互信機制或和平協定沒有時間表，這些問題的協商與解決皆非短期內可達成，「但我願努力在任期內儘量完成。」，參閱《自由時報》，2009年10月19日，下載日期：2009年12月2日，http：//www. libertytimes. com. tw/2008/new/oct/19/today－fo3. htm。

這些形成一個新的「衝突預防」研究領域，愈來愈多國家和機構正視之為外交和衡量國外援助的重心。現階段兩岸關係發展的重點應該是在建構「兩岸和平協定」，在多項「信心建立措施」（Confidence Building Measures, CBMs）① 中互動，藉由「資訊性措施」、「溝通性措施」、「接觸性措施」、「通知性措施」和「限制性措施」等來增加「台海安全」、「和平發展」的互信，這些措施將可以成為進一步「未來兩岸整和或一個中國之談判」的基礎，「兩岸和平協定」的可能內容。②

（二）「兩岸和平協定」之目的單純化

「兩岸和平協定」應以「信心建立措施」為核心，目的在於「結束兩岸敵對狀態」的「兩岸和平協定」不會跳躍式地成為一個「統一協定」；但是，「兩岸和平協定」以「信心建立措施」為核心，長期和平發展兩岸關係，積累互信，「兩岸和平協定」會使一個未來的「統一協定」成為可能。

大陸方面的政學界越來越多過於樂觀估計牽涉到美國、兩岸三方關係現實的意見，意欲將「兩岸和平協定」與「統一協定」兩者混為一談，其實「兩岸和平協定」只是完成「結束敵對狀態」的兩岸關係階段性發展，從「結束敵對狀態」到「統一」必定還有一個長遠的過程。對台灣方面而言，試圖將「兩岸和平協定」同時乘載過多的「統一（例如：『兩岸同屬一中』

---

① 參閱聯合國秘書長亦於1990年〈防禦性安全概念及其政策研究〉報告，時任聯合國秘書長的安南表示，國際社會應該從「反應的文化」轉為「預防的文化（The international community needed to move "from a culture of reaction to a culture of prevention"）」，參閱 Secretary – General Kofi Annan said this afternoon in an open Security Council debate on the prevention of armed conflict. [29Nov1999] SC/6759: SECRETARY – GENERAL SAYS GLOBAL EFFORT AGAINST ARMED CONFLICT NEEDS CHANGE FROM 'CULTURE OF REACTIONT TO CULTURE OF PREVENTION'，資料來源：http://srch1. un. org/pl-web – cgi/fastweb? state_ id = 961338170&view = unsearch&docrank = 74&numhitsfound = 384&query = confidences% 20building% 20measures&&docid = 102&docdb = screports&dbname = web&starthit = 75&sorting = BYRELEVANCE&operator = adj&TemplateName = hitlist. tmpl&setCookie = 1。

② 例如：撤除飛彈、美國對台軍售、外交休兵（就現有的邦交國家數量凍結）、WHA 應該不能滿足台灣民意對「外交空間」的需求、外交動態變化協調通報等。另外，兩岸共同出資成立暫時名為「兩岸和平發展基金」，考慮納入適當比例外資，共同管理投入兩岸基礎交通、農村復興、貨幣物流、教育交流、學術研究和共同投資開發第三世界國家能源。智庫交流，針對兩岸貿易磨擦、人民幣幣值升降、產業對接、產業延伸共同開拓市場、銀行與銀行之間來進行人民幣清算機制等具體問題提出建議等等。

法制化)」或是其他目的，都會讓「結束敵對狀態」的「兩岸和平協定」，因為「吃緊弄破碗」而使這個推進兩岸關係和平發展階段性重要進展的努力成為泡影。

兩岸在「九二共識」的基礎所研議的「兩岸和平協定」這種在台灣具有法律位階與拘束力的文件上一次到位地寫下「一個中國」的原則，勢將無法繞過兩岸雙方、台灣朝野多年來的爭議，未能「先易後難」，恐怕不盡適當。除了「九二共識」之外，「兩岸和平協定」從研議伊始就必須保證目的單純化，故本文所試擬草案於此先暫時將「一個中國」之爭議予以擱置，以免使「兩岸和平協定」的研議、簽署，橫生枝節。所以，雙方理當首先透過政學界在幾輪學術性場合公開討論「兩岸和平協定」的各自先行草擬的一份理想中的協定內容，再行透過制度化協商管道，甚至提升到官方層級的對話進行「政治談判的預備性磋商」，交換彼此意見，以建立協定的架構之共識。總結第二次世界大戰至今超過五十年的兩岸關係，台海和平的基礎首重於「台海兩岸的軍備管制」，而「軍備管制」的實行主要的目地是在減少彼此的敵對衝突發生的可能性，以避免戰爭危機的發生。故以「信心建立措施」中的「限制性措施」，也就是「軍備管制」為首要內容的「兩岸和平協定」，應較諸過去曾見過的「兩岸共同防禦南海協定」、香港回歸模式的訂立「台灣基本法」的設想，在兩岸與台灣的政治現實上方有被考慮的價值。

（三）威脅台海和平的一些可能因素

第二次政黨輪替以後，威脅台海和平的一些可能因素仍然存在，分述如下：

1. 意外可能性：因兩岸領導人互信上、技術上、情報及其判斷上等錯誤而引致戰戰爭的突然爆發，尤其是大陸方面政治權力移轉欠缺制度化運作機制，在一些歷史的情況中，曾經發生過動亂，如此或將使得因意外而導致錯誤的可能性升高；反之，在台灣任何一個政黨長期執政的可能性越來越低，目前國共之間的「黨對黨」對話關係可以爲兩岸關係起到支撐力量，未來政黨輪替終究會是常態，如何正確評估對方內部政情，並使台海雙方溝通管道明確暢通，應為「兩岸和平協定」研議之首要列入考慮的課題。

2. 戰爭可能性：由於參加信心建立措施的兩岸，皆具有發動戰爭之能力與傾向，台灣在台海防衛實力藉由美國對台軍售不斷提昇，國際輿論始終高度肯定台灣民主化成就等因素，台灣擁有「軟實力」、「巧實力」，過去至今大陸方面始終不放棄武力解決台灣問題、多次進行持續性的軍演，台灣基層社會對此負面情緒極高；但是，國際政局已逐漸走向和平、區域整合之勢，台海兩岸應逐步地和對方討論軍備管制問題，以使有用的資源用於國家目標之實現，讓兩岸關係歸於和平發展。

3. 戰爭願望性：指故意而非意外性的戰爭，在雙方擁有良好的積極防衛能力（例如：反彈道飛彈能力），或消極的能力防衛（例如：堅固地下掩體、國際軍事奧援），以及其先發制人的能力時，類此因素便更加大戰爭的願望。目前，大陸方面在中國崛起後更有實力在區域與國際事務上展現實力，南海問題很難與台海問題完全切割之下，無人樂見複雜性、不確定性提高。

4. 戰爭接受力：當一方發動戰爭時，另一方具有接受戰爭的傾向與能力，以作為其達成國家目標的必要代價。台灣目前沒有任何承受戰爭的社會人心，除了減少戰爭危機外，信心建立措施能協助台灣與大陸同時在外交上達到國際政治上的目標（提升國際形象、威望或迎合國際政治現勢以換得利益條件）或達到加強經濟發展、民主政治等國內目標。當然，潛在性的效用，諸如鼓勵進一步的其他協定（政治或軍事）、減輕戰爭爆發下的破壞程度等等，亦為考量條件之一。

（四）試擬兩岸和平協定之基本條款

茲試擬兩岸和平協定之具體基本條款如下①

① 參閱包宗和，「推動兩岸和平協定應有的立場與架構」，《政策》月刊，第17期，1996年06月1日。

條文編號	試擬具體之基本條款	說明
前言	台灣地區和大陸地區雙方當局，依據中華人民共和憲法、中華民國憲法本文前言暨增修條文前言與第十一條之規定，為以下目的訂定兩岸和平協定（以下簡稱本協定），並願誠意遵守：	一、兩岸和平協定雙方當事人以「台灣地區」和「大陸地區」雙方當局互稱對方。 二、明列法源依據為「依據中華人民共和憲法、中華民國憲法本文前言暨增修條文前言與第十一條之規定」所訂定。
	一、海峽兩岸為維持現狀與和平發展，換取未來二十年國家整合之可能，改善彼此關係和增加互信與了解，尋求避免危險的軍事活動及引發武力衝突事件，藉此雙方正式宣布終止敵對狀態，並放棄以武力解決雙方一切爭端。	一、「海峽兩岸為維持和平與現狀，換取未來二十年國家整合之可能」的用語，除了避免在「一個中國」的定義上爭議不休，但因為雙方已有追求「維持現狀，國家整合」的共識在先，故在解釋上，認為上述共識下彼此願意放棄使用武力。 二、這與所謂「中國統一的時間表」不同之處，在於雖定有一定期限，保障了一段時間的海峽和平，當然有助於「中國統一」；但是，「未來二十年」意味著本協定唯一項具有「期限」的協定，將來「期限」屆滿將需換約，根據新的現實另議新協定。
	二、海峽兩岸依九二共識追求民族和解，以解決所有偶發、不可抗力因素所可能導致危險衝突的軍事事件，全力阻止臺海兩岸發生任何全面或局部衝突的戰爭或武力衝突，並停止一切破壞顛覆等不友善行為，和平發展兩岸關係。	一、為求避免「一個中國各自表述」，或是「各自表述一個中國」的無止境爭議，藉此「一個中國，各自『不表述』其內容」的文字安排，和平協定內容中以「依九二共識追求民族和解」的精神進一步保障同時居住在台海兩岸中國人之間的和平。 二、簽署和平協定固然並不能保證衝突不再發生，但至少可加重雙方訴諸武力的顧忌，同時也可藉此表現出對對方的一些善意。 三、將「和平發展兩岸關係」這項兩岸雙方的一致用語載於前言中，故另於協定前言中加入「誠意遵守」的字句，以強化協議的可信度與公信力。

條文編號	試擬具體之基本條款	說明
第一條 （名詞定義）	本協定中所使用之下列名詞，其意義如左： 一、軍事武力：指包含兩岸一切的陸軍、海軍、海軍陸戰隊及空軍等軍事人員及其所使用之軍事設備，亦含台灣地區的海岸巡防署及警察，大陸地區的非正規軍隊之民兵、武警及公安等相關單位。 二、軍事人員：包括現役軍人及兩岸當局所僱用從事與軍事有關工作或於第一款所列舉相關單位中任職之個人、法人或團體。 三、軍事設備：包含船艦（包括水面上、下之作戰艦艇、船隻）、飛機（包括作戰飛機及任何指定軍事用途之航空、飛彈和地面上作戰武力所使用之所有各式硬體設備及人造衛星等）。 四、緩衝中間地帶：由兩岸政府於兩岸當面地區，決定某區域為一軍事緩衝區，在此區域內，兩岸的軍事布署和活動，均應經由事先的調度與管制。 五、視察暨仲裁委員會：由兩岸當局指派的官方人員、中立的民間團體或雙方學者專家、海外華僑等組成，以定期或不定期方式，來往或常駐兩岸所協定的軍事緩衝區中對其中之設施、人員及其佈署進行視察，並對兩岸任何一方的違反協定，實施仲裁。	

條文編號	試擬具體之基本條款	說明
第二條	兩岸當局互不侵犯對方所轄土地及其空域與海域、互不干預對方內部事務，並應避免一切可能引致破壞和平的軍事活動，包括於靠近台灣海峽兩岸的任何軍事演習、對另一方指揮及管制系統及網路的干擾、派遣軍事人員的滲透、顛覆及其他以軍事武力入侵另一方領域之一切行為。	一、基於「主權分享」的原則，大陸方面和台灣方面分別承認各自所有效管轄的現有領土範圍。兩岸由於非屬國際關係，故協定中有關「領土」的用語均以「所轄土地」代之。 二、「限制性措施」之宣示與概括規定。
第三條	為避免兩岸持續進行軍事對峙，由大陸地區之沿海和台灣地區之金門、馬祖之當面起，至浙江省南部、福建省、廣東省北部等內陸五百公里，劃定緩衝中間地帶；在此緩衝中間地帶內，兩岸當局得對彼此的軍事武力、設備及人員之數量及所有軍事活動等，進行協調管制。	一、劃定「緩衝中間地帶」，此為「限制性措施」之列舉規定，目的在於軍備管制、軍事活動與演習的規模、次數與時間加以限制，以降低衝突的可能性。 二、一九九〇年五月二十二日，李登輝的第八任總統就職記者會中說：希望中共能在台灣申請加入 GATT 方面給予善意的回應，並且從福建沿海撤兵三百公里。一般評論以為此說在政治意義上應遠勝於軍事意義，具有「台海非軍事化」的隱含安定功能。（相關報導、評論見<u>聯合報</u>，1990 年 5 月 23 日，第 3 版）。 三、和平協定的主要內容以「軍備管制」議題為主，雙方明言放棄對對方使用武力，規範在台海及附近海域之兵力佈署。 四、唯鑑於台灣本島欠缺戰略縱深，加諸與金、馬、澎湖有一水之隔，故不能同意從金馬南海諸島撤軍，以免破壞台海均勢。

條文編號	試擬具體之基本條款	說明
第四條	為避免對兩岸人民生命、身體、財產造成毀滅性永久傷害，兩岸當局應互相保證永久不率先使用核子武器、生物化學武器及中子彈攻擊對方。	一、兩岸當局相互保證永久「不率先」使用核生化武器攻擊對方。 二、台灣海峽非核武化為東亞西太平洋地區區域安全與穩定邁開重要一步。
第五條	兩岸當局應逐步按一定比例或數量裁減南京軍區、廣州軍區、濟南軍區和金馬地區之飛彈等軍事武力、設備與人員，以維持台海軍事均勢。（第一項） 兩岸當局在第一項的基礎上，應逐年逐步按一定比例，在一定時間裁減國防預算至一定標準為止。（第二項）	一、裁減軍事武力，此為「限制性措施」之列舉規定。 二、裁減軍事武力以「撤彈」與「維持台海軍事均勢」為標準。
第六條	台灣地區和大陸地區南京軍區、廣州軍區、濟南軍區之軍事武力、設備及人員，包含軍事人員結構、軍事設備數量與布署，應維持公開既定的標準，任何因急遽的兵力改變或擴增，可能引起對方的疑慮者，應予絕對避免。	一、兩岸雙方加強軍事資訊公開，化解猜忌與敵意，此為兼具「溝通性措施」性質的「資訊性措施」之列舉。 二、相關軍事活動訊息提前宣佈，對方得以因應準備。
第七條	為避免情報判斷錯誤或偶發性事件所導致的軍事衝突，兩岸當局領導人得裝置「熱線」，以利即時溝通，避免戰爭的發生。（第一項） 為增加彼此的了解與互信，兩岸當局應定期或不定期舉行裁軍座談會，對任何彼此軍事上的疑慮、偶發的軍事事件，或其他重要之應討論的軍事性問題，進行溝通。（第二項）	一、建立的「熱線」制度，藉由兩岸雙方最高領導人之間專線電話的聯絡，領袖直接建立聯絡溝通管道，化解歧見、誤解與危機。 二、雙方軍事防衛人員的定期或不定期溝通平的建立。 三、本條為「溝通性措施」之列舉。

條文編號	試擬具體之基本條款	說明
第八條	兩岸當局共同設置視察暨仲裁委員會，對本協定所規範兩岸當局應遵守的事項，進行考察與驗證，以處置兩岸當局違反本協定之事宜。(第一項) 兩岸當局得以人造衛星偵察對方之結果，對彼此所共同規範的緩衝中間地帶之軍事武力及其爭議，進行視察與仲裁。(第二項) 為處理平常非軍事性之的漁事糾紛、偷渡、走私、遣返等的偶發事件引發軍事衝突，另由兩岸當局共同成立衝突防範機構處理之。（第三項）	一、「視察暨仲裁委員會」係由兩岸當局共同設置，兩岸雙方得以直接觀察彼此演習或當場查證軍事活動。 三、非軍事性事件引發軍事衝突的避免，另行設置專責機構。 三、本條為「接觸性措施」、「通知性措施」之列舉。
第九條	本協定之訂定，應在尊重兩岸當局立場及準用國際法的原則下進行，並不得影響兩岸當局各自與其他政治實體之關係及其統治權所及範圍內行使治權行為。	一、明定兩岸關係「準用」國際法原則處理協定衍生之問題。 二、互不干涉對方內政。
第十條	本協定自雙方各自均完成法定程序後，經雙方代表同時公布後，開始生效，有效期限二十年。如有任何一方不願續約時，應於協定中止前三年告知對方。	一、台灣方面可能有「公投」、「入憲」的政治需要。 二、協定定有期限，試擬以二十年為期。過去，時任陸委會主委的蘇起引述當時蕭萬長院長曾說，「兩岸有協議比沒有協議好，多協議比少協議好，簽署協議愈多，兩岸關係愈穩定，如果想以『一次性協議』涵蓋兩岸的問題，意圖一步跳到中程，或如李侃如建議兩岸維持『五十年不變』，這根本是緣木求魚的想法。他說，兩岸互信不足，不要好高騖遠，唯有信守並履行現有談判協議，建立互信，屆時簽署『一次性協議』比較可能。」（中國時報，1999 年 5 月 1 日，焦點新聞版）。

五、結論（略）

（会议论文，原文印发，文中用语和观点系作者个人意见）

南台灣大學生對兩岸關係認知態度之研究

晏揚清* 王天津**

壹、前言

台灣海峽阻隔了台灣與大陸的連結，中國古代方士雖早就到過台灣，但僅止於探查而已。中國歷代各個政權並未考慮到統治的問題。③ 大概認為相對於大陸而言，此處只是一個偏處東南一隅孤懸海上的一個小島而已；兼以數千年來佔有大陸的統治者均認為「普天之下莫非王土，率土之濱莫非王臣」，其以君臨天下，四海八荒再無統治者，因此，不甚重視。直到南明，鄭成功父子以之為根據地，成功對抗大陸的中央統治者，台灣的地位方才引起內陸大一統政權掌握者的注意。即使如此，以消滅明朝的康熙皇帝仍言：「台灣屬海外地方，無甚關係；因從未響化，肆行騷擾濱海居民迄無寧日，故興師進剿。即台灣未順，亦不足為治道之缺，…台灣僅彈丸之地，得之無所加，不得無所損。」「…海外丸泥，不足為中國之廣，裸體文身，不足共守。日費天府金錢而無益，不如徙其人而空其地矣。」④

---

* 作者簡介：晏扬清，台灣義守大學財金系副教授。

** 作者簡介：王天津，高雄應用科技大學國際企業系教授。

③ 《後漢書・東夷傳》，《三國志・吳志》，均有夷州之載，指據今之台灣。見蘇繼廎，《島夷誌略校譯》，（北京，中華書局，2009 重印），頁 18。

④ 《清聖祖實錄選輯》，轉引自李筱峰著，《台灣史 100 件大事（上）》，（台北，玉山社出版，1999），頁 45。

殆至近代，西洋人荷、西分別入據台灣，並以之為與中國交涉之前進基地，清政府始漸重視。一八九五年，老大的中國天朝遭受到來自新時代的東方蕞爾小國——日本的挑戰與衝擊，甲午戰敗，馬關議和，台灣這個海外彈丸之地被清政府「割讓」給日本，從此展開了現代台灣與大陸錯綜複雜的關係。一方面，許多台灣人不甘心受治於倭人，而紛紛內渡大陸；另一方面，又有人企圖以自己的力量強要脫離外來（包括大陸的清政府及日本政府）政權的統治。經過日本五十年的統治，在其有計劃的殖民策略下，又培養出另一批心向日本的台灣人。一九四五年第二次世界大戰結束，日本放棄在台灣的權利，台灣重又入於中國。不過不及數載，因為國共內戰，一九四九年國民黨代表的中華民國政府在台灣建立政權，而共產黨則宣布在大陸另建政權。隨著國際政治的發展，台灣海峽兩岸兩個政府分別治裡各自的「領土」，同時又分別主張大陸與台灣是不能分割的領土。

自一九四九年迄今已六十年，這一甲子的歲月裡，前半段海峽兩岸經歷嚴峻的軍事對峙，及在國際間互爭正統的外交零和戰爭，而又在各自的內部經歷不同的發展道路，致使兩岸的距離愈行愈遠。一九七八年，大陸在總設計師鄧小平的領導下，一改過去以政治為主的國內發展道路，展開一系列的改革，把經濟擺到政治之前，同時降低兩岸之間的緊張關係。十年之後，台灣地區在經濟發展取得重大成就後，在蔣經國的主導下，解除行之四十年的戒嚴，並隨之進行政治改革，同時開放四十年的禁錮，讓老兵回大陸探親；此後兩岸關係的發展如春江水暖，日趨和緩。

不過，台灣地區在李登輝執政的後期，以台灣主體性之不能失落而提出戒急用忍政策，試圖剎住正熱烈的台商赴大陸投資潮，其後更進而提出「兩國論」。到陳水扁執政時期，他首先否認「九二共識」的存在（2001. 11. 02），進而提出「一邊一國」（2002. 08. 03），其後更搞「外館正名、國營事業正名」（2004. 12. 05），2006 年甚而廢棄僅具有象徵意義的「國統綱領」（03. 14），2007 年中以後更是如火如荼的在全台灣推動「入聯公投」。李登輝及陳水扁在十年間的一系列舉措，使得表面已和緩的兩岸關係，實際潛藏危機的暗潮洶湧。

二○○八年，台灣地區的政治又有重大轉變，年初，國民黨首先在立法委員的選舉上大獲全勝，過了二個月後又乘勝追擊，馬英九一舉擊敗謝長廷，而在總統選舉中脫穎而出。這兩次的選舉勝利，使得過去數年陰霾罩頂的兩岸關係倏忽如雨過天青，一片光明，正所謂是「歷史機遇期」。事實上自馬英九上任後，停止十餘年的海基會——海協會兩會立刻恢復會談，在國際社會上採取外交休兵，這一連串的措施，使得劍拔弩張的兩岸關係，重又恢復正常。

不可否認，做為大陸大國的中國，中央統治者並不是這麼重視海疆，尤以台灣相對於九州大陸而言，實在是"彈丸之地"。為此，雖然千百年來有許多方土造訪台灣，而東南沿海各省亦有入台墾殖、貿易者，但終究還是不能引起大陸"中央政府"的興趣。故自台灣之開發迄今，"台灣"的這個概念具有相當的自我意識，而有別於中國。而中國近代的悲慘對外歷史，使"台灣人"更往"台灣意識"傾斜。

今日的中國，由於在國際社會上已經是一個具有相當影響力的大國，她不管是從國內政治或是國際戰略上的考慮，都必須要解決"台灣問題"——也就是統一的問題，尋求台灣納入中國的版圖。然而台灣做為具有獨立自主的國家法人資格，千百年來建立起的台灣自我意識，使得統一並不是那麼容易的事。

盡管台灣目前是由國民黨的馬英九執政，一般認為他們將比較傾向台灣與中國統一的立場。不過自馬英九上任以來，多次重申"不統、不獨、不武"的三不立場，同時又強調，人民不想統一，不能強迫他們統一。① 因此今日欲談中國統一者，則不能不尋求民心之向背，而民心向背，必以科學方法探究之。

貳、研究動機

為了探求民意的趨向，問卷調查統計往往是政府或是研究者採取的最有效工具。兩岸關係這個議題，因為牽涉到國家主權，全體台灣人民的利益，

① 參閱 2008. 7. 15《聯合報》A14 版。

甚至國際關係的穩定，因此可以說是一個當前及影響我國未來發展最重要的議題。為此，目前政府把這個問題當作首要的施政目標之一，而研究者，甚至一般人民也應該都重視這個問題。

有鑑於此，我國的大陸委員會為了制定政策的需要，對人民在兩岸關係的態度及看法上長期持續不斷的對其間現狀的各種問題（如外交、統獨、民眾的認知、大陸政策等）、交流衍生的問題（如直航、經貿協議、走私等）、重大事件立即處理問題（如張銘清事件、三聚氰氨事件、貓熊來台、天災等）等等諸種問題，或委託學術研究機構、或專業民意調查機構，從事民意調查以尋求瞭解人民的態度，作為制定適當或調整政策之依據。此外，民間基於報導（如各種傳播媒體）的需要，政黨為了政治需要，學者為了理論興趣的需要，也都對兩岸的問題做出各種各樣的民意調查。根據大陸委員會的統計，2008 年一整年，有關兩岸問題的相關民意調查總共有 108 項之多，2009 年則有 81 項。①

從這些的調查中可以看出主持調查的機構都是非常的專業，而調查的對象則以全台灣地區的民眾做抽樣，這樣嚴謹的調查當然非常有價值而值得政府參考。然而就長期關心兩岸關係及其發展的角度而言，吾人總是覺得意猶未盡而仍有一些研究的空間。

首先，對於這些研究，雖然以全台灣地區的民眾做調查對象，但是吾人不能得知抽樣地區有沒有差別。提出這一個問題的核心乃在於，台灣地區民眾對中國大陸的想像，一般認為南北有別，南台灣的民眾相較於北台灣的民眾兩岸關係的態度上是比較保守而激烈的。造成這個印象的原因，大概與南台灣地區最近一、二十年來皆為民進黨執政有關，同時由於經濟發展，造成傳統產業出走，前往更低成本的大陸發展，以致於勞工失業，很不幸的這些出走的產業很大比例是在南台灣地區。

其次，從調查的資料來看，大多數都註明了以 20 歲以上的民眾為調查對象。但是吾人認為這樣的年齡層範圍太大，無法更精細的探查民意的趨

---

① 參見陸委會網站 http://www.mac.gov.tw/np.asp?ctNode=6331&mp=1，2010 年 5 月 13 日查詢。

向。同時本研究更發現迄今為止，都沒有學者專門針對大學生對於兩岸關係發展的態度的研究。① 吾人認為兩岸關係的發展及演變將是一個長期的過程，現在的大學生未來將要面對或處理這個問題，因此瞭解目前大學生的態度，或可一窺未來發展的趨向。

基於前述兩個原因，本研究乃以南台灣地區的五所大學（台南的立德大學、高雄義守大學、樹德科技大學、實踐大學高雄校區及屏東的美和科技大學）的在學生做為調查的對象，並依據學校的規模，選取適當的學生人數，其抽樣及相關人數資料如表一。

表一：問卷人數統計表

學校、人數、年級	大一生	大二生	大三生	大四生	研究所	在職生
義守大學	48	39	61	65	8	2
立德大學	36	53	39	4	0	0
樹德科大	0	61	100	50	1	1
實踐大學（高雄校區）	18	54	0	1	0	3
美和科大	23	13	6	1	0	0

參、研究方法與限制

（一）研究方法

本研究以「問卷調查表」的方式收集資料，問卷則以封閉式問答方式，使受測者從問卷之問題中送出適合答案。為便於分析，給予每題 1 ~ 5 分之量表。本研究採現場發放、作答、回收之方式進行蒐集問卷資料，總共發出 900 份，回收 780 份，扣除 93 份無效問卷，有效問卷計有 687 份。

本研究所設計的問題，參考了陸委會及其他民意調查機構所做過調查的問題，加以綜合整理，而分成七大問題②。其中第一大題有關於對兩岸當前

① 從網路上查詢全國期刊論文，竟然無法查到相關資料。

② 這些題目是 2008、2009 兩年各調查機構向民眾提出的問題綜合而成。參見陸委會網站 http：//www. mac. gov. tw/np. asp? ctNode =6331&mp =1。

問題的整體看法，其中又包括了六個小題；第二大題則是對兩岸交流的看法，其中有包括了八個小題；第三大題是對兩岸協商的態度，其中有包括四小題；第四大題則是問學生大陸對台灣的政策，其中也有四個小題。第五題是問學生對兩岸交流開放速度的看法。第六題是針對兩岸協商的模式。第七題則是針對兩岸的未來發展。

（二）研究限制

本研究問卷發放的對象，僅以初略的概估學校的規模以選取受測學生，並未更精細的計算取樣。同時，也沒有更仔細的區分學生原始居住地，僅以學校處於南台灣，即概括學生亦出身南台灣，為此研究所得容或有所偏差。

肆、資料分析與研究結果

（一）基本資料分析

根據回收的問卷（687 份）統計，各年級人數、性別人數、黨派、認同人數，整理如下：

表二：性別與各年級人數統計表

年級	一	二	三	四	研究所	在職	總和
男 女	84 41	87 133	116 90	93 28	8 1	4 2	392 295
總和	125	220	206	121	9	6	687

表三：性別與黨派認同人數統計表

黨派	泛藍（國、親、新）	泛綠（民、台、建）	無	總和
男	73	35	284	392
女	60	25	210	295
總和	133	60	494	687

(二) 問卷一～四題之「平均數」、「標準差」分析

表四：一～四題每小題之「平均數」、「標準差」

題號	1～1	1～2	1～3	1～4	1～5	1～6	2～1	2～2	2～3	2～4	2～5
平均數	3.48	3.35	3.24	3.20	3.09	2.71	2.66	3.42	3.58	3.76	3.64
標準差	0.850	0.930	0.901	0.986	0.890	1.047	0.856	0.888	0.869	0.792	0.852
題號	2～6	2～7	2～8	3～1	3～2	3～3	3～4	4～1	4～2	4～3	4～4
平均數	3.64	3.07	2.95	3.22	3.76	3.49	3.76	2.88	2.89	3.67	3.15
標準差	0.927	1.047	1.111	0.788	0.883	0.944	0.905	1.002	1.011	0.938	1.135

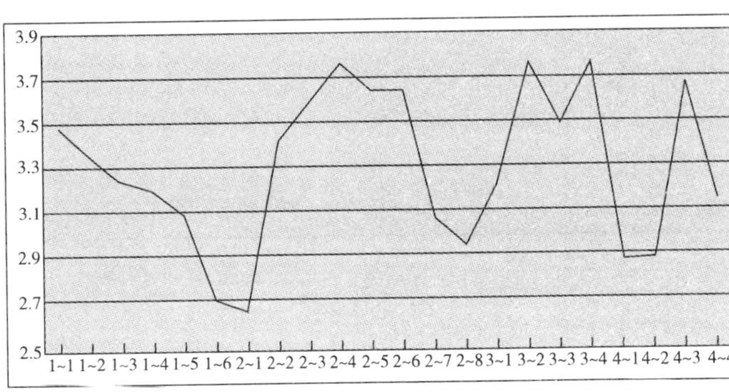

圖一：第一題至第四題之各問項平均數

其中同意度最低之前五項分別為：問項2－1「政府的大陸政策令人滿意」之平均數（2.66）最低，其次為問項1－6「台灣意識就是台獨意識」(2.71)，第3為問項4－1「大陸目前的政策對台灣政府是友善的」(2.88)，第4為問項4－2「大陸目前的政策對台灣人民是友善的」（2.89），第5為問項2－8「開放大陸學生來台有助於台灣的大學發展」(2.95)。

「性別」對第一題至第四題之各問項做T檢定分析，分別為：一、對兩岸關係的整體看法（6題）、二、對兩岸交流的看法（8題）、三、兩岸協商(4題)、四、大陸對台灣的政策（4題）。

表五：「性別」對第一題至第四題之各問項 T 檢定

題號	性別	平均數	標準差	T	顯著性（雙尾）
1～1	1 2	3.55 3.38	0.863 0.823	2.719	0.007＊＊＊
1～2	1 2	3.38 3.32	0.963 0.884	0.905	0.366
1～3	1 2	3.32 3.13	0.889 0.906	2.751	0.006＊＊＊
1～4	1 2	3.26 3.12	1.001 0.962	1.911	0.056＊
1～5	1 2	3.11 3.05	0.927 0.840	0.981	0.327
1～6	1 2	2.65 2.78	1.070 1.014	－1.676	0.094＊
2～1	1 2	2.71 2.59	0.909 0.777	1.824	0.069＊
2～2	1 2	3.47 3.36	0.915 0.848	1.622	0.105
2～3	1 2	3.59 3.56	0.900 0.826	0.359	0.720
2～4	1 2	3.82 3.69	0.808 0.763	2.191	0.029＊＊
2～5	1 2	3.64 3.65	0.900 0.784	－0.290	0.772
2～6	1 2	3.61 3.69	0.982 0.848	－1.062	0.288
2～7	1 2	3.10 3.02	1.066 1.022	1.002	0.317

題號	性別	平均數	標準差	T	顯著性（雙尾）
2～8	1 2	3.02 2.85	1.124 1.087	1.985	0.048＊＊
3～1	1 2	3.21 3.24	0.824 0.738	－0.477	0.634
3～2	1 2	3.75 3.78	0.943 0.796	－0.523	0.601
3～3	1 2	3.46 3.53	0.990 0.880	－0.840	0.401
3～4	1 2	3.78 3.73	0.917 0.889	0.779	0.436
4～1	1 2	2.91 2.84	1.017 0.981	0.830	0.407
4～2	1 2	2.92 2.86	1.045 0.964	0.736	0.462
4～3	1 2	3.62 3.74	0.968 0.894	－1.684	0.093＊
4～4	1 2	3.11 3.19	1.180 1.072	－0.955	0.340

性別：1＝男，2＝女　＊＊＊：$p<0.01$，　＊＊：$p<0.05$　＊：$p<0.1$

根據表五，性別因素在第一題至第四題的分析顯示：對1－4題「未來四年內兩岸的經濟發展具有信心」1－6題「台灣意識就是台獨意識」，2－1題「政府的大陸政策令人滿意」，4－3題「台灣政府如果宣布獨立將會引起戰爭」男女不同的看法；對2－4題「兩岸直航對兩岸關係的發展具有正面的意義」、2－8題「開放大陸學生來台有助於台灣的大學發展」男女看法有顯著的不同；在1－1題「目前兩岸關係是呈現緩和趨勢」男女不同的看法極為顯著。

（三）第五題「對兩岸交流開放速度的看法」百分比如表六，經卡方檢定結果顯示，以「目前兩岸交流的速度剛剛好」顯著比較高。

表六:「對兩岸交流開放速度的看法」之卡方檢定

五、對兩岸交流開放速度的看法	次數	百分比
1. 目前兩岸交流的速度太快	122	17.8
2. 目前兩岸交流的速度太慢	159	23.1
3. 目前兩岸交流的速度剛剛好	203	29.5
4. 目前兩岸交流的速度無意見	203	29.5
總和	687	100.0

「性別」在第五題「對兩岸交流開放速度的看法」，經卡方檢定結果顯示如表七，其結果並無顯著差異。

表七:「對兩岸交流開放速度的看法」之卡方檢定

	1. 目前兩岸交流的速度太快	2. 目前兩岸交流的速度太慢	3. 目前兩岸交流的速度剛剛好	4. 目前兩岸交流的速度無意見
男	79	92	103	118
女	43	67	100	85
總和	122	159	203	203

「黨派認同」在第五題「對兩岸交流開放速度的看法」，經卡方檢定結果顯示，其結果有顯著差異，如表八。黨派為泛藍（國、親、新）者認為「3. 目前兩岸交流的速度剛剛好」為多數，泛綠（民、台、建）者認為「1. 目前兩岸交流的速度太快」為多數，無黨派者認為「4. 目前兩岸交流的速度無意見」為多數。

表八:「黨派認同」對「兩岸交流開放速度的看法」之卡方檢定

	1. 目前兩岸交流的速度太快	2. 目前兩岸交流的速度太慢	3. 目前兩岸交流的速度剛剛好	4. 目前兩岸交流的速度無意見
泛藍（國、親、新）	11	39	59	24
泛綠（民、台、建）	23	8	12	17
無	88	112	132	162
總和	122	239	203	203

（四）在第六題「兩岸協商模式」百分比如表九，經卡方檢定結果顯示，以「兩岸協商談判應該採取目前的兩會模式」顯著比較高，為36.0%，其次有33.9%認為兩岸協商模式應該採取「政府對政府」。

表九：「兩岸協商模式」之卡方檢定

六、兩岸協商模式	次數	百分比
1. 兩岸協商談判應該採取目前的兩會模式	247	36.0
2. 兩岸協商談判應該採取政府對政府	233	33.9
3. 兩岸協商談判應該採取政黨對政黨	19	2.8
4. 對兩岸協商談判應該採取的方式無意見	171	24.9
5. 其他	17	2.5
總和	687	100.0

「性別」在第六題「兩岸協商模式」，經卡方檢定結果顯示，其結果有顯著差異如表十，兩岸協商模式男性主張採取「政府對政府」為多數，女性以採取「目前的兩會模式」為多數。

表十：「性別」對「兩岸協商模式」之卡方檢定

	1. 兩岸協商談判應該採取目前的兩會模式	2. 兩岸協商談判應該採取政府對政府	3. 兩岸協商談判應該採取政黨對政黨	4. 對兩岸協商談判應該採取的方式無意見	5. 其他
男	123	155	13	89	12
女	124	78	6	82	5
總和	247	233	19	171	17

「黨派認同」在第六題「兩岸協商模式」交叉列表如表十一：

表十一：「黨派認同」對「兩岸協商模式」交叉列表

	1. 兩岸協商談判應該採取目前的兩會模式	2. 兩岸協商談判應該採取政府對政府	3. 兩岸商談判應該採取政黨對政黨	4. 對兩岸協商談判應該採取的方式無意見	5. 其他
泛藍（國、親、新）	61	48	4	18	2
泛綠（民、台、建）	15	30	3	8	4
無	171	155	12	145	11
總和	247	233	19	171	17

黨派為泛藍（國、親、新）者認為「1. 兩岸協商談判應該採取目前的兩會模式」為多數，泛綠（民、台、建）者認為「2. 兩岸協商談判應該採取政府對政府」為多數，無黨派者認為「1. 兩岸協商談判應該採取目前的兩會模式」為多數。

（五）在第七題「兩岸的前途」百分比如表十二，經卡方檢定結果顯示，以「維持現狀看情形再決定統一或獨立」顯著比較高，為 40.3%，其次有 21.4% 認為兩岸應該「永遠維持現狀」，再次為 20.7% 認為「維持現狀再朝向獨立」。

表十二：「兩岸的前途」之卡方檢定

七、兩岸的前途	次數	百分比
1. 永遠維持現狀	147	21.4
2. 維持現狀再朝向統一	43	6.3
3. 維持現狀再朝向獨立	142	20.7
4. 維持現狀看情形再決定統一或獨立	277	40.3
5. 無意見	78	11.4
總和	687	100.0

「性別」在第七題「兩岸的前途」，經卡方檢定結果顯示，其結果並無顯著差異如表十三。

表十三：「性別」對「兩岸的前途」之卡方檢定

	1. 永遠維持現狀	2. 維持現狀再朝向統一	3. 維持現狀再朝向獨立	4. 維持現狀看情形再決定統一或獨立	5. 無意見
男	93	23	75	156	45
女	54	20	67	121	33
總和	147	43	142	277	78

「黨派認同」在第七題「兩岸的前途」交叉列表如表十四：

表十四：「黨派認同」對「兩岸的前途」交叉列表

	1. 永遠維持現狀	2. 維持現狀再朝向統一	3. 維持現狀再朝向獨立	4. 維持現狀看情形再決定統一或獨立	5. 無意見
泛藍（國、親、新）	37	11	17	56	12
泛綠（民、台、建）	8	1	29	21	1
無	102	31	96	200	65
總和	147	43	142	277	78

黨派為泛藍（國、親、新）者認為「4. 維持現狀看情形再決定統一或獨立」為多數，泛綠（民、台、建）者認為「3. 維持現狀再朝向獨立」為多數，無黨派者認為「4. 維持現狀看情形再決定統一或獨立」為多數。

「黨派認同」對第一題至第四題之各問項 ANOVA 分析，其結果如下表所示。其中有顯著差異者，再經由 Post Hoc 檢定之 Scheffe 法，有顯著差異者標示在表格最右欄。

表十五:「黨派認同」對第一題至第四題之各問項 ANOVA 分析

題號	黨派認同	平均數	標準差	F	顯著性	Post Hoc 檢定 Scheffe 法
	12	3. 86	0. 726			
1～1	3	3. 28	0. 940	18. 497	0. 000＊＊＊	(2, 3) < (1)
		3. 40	0. 840			
	1	3. 84	0. 806			
1～2	2	3. 00	1. 105	26. 938	0. 000＊＊＊	(2, 3) < (1)
	3	3. 26	0. 891			
	1	3. 71	0. 858			
1～3	2	3. 08	1. 030	24. 814	0. 000＊＊＊	(2, 3) < (1)
	3	3. 13	0. 853			
	1	3. 67	0. 868			
1～4	2	2. 70	1. 030	25. 677	0. 000＊＊＊	(2) < (3) < (1)
	3	3. 13	0. 964			
	1	3. 48	0. 831			
1～5	2	2. 55	0. 928	26. 313	0. 000＊＊＊	(2) < (3) < (1)
	3	3. 04	0. 858			
	1	2. 41	1. 066			
1～6	2	2. 98	1. 127	8. 226	0. 000＊＊＊	(1) < (2, 3)
	3	2. 75	1. 017			
	1	3. 04	0. 811			
2～1	2	2. 17	0. 847	25. 343	0. 000＊＊＊	(2) < (3) < (1)
	3	2. 61	0. 830			
	1	3. 84	0. 695			
2～2	2	3. 00	0. 957	24. 575	0. 000＊＊＊	(2) < (3) < (1)
	3	3. 36	0. 886			
	1	3. 92	0. 759			
2～3	2	3. 35	1. 039	14. 150	0. 000＊＊＊	(2, 3) < (1)
	3	3. 51	0. 851			

題號	黨派認同	平均數	標準差	F	顯著性	Post Hoc 檢定 Scheffe 法
	1	4.08	0.647			
2～4	2	3.43	0.851	17.014	0.000＊＊＊	(2) < (3) < (1)
	3	3.72	0.795			
	1	3.99	0.691			
2～5	2	3.43	0.981	15.198	0.000＊＊＊	(2, 3) < (1)
	3	3.57	0.851			
	1	4.00	0.769			
2～6	2	3.18	1.066	18.555	0.000＊＊＊	(2) < (3) < (1)
	3	3.61	0.916			
	1	3.32	0.981			
2～7	2	2.75	1.174	7.006	0.001＊＊＊	(2) < (1)
	3	3.04	1.036			
	1	3.27	1.045			
2～8	2	2.27	1.071	17.734	0.000＊＊＊	(2) < (1, 3)
	3	2.94	1.096			
	1	3.43	0.741			
3～1	2	3.12	1.075	5.821	0.003＊＊＊	(2) < (1)
	3	3.18	0.750			
	1	3.77	0.831			
3～2	2	3.90	0.877	0.862	0.423	
	3	3.74	0.897			
	1	3.41	0.913			
3～3	2	3.80	0.971	3.847	0.022＊＊	(1, 3) < (2)
	3	3.48	0.944			
	1		4.02	0.863		
3～4	2	3.76	3.73	0.892	2.724	0.066
	3			0.914		
	1	3.20	1.013			
4～1	2	2.43	0.998	13.614	0.000＊＊＊	(2) < (3) < (1)
	3	2.85	0.974			

題號	黨派認同	平均數	標準差	F	顯著性	Post Hoc 檢定 Scheffe 法
4~2	1	3.27	1.031	18.648	0.000＊＊＊	(2)＜(3)＜(1)
	2	2.37	0.920			
	3	2.86	0.981			
4~3	1	3.74	1.065	1.444	0.237	
	2	3.82	0.854			
	3	3.63	0.910			
4~4	1	3.24	1.122	0.808	0.446	
	2	3.22	1.209			
	3	3.11	1.129			

黨派認同：1＝泛藍（國、親、新），2＝泛綠（民、台、建），3＝無。
＊＊＊：$p<0.01$，＊＊：$p<0.05$，＊：$p<0.1$

根據表十五所示，學生的黨派認同對於問卷一至四題之各問項有相當大的差異。對1－1題「目前兩岸關係是呈現緩和趨勢」，1－2題「現在的政府能夠維持兩岸的和平穩定」，1－3題「未來四年內對兩岸在政治關係上是穩定」，2－3題「為了提升台灣的競爭力政府有必要與大陸簽訂經貿協議」，2－5「兩岸直航有助於台灣的競爭力提升」等五題的態度上，民進黨及無黨派認同的學生沒有顯著差異，但是明顯的與認同國民黨的學生有很大差異。認同國民黨的學生對這些題目都表示相當肯定的態度，而民進黨及無黨派認同的學生，則持負面的看法。

在1－4題「未來四年內兩岸的經濟發展具有信心」，1－5題「兩岸關係未來發展非常樂觀」，2－1題「政府的大陸政策令人滿意」，2－2題「政府推動兩岸經貿鬆綁的方向是正確的」，2－4題「兩岸直航對兩岸關係的發展具有正面的意義」，2－6題「大陸觀光客來台有助於台灣的經濟發展」，4－1題「大陸目前的政策對台灣政府是友善的」，4－2題「大陸目前的政策對台灣人民是友善的」，等題項上民進黨的認同者、無黨派認同者，與國民黨的認同者在認知態度上具有明顯的差異，民進黨的認同者最為否定，而國民黨的最肯定。

在2－7題「承認大陸學歷會促使台灣大學生到大陸就學」和3－1題

「兩岸協商談判必須在九二共識的基礎（一中各表）上進行」兩題上，國民黨的認同者在認知態度上和民進黨的認同者明顯不同。

2－8題「開放大陸學生來台有助於台灣的大學發展」，民進黨的認同者與無黨派及國民黨的認同者在認知態度上具有明顯的差異，民進黨的認同者持否定的態度。3－3題「兩岸協商談判最終仍要觸及主權問題」，民進黨的認同者同樣與另二者認知態度上具有明顯的差異，民進黨的認同者認為兩岸協商談判最終仍要觸及主權問題。

在3－2題「兩岸協商談判不應觸及政治意識」，3－4題「兩岸協商談判的前提是中國必須撤除飛彈」，4－3題「台灣政府如果宣布獨立將會引起戰爭」，4－4題「中國撤除飛彈，台灣的安全就有保障」等四個題項上各黨的認同者均無顯著差異。

伍、結論

本研究係針對台灣南部大學生，調查其對兩岸關係認知態度。其中包括了普通大學的義守大學、實踐大學高雄校區、立德大學；科技大學的樹德科技大學、美和技術學院。對於選取的樣本是否足以代表一般學生的看法，容或有值得再進一步討論的空間，但是吾人盡量避免特別具有針對性的族群而發放問卷，使研究具有最大的客觀性。根據上節問卷所得結果分析如下：

1. 對兩岸前途的看法，以認為台灣應該獨立的學生比較多，在五個選項中選擇永遠維持現狀的有21.4%，而事實上，現狀就是海峽兩岸各自有一個合法的政府，也就是互相獨立的政府，因此，永遠維持現狀意味著獨立。選擇維持現狀再朝向獨立的有20.7%，兩者合起來為42.1%。遠遠高於明確要統一的6.3%。

2. 對於兩岸協商談判，學生多數認為應該維持目前的形式（36%），或是以政府對政府（33.9%）的形式，黨對黨談判其實是沒有市場的。台灣團結聯盟曾就兩岸協商應否採取政府對政府的單選題詢問民眾（2009. 04. 14～17），有將近2/3的民眾（62.51%）同意應採政府對政府的方式，

19.31%的民眾則不同意，而18.18%的民眾則沒有意見。民進黨則曾以政黨對政黨談判模式的單選題調查民眾的意見（2008.12），有55.80%的民眾認為不適合由黨對政黨談判，但有34.60%的民眾則接受黨對政黨的談判模式，9.60%的人則沒有意見。為此，大陸當局每年大張旗鼓的舉辦國共論壇，其效果頗值懷疑，甚至會不會造成負面的效果，值得思考。

3. 對於目前熱絡的兩岸交流節奏，學生們認為可以稍微再快一點，（認為目前速度剛剛好的有29.5%，認為太慢的有23.1%，兩者合起來超過一半以上）。

參考文獻

1. 李筱峰，《台灣史100件大事（上）》，台北，玉山社出版，1999。

2. 蘇繼廎，《島夷誌略校譯》，北京，中華書局，2009重印。

3. 陸委會網站 http://www.mac.gov.tw/np.asp?ctNode=6331&mp=1。

4. 2008.7.15《聯合報》A14版。

兩岸關係發展的現況與展望
——兼論兩岸政治協商

蔡昌言*

自2008年5月第二次政黨輪替新政府執政以來，兩年來的兩岸關係發展，可以說朝向穩健成長的正面趨勢持續發展。整體而言，儘管有達賴訪台、熱比婭電影事件等若干因素，對兩岸關係可能造成某種程度的負面影響，但在大方向上兩岸關係仍和緩發展，在此一良好氣氛下，兩岸實有許多未來可進一步深化合作的契機與面向。例如：截至6月中旬為止，兩岸官員正就兩岸經濟協議ECFA進行最後的文本協商談判，內容主要針對早收清單的項目與數目，進行最後的協商與確定。此外，兩岸互設旅遊辦事處已獲得初步落實，但是除了旅遊諮商的功能外，未來是否能有其他功能的推動，值得令人關注。以上所提兩年來兩岸關係的具體發展，多有正面令人鼓舞的重大進展。本文擬先就過去兩年來兩岸關係發展的現況與展望，做重要事件影響的分析評估。其次，兩岸政治協商的未來可能發展，將是影響兩岸關係的重要因素，本文將提出分析。第三，未來兩岸關係互動之展望，本文將提出具體看法。最後，作者提出三項兩岸和平發展的新思維，做為本文結論。

* 作者簡介：蔡昌言，台灣師範大學東亞文化暨發展學系系主任，台灣民主基金會 副執行長。

壹、兩岸關係發展重要事件的影響分析：以高雄世運、88水災、達賴訪台、以及拒絕熱比婭入境為例

自2009年6月以來，台灣有一連串的重要事件陸續發生，包括七月份由民進黨執政的高雄市舉辦世界運動會、88水災、達賴來台、熱比婭電影事件，以及台北市所舉辦之聽障奧運。在這一系列事件與重要活動中，有若干發展尤其值得觀察與注意。首先，世運會主辦城市首長陳菊，曾為宣傳高雄世運赴中訪問，作為台灣在野黨人物中擁有最高民選行政職務者，且其過去的經歷和立場亦受到各界矚目，故使這次世運會上中國隊的表現與動向成為台灣各界關注的焦點，因為它可以相當程度的反應中國對民進黨人物採取的態度和立場。

在高雄世運進行時，中國隊避開開幕式，但不抵制出場競賽，這項作法相較於以往中國隊動輒抵制抗議的強硬作為，實有明顯的差異。質言之，中國此舉有助於舒緩台灣人民對中國過往採取「徹底抵制」作法引起的心理反彈。而在九月份所舉辦的聽障奧運上，中國隊再次展現一定程度的善意並參加閉幕式，並且手持為88水災難民祈福的標語表達對災民的關懷，更受到各界肯定。簡言之，中國試圖讓台灣人民感受：「若兩岸關係互動良好，中國願意把體育和政治分開」這一重要的發展與進步，而非一味無視於台灣人民的情感與需要，進行強硬打壓。

另一方面，莫拉克颱風造成南台灣人民生命財產的嚴重損失，而中國與港澳方面亦積極發起協助救災物資與募款，儘管台灣內部因政府救災遲緩而招致批評，進而導致內閣改組，但新任閣揆吳敦義表示兩岸關係發展進度不變，並將繼續推動ECFA的簽定事宜，故基本上兩岸關係並未因本次風災後續事件與內閣改組而受到太大的影響。

然而，民進黨縣市首長於88風災後以祈福為名義邀請達賴訪台，則掀

起一場不小的政治風暴－不僅在於兩岸關係上，也在於民進黨內部的中國政策上。首先，在達賴抵台前，民進黨內部對此產生許多不同意見，即可說明此時民進黨甘冒政治風險邀請達賴訪台，在內部的確是有不同觀點存在。其次，達賴曾於 2008 年 11 月表示希望第三度造訪台灣，惟當時馬英九總統認為時機不宜。然而，有鑑於風災過後來自各界的政治壓力與政府聲望下降，馬總統最後決定在維持兩岸默契與諒解的基調上，准許達賴以低調方式訪台，並維持府院黨不接觸達賴的原則，儘管我國經濟部官員認為該事件或多或少對 ECFA 的談判進度造成影響，但整體而言並未造成兩岸關係太大的實質後退。舉例來說，媒體調查有高達六成的民眾對達賴來台祈福一事表示肯定，有相反意見的不到三成，並讓馬總統就職以來被批評凡事迁就中國，也透過批准達賴來台得到具體澄清效果，有助於馬政府建立在風災危機後的領導威信，同時也有助於台灣內部化解對於國民黨政府在兩岸政策立場上的疑慮。此外，馬政府拒絕熱比婭來台，透過積極的政策說明達賴與熱比婭兩者間的差異，成功化解中國政府之疑慮。整體來說，儘管近期兩岸關係略生風波，但在兩岸各自克制下，此類政治議題最終均能將緊張消彌於無形，持續維持兩岸正面的互動發展。

貳、兩岸政治協商的未來可能發展

大陸中國社會科學院台灣研究所所長余克禮，於 2009 年 8 月 4 日曾發表專文指出:「兩岸應把握兩岸關係……應儘早著手就正式結束兩岸敵對狀況、簽訂兩岸和平協定的協商談判進行準備。」。作為中共涉台重要智囊機構，余克禮的發言突顯了兩個重要面向：第一個面向是兩岸在談完經濟議題後，大陸方面希望緊接著進入相關政治協商；第二個面向是對於任期至 2012 年將屆滿並逐漸退出政治舞台的胡錦濤而言，現階段兩岸關係的進展，要在其任期內有進一步的突破，有時間上的急迫性。

但是兩岸進入政治協商階段的條件成熟了嗎？以下試就台灣目前的內外環境因素來審視，藉由對脈絡的梳理，來尋求答案。

（一）內部環境因素

（1）台灣的民意：

台灣的民意嚴格而言，對於經濟貿易議題與文化交流的協商談判，其實問題不大。可能會產生問題，在於政治議題的談判，例如台灣民眾對台灣定位的認同、台灣的國際參與和國際空間、對於台灣作為政治實體的認知等。換言之，如果兩岸在政治協商過程中，對於台灣的主權有所損害，可能會把本來主張與大陸緩和關係的國民黨，也往民進黨的政策方向推移傾斜，屆時，本為改善兩岸關係推力的民意，將變成反作用力。

（2）台灣內部朝野嚴重對立：

在野黨現階段並沒有明確的中國政策，常會因議題與對象的不同而產生搖擺，這使得朝野政黨沒有對話所需的文本，當然也使得朝野在兩岸政治協商上沒有共識，而這也會造成在協商時存在著代表性不足與協商結果，在事後如何獲得制度與民意的追認。

（二）外部環境因素

（1）美國因素

美國在未來的兩岸政治談判中的角色，可以預期並歸綸如下：

（a）不管是現在或可預見的未來，美國不會有意願在兩岸政治談判中扮中扮演兩岸之間的調和者（mediator）

（b）美國為了維護台海的和平與穩定，將會繼續扮演兩岸之間平衡（balancer）的角色，主要是美國在兩岸之間扮演平衡者角色，期能沖淡任何一方冒進的色彩。

（c）另外，基於保護自己在西太平洋地區的利益，美國還會扮演監督者（watcher）的角色，主要是維持台海地區的穩定與和平，其實台海的穩定與和平正是美國在這個地區戰略佈局的最要因素之一。

（2）中國大陸國際政治經濟地位的轉變

隨著中國大陸經濟實力與總體國力的提升，國際政治經濟結構也隨之相應改變，中國大陸對區域事務的發言權也隨之日增，美日兩國對中國大陸的國力的急速膨脹，基於自身國家利益的考量，目前是採取交往多於圍堵，而台灣在這個國際政治經濟架構下，所能掌握的主動權並不多，因此比較值得擔心的是，大陸會因為國際政治經濟地位的不斷提升，而變得越有越有自信，因而加速對台灣統一的進度，追求急功，當其慢慢失去耐心的時候，大陸反而會對兩岸的穩定情勢產生不利的影響。

上述內外環境因素是衡量台灣進入政治協商時機與途徑的標準，以下試加以分析闡述：

1. 從馬總統與胡錦濤的任期來看，普遍認為2012年3月至9月間將是兩岸進行政治協商的第一個時機，茲分析如下

（1）有利之處：對馬總統第一任的兩岸開放政策作總結，並前瞻未來4年之政策方向。

（2）不利之處：

（a）ECFA簽定後的效果未明，具體效應可能在2012年才會呈現出來，如果效應不如預期，則兩岸要進入政治協商，勢必難得到民意支持，而屆時又與總統大選掛勾，對於執政黨不利。

（b）國民黨在五都與立法委員選舉能否獲得優勢，關係著兩岸政治協商中，國民黨的代表性與民意支持，如果五都與立法委員選舉無法取得優勢，則執政黨在推動兩岸政治協商上缺乏動力。

（c）兩岸互信仍需培養，一旦進入政治協商，就不是單方面讓利可以獲得結果的，因為談的是兩岸的政治定位，具敏感性與脆弱性，一旦雙方沒有互信，倉促進入談判，反而會產生反效果。

（d）兩岸在4年內分別在經濟上與政治上有了重大突破，對美國與日本而言，會對台灣產生懷疑，認為台灣正在快速傾向大陸，這反而會影響台灣與美國和日本在經濟與安全上的合作。

2. 馬總統若於2012年順利連任，其第二任的後2年（2014－2016）為可能時機，因此時中國大陸新的領導人的權力地位逐漸鞏固，故此可視為第二個時機點，茲分析如下：

（1）有利之處：

（a）ECFA效應已現，而民眾仍支持馬總統連任，代表民意對其兩岸政

策的肯定，並且在大選中，在野黨對於其維護主權意願的挑戰，也隨連任而煙消雲散，要進入政治協商有更多的民意支持。

（b）國際的觀感上，歷經了六年的時間，台灣兩岸政策呈現了穩定與不躁進的狀況，美日兩國才能對台灣是否快速傾向中國釋疑，進入兩岸協商才不會危及現有與兩國在經濟上與安全上的合作。

（c）民進黨中國政策屆時會更加明朗，相對於現在的搖擺不定，到了2014年，考量到其未來執政的可能性與內部的壓力，民進黨的中國政策會加以明確化，甚而文字化，或者對台獨黨綱做處理，這對於朝野對於大陸政策的對話是有幫助的，而朝野的對話，有助於在進入政治協商時獲得對於主權與名稱上的共識。

（d）兩岸互信藉由近年的智庫對話與事務協商，慢慢的培養出默契，有助於在進入政治協商時，對於較具敏感性議題，作出彈性的作為。

（2）不利之處：

中國大陸新的領導人對於台灣問題的作法與前任是否相同，尚屬未知數。另外，中國大陸內部對於進入政治協商是否有時間表，或是否因此失去耐心，在相關重要議題上施加過大的壓力於台灣，這些都是值得關注的。

綜合上述二個時機點，筆者以為理想的兩岸政治協商進程可分析如下：

2010～2012 擴大戰果深化經貿穩固民意

即在ECFA簽定後，應針定相關經濟議題與中國大陸訂定協議，例如保護智慧財產權與保資保障協定，應繼續加以深化，唯有ECFA對台灣產生正面效應，才能獲得民意支持，進行下一階段協商。

2010～2012 智庫先行由低而高釋疑國際

兩岸可先由智庫或專家學者，先從政治協商中較低階的技術性議題開始討論，與此同時我執政黨應考量將國共平台加以轉化為兩岸平台，嘗試納入在野黨的智庫與學者，以增加協商的代表性，對於國際也可經由智庫的對話，使友邦了解兩岸關係的進展無損其區域利益。

2012～2014 凝聚共識培養互信

兩岸要進入政治協商，進而要獲得具體成果，沒有在台灣獲得共識及與對岸產生互信，是不可能達到的，因為舉凡兩岸敵對狀態的處理、會談身份、政治定位等，甚至是飛彈撤不撤，都需要有互信與共識才能有雙贏的結果。

2014～2016 以九二共識為基礎簽定兩岸和平協定

在經歷前三階段後，兩岸政治協商才能進入最後的階段，也就是說唯有在國內外環境因素的負面影響降至最低時，才能水到渠成，完成政治協商的階段任務，也唯有如此才能使政治協商朝向制度化落實。

叁、未來兩岸關係互動之展望

在未來數年，兩岸間最為重要的議題，就是兩岸經濟協議（ECFA）在簽署後，其落實成果是否達到預期。儘管台灣內部對 ECFA 仍存有若干爭議，有經濟因素、社會因素、以及政治因素，但整體而言的大方向應是正確的。從務實的角度觀之，在 2010 年「東協加一（中國大陸）」及 2011 年「東協加三（中國大陸、韓國、日本）」成形後，勢必將對台灣經濟競爭力造成相當衝擊，進而使台灣的國際經貿環境更為艱困。若台灣能與中國簽署兩岸經濟協議，有效推動兩岸經貿關係正常化，並與多數台灣人民感受到正向的影響，如此將可使台灣在全球經濟整合中不致被邊緣化，也可促進台灣產業的升級。

台灣與中國進行「ECFA」的簽署與落實過程中，台灣方面的兩項原則是秉持「不進一步開放中國大陸農產品進口」及「不開放大陸勞工來台」，希望能降低對台灣部份產業的負面衝擊，進而為台灣創造更多就業機會。與中國簽署經濟協定，不僅有助於解決台灣經濟邊緣化的危機，擴大兩岸貿易及投資，也能為兩岸創造更優質的貿易經營環境，故總體而言，ECFA 應可以同時提升兩岸的經濟競爭力，並為下一波的經濟成長，注入源源不絕的活水。

儘管如此，台灣內部各界在討論 ECFA 議題時，一直有若干疑慮和反彈。政府應透過多管道的溝通與討論，積極尋求達成國內共識，以化解民間的疑慮，而這項工作是長期、不可間斷的工作。政府必須坦誠的是，兩岸間若簽訂 ECFA，各產業都會受到不同程度的影響，對部份產業產生有利影響的同時，也可能會對另外一些產業產生負面影響。因此，政府要用心去了解各種可能影響，然後再向人民說明。在台灣代表團與中國簽署協議前後，台灣政府可以多舉辦公聽會，聽聽各產業的不同處境。殷鑑於此，兩岸經濟協議簽署後，台灣政府的當務之急，應由政府邀集朝野，共同針對 ECFA 議題的落實與衝擊進行廣泛與公開的討論，在針對相關資訊與發展作出縝密的評估與瞭解後，有效提出因應的配套措施。立法院也應努力凝聚共識，進而以法律條文規範協助受到衝擊的產業，如此對於台灣人民與產業發展才是有利的。同時也唯有如此，才能在民意的共識基礎下，讓台灣能與中國就相關議題進行實質性的協商與互動，共創兩岸雙贏、朝野雙贏，這才是最具智慧的圓滿處理方式。

最後，兩岸關係的順利開展，兩岸政府的攜手努力絕對是關鍵。質言之，唯有代表民意機關的事前授權與事後監督，方能在兩岸交流協商中，維護台灣人民的最大利益，同時也追求兩岸交流法制化工作的保障。因此，新任行政院吳敦義院長也多次公開宣示，兩岸 ECFA 等重大協議必須經由國會監督。筆者淺見以為，在監督政府施政的職責下，立法院在兩岸事務的角色，可藉由成立兩岸事務因應小組，來瞭解、確認兩會談判與協商的成果，這樣才能落實民主的基本原則。立法院基於權責分立，應在行政部門處理兩岸談判時，就兩岸協商的議題、內容與成果，使民意機關有恰如其分的授權與同意，相信對人民疑慮的根除與兩岸關係進程的平穩推展，絕對有積極而正面的高度意義。

肆、結論——兩岸和平發展的新思維

回顧過去，展望將來，兩岸在「擱置爭議，合作雙贏」的共識下，應當積極推動相關領域與議題的交流及談判。為推動長期的和平發展，筆者提出三項新思維，或值兩岸領導人與各界先進進一步思考。

首先，中國大陸應當正視台灣社會民主價值的多元性。

台灣自1989年解嚴後，順利轉型成為民主社會，並在2000年及2008年經由選舉而促成政黨輪替。政黨輪替的真正意義不在於一個政黨的成與敗，而是透過選舉來檢視政府施政是否符合人民需求。因此，唯有人民才是真正的贏家，也只有人民擁有權力，能以投票決定政府施政成果。

雖然如此，但民主價值的多元性，正反應在在野黨所提出的不同觀點與意見上。作為制衡、監督政府施政的最主要成員。在野黨以豐富的各種方式，表達台灣民間對於兩岸事務發展上可能存在的疑慮和不同意見。儘管並非多數，但仍應給予積極的包容與聆聽。同時，這一多元性也反應在兩會談判的場域之外，台灣的政治制度仍要求政府將所有細節予以公布，經由相關法律機制的運作、審議和公開討論後作成決議，這才真正符合台灣社會已根深柢固的多元民主價值。對中國而言，這不僅不會傷害中國的利益，反而更有助於長期兩岸關係的正面氣氛與實質互動，在未來更多議題的互動上，才能達成最大程度的共識與合作。

第二，中國宜持續對台灣的國際參與表達具體善意，將有助於維持台海兩岸的良好互動與長期對話。

多數台灣的有識之士充分的瞭解中國對「一個中國」原則的堅持，但正如中國國家主席胡錦濤先生於「胡六點」中所表達的，『未來兩岸政治關係發展可以務實探討之精神』，便已充分說明，兩岸可在不碰觸彼此底線的默契之下，達成具體的建設性合作。舉例來說，日前台灣已加入WHA世衛大會觀察員一事，儘管內部有部份不同意見，但在各方正面看待的務實態度下，並未造成台灣內部與兩岸關係的緊張與僵化。這一案例足以說明，透過兩岸擱置主權爭議務實交流的作法，擴大台灣的國際參與，將有助於台灣人民累積、改善對中國以往強硬作風的反感和負面印象。也唯有如此，才能使兩岸在未來長期合作發展的道路上，更加深厚的累積正面觀感和友好氣氛，並進一步為未來可能的各種協議與議題，凝聚良好的共識基礎。展望未來，筆者認為台灣是否能以觀察員身分參與「國際民航組織（ICAO）」及「聯合國氣候變化綱要公約（UNFCCC）」等國際組織及活動，將是台灣政府與人民評估兩岸關係是否持續良好互動的重要指標。

第三，台灣立法機關在兩岸關係發展的過程中，如何更適度有效參與，將是未來兩岸關係是否能持續正常化的關鍵。

無論是國會、在野黨、或台灣人民，民調顯示多數都認為立法院應對兩岸協商機制與談判，有適度的瞭解、參與以及監督，如此才能確保兩岸互動與發展進程，真正符合台灣人民利益，而這樣的參與，亦將有助於中國瞭解台灣人民的意向和多元民主精神價值。兩岸經濟協議通過後，台灣立法院將進行審議，而這是無前例可循的審查工作，審查過程是否平順，審查結果是否能為兩岸各界利益攸關者都滿意，無疑將對兩岸關係投下新的變數，而此領域的討論過去在兩岸間智庫與學者對話可謂極為稀少。筆者以為這項史無先例的法案審查過程與影響，實值得所有兩岸關係研究者密切關注。

總而言之，兩岸唯有誠懇透過彼此密切的交流與溝通，方能更加消除敵意，同時增加對彼此的善意、瞭解與互動。台灣政府與各政黨均應以務實態度，提出有效的對策與作為來降低對立、促進和諧，才是台灣人民的福祉。這不僅考驗著兩岸政府領導人的智慧與決策能力，也需要兩岸從官方到民間各界的協助，方能具體落實。

台灣“立法院國會助理”政治公關角色與功能之研究

林立生①

一、前言

筆者長期於台灣立法院從事政治公關工作，身為當事人（insider）的角度，有感於當代國會助理議題研究的不足，人們的目光常集中在立法委員個人，而忽略了國會助理所扮演的重要角色。

所謂政治公關工作，實際上決定了一個委員的政治實力；不論是議題操作、募款、選民服務、遊說、記者採訪等等，幾乎是每天都要面對及處理的業務。絕大多數的立法委員研究較專注於「法案」或「選舉」上，針對幾乎沒有法規制度的政治公關工作上，卻是國會助理的重要工作，但一般政治或媒體研究學者較難以深入了解與研究。因此，從一位當事人的角度出發，希望藉由此篇研究能夠為其他更多的外人（outsider）介紹國會助理在政治公關活動上的互動關係。並以此針對國會助理制度的改革與發展，提出研究心得。

① 作者简介：林立生，台湾“教育部国会联络组”专员、高凤技术学院兼任讲师。

二、研究背景

1999年新修訂的「立法院組織法」其中第三十二條規定:「立法委員每人得設置公費助理六至十人，由委員任免；立法院應每年編列每一立法委員一定數額之助理費及其辦公事項預算。公費助理均採聘用制，與委員同進退；其依勞動基準法所規定之相關費用，均由立法院編列預算支應之」。所以現行制度的立委每月有三十萬的薪資總額可雇用六到十人的彈性員額。

至此，除了最基本的薪資、勞基法保障之外，並無任何專屬於國會助理的職能訓練、培訓等正式機關存在。而專屬國會助理最重要的組織，就是1993年成立的「台北市中央公職人員助理職業工會」，也就是大家簡稱的國會助理工會。但是對於會員的服務，該工會一直無具體計畫，只有固定於每年七月休會時，與行政單位聯合辦理出遊活動、聯誼聚餐等。且工會會員們的參與程度也很有限，畢竟這都屬於「閒暇」性質的活動。直到1996年，該助理工會始有較為具體的方針，擬定了「國會助理法草案」，其主要的目的是希望將國會助理比照公務員制度，必須經過國家考試合格，由立法委員遴選，以立法院的名義聘任。如此一來，國會助理成為立法院編制下的「國會幕僚」，與現今的「秘書處」與「立法院圖書館」等單位之公職人員相當。但此議案或使立法委員們無法掌握控制國會助理，因此一直未受到委員們的支持。

而Carl Chelf曾說過:「國會這個組織所以能夠延續，功能得以運轉，並非民選議員之功勞，乃是專業助理、行政助理等大小助理所為，使之能生生不息。」① 這算是對國會助理的功能做最正面的肯定。在議會民主體制下，國家為了增進國民福利，導致政府職能不斷擴大，加上委任立法的發達、行政權不斷地擴張；相對的立法權逐漸萎縮。為了要強化立法權之功能，避免立法權與行政權產生失衡現象，就有必要增列輔佐立法者的助理人員，來協

① Chelf, C. P. (1977). Congress in the American system, Nelson – Hall: Chicago. Communication management (pp. 327 – 355). Hillsdale, NJ: Lawrence Erlbaum "Components of Responsiveness," Legislative Studies Quarterly 2, pp. 233 – 254. Congressional Quarterly Inc.

助國會議員處理與國會職權相關的事務。

其次，儘管民意代表具有民意基礎，其個人之專業背景有限，難以全面地對政府之各項施政加以監督或參與立法，例如選民服務、預算審查、法律案審查、對政府官員質詢等事務，單憑國會議員一己之力，不容易處理得面面俱到。唯有增設助理人員，才能替立法者分憂解勞，幫助立法委員增加各方面事務的處理能力，這便是國會助理的源流。

助理在國會扮演的角色，除了處理議員身旁的大小事務、提供議員問政資訊外，還要能充份與政府部門溝通，解決選民服務問題；而在議員問政過程中，助理除提供問政資料，也要與媒體聯絡並提供新聞資訊，增加議員與議題的曝光度；許多資深的國會助理更要扮演選民與政府之間的利益調解角色。整體而言，國會助理是要協助委員問政，幫助委員獲得連任或更上一層樓；如此看來，他不僅是一個單純的辦公室秘書，更扮演著政策的建言人、新聞訊息的傳播者與利益的調節分配者。

助理工作中，除了協助辦公室行政事務、提供政策建言與選區選民服務外，最大的部分還是在政治公關的操作與運作，才能幫助委員奠定更好的基礎，因此一個好的國會助理不只是一個政策建言者，更是一個積極的議題挖掘者與操作者，讓公共議題得以充分呈現於媒體，並引起人民的重視，這樣不僅增加立法委員的曝光度，也促進媒體與公共領域對於該議題的充分討論，讓議題能夠浮上檯面，以獲得行政部門的完善解決，促進委員問政的效果。但是關於國會助理在政治公關的討論部分，雖然實質上運作很久，卻一直缺乏完整且嚴謹的學術研究。

本文藉由國會助理在媒體公關、行政與立法部門的連結三部份，以及國會助理在政治公關中的角色進行研究。相關資料將以問卷調查方式進行研究，輔以深入訪談的結果，進而瞭解國會助理如何在政策議題上發揮影響力。就理論層面而言，本文希望能夠對於國會助理在政治公關的角色進行深入淺出的探討，提供對國會研究有興趣的政治參與者一個初步的研究成果。然後進一步討論國會助理在政治公關的角色扮演中如何定位自己？筆者企圖以「微觀」的個人研究，進一步對「宏觀」的制度面提出不同的見解。

三、研究框架

本研究範圍為本屆2008年剛上任之國會議員與助理，並非做整體歷史性的政治文化研究。其研究價值在於當今的時代性意義，尤其當立法院委員的選舉制度與組織大幅調整之後，第一手的問卷資訊可作為未來相關研究的前導性資料整理。

新國會剛剛成立，助理人事多有變動，產生許多新科助理或是轉任的助理，真正的國會運作才剛開始；因此在問卷與訪談的過程中，會有許多對辦公室業務不熟悉的狀況，並且對於「執政黨」與「在野黨」所反映出來可能的不同點，也不顯著。以助理個人而言，或許本屆服務的立委與前屆並不相同；甚至所屬政黨亦不同，因此在新國會剛開始運作的狀況下，實際上該助理還是以過去的認知來處理現今的問題。而在選民、媒體、企業、政府等相關政治公關活動而言，整個人際網絡的互動，都還在摸索中。且政治公關的特色即在於各種活動、案件的實際處理活動，以新國會運作如此短的時間之內，實難以累積足夠的研究資訊。這是本研究時間點上的困境；是故在資料蒐集時特別著重於有經驗的助理，並在分析時加強處理。

同時，本研究以委員的政治公關事務為核心，探討的重點在於立法院辦公室，兼論服務處的一些具體政治活動。實際上，委員除了立法院相關立法程序之外，包括了許多各式各樣的半正式或非正式活動，比方說政黨層級的公關形象與黨員互動等。因本研究範圍限定於有國會助理參與的部分，其他委員私人、政黨或秘密活動，凡是非經由辦公室體系處理的皆非本研究所及之處。

其實政治公關功能的形成，國會議員與助理是雙向相互影響的，本研究強調助理的單方面價值認知與政治公關角色。而來自國會議員的影響與互動，僅透過非正式訪談的瞭解作為背景，或許未來可以國會政策網絡的形成更深入探討此辯證關係。

本研究包括了訪談與問卷調查，因此兩者可能會有的相關缺點都是此研究的盲點。做深度訪談時，受限於受訪者的表達方式及主觀認知，或對某些利益相關的問題採取迴避。當然不排除，受訪者可能會盡量塑造其個人或國會助理的正面評價，這是很難避免的狀況。其次，問卷調查是以隨機抽樣的形式進行，並不是以全部母體為研究範本；可能仍存在許多其他變因來影響研究之客觀性。

本文旨在探究國會助理在面對各種政治公關對象時，其具體的工作內容與目的。除了立委私下非透過助理的政治工作之外，國會助理介於委員與政治公關對象之間的關係，可參考圖 1－1。

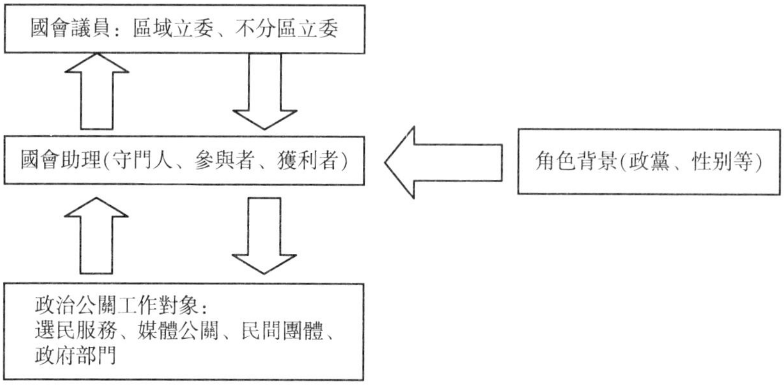

圖 1－1：立委、助理、政治公關對象的關係架構圖

資料來源：作者自繪

本文以國會助理在政治公關工作所扮演的角色為主題，而立委的產生方式直接影響到實際公關活動的需求，故以分區與不分區立委作為劃分標準。兩者因其權力來源的差異，對於政治公關的需求可能有所不同。一般而言，前者多注重於選區服務與民間團體，尤其是企業組織之間的互動。後者則較重形象，強調與媒體及非營利之民間弱勢團體互動，或者是重專業，幾乎不需要政黨以外的政治公關工作。也有理論認為不分區立委較為重視在法案層面，問政的空間會較為單純；而政治公關活動的對象上，偏重在政府部門，比較沒有選民服務的壓力。分區立委則是直接面臨選區壓力，選區的選民服務及形象塑造就極為重要，因此政治公關的運作上，選民服務與媒體關係就扮演著關鍵性的角色。而這些基本的假設，將會在後續的實證研究中受到檢驗。

國會助理在台灣如此特別的政治文化之中，其角色身份也相當多元。依照鄭貞銘的整理，公共關係有「訊息、參謀、宣傳、協調、服務、決策」等六大功能。[1] 透過國會助理扮演的角色來劃分這些功能，有別於以往只關注「外在職務」及「非依據公共關係」的角色分類。

若依照介入公關活動的程度，其行動者至少可以區分為「守門人」、「參與者」、「獲利者」等三類。此三種助理角色，背後各有理性的邏輯支持著，在一次的政治公關工作中，三種角色或有重疊，或有轉變，此為本文理論部份主要的分析框架，可見圖 1－1。

此處使用的「守門人」概念，源自新聞學中的守門人理論（gatekeeper）。從傳播的觀點而言，事件的發生，會經由多重的傳遞、轉述，最後才是閱聽人的訊息接收，關於守門人在事件傳播中所扮演的角色，最早的討論是在 Kurt Lewink〈Channel of Group Life〉[2] 一文中，使用了「守門行為」一詞。他認為當訊息通過各種關卡，其中最為重要的是負責篩選、容許訊息通過的守門人。比如：在一個報社裡，守門人包括了：記者、採訪主任、編輯、編輯主任、社長等等[3]。在報社中守門人的篩選新聞原則，主要是分辨資訊的真偽，更進一步是分析其中是否有報導價值。在新聞的處理中，篩選標準是來自組織的壓力、或是以守門人個人的觀點出發，這是傳統上新聞傳播學者所討論的焦點之一。[4] 然而在討論國會政治的議題時，相對而言較少使用這樣的語詞。

本文將此一觀念運用於分析國會議員與服務對象的互動上。在政治公關活動中的資訊流通，國會助理、辦公室或服務處主任等同於新聞傳播中守門人的角色。與新聞工作者不同之處在於國會助理的守門人角色較為單純，其並無具體的組織壓力。因此，主要是以個人觀點出發，來評估收到的訊息是否可通過，需不需要整理或轉達給立法委員。

「參與者」的角色，就是所謂「代理人」的功能。由於國會議員事務繁忙，在必要出面的場合之外，絕大多數的選民服務及遊說活動都委由國會助

---

① 鄭貞銘（1999），《公共關係總論》，台北：五南，p109－119。
② Kurt Lewink〈Channel of Group Life〉
③ 李茂政（1987），《當代新聞學》，台北：正中書局，p178。
④ 李金銓（1984），《大眾傳播理論》，台北：三民書局，p29－33。

理代為處理。這也讓國會助理擁有分享委員權力、擔任委員分身的重要角色。尤其針對遊說等選民服務時，或者委員不方便直接參與的場合，這些國會助理就不只是一個「幕僚」身份，也代表委員擁有相當的能動性。而「獲利者」的角色，代表在經驗、收益上，甚至是心靈上的滿足與增加。

表 1－1：國會助理從事政治公關工作的層次表

Weimer & Vining① 研究分類（助理角色分析）	本研究分類（凸顯政治公關工作的助理角色分析）	價值核心	參與程度
客觀的技術員（真實為核心價值）	守門人	立法委員（老闆）。辨別資訊真偽及是否適合	為委員初步篩選公關對象或議題，基本上以委員的利益為考量。
顧客的擁護者（責任為核心價值）	參與（執行）者	公關對象。承擔起運作、聯繫該案件之責任。	在委員的同意下，協助公關對象的政治要求。或是主動策劃、或是被動配合、持續追蹤發展等，皆為委員的主要代理人。其主要的價值在於回應或者刺激政治公關對象。
議題的倡導者（核心價值是自身的實踐）	獲利者	助理自身。關於自身可學習、成長或實踐的目標，這包括了金錢、關係、人脈、議題成就等不同價值。	在參與政治公關工作之餘，助理本身或可得到相關利益，不論是直接、間接的報酬或是知識、人際關係的擴充皆可視為一種獲利。

資料來源：作者自製

① Weimer, David Leo & R. Aidan Vining (1992). Policy analysis: concepts and practice, Wiseman, J. P. (1970). Stations of the Lost. Englewood Cliffs, NJ: Prentice－Hall.

本研究的設計在自變項部份有兩個層次：委員方面，包含委員的類型（分區、不分區）和所屬政黨；助理個人方面，包含年資與性別。依變項一：個人在政治公關活動中所扮演的「守門人」、「執行者」與「獲利者」等單一或多重身份，藉此來凸顯國會助理的參與程度與能動性。依變項二：政治公關活動的比重分配，據此來解釋國會助理在選區服務、媒體記者、民間團體、政府部門等四大活動範圍，其主要處理的對象及相關情形。

根據 Hon 所指出：「所謂公關效益，與其探討傳播效果，還不如探討價值所在。」① 因此本研究以微觀的個人角色認同出發，透過個人價值，採取接受受訪者主觀之詮釋，來說明個人之角色認知是推動其政治公關工作的原動力，並在不同的個案與環境中，國會助理會有不同的角色認知。其次，比對國會助理之個別背景與工作環境，企圖從個人的差異中，歸納比較出在哪些個人背景或工作環境之中，國會助理會有什麼樣的角色認知。進而歸納四種政治公關對象在國會助理工作中的比重，探究國會助理政治公關工作的全貌。以透過的參與觀察經驗與訪談者的視野，來描繪出委員、助理與政治公關對象間的相互運作關係。

本次問卷共計有 54 份有效問卷，其基本資料大致如下：

（1）八位無黨團結聯盟國會助理，女性一位、男性七位，皆屬於區域立委；年齡三十歲以下有五位，助理年資都低於兩年、三十一到四十歲之間有兩位，年資分別是三年與七年、年齡在四十一到五十歲之間有一位，助理年資十年。

（2）二十七位國民黨籍立委的國會助理，十七位女性、十位男性。其中十八位屬於區域立委，九位屬於不分區立委。年齡三十歲以下的有七位，年齡在三十一到四十歲的有十五位、四十一到五十歲的有三位，五十歲以上的有兩位。

（3）十八位民進黨籍立委的國會助理，其中十三位女性、五位男性。區

---

① Hon, L. C. （1998）. Demonstrating effectiveness in public relations: Goals, objectives, and Jewell. Malcolm E. and Samuel C. Patterson. （1997）. The Legislative Process in the United States. New York: Random House, Inc., P130.

域立委助理有十一位、不分區立委助理有七位。年齡在三十歲以下的有十一位、年齡在三十一到四十歲之間的有五位、年齡在四十一到五十歲之間的有兩位。

就學歷背景而言：八位無黨團結聯盟的國會助理，有六位具碩士學位，兩位具大學學歷，整體而言是學歷平均較高的黨團，但因樣本數較少可能不足就下此定論。國民黨的國會助理中，有三位不願意回答學歷問題，具有專科學歷的有四位，大學學歷的有十五位，碩士學歷的有五位，學歷範圍較廣，由此可見學歷或許並非該政黨聘用助理的關鍵。民主進步黨的國會助理中，具大學學歷者十四人，碩士學位者三人、博士一人，平均學歷較國民黨助理高；該位具博士學位的助理是男性、年紀小於三十歲、年資約兩年，擔任法案助理，據推測是因其專業能力而勝出受聘任，但政治公關能力方面，就值得深入作個案瞭解。

以黨籍來看，可以反應出國會助理與委員之間的「忠誠問題」，無黨團結聯盟的國會助理，全部為無黨籍。國民黨的助理中，有六位無黨籍，甚至有三位屬民進黨籍。六位無黨籍的國會助理，有一位是所謂的特別助理[①]，屬於不分區立委；此案例特殊之處在於不分區立委的選民服務比重應該是較低的，大部分以執行「黨意」為主要問政策略，然而此位委員卻設有特別助理，來幫助他處理選民服務等政治公關工作，值得深入探討原因。民進黨籍的助理中，有一位法案助理年資高達十年，也是因其專業能力而獲得青睞。民主進步黨籍委員的助理，五位無任何黨籍，三位有國民黨籍。其中亦有一位無黨籍的助理，屬於不分區立委。

由此可見，多數助理與所屬立委屬相同政黨；亦可反映出政黨忠誠度並非檢視助理能力的唯一標準。部分助理的能力或特色可以超越黨派色彩獲得聘任時，表示出國會助理的專業能力才是勝任職位的重點。

就年資來看，全部施測的五十四位助理中，有十九位擁有五年以上的助

① 特別助理，往往是委員們政治公關活動的核心人物，甚至在許多專業的人際網路中遠比委員熟悉。這種特助的編制或工作屬性非常不一致；甚至於所謂「只掛名，不支薪」的助理或許也可被認定為特助的一種。這個部分涉及過多委員隱私，因此研究無法直接觸及，也因此造成問卷及訪談中彼此對於助理定義之差距。

理資歷，大多數屬於法案助理；但也有某位年資十六年的特別助理。由此可知國會助理的專業性可能與其不可替代性成正比，尤其特別助理的政治公關活動更強調「關係」持續的重要性。

關於所屬委員服務處的狀況，除兩位助理拒絕作答外，全部受測助理有十六位表示不瞭解該所屬委員選區服務處的助理人事狀況。其餘作答知道選區服務處狀況的答案中，反映了各委員間的嚴重差異，人數由一人至三十人不等。最可能的解釋是，實際上各位助理的掌握狀況及對於「專任助理」的定義不同，也許有人包括了義工、樁腳等。或者反映了委員對於選區重視程度的不同，這需要進一步確認。然而。最有趣的現象是，本研究顯示不分區的立法委員依然有服務處的設置，甚至平均起來所雇用的專任助理超過一般的區域立委。國民黨籍的某位助理就回答：該委員的選區服務處有三十名助理；同樣的案例，在民進黨也有兩位助理回答：所屬不分區委員的選區服務處有十三位助理。其實這部份也值得進一步探究，既然為不分區，那所謂的服務處到底應設置在哪裡？要向哪些選民服務？可能這樣的服務處是與政黨系統放在一起。

在辦公室助理配置方面，無黨團結聯盟的助理中多為一名行政助理，沒有或只有一名特別助理，至少都有三至八名法案助理，法案助理在人數需求顯示出該黨委員的重視方向。國民黨籍方面，行政、法案、特別助理一般都各約有一至三名，其中有三人反應該辦公室的特別助理超過五位，且令人咋舌的是，有兩位屬於不分區委員的助理。民進黨籍方面，一半以上的助理反應並無設置特別助理，行政助理約一至三名；法案助理略多，往往超過三名，甚至不分區立委有高達十名的法案助理。

四、選民服務

討論到辦公室有否一貫的選民服務流程時，無黨團結聯盟的助理皆表示有一貫的作業流程。國民黨的助理，有十二名反應並無一貫的作業流程，其中，屬於不分區委員的有四名，區域立委有八名，這些委員大多數也沒有設置特別助理來專門處理選民服務。民進黨方面，有九名助理反應無一貫的選民服務作業流程。

除了八位表示沒有參與過選民服務經驗的助理之外，在選民服務的項目方面，案件陳情及委託委員向政府部門溝通，這兩項經驗幾乎是所有助理都有接觸過的，分別高達93.4%與91.3%。由此可知案件陳情與請委員仲裁、協調是民眾對立委最主要的期待。

就個人經驗上，所有施測助理中，73%曾經負責接聽電話，50%的助理曾經負責篩選案例，71%協助轉介其他單位，71%曾與委員或相關負責人報告討論案件。僅有一人表示有其他的選民服務案例。這反映了某種程度對於「篩選案例」一職的重視性，並非大多數助理都可處理，守門人的角色有其重要性。

在角色認同方面，依照黨籍來區分，將非常不認同、不太認同、普通、認同、非常認同換算為數字的強度量表，由1～5來表示對於角色認同的強度，並以各政黨為單位加以平均，只取到小數點後兩位。各黨對於角色認知的分配結果如下表4－1：

表4－1　以政黨分析選民服務角色認知的強度

	有選民服務經驗人數	守門人	參與者	獲益者
無黨團結聯盟	5	2.6	3	2.6
中國國民黨	25	3.68	3.5	3.16
民主進步黨	15	3.93	3.86	3.46

資料來源：作者自繪

表4－1數據顯示，無黨團結聯盟的助理普遍對於角色認同較低，中國國民黨稍強，而民主進步黨籍立委的助理很明顯的角色認同度很強。無黨團結聯盟的助理，較注重的是參與者的角色，甚至對於守門人及獲益者的角色是出現負面的認同。另外兩黨最高都是守門人，其次則是參與者及獲益者。

表4－2　以性別分析選民服務角色認知的強度

	有選民服務經驗人數	守門人	參與者	獲益者
女性	26	3.73	3.8	3.26
男性	19	3.52	3.47	3.10
總計	45	3.64	3.57	3.2

資料來源：作者自繪

表4－2數據顯示，就選民服務來說，女性助理的角色認同強於男性助理。女性助理認同度最高的是參與者角色，男性助理則是守門人的角色；兩者對於獲益者的角色認同度都是最低的。

在有選民服務經驗的助理中，僅有兩位表示不太適合該項工作，一位助理屬於國民黨籍的不分區立委，另一位屬於民進黨籍的不分區立委。這跟一般認知對區域立委或許較有選民壓力的普遍想法有些差距。當然，這也有可能是個人對於角色期待差距所造成的；比方說，自己就是為了不想參與選民服務工作才到不分區立委處工作，結果卻又面臨同樣的工作需求。

整體而言，在角色認知上：守門人最高、參與者其次、獲益者最低。就政黨為主的分析來說：無黨團結聯盟的助理在角色認知上都相對薄弱於其他兩個政黨，甚至時常出現低於普通的角色認知。同時本問卷也反映了男性角色認同皆低於女性；所以這樣的現象，可能真的是該黨團因素造成，或是因為技術上該黨團的受訪助理多為男性，有待進一步研究確認。

民進黨的助理在角色認知上都明顯高於其他兩黨，只有在與政府單位的互動關係中，有較不同的角色認同差異。就守門人來看，國民黨籍立委的助理最高，民進黨委員次之，而無黨的甚至出現了2.8這樣負面的認同。而民進黨的助理對於參與者及獲益者角色認同度都是最高，甚至在獲益者的角色認知上遠遠超過了其他兩黨；如果參考學歷標準，無黨聯盟的學歷最高，民進黨次之，因此可能不是主要的變因；而在年資與年齡的分配上，民進黨與無黨聯盟的比例非常接近，但卻在分配上往兩個極端發展，可推測出此因素的影響較小。較合理的解釋方式是性別差距或是政黨內部的政治文化所致。

在性别分類上，女性的政治公關角色認同多高於男性，換句話說，女性比男性更能融入於政治公關的互動中。

大多數的助理都表示對於政治公關工作能夠勝任或不曾感到無法勝任，僅少數反應有無法勝任的情形。弔詭的是這種情形皆出現在不分區立委的助理身上，反映了不分區立委所承擔的政治公關壓力，並且這幾個案例都出現在處理選民服務及媒體公關的互動中。

至於政治公關活動是否可以增進委員的政治資源，助理們的看法都趨於保守，各項互動最多只有六成左右的助理認同。一般來說，還是認為著重立法功能可以增進委員的政治資源，可以說是滾木立法的想法。而在各種與媒體的公關活動中，以電視媒體為重要的指標，比如：報紙的新聞稿所看重的比例就遠比委員接受電視訪問之類的低。而事實上有不少助理都有協助委員蒐集專訪資料的經驗，這也證明了委員方面對這部份的重視程度。

當然由於目前國民黨政府執政時間並不長，在與民間團體的互動中，仍舊看不出來身為執政黨的優勢，或有任何特別之處。

五、政治公關

表 5－1　國會助理的政治公關經驗

	選民服務	媒體公關	民間團體	政府部門
助理擁有相關經驗的比例	84.9%	86.7%	69.8%	90.5%

資料來源：作者自繪

表 5－1 顯示絕大多數的助理都參與過選民服務、媒體公關與政府部門的互動，然而與民間團體的互動相對來說少很多。可能是就助理們的認知上，民間團體會併入選民服務之中，或是多委由專人處理這樣的利益問題。

第 33 題是就工作比重的分配上，各位助理認為所佔比重多寡來決定排序，如果一樣的話，以 1 作代表。數字越小表示該項政治公關活動比重越大，結果統計如下表 5－2。

表 5－2　政治公關的在工作比重上的分配順序－政黨

	選民服務	媒體記者	民間團體	政府部門
無黨團結聯盟	1	3.5	2.5	1
中國國民黨	1.4	3.33	2.55	1.92
民主進步黨	1.94	3	3	1.88
總平均	1.52	3.24	2.69	2.18

資料來源：作者自繪

由表 5－2 顯示，選民服務在工作比重分配順序上最重要，其次為政府部門，最後才是民間團體與媒體記者。第 34 題，依照助理所感受到委員對這些政治公關活動的重視程度，結果統計如下表 5－3，其計量的方法，同第 33 題：

表 5－3　各政治公關活動受委員的重視程度－政黨

	選民服務	媒體記者	民間團體	政府部門
無黨團結聯盟	1	2.875	2.375	2.25
中國國民黨	1.92	2.29	2.55	2.62
民主進步黨	1.88	2.61	2.83	2.33
總平均	1.77	2.56	2.62	2.47

資料來源：作者自繪

表 5－3 對比表 5－2，可以比對出工作分配比重與助理感到委員重視程度的差異。尤其是國民黨籍的助理，結果顯示對媒體記者重視程度相當大，其對於民間團體的看重度也高於對政府部門的重視。整體平均而言，與媒體記者的互動雖然在工作比重上較輕，但委員仍頗為重視。

第 35 題，助理制度的替代性，透過受訪助理所認知的工作難易度來看，結果如下表 5－4：

表5－4　國會助理與政治公關難易度

	工作簡單的百分比	工作複雜、我要離職，誰敢接？的百分比
女	22.5%	77.4%
男	18.1%	81.8%
總計	20.1%	79.9%

資料來源：作者自繪

由表5－4，可見對於工作難易度在性別上沒有明顯的差距，因此政治公關的問題點應該在於經驗，而非性別。

除了以上統計結果之外，接下來是立委本身的訪談結果。國民黨籍的區域立委A表示，助理在選民服務部份的工作可分為兩個層面，一是接聽電話，二是進而衡量是否需要報告委員，可見委員所需要的是一個守門人的角色。一般來說，小規模的選民服務中包含：人事升遷的關切、調動、房屋拆遷、協助進出口報關等等。民進黨籍的區域立委B則表示，助理會先在接案之後評估適法性，然後再看如何處理，很多事情其實在助理的層級就能獲得解決，不必再呈報到委員的層次。同時立委B也特別強調，他本人都有安排特定時間，在服務處接受選民諮詢與接選民服務的案子，並且直接與選民接觸、評估如何處理。民進黨某區域立委C也反映了類似的選民服務流程，通常助理會先接案子，然後再判斷是否可以自行處理，必要請委員出面與部會主管、主持協調等等時，才呈報委員處理。由此可見，委員A、C所屬的助理其守門人的角色比較完整，而立委B因有一定程度自己接案件的管道，所以所謂助理守門人的角色較為弱一些，是故助理的守門人角色會因委員的影響而有不同的參與度。

媒體公關的部分，立委A表示，委員本身的因素佔有相當重要的成份。因為立委A具有相當知名度的，媒體自然會刻意挖掘與其相關的議題，有時甚至需要迴避媒體。因此媒體操作的要求就必須分成兩個面向，一方面與媒體接洽等相關的事務工作會透過助理來聯繫，如此一來立委可以間接擁有政治公關的主導權。另一方面，像立委A這樣具有形象優勢、政治公關能力強的委員，與行政單位部門的聯繫時，較深入的部分就由委員親自處理，助理參與度相對大幅降低，只負責初期的聯繫與選民服務；後半與國會聯絡人的互動或私人往來則視立委的態度而定。立委 B 特別強調在與媒體互動過程中的「地點」因素，區域性的聯合服務處會交由地方議員協助與媒體互動，而自己本身長期在台北，與此地媒體記者的互動關係較能掌握。而立委 C 則表示他直接與媒體記者公關往來的機會很少；但是他提到了與政府的「公事拜會」形式，也就是由首長宴請委員們，基本上都是以委員會或是黨籍為單位，甚少是單獨會面、更少是立委與國會聯絡人互動。

立委 A 在思考與民間、利益團體合作時，特別重視所謂的「利益輸送」，即政治獻金的問題。雖然利益團體在公關互動中的比重不高，只有當委員平時就提供服務，選舉時才會容易募款；除非不希冀連任，否則與相關利益團體的互動就顯得相對重要。不過其中適法性的問題也是關鍵點，要避免牽扯進非法的政商勾結案件，以免導致身敗名裂的後果。而立委 B 則強調沒有設置特別助理，與民間社團的互動就如同一般選民服務一樣的模式來處理。立委 B 相當重視所有案件的合法性，要為民喉舌，伸張正義，這是委員的「義務」。以上顯示出立委 A 與立委 B 強調的地方有所不同：前者重視的是所謂利益輸送問題，避免牽涉到無謂的利益糾紛中；而後者可能以立委形象與義務為考量，一但民間團體或選民真有委屈，可藉由為其出頭增加媒體的曝光率。

絕大部分的分配比例上，立委 A 認為還是以選民服務為重心，利益團體的話僅佔一成左右。最主要的還是在立法功能、對於法案的掌握及運作部份。這點與前研究成果相呼應；多數助理也認為立法功能仍舊是委員工作的重心，這可能與滾木立法的利益偏好問題有關。而立委 B 則表示，立法問政工作還是他主要的職務，選民服務等政治公關大概只佔了四成的業務量，且多由行政或法務助理處理，並無特別專人來處理政治公關事務。同樣的立委 C 也沒有設置特別助理，也極少與企業或利益團體互動，主要的選民服務應該就是地方婚喪喜慶的邀約等場合的互動。

有位民進黨區域立委的助理 D 指出也有所謂「行程助理」的職務存在，其實就是跨行政、選民服務這種特殊選舉生態下的產物。主要任務是代替委員關心地方的大小事務，遇到需要服務的案件就直接處理、甚至進一步主辦協調會等等。實際上就是針對選區的「公關助理」，在角色扮演上守門人、參與者與獲益者都有相當的比重。

且在處理選民服務時，除了守門人與參與者的角色外，助理D也特別強調兩種獲益的價值，其一、是幫助民眾解決問題所回饋到的感激之心，這種心靈的價值是無價的；其二、就是如果這樣能讓選民對委員有更好的印象、能在未來的選舉上產生效果；甚至可能有政治獻金的回饋，對委員連任來說是有正面幫助。

至於媒體記者方面，助理D提出了一個本研究忽略的重要因素，就是立法院黨團本身所主導的媒體公關。助理D所服務的委員是該政黨黨團幹部，多數的政治公關活動是以黨團為核心來運作，委員會安排固定時間與媒體記者見面，交換黨務相關意見。在這個過程中，辦公室助理幾乎不會有參與空間，甚至是聯繫工作、守門人都算不上，因為委員會直接面對記者；只有委員不方便直接向記者媒體說明的內容，才改由助理代為表達，因此助理只有部分的參與感而已。

就比重而言，助理D認為在有限的時間下，有六成屬於選民服務案件、媒體互動約佔了兩成、而政府與企業、社團的互動只佔了一成左右。

助理E所屬委員的服務處有高達十三位專任助理，遠遠勝過立院辦公室僅設置四位專任助理。其主要的選民服務，根據專任助理的數據推測應該是由服務處來處理，而較少由委員親自處理。至於在立院辦公室，比較著重的仍是選民服務，只有少數的民間與企業互動，而媒體記者方面，就沒有特別經營了。

助理E認為在選民服務中，最突出的角色就是獲益者；他認為可以由選民身上獲得最多當今社會的動態；除了與政府部門互動之外，這就是最重要的民意來源。這個說法完全呼應了「資訊補貼」的概念，政治公關的收益也包含民意的「資訊」。助理E認為由於委員與媒體記者沒有直接的往來或聯繫，助理在這方面必須站在第一線守門人的角色。至於民間社團，目前還是歸類在選民服務工作中，沒有特別不同。比重上最多是選民服務、其次是媒體記者，最後才是民間團體和政府部門。

國民黨籍的資深助理F指出，在選民服務與媒體記者的互動上，參與者的角色佔最大比例；而對於民間團體、政府部門則是獲益者的角色居多。比如：他個人可以藉由服務選民加入某些民間團體，分享一些資源。而且助理F也指出與助理D相呼應的觀點，認為因為以政黨為主的一些遊戲規則、政治文化，使得委員必須要去經營政黨、組織、黨代表、黨員等這些特定的族群，所探討的範圍應該會超過目前所定義的四大領域。在比例分配上，助理F所提供的經驗與前述幾位助理非常不同，他認為服務民間團體佔了所有工作的五成、選民服務約兩成、政府部門佔兩成、媒體記者只有一成，當然也有可能是因為該助理所屬委員是經濟委員，直接關係到政府與企業之間的利害關係，所以會有一定的比例來處理這些事務。

屬於民進黨區域立委的助理G，就是擔任公關助理的工作，其在選民服務與民間團體的互動中，特別強調了獲益者的角色。認為可以分為三個部分來討論，包括了助理D所提的自己心裡的成就感及對委員在選舉時的幫助之外，還能獲得一個「名聲」，是民喉舌的機會，反映民意給政府機關，同時也給予小市民抒發的管道。

助理G則認為選舉時與平常時期工作內容會有所不同，平常就是單純的寫新聞稿、召開記者會等，但是在選舉時為了爭取版面，必須每天將新聞消息交給地方性的新聞、報紙，因此與媒體互動的強度就大大提升。而面對民間利益團體時，助理G認為只能作一個守門的角色。至於分配比重，必須考量選舉因素，如果在選舉的前一年內，會比較著重在民間利益團體的互動，包括募款、宣傳與媒體公關方面。而一般非選舉時期，大多數花費的時間則是以選民服務居多。

六、選舉制度之改變

立委A表示，整個政治公關環境因選區改制而產生改變，過去在大選區環境下，政治公關的重要性在與地區的特定對象長期互動。而採單一選區之後，每一個環節必須重視，包含接觸地方的利益團體、媒體、社團等等。乍看之下，這個說法與黃秀端①的主張剛好相反，黃主張在大選區的制度下，

---

① 黃秀端（1994），《選區服務：立法委員心目中連任之基礎》，台北：唐山，p49。

同黨籍委員因為相互競爭，所以委員個人選舉時的政治公關活動將是重要關鍵，必須掌握各種機會。我們也可以發現，立委 A 所謂特定對象的政治公關指得應該是「樁腳」與地方的特定人脈關係。這也是黃秀端所謂激烈政治公關競爭下的產物；而在小選區制度之下，舊有的樁腳體系或許受到某些影響，甚至政黨型態對委員形象的影響也變大了。因此立委 A 會強調各種其他的環節問題，因為現在跟過去相比，並沒有任何可以寡佔性的政治公關互動，而必須面面俱到才能順利連任。

委員 B 認為他一直沒有強調選民服務以外的政治公關互動，所以針對單一選民服務來講，現在一個選區只有一個立委，不同於以往一個選區有多個立委的狀況，選民服務就顯得相當重要。委員 C 提供了一個很有趣的想法，他認為，選區改革之後，委員將會專注於地方化、利益化，至於全國性議題並非和個人息息相關，這將會給遊說者很大的政治運作空間。換句話說，小選區制將導致委員利益綁在地方性事務上，而讓全國性事務可以有相對靈活的空間，可能就會受到遊說者關說等影響，這是未來需要防範注意的重點。

助理 D 的看法則是隨著選區的改變，本來委員是跟藝人一樣的經營；現在必須直接與里長層級互動，活動規模趨向地方化，因此，在地方上與同黨委員、地方縣市議員、民意代表合作建立聯合服務處將成為組織上的新方向。

助理 E 認為，現在選民服務比重的增加就是來自於選區的改變，本來四種政治公關活動比重差不多，但是現在必須要把選區經營好，才有機會連任，所以有五、六成的業務都在處理選民服務。

助理 F 認為小選區制可以讓責任政治在立委身上更為實踐。一個區域只有一名立委，就不能再像過去一樣，某些委員混淆視聽說自己都有為地方爭取福利，反之，選區立委是否有認真為地方爭取福利很容易就檢視出來。

助理 G 也認為選區中只有一名立委，勢必會增加負擔。他還進一步提出執政黨與在野黨的不同點，如果處理的案件是無法與政府部門協調時，往往會請在野黨的立委處理；而當還有斡旋空間時，會傾向找執政黨的立委。

七、國會助理制度建立

立委 A 表示，助理的公關能力可由選舉期間和平時的地方選民服務來檢視，而在法案處理的能力則是可以再加強的。不過立委 A 個人認為法案部分還是親自處理比較恰當。在任用助理的偏好，則是以重「情」為主，也就是懂得因事制宜，行政庶務助理要另外要重視能力與忠誠度，法案助理的部份學經歷背景是重點。公關助理主要會委由親戚擔任，因為對於忠誠度的要求最高。

立委 A 也提出，培養助理不容易，連任的立委可以沿用本來有經驗的助理，但是新上任的立委要聘用助理，或是助理離職要找新助理，就容易完全沒有頭緒。依照立委中心的觀點出發，當然想降低聘任助理所付出的心力與風險，所以提出若採用證照制度，讓考試方式來篩選助理，至少能在專業能力上有一定的把關。事實上這也是一種矛盾，一方面需要助理能重情、知變通；另一方面又需要相當的專業能力，甚至要專業考照，反映出立委對助理要求的兩面性以及助理公關工作的複雜度。

立委 B 表示因為所屬助理都是長期任用，所以學、經歷與表現都很稱職，在待遇方面，台北辦公室會優於在選區服務處；在地方選區服務處的助理中，負責處理選民服務的又會比只在辦公室處理行政事務的好一點。針對現在的助理制度，立委 B 強調留住「人才」，來解決高流動率的問題，或許類似公務員的法治化過程，讓助理覺得未來有保障，才願意留下來，經驗豐富的助理對委員有非常直接的幫助。立委 C 對於國會助理法制化尚有疑慮，認為重要的是職養學能問題，比方說可能有些助理得薪水會比委員還多，因為他對各部會事務處理上，都有很好的成熟度，並有相當推動法案的能力等等。

其他的反對助理法制化的聲浪如：助理 D 直接指出，國會助理法制化的困難與不妥。首先，立法委員雖然是由政府支薪，仍舊不屬於行政事務單位，委員是有民意基礎的民意代表。因此委員的助理的地位，應該類似政府部門中的「機要」職務，應以委員需求為主來任用，若要進一步建立等同公務員的規範與制度，並非必要。加上每個委員對於助理的要求各有不同，無法用一致的標準來檢視助理能力。真正重要的是助理是否會利用委員名義從事不法勾當，這方面委員也應該負擔部份責任，在任用時更注重品行上的考量。

助理 E 認為國外的助理制度是相對健全很多的，至少趨向法制化、議題專業化，而台灣的發展傾向卻不同，目前主要都以照顧委員選區為主要任務。

助理 F 則認為若能比照日本的特別公務員制度，由國家考試授與專門職業資格，對國會助理有一定的評斷標準，即使無法一時之間全部達成，但可以逐步的增加這樣的名額，透過國家考試保障助理的職能與工作，才能降低助理的流動率。與助理 F 相比較，因為助理 E 年資較淺，對於制度要求不高；而對年資超過十年的助理 F 而言，長久的保障就顯得相當重要了。

助理 G 對於建立助理制度的態度，與助理 D 相近，他們皆認為助理應屬機要職，雖然由政府支薪，但是應該完全交由委員來負責聘任與評鑑，這是委員應有的權利。

由此可知，目前對於助理制度的發展與改善，大家仍然沒有共識。而問題的核心在於國會助理的定位何在？是公務員？或是秘書？還是法案的專業人員？選務人員？這都可能會導向不同的制度發展方向。目前爭議最大的，仍在於是否要採認公務員或是由國家考試來認可其能力；實際上這個主張應該會受到絕大多數委員和助理的支持，因為這樣一來，一方面對助理工作有保障，另一方面又可轉嫁委員對助理支出及訓練等人力成本。當然也有人指出國會助理有本質上的定位問題，不應如此運作。

八、小結

綜合以上所述，在討論選民服務時，可以發現所謂的「資訊補貼」也是一個重要民意來源。就媒體公關而言，是依照黨團機制或是委員有固定的運作方式，此時助理的守門角色是相對低的。在國會助理制度的想法，則有相當大的歧異，至少就包含公務員化與非公務員化的兩個發展方向。整體而言，國會的政治公關活動看重度依序是選民服務、政府部門、媒體記者、民間團體，當然也有中國國民黨的助理反映，對媒體記者的重視程度遠高於平均值。

在辦公室與服務處之間常有互補的關係，一方會以法案及媒體、政府部門為主，而另一方以地方選區服務為主。在角色認知上，選民服務方面國會助理主要是扮演守門人的角色；但是有深入參與經驗的助理則表示，也有相當的獲益結果，這點應該是助理工作的重要角色認同。而媒體記者與民間團體的部份就不太一定，當委員選擇直接面對記者或利益團體，助理所扮演的角色就相當有限。當然針對這方面，本研究設計忽略了政黨所扮演的關鍵性角色，是委員的一個重要政治公關場域。

至於因為選區變革所帶來的影響，大多認為會加重委員與地方事務關係，一方面選區中只有一個委員，因此必須注意每個細節，以求取連任。但是另一方面，舊有的樁腳系統會改變，甚至造成在全國性的議題上更無主見的情況等，這部份是我們可以持續觀察的重點。

國會助理制度的發展上，委員們的想法都是以希望把培養、訓練助理的成本轉嫁出去。因此，制度化、考試化、職能培養等都是可行的方式。但是助理們本身的想法就較為深入，因為會牽涉到自我定位的問題，助理到底應該是政務的機要職？還是類似行政體系的公務員？這兩個方向都有助理提出見解。如果考量委員的差異性，並且對個人能力有相當把握的人，可能會傾向機要職的意見；反之，重視助理保障問題的人，則會傾向於公務員制度的發展。

本研究之目的，在於由國會助理的角色認知，及具體的政治公關參與經驗，來反映政黨、性別是否可能影響其角色認知，目前研究結果顯示，國民黨的委員雖然執政不久，除了重視媒體記者之外，尚未有明顯與其他政黨有不同之處；雖然女性的角色認知較強，但表現在各政治公關的具體活動中並無明顯差異。其中所描繪出來的政治公關互動議題，包括了助理制度問題、選區改制問題、政治公關互動的詳細方式，都是希望可以拋磚引玉，為未來更進一步以國會為主的政治研究，提供一定的參考資料。

基於前述之研究成果，本研究未來可發展的方向建議如下。首先，是針對執政黨政治公關活動的持續關心與研究，可使我們進一步理解執政黨委員與一般立法委員之異同；本研究因時間點上適逢新政府上台，因此比較後的顯著性會不足。其次，助理的薪資以及該政治公關工作的評價是否可以反應在角色的認識上？薪資越多的助理，是否越認同該項角色？或者越受委員與民眾肯定的助理，對於該項政治公關工作的角色認同越強？甚至也可以進一步探討三種角色認同之相互關係。

以政黨、黨團為運作核心的政治公關互動，並沒有在本研究的框架中突顯出來。但是在相關的研究成果顯示，委員個人的政治公關成本，是可以轉嫁到以政黨為主的運作方式中；這樣就跳過了委員個人助理的中介角色，以黨團助理或是委員個人相對於政黨的政治公關互動模式，將是另一種可行的研究途徑。

選區制度與政治公關之間的互動關係，從立委與助理們的反應，都與學者本來的預設有落差。而各位委員與助理對於改變之後政治公關活動的內涵、強度也有完全不同角度的見解，這其實是一個新制度論可以切入的研究方向。就是制度改變與人們之間的關係到底會產生什麼樣的轉變？是對於「如何連任」的不同想像？或是對於「服務對象」範圍的改變？抑或是對「政黨組織」或「個人名聲」運作經營方式的改變？這都可以成為進一步理論探究內容。

政治公關活動，以立法委員的立法職能為核心來探討，就如同前述「資訊補貼」的民意基礎來源；實際上這就是一個以立法委員為核心的「政策網絡」形成體系。由此觀點來看，立法委員、國會助理的政治公關活動會有一個非常重要的獨特性，那就是反應「民意」在「政策形成」中的價值互動與傳播；傳統以「政府」、「企業」等政治經濟學為核心的政策網絡研究，將可以得到更進一步與民主政治、政治傳播的互動成果。僅以此研究成果，獻給未來繼續在公共行政研究的同伴們一個踏腳石，希望能在學術的大海中留下一點指引方向的線索。

（会议论文，原文印发，文中用语和观点系作者个人意见）

戰後日本共產黨的民族論述
——一個葛蘭西學派的觀點

周德望*

一、前言

作為當代日本的政治現實，共產黨等左翼政黨當今的立場是捍衛現在的和平憲法堅持「和平」路線，並於經濟與外交政策上反對美國及世界資本主義。甚至如知識左翼學者子安宣邦所示，在國家論的立場上希望同時打倒天皇制及民族國家這兩概念①。但在剛戰敗時，共產黨在理論及實踐上卻並非如此面貌。

戰後的著名馬克斯理論家葛蘭西提供了一個新基點，避免落入傳統的歷史結構主義。他重新連結了資本主義下個人和國家間的關係；不僅要探究國家的本質，更要納入社會力量以及個人主觀的思慮，為歷史唯物論提供了一個系統性的辯證解釋概念。本文以葛蘭西學派的歷史統治集團論述來解釋為何日本共產黨戰後初期對於「民族主義」之重視遠勝於當代。雖然當初並非視葛蘭西理論為指導方針；但可透過葛蘭西的分析方法，理解日本共產黨正是為了建立歷史集團而發展民族主義論述。以日本為例，可以具體地以個別的歷史事實來深入描繪為了建立歷史集團，其與上層的霸權、鎮壓，以及下

* 作者簡介：周德望，中山大學政治學研究所博士生。
① 子安宣邦，詳見《國家與祭祀》一書。

層的經濟力量之間的辯證關係。

一直到一九七三年葛蘭西學派對於「霸權」、「歷史統治集團」和「市民社會」等概念之運用。使得其分析方法更為深入，更能去理解社會秩序架構的組成。而在此基礎之上，新葛蘭西學派以公民社會概念為基礎，提出了一種世界公民的秩序觀。而當時共產黨民族主義的建立，僅提及霸權、歷史統治集團；而沒有發展出世界市民社會的概念。

葛蘭西認為，歷史集團是透過國家和社會共同建立一種結構，當中的革命性結構必須夠強大才能夠取代原有的歷史集團。如此歷史集團必須要有具備在霸權社會階級存在的條件才能成功。霸權階級在國家或社會形式中，屬於支配性的階級；國家則透過宣揚共同文化，來維持歷史集團的凝聚力與認同。因此在西方國家的陣地戰策略中，共產黨應該扮演著領導、加強與發展對話的角色；此包含了勞工階級內部及對其他各階級之對話。在建構歷史集團的過程中，知識份子扮演了關鍵角色，發揮領導社會發展的功能，並維持了印象、技術與組織，透過共同認同將階級成員與歷史集團連結在一起。

而由勞工階級發展的有機知識份子，如欲建立勞工階級霸權的新歷史集團，則必須扮演著類似的角色，便必須發展一個與資產階級霸權具有清楚區隔的文化、組織和技術，並於新集團中與成員持續互動已達成此目標。對葛蘭西而言，任何人都是知識份子，而欲建立新集團的政黨則為「集體知識份子」。①

本文依循著葛蘭西的社會分析，下層由經濟力量，上層是文化霸權跟鎮壓。以此觀點來研究戰後初期最重要的歷史集團「日本共產黨」所扮演的角色，並以此解釋其民族主義論述之形成。本研究對象是作為歷史集團為「日本共產黨」，及以此為目標所建立的民族主義論述之歷史過程及內涵。

在資料上，本文以當代日本思想史研究者小熊英二②所著《民主與愛國》一書的資料整理為主。該書以社會分析方法解析日本戰後思想史，企圖

① 葛蘭西這個概念與列寧的革命先鋒隊是相對立的，前者是主張階級知識沒有差距，人人都可以發揮知識份子的功能，詮釋權並沒有獨立於大眾之外。而後者則是以少數的菁英領導大眾革命。

② 小熊英二，1962～。社會學者，專長為歷史社會學與國際關係論，現為慶應義塾大學助教授。

探究戰後日本知識份子與社會大眾所受到的戰爭與各種思想體系之影響。在其中所謂的左派與進步系統的知識份子是有其共同的知識背景。其中是以歷史發展為分析脈絡，先後以國際方面共產國際背景之相關指令以及國際情勢之影響；另方面是國內的經濟、社會與政治狀態之變革為重要之轉折。以此來檢視其共產黨在組織歷史集團中與其他相關概念之辯證關係，並在理論層次則分析書中提及的戰後中世紀馬克斯主義歷史學者石母田正之理論及實踐活動。

二、戰後日本的社會基礎

戰前大日本帝國的社會狀態，是以天皇制度為中心的歷史統治集團掌控了文化霸權與鎮壓，並壓制經濟力量投入戰爭；戰敗後如此的法西斯體系就遭到徹底的瓦解。文化霸權方面，戰前那些共產黨及各進步系統的知識份子等反對天皇制的人，因勇敢反對統治集團，且並沒有轉而放棄支持而造就了所謂的「獄中非轉向」神話，這成為了戰後的主要社會力量之一。除了這種針對特殊的英雄神話之外，根據小熊英二的研究，從一九四五年戰敗一直到一九五零年代中期以前，整個日本共產黨在社會上的影響力與地位，可以說就跟神一樣。其大致上可以分為三個理由：

第一是社會的，日本在戰後的高度經濟成長之前，有著非常嚴重的貧富差距。戰後的現實社會狀態中，都市與農村、上層階級與下層民眾之間的文化與經濟差距非常大。戰敗後街上到處都是孤兒與戰亂影響下的受害者。如此的社會基礎，共產黨的發展是可以想像的。①

第二是精神上的，共產黨是戰爭期間唯一公開反對過戰爭的政黨。戰前那些非共產黨系統的無產階級及相關社會主義政黨，後來都多少支持了戰爭。戰後，這些非共產黨系統的社會主義者結合成為社會黨；而共產黨因為

---

① 當時社會普遍貧窮的狀況很嚴重，根據 1948 年聯合國所出版的遠東調查，推定當時日本的國民平均所得是 100 美元，而當時的美國是 1269 美元。同時的斯里蘭卡是 91 美元、菲律賓是 99 美元、印度是 43 美元。在這個社會現實下，更直接支持了共產黨把日本視為亞洲後進國的論述。

沒有協助戰爭的污點，在精神價值上擁有優越地位。①

第三是知識份子的心理層面，這應是知識份子們的悔恨。小熊英二特別指出，這並非支持發動戰爭或是左右戰爭政策之類的問題；而是知識份子們在戰爭中所處的位置及所作所為的倫理問題。這讓知識份子自覺孤立於民眾，而且會有著企圖融入社會整體的心理。

因此，共產黨實際上成為了戰後最具有文化霸權的知識份子。知識份子們有著以悔恨為精神動力；因此為了擁抱民眾及填補天皇制國家解除之後所留下的空洞體制這兩個目的，各種不同的派別的知識份子都企圖在理論及實踐上可以建立包括國家與社會的歷史集團。戰後初期知識份子們大多居住在都市，事實上掌握了西洋知識與自由、民主等反戰意識的文化優勢；但因為前述社會與鄉村的貧富、文化差距因此知識份子們內部有著結構上的嚴重斷裂。換言之，當時可以說有共產黨系、所謂的進步系自由主義者以及傳統自由主義者至少三大系統在競爭著填補過去天皇制國家所象徵的歷史統治集團。他們一方面要結合代表經濟力量的鄉村；另一方面要面對代表鎮壓軍事力量的美國及其後來的親美政權。一言以蔽之，民族主義論述有其歷史環境的需要，亦發生在共產黨想要建立歷史集團的論述中。

三、一九四五年的戰敗

一九四五年十月十日，靠著盟軍佔領軍命令而被釋放出來的共產黨幹部們，發表了「對人民訴說」的宣言。當時日共歡迎「以解放世界為目的的聯合國軍隊進駐日本」，並同時運作打倒天皇制以建立人民共和國政府的路線。這點除了與戰後蘇聯為主的共產國際與美國對抗的路線完全不同，亦與馬克斯主義反對帝國主義的基本主張有相當的差距。把象徵資本主義的「美國」視為「解放軍」，這種共黨立場可能只有日本才有；這應是日共相對於其他共黨國家在民族主義與共產主義路線之間最大的差距。因此當時日本國家「鎮壓」的力量，指的是美軍；但就最初的和平路線而言，美軍是被當作

① 實際上這依靠的是極少數的獄中非轉向神話，如德田球一、宮本顯治等人。

支持共產黨建立歷史集團的一個外在因素。所以這「鎮壓」是雙重性的，一方面是來自外國勢力，另一方面是支持內部革命的。

原本日共的主張是傳統二階段革命論的，首先要執行類似法國大革命那樣先打倒封建君主制度的「布爾喬亞民主革命」，再來才是社會主義革命。但是，作為一種特殊的「戰爭經驗」以透過被佔領軍解放的經驗中，美軍得以被視為「解放軍」而出現在歷史進程上。或許有著對於戰爭經歷的厭惡，導致日本共產黨有所謂「和平路線」之論述：相信在美軍佔領下得以「和平手段」達到民主革命。且當時的文化思想霸權是反法西斯的社會主義或共產主義論述，整個上層結構似乎是非常適合產生以共產黨領導的歷史集團，這讓人們得以期待和平革命的發生。簡單而言，就「階級革命」的立場而言，這個時候「和平路線」似乎是壓過「二階段革命論」的。

正如葛蘭西所提，國家是透過宣揚共同文化，來維持歷史集團的凝聚力與認同。在前述「對人民述說」的宣言中，可見日共亦進一步主張「掃除軍國主義與警察政治，是日本民族從死滅中解放以及確立世界和平的前提要件」。這所謂的「日本民族」是被形容為「軍國主義」與「警察政治」的受害者。換言之，這個論述中包含了對於民族的承認，甚至是要解救日本民族的「愛國心」。換言之，日共建立了其愛國的「國家論述」作為歷史集團的範圍及歷史基礎。

這「民族獨立」的立場則是延續了當時國際共產主義運動的官方路線。當時為了對抗法西斯主義，共產國際主張各國內以共產黨為主來結合各種勢力構成「人民戰線」。這種革命戰術在一九五三年第三國際的第七回大會中被採用；並被具體應用在二次大戰的中國共產黨及歐洲戰場對抗納粹的戰爭中。特別是中國共產黨在抗日的過程中，所主張的就是一種由殖民地狀態下的民族解放。這殖民地「民族解放戰線」，亦是符合二階段革命論的。因為在殖民支配之下，打倒封建傳統勢力與民族獨立被視為是一體的。中國共產黨批判舊勢力為協助外國的「買辦勢力」；這此論述之下，得以同時進行「愛國」的對外抗日戰爭以及「解放」的對內社會主義革命。

1946 年 3 月，於日本共產黨雜誌「前衛」第二號，刊載了論文「關於愛國主義」，再次確定了這樣的愛國路線。該文是翻譯自 1945 年六月時刊載於蘇聯的全聯邦勞動組合之中央評議會官方雜誌之上之文章，其可說是二戰戰後共產黨系理論者愛國論之基礎。其主要的貢獻在於區別了「真正的愛國主義」及「布爾喬亞民族主義」。後者那種民族主義是有害於世界和平的，那是主張「自己民族的自我優越性」，這會導致民族偏見以及帝國主義的慾望。所謂「真正的愛國主義」指的是如同殖民地的獨立運動及法國大革命那樣，是為了自己民族自由而戰的意志及尊重他民族平等的權利。

四、一九四六年對新憲法的戰爭觀

戰敗後，以天皇制為中心的法西斯體制瞬間崩解；而隨之重新匡定這個國家架構的就是日本國憲法。於 1946 年開始的針對日本新憲法之爭論，導致了戰後社會主義者的大分裂。支持憲法草案的社會黨及堅持打倒天皇制的共產黨，陷入了嚴重的對立危機。但就日本的國內及國際的現實而言，保守勢力與美國都支持這憲法草案。新憲法對共產黨而言有兩個特別重要的意義，其一是象徵天皇制，其二就是放棄戰爭的憲法第九條。當時的立場與現在日共堅守憲法第九條的態度不同；戰後初期的日共是全面反對新憲法，包括了對天皇制及放棄戰爭的第九條。如在 1946 年的憲法改正審議中，那時共產黨眾議員野坂參三①就主張「隨著自衛權的放棄，我國會有危及民族獨立的危險。」來反對憲法第九條的和平主張。

當時共產黨將戰爭區分為為了人民而戰的「解放戰爭」，以及與資本主義、帝國主義之間的「侵略戰爭」。換言之，並不是全面反對戰爭；且更進一步，否定了所謂「和平中立」的概念。因戰後初期所謂的「中立」，指的是在世界的兩大陣營中，不打算加入社會主義這一方。以日共的立場來說，正如中野重治②所提倡，戰後的日本不能只是追求消極的和平；而是必須加

---

① 野坂參三，1892～1993。原名為野坂參貳，日本共產黨早期重要政治人物，曾任眾議員、參議員。日本六全協後的第一任書記，奠定了日本共產黨至今穩健派路線的基礎。

② 中野重治，1902～1979。小說家、詩人、政治評論者。曾與參與「政治與文學論爭」，確立了日本戰後文學的基礎。於戰後初期曾任參議員，後因與共產黨的政治理論對立而被除名。

入國際社會主義的陣營；如果不為世界和平做出積極貢獻的話，是不能抵銷這個發動戰爭的罪過的。如果接受了憲法第九條的放棄武力就是放棄了積極貢獻的機會。

就馬克斯理論來說，真正要廢止戰爭，當然不是僅以單方面的口號就可達成的，因戰爭是資本主義及其末期之帝國主義所必然發生的事情。所以當時的共產黨員的基本共識是：「這個世界只要有資本主義存在，就一定有戰爭的危險」。德田球一①在憲法改正會議中明白指出放棄戰爭是不行的，他指出：「戰爭實際上是由資本主義的內部矛盾而起的，如果拋棄了這種必然戰爭的話，那怎麼處理資本主義問題?」換言之，在無產階級革命成功之前，一國社會主義②是不可能的。那時共產黨所設想的是將日本作為一個共產黨所領導的國家，認為這必須擁有獨立的軍事與鎮壓力量來對抗資本主義。這種戰爭觀與前者將美軍視為解放軍之間是互為矛盾的；可以說這為後來兩者間衝突埋下了理論上的依據。

五、當時知識份子民族主義論述下的民眾觀

戰後日本社會有著非常嚴重的社會差距存在。接受所謂西洋文化及對於知識的享受，都是被視為是都市中產階級以上的特權。換言之，知識份子是獨立於民眾而存在的；而戰後日共基本上就是以知識份子們為核心所建立的。在這些知識份子之間，黑格爾或馬克斯主義都是被當作常識的。主張進

---

① 德田球一，1894～1953。左派政治運動家、律師，曾任三屆眾議員，是日本共產黨的代表人物。因反對戰爭與天皇制，堅持共產主義道路而在太平洋戰爭時入獄，一直到日本戰敗才被釋放。其在稱呼美軍為解放軍的同時，再建了日本共產黨。

② 一國社會主義，相對的是共產國際主義。一國社會主義指的是共產社會得以在單一國家內存在；而非需要全世界的無產階級革命，徹底打倒資本主意才得以存續。換言之一國社會主義表示了在國際間得以與資本、帝國主義國家和平共存。

步的非共黨知識份子如丸山真男①等新自由主義者②，就是傾向黑格爾路線，而傾向馬克斯主義路線的就是本文所提共產黨及相關左派知識份子。

據1948年的調查，當時能夠完全閱讀新聞程度文章的人僅有4.4%。如此落差之大，足見當時知識份子間「民族」與「民眾」的論述，實際上是面對了一個認知分裂、非均質的日本而言，然後試圖去「創造」一個不同於以天皇為中心的共同體。一般來說，現在所知均質的日本社會基礎，那是指地方開發後，把都市與農村視為同一個日本，這都是一九六零年代之後的事了。

日本戰後著名政治思想家丸山真男就是知識份子最重要的代表。他於一九五一年一月的《中央公論》一月號發表了論文「關於日本的國族主義」。提出了屬於日本的民族路線，認為日本的超國家主義不同於西洋與亞洲各國的國族主義。以丸山的說法，西洋各國可以法國大革命為代表，國族主義是以打倒舊體制而與革命結合在一起。而如中國等亞洲各國，是以「愛國」為名來推翻舊有的王朝、地主階級等被西洋殖民地資本主義所支配的買辦勢力。換言之，西洋國族主義是在打倒封建階級時伴隨著資本主義同時出現；而亞洲各國則是在資本主義發展到殖民帝國主義之後，一次打倒封建與資本兩個階級而出現國族主義。但是，日本的歷史脈絡並不屬於這兩種。丸山指出，戰前日本並沒有完成國族主義的合理化，只是大量生產「忠實且卑屈的僕奴」，因此戰後的日本一瞬間就失去了過去那種表面的愛國心。而左派知識份子們就是在這個背景下，與所謂進步系、保守系的自由主義知識份子競爭著這個不同於戰前法西斯體制的新民族論述。

一九五0年代的左派知識份子們，常常提及「單一不可分的日本民族」並以「單一民族國家」為其建立歷史集團之號召。這「單一不可分」的概

---

① 丸山真男，1914～1996。日本戰後最重要的政治思想家，並致力於建立戰後日本的民主主義。其以「丸山政治學」與經濟學者大塚久雄的「大塚史學」並稱。至今丸山的研究成果仍為日本思想史最重要的參考依據。

② 新自由主義者，這裡指的是戰後知識份子中，非共產黨系統，但是對於政治有改革理想的人，如丸山真男、大塚久雄等人。亦就是所謂的戰後民主主義者，這是用來區別所謂保守派的傳統自由主義者。

念是翻譯自法國革命政權的標語「作為單一不可分的共和國」。其目的指要克服地方的分裂，而成為單一的「國民」。與「單一民族國家」相對的是「世界帝國」、「殖民地領有國家」、「多民族國家」等。如馬克斯主義中世紀史家藤谷俊雄①在一九五二年所提出：日本於戰敗前本來是擁有殖民地的，因此戰前的日本在本質上是一個「多民族國家」。而享受西洋文化就等同於中產階級的日本社會，所謂「世界市民」就是跨國企業資本家的代名詞。此所要建立的「單一民族」是相對於世界而言，指的是一般國內各地方的「民眾」。至此日本共產黨的論述發展有類似於葛蘭西的世界市民社會的概念；不過所謂的世界市民所指的是跨國資本統治集團及其所代表的文化意義，是作為革命的對象而存在。

那時所指的「民族」並非單純的「國家」概念。根據 1954 年十月以日本京都大學一年級學生為對象的調查中。回答愛「國家」的有 25%，愛「國土」的有 83%，愛「民族」的有 61%。明顯反映所謂「國家」的概念也許受到了戰前的國家主義思潮影響，而受到的低評價。所以在戰後初期，「愛國」或「民族」主義，很明顯不是以「國家」為單位在思考的。這就是一個將歷史統治集團與傳統國家觀念相分離的契機，而是改以「民族」為號召，重新建立起新的國家與社會關係。

在如此的背景之下，作為文化霸權的知識份子們要如何達成其社會與國家間的整合呢？首先要面對的就是下層經濟力量與一般民眾。那些孤立於民眾的知識份子們在戰後開始了所謂「啟蒙路線」，陸續成立「廿世紀研究所」、「思想的科學研究會」、及以左派知識份子為主的「民主主義科學者協會」等。各類的知識份子集團，一方面推動社會科學的共同研究，另方面到各地方舉辦演講會或座談形式的「啟蒙活動」。如同葛蘭西所談，必須有在勞動階級的「有機知識份子」才能達到其建立新歷史集團的可能性。但這種以上對下的「啟蒙」教育，實際上可能只是延續著過去天皇法西斯體制的老策略，很難達到階級間的具體交流。

---

① 藤谷俊雄，1912～1995。日本歷史學者，部落民問題研究專家。為日本戰後重要的馬克斯主義歷史學家。

如此啟蒙運動隱含了一個重要的問題，就是「民眾的啟蒙是否可能?」就這問題上，共產黨著名史學家石母田正①與戰後的進步系經濟學者大塚久雄②有著不同的想法。石母田根據其戰前參與勞動運動的經驗，認為民眾可以在具體的實踐中改變自己，是可能慢慢地覺醒的。而大塚則認為「日本勞動階級在思想上缺少了進步的要素；具體來說，日本的勞動階級是落後於俄國革命時的勞動者的。」換句話說，依照大塚的想法，在日本民眾擁有近代精神之前，就不算進入近代社會，且所有外在的努力都是沒有用的。

石母田與大塚兩人重視的都是如何改變人的「精神力量」，只是石母田依照的是列寧的菁英路線，以革命先鋒隊來教育、組織民眾；而大塚基本上是把「精神改造」視為是一種隨著社會結構自然發生的。換言之，大塚不相信人為教育、作為的可能性，這可以說是另一種極端的歷史必然論述。結果正如大塚所主張，這種由上往下的啟蒙活動並沒有成功，而且在一九五〇年代前後由於對近代化的反思受到了嚴重的批評。

六、國際文化與帝國主義的影響

前述戰後高舉「科學」或是「民主主義」的啟蒙運動，事實上是以西洋為模型的「近代化」發展路線。1949 年中國革命對日本的衝擊，正是對這個近代化最大的反證。明治維新以來，日本的知識份子多以文明開化為方向，以西洋近代化的模型來蔑視中國。然而，歷史事實是中國共產黨成功地組織了遠比日本還落後的中國農民們打倒了由美國援助的買辦階級「國民黨」，一舉在社會主義的路程上超越了日本。於 1940 年代後半的印度與埃及等地，亦先後完成了殖民地獨立的目標。1950 年十月，於印度 Lucknow 召開的國際會議「太平洋問題調查會」，對於民族自決與民族獨立、「西洋的支配」下之「東洋的抵抗」，以及所謂「亞洲人的亞洲」這樣的議題拉到國際

① 石母田正，1912～1986。日本馬克斯主義歷史學者，專長為中世紀日本史。其著作多被視為是正統派的唯物史觀。本文將深入介紹其思想貢獻。

② 大塚久雄，1907～1996。日本經濟史學者，專長於歐洲的資本主義發展史研究。與丸山真男為戰後民主主義代表之學者。

層次上討論。作為具體的歷史事實及戰後的民族主體性發展，都再次刺激了日本戰前那種近代概念，使得戰後日本重新思索西洋近代的同時，亦同時重新評價了「亞洲」。

石母田正提出了屬於亞洲多線性的近代發展概念，指出「民主主義、社會主義、共產主義這些用語實際上不僅是屬於歐洲才有。亞細亞民族本身擁有不同於歐洲的法則，是可以由內部開始，以自身的努力來開創新的時代，而中國的革命正證明了這點。」這種對於中國觀的再評價，正直接衝擊著戰前主導的單線性近代觀念。

另一個重要的歷史事實，就是普遍存在於日本戰後左右派的反美情感。戰敗後的日本是非常貧窮的；相對地，美國的存在就是富有的象徵；而駐日美軍更被視為傲慢的勝利者。美軍在日本的暴行，僅以日本政府有支付慰問金的案件來算，1950 年有 1112 件，而 1952 年甚至高達 2374 件之譜。當時因為佔領軍的新聞檢查，所以相關美軍暴行的消息是被封鎖的，包括關於原爆的後續報導，亦為被檢查的對象。而且佔領軍在日本擁有治外法權，日本警察是無法直接管理在日美軍。雖 1952 年的舊金山和約之後就結束佔領狀態，但在締結了美日安保條約後，美軍與其相關法律特權依然存續。就算美軍原本被視為解放軍，但在當時馬克斯歷史學者的觀點中，亦常把這狀況描繪成幕府末年簽訂不平等條約的狀況。1950 年之後左派與美軍的對立日益嚴重，就依據美軍的具體佔領經驗逐漸發展為「把日本視為美國的殖民地」或是一種半殖民狀態。同時日共開始提倡應模仿中國共產黨進行民族獨立鬥爭。可以說，凸顯美軍在實質上就是作為「鎮壓」力量而存在，而且有其「資本主義」及「外國」之原罪。

第三個時間點 1950 年的コミンフォルム（Cominform）① 批判。

原本在 1940 年代初期美軍剛到日本時是被視為和平解放路線。但隨著日本共產黨於 1948 年三月組成民主民族陣線，以及美蘇冷戰狀態升高的背景下。一直到 1950 年六月的韓戰爆發，日本政府開始排除內部的共產黨員，

---

① Cominform，是共產黨勞動者情報局 Communist Information Bureau 的縮寫。是各國共產黨交換情報的媒介，在史達林死後於一九五六年廢止。

且禁止共黨相關文宣、雜誌的出版，於是共產黨與佔領軍的對立逐漸表面化。

而最關鍵的轉折是來自國際「Cominform 批判」的衝擊。1950 年十月共產國際的官方雜誌 Cominform 上發表了一篇批判了日本共產黨和平路線的文章。認為將美軍視為解放軍，並企求和平方法達到社會主義革命是錯誤的道路。主張必須對「殖民地的收穫者」、「美國帝國主義」發動鬥爭。該文章並沒有署名，但傳聞執筆者就是史達林。其目的很明確，就是面對即將發生的韓戰，希望日本共產黨與美國全面對決。至此就是將這個美軍的「鎮壓」力量認定為「非共產黨歷史集團的一部份」，為了與其決裂，訴諸「民族」就是一個好的運動方式。該聲明強調的並不是「階級」，而是一種極端的「民族」。將日本的現狀視為被美國帝國主義及資本主義所「殖民地化」或「軍事基地化」，都是日本「民族獨立的威脅」。想要打破這個狀態，民族獨立鬥爭就必須優先於階級鬥爭，並且聯合可對抗美國資本主義的在地「民族資本家」，將「全國的愛國者」結合為民族解放戰線。

該文同時提出「文化層面」的批判，認為在美國文化滲透之後，會壓迫到「健全、民主的日本民族文化」。在此方針指導之下，屬於共產黨主流派影響下的文化團體開始稱讚所謂的傳統「民族文化」，以批判迎合美國文化侵略的 Cosmopolitanism 世界市民主義及所謂的「近代主義」。所謂傳統文化包括了本來被視為封建象徵的茶道、插花、大佛等，甚至本來深受皇國史觀所提倡的「日本武尊」① 亦被視為是「民族英雄」。在此同時，提倡對民謠、傳說等的再評價，以所謂描述民族（民眾）的「國民歷史學運動」席捲了整個日本的歷史學界。同樣地，發生在文學界的是重新檢視如《萬葉集》那樣傳統經典中的「民眾性」。這些重視民族文化的方針，實際上並不是僅發生於日本，如東德在 1949 年決定了「民主德國民族戰線」之決議後，亦重新開始檢視德國傳統文化中的民眾性。

① 日本武尊，日本神話中的英雄人物。又名倭建命或小堆命。他以日本的大和朝廷為據點，先後西征、東征統一了日本，確定了天皇與伊勢神宮的關係。換言之，他是統一日本，確定天皇神聖性的第一人。現為日本家喻戶曉的民族英雄。

在如此氣氛下，本來深受共產黨批判，那些做為中產階級的「市民」，以及被肯定的廣大「人民」，現在都被替換成「國民」或是「民族」。1951年十月，日本共產黨的第五回全國協議會，就決定將黨規約中所有的「人民」字眼都解釋為「國民」，以去除其社會階級的差異。

七、所感派與國際派的分裂及其結束

前述的 Cominform 批判對於日本共產黨最大的影響，就是直接導致了日共分裂為以德田球一為主的「所感派」及宮本顯治為主的「國際派」。「所感派」接受該文主張的立場，將民族鬥爭放在前面；而「國際派」則是繼續主張階級革命。兩派人馬在各支部展開權力鬥爭，並透過各自所屬的組織相互批評。最後「所感派」成為主流，徹底放棄了原來的和平路線，於 1950 年三月發出中央委員會的聲明「為了民族獨立而向全人民諸君訴說」，不久之後開始全面展開武裝鬥爭。

所謂的武裝鬥爭，是在作為美軍遠東要塞的日本內部，擔任擾亂美軍與政府的角色。為了這個目的，共產黨的青年們以「山村工作隊」為名，被組織送到日本各地，以燃燒彈、爆裂物等展開暴力革命。然而，結果不只是導致被警察鎮壓，日共更被視為恐怖激進團體而使得形象嚴重惡化，在一般大眾間的支持度大量下滑。本來在 1949 年還有 35 席的議會席次，到了 1953 年就僅剩下一席而已。

到了 1955 年，日共第六次全國代表大會決定停止如此武裝鬥爭路線，並同時結束了黨內的分裂狀態。隨著主流「所感派」的主角德田球一於 1953 年死於中國之後，宮本顯治及其原來的國際派幹部們陸續回到黨中央。於六全協的決議中，雖然放棄了武裝鬥爭路線的極左冒險主義，但是依然繼承了所謂「為了民族獨立而鬥爭」的方針。接替武裝鬥爭的是以「合唱」運動來增加支持者，改以選舉為方式，進入議會的和平路線。

事實上，日本共產黨這樣的改變，依然有其共產國際潮流的背景。因韓戰爆發武力衝突而情勢高漲的東西冷戰，隨著史達林的死亡及韓戰停止而冷靜了下來。新上台的蘇聯領導人赫魯雪夫，改主張與資本主義「和平共存」的一國社會主義路線，這樣變化直接影響了日共之運動方針。而原本被動員參與武裝鬥爭的年輕人們不滿如此的改變，於是產生了所謂的「新左翼」。其立場為批判逐漸穩健化的日本共產黨；繼續主張激烈的直接鬥爭，尤其同樣地反對所謂的「民族戰線」，而與社會其他力量對立。結果這新左翼在日本社會一直是極少數的存在。

八、經濟層面的民族論述

作為歷史的事實，戰爭才是導致了日本社會嚴重貧窮的主要原因。本來視民主化為防止戰爭的最好手段；但在一九五0年前後所爆發的韓戰，卻發生令人矛盾的結果。因韓戰軍事需要的景氣力量，使日本經濟有了快速的成長，這大發戰爭財的現象導致所謂「更好的生活」就與「和平」之間出現了矛盾。這時日共亦提出了一種經濟上的「民族獨立」為論述，主張必須切斷日本在美國亞洲作戰而受益下的經濟從屬關係，進一步以日本自己的力量來恢復經濟，這才是採取守護和平的最好手段。

那個年代的社會主義是以「更好的生活」來爭取大家的支持。而在整體社會都非常貧窮的戰後初期，社會主義提出的具體方法就是以合理的計畫經濟來增加生產。而其最主要的歷史背景在於，相對於美國不久前才爆發的經濟大恐慌，蘇聯則以五年計畫等方式來提高生產與經濟力，這事實為日本的知識份子們留下了深刻的印象。

依照小熊英二的看法，社會主義思想的核心是指出，在社會整體都很貧窮的年代，僅以強迫自己「忍耐」、「勤勉」是無法達到個人利益的。在落後的社會倫理之中，農民們是孤立的，僅會服從階級上的壓迫而不會去探討這個結構上的問題。換言之，把貧窮視為「命運」，就是一種對社會整體絕望的道德觀。而社會主義所要建立的「新道德」，不僅是單純地否定「舊道德」那種隔絕式的社會關係，更有進一步「超越貧窮」的意義。經濟貧窮被定位為是迎合地主與資本家的控制所導致的。因此，貧窮這不僅是經濟問題，更是人們社會組成的關係以及精神層面的事物。

以馬克斯主義理論的角度而言，這有著葛蘭西的影子。但這基礎是建立在作為僅有「個人」而沒有「整體」的自我主義之上的。所謂的日本「新道德」實際上就是重新「建立社會中人際關係的倫理」。

九、理論層面的近代觀民族論述

原本戰前的馬克斯主義歷史學者，主要還是關注在資本主義發達的近代史研究。但在戰爭中，主流的馬克斯主義研究受到嚴重的壓制，到最後還能存留下來的僅是古代史與中世史研究。戰後馬克斯主義歷史學界的領導者，最為人知的是中世紀史家石母田正、松本新八郎及古代史家藤間生大等學者。他們於戰爭時期就發行了民間刊物《歷史學研究》，戰後復刊之後與《歷史評論》成為馬克斯主義歷史學論述的兩大重點刊物之一。

最具代表性的是在戰後出版了《中世世界的形成》一書的石母田正。該書以位於伊賀國①的莊園「黑田莊」為舞台，描繪從「古代」結束到「中世」開始這樣的「歷史必然性」。其中用來象徵「古代」的是日本傳統寺廟「東大寺」，而象徵「中世」的是「黑田惡黨」。在這歷史故事中，應該體現「進步」的黑田惡黨最後失敗了。換言之，這歷史必然性並非「必然」的；石母田認為原因在於惡黨的「孤立性」。這孤立性就是指黑田惡黨不符合一般民眾的道德與倫理概念，僅能自成小團體以恐怖或武力等手段控制社會，卻不能真正與民眾站在一起。而以那時莊民的立場來說，是非常恐懼武士集團統治的，所以這些莊民本身就有違反「進步」或是恐懼「進步」的想法。而且，東大寺不僅是武力鎮壓而已，事實上所謂宗教支配的力量是超乎想像的。其結論就是，在如此社會關係與意識型態之下，想要以內部力量來使歷史進步是不可能的。

該書反射到戰後的日本，這孤立於民眾的黑田惡黨就是指進步的知識份

① 伊賀國，日本的古國名，自古為東大寺的領地，一直為日本非常貧窮落後之地。現今位於三重縣西部。

子們；而封建、落後的代表就是天皇制。一言蔽之，戰後左派知識份子們就是要與那些深受天皇制思想與社會結構影響下的日本人民對決來推動歷史的進步。而依該書的結局來看，石母田應該是抱持著悲觀的態度。事實上，於戰爭時的知識份子們就有些人期待著由民眾起義來推翻天皇制。但是結果卻符合了石母田的推想，那就是連宣布投降都必須依靠天皇的命令；日本人民根本沒有由內部從戰爭中發展抵抗天皇制的歷史進步能力，期待民眾起義更是不可能的。換言之，石母田的歷史研究正好呼應了葛蘭西的社會分析，下層由經濟力量，上層是文化霸權跟鎮壓。那是一種辯證關係，而非單純馬克斯主義者單純經濟決定論的因果關係。

而保守系的知識份子們，則提出的是另一種「古老」的民族觀。石母田在 1947 年批判津田左右吉①為「市民的歷史學」，就是因其「民族觀」。津田雖然反對天皇神聖性及皇國史觀，但其將「民族」視為由書寫記紀神話的時代開始就存在的「文化共同體」；而作為這個文化象徵的天皇制，結果依然是受到支持。以石母田的角度來看，津田就是不理解民族是「近代的創造物」，所以無法正確地理解民族的意義。

在 1948 年「民族文化的問題」座談會時，石母田主張所謂的「民族文化」並不是尋求過去的傳統，而是「以勞動階級為中心創造新的文化」。並將其區分為「支配者文化」及「民眾文化」。前者是封建時期有統一意義的民族文化；而後者是在階級身份制度下，下層民眾真實生活的創作，如民俗與民謠等等。所謂的新文化就是要立基在這種民眾文化之上。這時石母田的觀點與葛蘭西對著新歷史集團的建立有著類似的見解。石母田視外來的西洋文化僅能只是少數人的「支配者文化」，這是無法建立起屬於日本民眾的主體性的。因此，為了從民眾中學習到真正的文化來開創未來，石母田在 1950 年代推動了國民歷史學運動。

---

① 津田左右吉，1873～1961。日本史、中國史學者，以近代史料觀點批判皇國史觀而聞名。但於戰後支持天皇制而受到右派的歡迎。其所謂的「津田史觀」時至今日仍為日本歷史研究方法的重要基礎。

十、一九五〇年代國民的歷史學運動

面對戰後日本的社會現實，知識份子必須要想辦法解決「孤立於民眾」這樣的狀態。當時解決這個問題的方法之一，就是前面提過的啟蒙運動。當時石母田曾在屬於社會主義陣營的「民主主義科學者協會」事務局從事著派遣知識份子到地方鄉村去從事啟蒙演講的工作。但他卻發現這實際上是延續明治時代以來啟蒙活動，這些講師們並沒有由人民那邊學到什麼。雖然內容不同，但是這個就跟過去文明開化以及天皇制國家一樣，從事著是一種以上對下的教育方式。換言之，完全無法達到如葛蘭西所說以民眾為中心的有機知識份子來建構整體性的論述。

為了回應這個問題，石母田在一九四八年的《歷史評論》發表了「村的歷史、工廠的歷史」一文。後被收錄在一九五零年代國民的歷史學運動中的「聖經」《歷史與民族的發現》一書中，為後來的歷史學發展奠定了「知識份子必須向民眾學習」的基礎路線。該文指出，所謂的歷史通常是指由政府或知識份子這些所謂的文化權威所塑造並給予民眾的。相對於此，應該提出以民眾自身「自由的創意與興趣」來書寫的歷史，這就是最理想的「民族文化」。換句話說，這就是葛蘭西所謂歷史統治集團的社會文化基礎。

當然，真的要靠勞動階級自己來寫作歷史是有困難的。因此，這需要歷史學專家的合作。這些知識份子必須承認自己所知有限，應該慢慢地向人民學習，以此來確定自我成長並重新定義自己與他人的關係；歷史就不只是過去的事物而已，而是一種具體的歷史創作。換言之，這是一種主張把知識份子融入民眾之中，彼此學習達成共識的過程。

不過，國民歷史學運動面臨了兩個困難。首先是實踐上的，那就是知識份子對於農村知識的嚴重不足，導致具體成果都出了嚴重的問題。另一方面，是共產黨的民族主義理論方面。因石母田所主張的「民族」或「民族文化」，基本上是否定過去封建、資產階級的傳統文化，而指向一個立基於民眾文化的未來創造。如此觀點，實際上並非當時馬克斯主義歷史學界的定論。如羽仁五郎對於中世紀日本的自由都市「堺」之研究，及藤間生大對於日本建武中興之相關成果，這些都強調在過去民族發展史中革命與自治的歷史。以石母田的角度而言，前述兩人的研究成果都隱含了又回到以「血族」為中心民族觀的危險。

十一、一九五〇年國際共產路線影響下的新民族觀

一九五〇年代以前，馬克斯主義者強調「民族」是近代的產物。作為共產黨具體的指導方針，是來自於一九一三年史達林的論文〈馬克斯主義與民族問題〉。該文的立場是以馬克斯主義的發展階段論，認為在近代資本主義的發達所產生在市場、語言、文化等共通性之後，才開始有了「民族」。

不過隨著前述於一九五〇年六月的韓戰爆發，在十月的 Cominform 批判出現之前，就已經開始提出不同的民族論述作為基礎。刊載在日本共產黨機關誌《前衛》一九五〇年八月號關於史達林的語言學論文開始。該文認定近代的民族 nation 是在資本主義出現之後才形成的。但是作為其發展的歷史基礎，就應該重視其處於近代之前的「民族體 folk」。原本主張民族是「未來」的石母田隨即改變了立場，並於一九五〇年九月卅日，在東京大學所召開的民主主義科學者協會，報告了該篇論文，並且大力鼓吹這種民族觀的轉變。

石母田這樣的轉變，亦是一種對自我的批判。他在介紹史達林的新論文之同時，強調了「大眾才是民族」、這是「將階段與階段、時代與時代慢慢地聯繫在一起的土地」。以此來說的話，先前他主張近代以前沒有「民族」存在的機械性的斷定，就是無視大眾存在的歷史事實。

這時同樣地有著亞洲再評價的影響。自中國革命以來，亞洲的殖民地獨立運動一直受到注目。但是，如果以單向式地認定近代化之前沒有「民族」的話，那在資本主義不發達的地區，是否「民族獨立」亦是不可能的？這會造成殖民地獨立論述的矛盾。

石母田解釋原本史達林在一九一三年的論文主張階級鬥爭，是考慮到第一次世界大戰的主要戰場在歐洲，是為了批判那些煽動民族間對立的布爾喬

亞民族主義所提出來的。但是到了二戰戰後，主要的「民族問題」並不是處於先進國家之中「布爾喬亞民族主義」的對立，而是轉變為帝國主義與民族解放鬥爭的對立。共產黨的方針一直是區別「布爾喬亞民族主義」以及無產階級的「真愛國」。依據石母田的看法，以「民族」為名來隱藏國內的階級對立，並且煽動民族之間仇恨的這些現象，都是「布爾喬亞民族主義」的弊端。而往「社會主義民族」階段邁進的蘇聯，就克服了這些現象。那是因為蘇聯直接組織了領域內落後地區的農民來支持革命，這代表了「一定程度的布爾喬亞民族主義，並不是通往社會主義民族階段發展的必要過程」。換言之，所謂社會主義民族主義的歷史集團並不必然依附於近代化的資本主義進程、布爾喬亞民族主義這個線性發展而來。

在如此內涵的民族國家概念下，所謂「國家」是有其重要的角色。石母田在一九五二年的文章中，批判了戰前幸德秋水①所提「對國家觀念的否定」。並進一步主張被壓迫的民族必須從外部的帝國主義者那裡取得權力，並以此確定自己的主權。也就是沒有形成民族國家的話，不只是民族解放無法成功，國內的進步與革命亦是辦不到的。

十二、一九五五年的合唱穩健路線

一九五五年，除了前述共產黨在路線上及組織上的改變外。日本政治亦有了新的面貌。本來因是否支持日本再度軍備化而分裂的左派社會黨與右派社會黨，結合成為了日本社會黨。與其對抗的是，保守方的自由黨及民主黨結合成為自由民主黨。這就是所謂戰後的「五五體制」。以這年為分界點，之前戰敗初期的十年，日本是整體貧窮、社會文化經濟差距很大且充滿共產黨的革命色彩。但到了這時，就是一般所理解的經濟高度成長、安定繁榮的「真正的戰後」。

---

① 幸德秋水，1871～1911。本名幸德傳次郎，日本著名基督教思想家、無政府主義者。於1910年因刺殺天皇的大逆事件而被逮浦，隨後被處死。作為反抗天皇制，主張廢除國家的先鋒而聞名於後世。

社會亦有了顯著的改變，隨著電冰箱、電鍋、洗衣機等「三神器」的普及，大眾媒體如電視機也快速地成為國民的必需品。結果導致地方與階級的文化差異縮小了，社會開始真的成為「單一化」。值得注意的是，這裡對於「市民」的概念開始一般化，逐漸失去了原本作為「布爾喬亞」的階級意識。

在單一、均質化的日本社會建立之後，日共對於「民族」的論述就失去了社會背景的支持與動力。而隨之興起的「戰爭責任」論述，更衝擊著這些左派知識份子們。最後日本共產黨可說在戰後企圖推翻天皇制國家建立起社會主義的歷史統治集團是失敗的。

十三、結 論

作為日本的特殊經驗，加上以葛蘭西的歷史集團理論。我們可以看到日本共產黨隨著國內社會狀況以及國際環境、共黨指導方針之變化下，為何需要建構民族論述？以葛蘭西觀點來檢視其代表文化霸權的知識份子、代表外國鎮壓的美軍及日本政府，以及作為一般民眾的經濟力量間，加上共產黨的內在理論與外在指導，可以看出作為一個歷史統治集團的實際辯證過程。

而作為一個縮影，共產黨史家石母田的理論建構，在策略上符合了葛蘭西的主張。他一方面相信民眾有改變的可能性；另一方面又認為上對下的教育是需要反省的。其最大的轉變即在於「民族觀」，由本來深深受「近代化」的經濟單向影響的邏輯，轉變為認同民族體的的辯證關係。

當時的日本實際上隨著戰爭論與世界觀的改變，逐漸走向了一國社會主義的道路。最好的例子就是原本反對和平憲法發展成為堅守和平憲法來作為一個「不正常的國家」。可說這憲法已經成為了「民族」的答案，然而這也失去了其具體的革命論述，到了今天實際上除了打倒天皇制這點以外，共產黨僅能作為一個社會主義政黨而存在議會之中。

參考書目

小熊英二，2003，《民主と愛國》，東京：新曜社。

子安宣邦，董炳月譯，2007，《國家與祭祀》，北京：生活讀書新知三聯書店。

（会议论文，原文印发，文中用语和观点系作者个人意见）

兩岸應開展各項交流以增進政治互信
——以中國文化軟實力之運作為例

龔耀光*

一、前言

大陸於2010年1月28、29日在北京邀集黨政軍、各省市自治區對台部門舉行「2010年對台工作會議」，此一會議為年度例行會議，大陸各省市台辦主任均到會，就作好今年對臺工作進行交流。會議指出，各部門要按照中央的要求切實做好今年的對台工作，進一步全面深入貫徹胡錦濤總書記（胡6點）重要講話精神，堅持兩岸關係發展的正確方向，保持兩岸關係發展的良好情勢，推進兩岸交往制度化與機制化進程，深化國共兩黨和兩岸雙方政治互信，堅持貫徹寄希望於台灣人民的方針，繼續反對「台獨」分裂活動。要繼續按照先易後難、先經後政、循序漸進的步驟推進兩岸關係發展和兩岸制度化協商，全面協調有序地開展各項工作。要深化兩岸經濟合作，商簽兩岸經濟合作框架協議，積極擴大雙向投資，繼續扶持大陸台資企業發展，做好台商權益保障工作。要大力開展兩岸文化教育交流，進一步密切兩岸各界交往，鼓勵更多的台灣同胞尤其是基層民眾參與兩岸交流合作，在兩岸關係

* 作者简介：龚耀光，台湾备役陆军中校。

和平發展進程中不斷增進福祉。①

會議強調，各級有關部門要高度重視並切實加強對台工作的執行，為貫徹中央對台方針政策提供有力保障。要樹立大局觀，增強責任感，把各項工作做實、做深、做細、做穩，更為有效地推進對台工作，進一步開創兩岸關係和平發展的新局面。②

中共國家主席胡錦濤曾於今年元旦致詞表示：在兩岸關係方面，強調堅持「和平統一、一國兩制」方針，牢牢把握兩岸關係和平發展的主題，加強兩岸交流合作，更進一步造福兩岸同胞。由此可見，兩岸對加速推動和平發展、簽訂各項協議以作為規範機制的主軸，基本上是一致的。加以由此次大陸「年度對臺工作會議」所作的決議，更可以肯定這項事實。從「第 4 次江陳會」撤簽租稅合作協議，到 ECFA 拖延至今才展開正式協商，令人充分感受到兩岸交流及談判的腳步，似乎有遲滯的意味。③ 不容否認，兩岸在過去一年彼此互有讓步，甚至刻意「擱置爭議」來營造和緩氣氛。惟當互動過程逐步進入實質利益分配、甚至逼進主權堅持紅線後，2010 年的兩岸關係勢將是彼此「互信」考驗的一年。④

然而有關「政治互信」的增進，兩岸領導人雖都經常強調，但實施起來彼此仍是有一段相當距離。如最常引用的「九二共識」，即「一個中國，各自表述」。馬總統當選時就表明，未來兩岸關係要在「九二共識」基礎上發展。胡錦濤亦表示「祇要台灣承認九二共識，兩岸對話和談判即可恢復，而且什麼問題都可以談」。然而在現實上，台灣方面強調是下半截「各自表述」，而大陸方面則強調上半截「一個中國」，真的是各取所需。如在台灣 2009 年 11 月 12 日舉辦的「兩岸一甲子學術研討會」，大陸與台灣學者專家的發言內容，都依舊停留在另一種層面的「各自表述」景況下暢談政治互

---

① 〈2010 年對台工作會議舉行 賈慶林出席並作重要講話〉，人民網，2010 年 01 月 30 日。http://tw.people.com.cn/BIG5/14810/10881401.html

② 同上註。

③ 蕭源興，〈兩岸應強化互信以開展各項交流〉，《中共研究》，第 44 卷第 2 期，（2010 年 2 月），頁 28。

④ 國安民，〈2009 年兩岸關係回顧與展望〉，《中共研究》，第 44 卷第 1 期，（2010 年 1 月），頁 24。

信。2009 年 7 月中，馬總統當選國民黨主席時，胡錦濤即來電致賀「由衷期望貴我兩黨繼續推動兩岸關係和平發展，進一步深化政治互信，不斷為兩岸同胞謀福祉，開創中華民族的偉大復興。」表明能「深化政治互信」為開創偉大復興的手段。對於中共強力要求政治對話之訊息，馬總統以國民黨主席當選人身份，發表「正視現實、建立互信、擱置爭議、共創雙贏」16 字箴言，以回應胡錦濤於去年 5 月接見國民黨主席吳伯雄時提出「建立互信、擱置爭議、求同存異、共創雙贏」16 字箴言。除了開頭的「正視現實」外，其餘內容雷同，其目的是希望表達兩岸是兩個不同的政治實體，各自統治互不隸屬，祇有正視現實，兩岸關係才能往良性方向繼續發展下去。①

二、中國軟實力的建構

（一）中國建構軟實力是基於全面認知國際環境的產物

從國際關係中相互競爭的觀點看，一個新興的大國崛起勢必對既有的強權以及其維持的世界秩序進行挑戰。從中國近十幾年來各方面的發展來看，其經濟、軍事實力突飛猛進，國際政治上的影響力也不斷的上升，許多跡象顯示中國正符合未來會是對美國產生威脅的新興強權。所以「中國威脅論」的論述因此也不斷興起。所以在「一超多強」的單極國際體系中，一個將要崛起的大國須更加審慎的處理國家的對外關係，除了要利用各種發展機遇外，最重要的是要避免與強國對抗，從而贏得國家發展所需要的時間，即將崛起的中國似乎亦不例外。②

從軟實力之文化吸引力發展來看，至 90 年代，中國發現教育的國際合作與交流，不僅可以為雙方帶來巨大的經濟效益，也能夠促進國家政治、外交、科技、經貿等發展。③ 因此積極強化教育的體質，提升文化面向的軟實力，企圖藉由學術與留學生的雙向交流，將中華文化向外傳播，建構世人對

---

① 同註 3，頁 29。

② 王健華，〈從柔性權力觀點探討國家安全新構面：以美國、中共為例〉，《國防大學戰略研究所與國際事務碩士班碩士論文》，（2008），頁 153。

③ 同上註，頁 114。

中國的文化認同，以樹立良好的國家形象。1992年中共在「十四大」明確提出：「必須把教育擺在優先發展的戰略地位，努力提高全民族的思想道德和科技文化水準，這是實現中國現代化的根本大計」後，① 中國教育的國際化進程進入緊鑼密鼓的階段。中國現在擁有世界上規模最大的高等教育體制，它頒發的大學文憑比美國和印度加起來還要多，大學的錄取率也從1999年的10％激增到2006年的21%；在未來其教育部所設立的目標為高教之「航空母艦」計劃下亦將逐年增加錄取率；另在2009年最新公佈的世界大學前100大中就佔了4所②，在2009年10月8日《泰晤士報高教增刊》公布的全球200所最佳大學中，中國有7所大學入選，③ 至2009年11月9日止中國也已在全球84個國家、地區設立了331所「孔子學院」，④ 這些跡象顯示中國在文化上的軟實力發展已呈現相當的成果。

（二）中國建構軟實力係自身實力漸趨成熟

中國軟實力發展的模式，並不是由本身的文化、政治價值所自然產生，而是中國自身實力漸趨成熟，藉由政府主導透過以道德訴求為主之「和平崛起、和平發展、和諧世界」的外交政策所形成的總體戰略。⑤ 當然中國軟實力的建構，對象雖不是台灣，但因其軟實力的功能與手段所帶來的實質效益，⑥ 均有助於其獲得國家發展應得之國家利益與中國對兩岸關係既有處理

---

① 江澤民，《江澤民文選第一卷》，（2006），頁233。

② 「泰晤士報：2009世界大學排名」，《泰晤士報》與英國著名高等教育研究機構QS（Quacquarelli Symonds）聯合進行的2009年世界大學評估於10月8日出爐，美英兩國大學席捲榜單高位，中國香港有3所大學進入榜單前50名（24名香港大學、35名香港科技大學、46名香港中文大學）而中國內地只有清華大學進入了第49名，中國經濟網，2009年10月9日。http：//big5. ce. cn/gate/big5/civ. ce. cn/main/right/gxyl/200910/09/t20091009_ 20160655. shtml

③ 英國《泰晤士報高等教育增刊》公布2009年全球200所最佳大學排名：24名香港大學、35名香港科技大學、46名香港中文大學、49名清華大學、50名北京大學、124名香 港城市大學、195名香港理工大學，民報網，2009年10月8日。http：//life. mingpao. com/htm/jupas/cfm/Jupas1. cfm? File = multi_ news325. htm

④ 〈全球首家戲曲孔子學院掛牌〉，中國教育部網，2009年11月8日。http：//www. moe. gov. cn/cdoas/website18/42/info1257731402258342. htm

⑤ 夏立平，〈論國際體系轉型與中國對外戰略〉，頁11－12。

⑥ 劉德斌，〈軟權力說的由來與發展〉，《吉林大學社會科學學報》，第4期（2004），頁55－62。

模式的突破。

三、中國文化軟實力概覽

觀察中共從後冷戰時期開始的漢語傳播能力，由漢語水平的增長，孔子學院的設置、中國的奧運申辦表現、設立「大文化部」統籌文化軟實力及其教育發展等均可觀察出中國文化作為之軟實力運用。①

（一）孔子學院

從2004年3月，中國建立孔子學院後，不僅可以使中國立即獲得國際聲譽，還可以在其他國家的重要地區建立辦公室，與當地建立良好關係。從長遠來說，這對於建立中國的軟實力影響更是極為有利。中國教育部官員表示，依據最新資料統計，截至2009年11月止，在全球逾84個國家或地區啟動孔子學院（包括孔子學校、孔子課堂）共有331所，加大推廣漢語教學，積累其軟實力建設。就某種意義上說，孔子學院的建立，是中國對自身文化自信心的一種外在表現，也是軟實力最亮品牌。②

中國分布全球孔子學院數量表

地區	亞洲	歐洲	非洲	大洋洲	北美洲	南美洲	總計
國家數	27	26	17	2	7	5	84
設置數量	96	90	24	10	97	14	331

資料來源：「各地孔子學院」，（2009）國家漢辦網 http：//www. hanban. edu. cn/kzxy_ list. php? ithd = gzky

（二）漢語熱潮

進入21世紀後，中國綜合國力與國際地位日益提高也正為漢語的國際推廣提供了難得的戰略機遇。因中國的迅速發展，催生了前所未有的漢語熱。2002年到2005年，英國大學裡選漢語作為一門主課的學生數量超前。

① 〈新設大文化部 蔡武任部長〉，聯合新聞網，（2008年3月7日）。http：//udn. com/NEWS/WORLD/WOR1/4247405. shtml

② 同註11。

而目前學習漢語的外國人已達6000多萬；120多個國家的2300餘所大學裡開設了漢語課程；漢語已經進入美、英、日、韓等國的中小學課堂；依據北京語言大學考試中心資料顯示，HSK自1984年以來，參加考試的人數已經突破了百萬人，近年來還以每年50%左右的速度增長。① 隨著漢語熱潮席捲全球，許多分析人士開始預測漢語未來成為「全球語言」。

（三）設立「大文化部」以提昇文化軟實力

2007年中共17大會議，擬議設立的「大文化部」，全面加強文化領域的社會管理和公共服務，實現職能有機統一為主要方向除將有關文化領域的部門統合起來，全面加強文化事務的建設和管理。其軟實力急遽又將提昇。

（四）申辦奧運，軟實力持續擴展

中國在2008年舉辦奧運，除向世界證明21世紀是中國的世紀外；同時也展現中國潛藏未來巨大能量，使得中國軟實力的行使更為便捷；對中國大陸經濟成功的加速、國際地位的提升、體育大國的確立、社會結構的轉型以及文化交流的開放，都必有助益。②

（五）教育發展

中國於1976年始從事教育改革與發展。直至90年代發現教育的國際合作與交流，不僅可為彼此帶來在經濟方面上的效益，亦能促進國家政治、經貿、外交、科技等發展。③ 因此積極強化教育的基礎工程以提昇文化的軟實力，希冀藉由學術與留學生的交流，將中華文化向世界傳播，建構世人對中國的文化認同，以樹立良好的國家形象；所以1992年江澤民在「十四大」即提出：「必須把教育擺在優先發展的戰略地位，努力提高全民族的思想道德和科技文化水準」後，④ 中國教育的國際化腳步亦從萌芽初期進入了成長時期。⑤

---

① 〈洋學生考漢語托福最愁語法結構考生年增50%〉，美國中文教學網，（2008年11月30日）。http：//www. usteachchinese. com/bencandy. php? fid = 6&aid = 326

② 陳毓鈞，〈北京申奧成功，是振興中華的大事〉，《海峽評論》，（2001），頁27－28。

③ 同註6。

④ 同註8。

⑤ 同註16。

特別是在高等教育發展方面，中國的大學水準在經過「211」及「985」工程後，[1] 在世界大學學術排行中的位置顯著提高，在世界前500大的排名中由2000年的4所提升到2006年的14所；大學的錄取率也從1999年的10%增加到2006年的21%；出國留學的人數，從2003年的不足12萬人，提升到2007年近15萬人。另據資料統計顯示，預計2008年中國出國留學人數將增長30%左右，有可能突破20萬人。[2] 這些專業人才都是中國國家發展的基石，不容忽視。職是之故，由於中國高等教育的學術地位逐漸提高，因此到中國大陸的外國留學生也從2000年的52，150人增加到2005年的141，087人，成長了近三倍之多。[3] 這些留學生在學習的過程中，多少會吸收中國的語言文化、意識型態和價值觀，自然地提升了中國的軟實力。2006年中國教育官員表示：「中國政府2007年將向外國留學生提供11，000個獎學金名額」。至目前是中國提供政府獎學金名額最多的一年，足見對教育國際交流的重視。其為加深教育在國際合作與交流方面的功能與持續提升文化吸引之軟實力；中國教育部在「2007年工作要點及要求」中即明確規範其工作要項，務求全方位、多層次教育合作交流，加強與鞏固各類型教育合作平台建設以發揮在國際社會中其教育的作用和影響。[4]

---

① 〈中西方大學的差異：211工程與985工程〉，中國高考網，（2009年），http：//www. gaokaocn. com/gaokao/gaokaozhidao/14393187. html

② 「中國教育發展概況」，中國教育新聞網資料中心，（2009年），http：//www. jyb. cn/info/jytjk/200909/t20090924_ 312929. html

③ 同上註。

④ 同上註。

四、中國賡續深化文化體制改革提增國家軟實力

2006年初，中共國務院發出「關於深化文化體制改革的若干意見」，並於該年3月召開「全國文化體制改革工作會議」，象徵文化體制改革工作由點到面逐步展開。自2009年迄今，在其中央領導明確提出「將文化體制改革與經濟體制改革放在同等重要的位置」政策背景下，更進一步要求充分利用文化發展反經濟週期特點，掌握世界金融危機與經濟衰退機遇，期透過深化文化體、產業逆勢而上。工作重點主要強調深化新的文化體制改革，推動文化事業。①

為加強公共文化服務體系建設，在「保增長、擴內需、調結構、促改革、惠民生」工作格局下，特加強公共服務體系建設，不僅於擴大內需10項措施中明確將文化發展作為重要內容。2008年第4季度增加安排的100億元中央投資中，亦分撥8億元用於鄉鎮文化站建設，文化部更強調力爭2009、2010兩年投入14億元實現鄉鄉有文化站目標。②

① 〈中共社會情勢回顧與展望－加速文化體制革新提增國家軟實力〉，《2009年—2010年大陸情勢總觀察暨展望》，國防部軍事情報局編印（2010），頁37－38。

② 同註25。

五、對兩岸政治互信的增進「中國軟實力」文化面向的運作

（一）有關中國文化軟實力對台灣影响的具體情況，依據台灣陸委會公佈民調資料顯示如附表。

中國軟實力核實指標－（文化吸引）問卷情形統計表

代號／年份	A	B	C	D	E	備註
1994	12%	31.2%	41%			編碼代號： A 民眾認知大陸對我敵意 B 民眾認知大陸政府對我態度 C 對兩岸交流速度的看法 D 兩岸週末包機、開放大陸地區人民來台觀光 E 對「兩岸直航」看法
1995	23.9%	43.5%	55.2%			
1996	17.7%	47.4%	51.4%		21%	
1997	31.7%	48.8%	47.2%			
1998	11.5%	33.3%	49.4%		27.3%	
1999	23.5%	44.4%	50.9%		22%	
2000	29.3%	46.8%	38.6%		16.8%	
2001	36.3%	40.6%	37.7%		25.5%	
2002	29.3%	50.7%	32.1%		23.6%	
2003	20.6%	54.8%	35.8%	24.8%	23.6%	
2004	41.5%	45%	17.7%	22.6%	24%	
2005	38.6%	42.4%	36.2%	43.5%	29.7%	
2006	33.2%	50.6%	40.7%	22.6%		
2007	35.1%	46%	47.5%	11%		
2008	54.9%	38.7%	44.7%	41.6%		

資料來源：行政院大陸委員會資訊網，http：//www. mac. gov. tw/

依據台灣陸委會公佈民調資料顯示，觀察中國文化軟實力對台灣影响的具體情況，其相關意涵：

1. 民眾認知大陸對台灣政府敵意

對於兩岸關係敵對或友善的看法，歷年來最高超過八成八（1994年占88%）的民眾認為大陸當局對我們政府的態度並不友善；認為友善者不到二成（1998年占11.5%）。值得注意的是，自2000年開始至2007年幾乎六至八成的民眾認為大陸對我（政府）敵意未減，與2008年9月的調查結果比較，民眾感受到中國對我政府的敵意大幅降低近二成的比率（2008年45.1%）。此點可由中國「國台辦」對外新聞發佈獲得解讀，期間雖對台灣當局的抨擊稍減，措辭亦較為溫和甚至有時還刻意迴避，但仍無法改善台灣人民對中國政府的觀感。顯見中國軟實力之運用，特別是在文化吸引方面，由於操作不熟稔以致初期（2003年）在兩岸關係中中國實受限對台工作基本原則的框架影響，至自去年發現其手段多元且靈活，顯示文化軟實力之運用漸具成效。

2. 民眾認知大陸政府對台灣人民態度

本項調查除1994、1998、2008年近三成八以上民眾認為是友善的以外；歷年來有近半數的民眾認為大陸政府對我人民是不友善的，但相較起來，民眾認知大陸政府對我人民不友善的程度，幾乎已逐年下降。從數據顯示中國對台灣人民的態度已由中國軟實力之建構伊始全面改善，無論藉擴大民間各層面的交流以增進彼此的認知、構築政黨交流的平台、主動積極的災害援助提供、「寄希望於台灣人民」的宣示，脫離以往類似「中央對地方」的刻板印象，以實際行動與證明，企圖從「不友善」的態度提升至「友善」、「極為友善」，直至軟實力之文化吸引的「好感」理想尺度。正符軟實力創建者奈伊所言：「在評估軟實力時，『民調不失為一個粗估聲望的良方』，可藉以了解一個國家給人的好感，以及不受歡迎的政策可能招致的代價。①」，而中國對台灣各方面的經營也能在一個愛恨錯綜複雜的關係中影響愛恨之間的比重。②

① 約瑟夫・奈伊，《柔性權力》（Soft Power: The Means to Success in World Politics），（2006），頁33。

② 同註27。

3. 對兩岸交流速度的看法

關於政府開放兩岸民間交流的速度，歷年民眾認為「剛剛好」比例為三至五成仍居多數，認為兩岸交流速度「太快」或「太慢」的比例大致相當；增減均為1成左右。原則上此項民意調查與「對兩岸經貿交流速度的看法」民調（比率為六成四）有明顯差距，但對政府開放民間交流的速度仍持保守的態度頗為接近。可見在短期內中國軟實力之文化吸引乃至其他的軟實力行使與操作，想要達到中國的終極目標，仍有一段時間與距離。

4. 兩岸週末包機、開放大陸地區人民來台觀光

關於開放大陸觀光客每天1，000名來台旅遊人數，有43.5%的民眾認為剛剛好，有23.2%的民眾認為太少，有17.5%的民眾認為太多。民眾認為開放大陸觀光客來台旅遊具有可以帶動經濟、增加觀光收入，讓大陸人士親身體驗台灣的民主自由，以及增加兩岸人民互相瞭解等正面意義。就中國軟實力之文化吸引操作面觀察，此項反映意涵其後者大於前者，藉著定期性的過程與定量的管制，對中國而言可有效進行所謂軟實力之「平日的溝通」與「策略性的溝通」等軟性行銷，① 更藉著文化層面的各類接觸扭轉台灣對中國的負面印象，如美國前總統艾森豪曾認為有需要「找出不只一種方法，而是好幾千種方法，人們藉此能慢慢對彼此知道更多一點。②」

5. 對「兩岸直航」看法

有關兩岸直航問題，有75.6%的民眾贊成在包機運作順利後，參考這些包機經驗，以循序漸進的方式來推動兩岸直航。2000年時有83.2%的民眾認為應「有條件開放」（即應考慮我國家安全、尊嚴、對等的原則），只有8.9%的民眾認為應「無條件開放」。此外，對於開放兩岸直航會影響國家安全的說法，有53.6%的民眾表示同意，有36.9%的民眾表示不同意。從上述資料顯示就台灣而言，民眾看待中國格外謹慎，內外兼顧且趨利而避害，對中國而言「兩岸直航」不僅創造了許多「和平紅利」更讓中國軟實力之文化吸引操作時效快速而且便捷，藉著「兩岸直航」使得中國軟實力管道更

---

① 同上註，頁177。

② 同註29，頁90。

為寬闊暢通，兩岸交流的距離更為縮短、速度增快，而未來兩岸關係的發展將可能更密集頻繁。

（二）中國文化軟實力之運作對兩岸政治互信所呈貢獻，從文獻查考中特別援引中國「國台辦」歷次新聞發布會之內容進行分析。

觀察其「文化交流」計153單元次，自2000至2008年成長幅度逐漸上升且為顯著，如附圖。

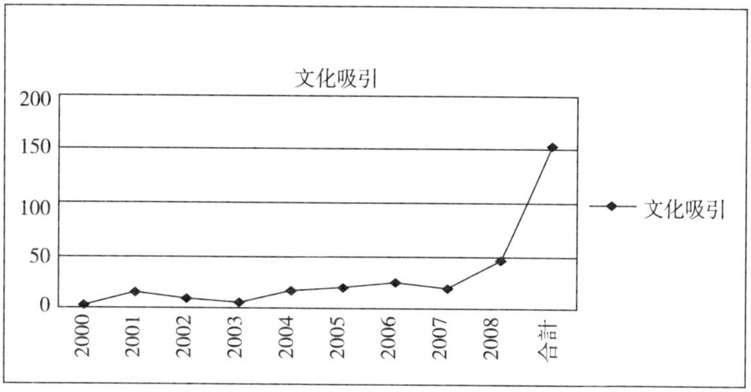

資料來源：「國台辦」2000－2008年新聞發布會，「文化交流」統計（作者自繪）

1. 顯示兩岸新聞交流（32次）：新聞交流的面向廣泛，包含指出中國繼續促進新聞交流的熱誠；中國於1996年開放台灣記者至大陸採訪；希望大陸的報紙能在台灣販售；表示兩岸新聞交流失衡並指出中國新華社及人民日報記者遭驅離等問題，感到無奈與失望；① 顯示中國急於將傳播資源輸入台灣，有利掌握資訊與兩岸互動；另辦理奧運會期間，是兩岸新聞交流的絕佳機會與大陸加強對採訪記者之安排服務。

2. 對台生在陸就學問題（23次）：台生在大陸就學問題受到中國關注，包括歡迎台灣學生到大陸校院就讀的一貫政策；大陸教育部門及地方主管機關服務台灣學生求學；運用對台灣學生同等收費措施以及獎學金辦法、大陸就業等方式，以吸引台灣學生前往就學。中國至2008年對台灣學生在中國就學提供相關優惠措施宣示即達17單位次。顯示中國長期對於台灣學校招

① 楊開煌主編，《胡錦濤對台政策的續與變論文集》，（2007），頁356。

收大陸學生具有高度之支持程度，相較我政府尚不承認大陸高等學歷有極大落差；① 從本單元數據激增顯見教育交流，預見是兩岸未來發展新熱點。

3. 對「和平發展」理念、對台灣民眾的承諾實踐、民族情誼、專業協商、災損慰問等，均予主動彈性之方式進行交流。

4. 中國擴大運用奧運會舉辦之文化優勢（21 次），包括前總統夫人吳淑珍女士並非台灣參加世界殘障奧運會團長；將依國際奧運會章程規範兩岸在奧運會之地位；表示辦理奧運會是中華民族盛事；大陸提供奧運商機給台灣民眾；歡迎台灣民眾前往參加志工或觀賞等。顯示中國仍然在文化議題上，對我政治人物抱持警慎態度。特別注意的是，是中國明確以國際奧會規定，規範解釋兩岸間在奧運會中的地位；顯示中國在文化議題上，隨著參與國際活動增加，以軟實力吸引台灣民眾目光，俾利其中華民族意識之推廣。② 此正切合：「文化接觸、學術與科技的交流在增強軟實力上扮演了重要角色。」之軟實力要義。

5. 強調「和平發展」理念（28 次）：在「和平發展」方面，在歷次新聞發布會之先，必定先強調遏制「台獨」的因素增加，「和平發展」趨勢增強之說法；重視以穩定兩岸關係及台海及亞太地區和平為要項；強調兩岸交流是大趨勢；指出要牢牢把握住「和平發展」此一主題；將盡最大誠意與努力，朝和平穩定方向邁進；指大陸長久為促進兩岸關係發展，努力追求「和平統一」的誠意及善意不變。③

6. 重視對台灣民眾的承諾實踐（32 次）：表示有關「連胡會」的共識，大陸方面一定會努力辦，而且辦好；有關對台灣同胞應予兌現的承諾，不管任何狀況下，承諾不會改變。持續辦理有關國共等政黨交流所議之農、漁業、大陸居民來台、就學、大陸就業等相關議題與措施。④

7. 重視對台工作中的民族情誼；以及強調兩岸同胞之手足之情，本項相關數據自 2000 年後分配平均。例如強調兩岸同胞對於「南京大屠殺」的

① 同註 31，頁 385。
② 同上註，頁 385 - 386。
③ 同註 33，頁 379。
④ 中國「國務院台灣事務辦公室」網站。http：//www. gwytb. gov. cn：82/

歷史，絕不能忘；表示台灣人民具有光榮的愛國主義，是發展兩岸關係的重要力量；醞釀兩岸是共同的家園應予維護。[①]

8. 宣慰台灣民眾之規劃，藉由捐贈醫療器材、提供必要資訊、進行專業交流、應急搶救措施等，表達善意與協助之意。例如 2003 年兩岸之非典型肺炎（SARS）之處理便出現 30 次，其作法是藉由醫療合作、邀請台灣專家學者進行協商並辦理研討會等措施。另在 2004 年的禽流感疫情、2006 年我旅客在吉林省發生重大車禍、華航班機澎湖空難事件、921 大地震、颱風災害等，中國均表關注與協處意願。[②] 日後每逢地震、颱風均在第一時間以發布會形式問候關切。

六、未來展望

當兩岸都為增進政治互信而積極努力並尋求、開闢嶄新道路的同時，除現有的兩岸之「兩會」協商模式外另將弘揚中華文化之具體實踐[③]，列為首要選項之合作機制以建構兩岸互動合作的新型典範，並從大力開展兩岸文化教育交流開始，再進一步密切兩岸各界交往，鼓勵更多的台灣同胞尤其是基層民眾參與兩岸交流合作，在兩岸關係和平發展進程中實為不斷增進福祉的優先考量途徑。

就以中國在全球逾 84 個國家或地區所設置的孔子學院為例，加大推廣漢語教學，建立兩岸合作機制以臻「存異求同、共創雙贏」。因此就現有之中國國家漢辦章程內容中增列研制法案或修訂辦法有關優先在台灣地區開放「漢語作為外語教學能力」、「漢語國際教育碩士專業學位考試」、「公派漢語教學顧問及漢語教師」、「國家漢語國際推廣基地」與「漢語國際推廣中小學基地建立」、「外國本土漢語教師培養獎學金提供」、「漢語國際推廣師資

---

① 同註 31，頁 378－379。

② 同註 36，頁 378。

③ 鄭必堅，〈中國和平崛起的新道路〉，中國網，（2003），http://big5.china.com.cn/zhuanti2005/txt/2004－04/07/content_5520713.htm

非英語語種外語」與「種子教師」培訓等，並賦予「標準」化[1]；藉以全面深入貫徹胡錦濤（胡6點）重要講話精神並擴大「全國文化體制改革工作會議」範圍與內涵、具體有效落實「2010年對臺工作會議」各工作要項、兼而厚植中國軟實力「磁吸效應」及擴展對外之影響與形象提昇，強化台灣民眾對大陸當局的「好感與認同」[2]，建立兩岸關係發展的新契機，推進兩岸交往制度化與機制化進程，為國共兩黨和兩岸雙方政治互信奠基，按照先易後難、先經後政、循序漸進的步驟，共創兩岸關係全新的發展。

（会议论文，原文印发，文中用语和观点系作者个人意见）

① 中國「國家漢辦網」，http：//www. hanban. edu. cn/hanyujiaoshi. php

② 同註27。

解析「台灣意識」的政治光譜
——兼論其對兩岸政治互信的影響

王炳忠*

壹、前言

2008年12月31日，中共總書記、大陸國家主席胡錦濤在紀念《告台灣同胞書》發表30周年座談會上發表重要講話，提出「台灣同胞愛鄉愛土的台灣意識不等於『台獨』意識」的說法。① 其後，中共政治局常委、大陸全國政協主席賈慶林在第五屆兩岸經貿文化論壇上，進一步將「台灣意識」定位為「反映愛鄉愛土的炙熱情懷和自己當家作主的樸素願望的意識」。② 由此，可知大陸當局已開始重視「台灣意識」對兩岸關係的作用。

張亞中以為，兩岸談判要能朝「進」的方向前進，必定要建立在「共同願景」之上——它必須使兩岸人民在「相互接受」的條件下、共存共榮地發展彼此間的關係，並為彼此創造一個美好的生活。因此，中共單方面以

* 作者簡介：王炳忠，台灣政治大學外交學系碩士班國際關係組學生。

① 〈攜手推動兩岸關係和平發展　同心實現中華民族偉大復興〉——胡錦濤在紀念《告台灣同胞書》發表30周年座談會上的講話，詳見新華網，2008年12月31日，網址：http：//big5. xinhuanet. com/gate/big5/news. xinhuanet. com/newscenter/2008－12/31/content_ 10586495_ 2. htm。

② 〈基層群眾對台灣意識與台獨意識的思考〉，詳見新華網，2009年7月20日，網址：http：//big5. xinhuanet. com/gate/big5/www. js. xinhuanet. com/ccq/2009－07/20/content_ 17151490. htm。

「一國兩制」為統一的願景，或部分台灣人民以追求「台灣共和國」為願景，都只思及自己的願景，而非「共同」。張亞中並提出了建立「共同願景」的基本條件，即是創造一個彼此都能接受的認同對象與目標。① 質言之，「共同願景」的基礎，就是兩岸的政治互信。

回顧過往，李登輝的「特殊國與國關係」，陳水扁的「一邊一國論」、「公投制憲」、「以台灣名義加入聯合國」，皆直接打斷了兩岸談判的進程，凸顯了北京與台北雙方政治互信的不足。馬英九執政迄今，兩岸談判雖快速開展，但馬英九的大陸政策已從「先經後政」轉移至「只經不政」，「一中各表」也漸滑向「淡化一中」。② 以上種種，皆可視為「台灣意識」對台北大陸政策的作用，並從而對兩岸政治互信的建立產生影響。

評論「台灣意識」對兩岸政治互信的影響之前，有必要先釐清「台灣意識」的政治意涵。事實上，台灣社會的「台灣意識」經常在一條政治光譜上遊走，其政治成份時高時低，又可區分成不同的區塊與類型。本文將就此進行分析，並探討不同政治成份的「台灣意識」對兩岸政治互信產生的正負作用。期盼透過這樣的研究，使各界能全面認識「台灣意識」的本質，並為海峽兩岸提供一條可行的整合方向。

貳、「台灣意識」的幾大類型

十八世紀後，歐洲哲學家受科學思想的影響，發現大腦是思維的器官，而大腦之所以有思維的能力，與其內部的結構有關。他們逐漸指出：意識是人的主體對外在客體存在反映的作用結果。德國哲學家費爾巴克說：「僅靠個人的單獨活動不能產生意識，必須通過人與人的交往活動才能獲得觀念。」

---

① 張亞中，《兩岸統合論》，2001年2月初版二刷，頁108，台北：生智文化。

② 張亞中，〈馬英九從一中各表轉向淡化一中〉，2009年12月31日，中國評論新聞網，網址：http：//www. chinareviewnews. com/doc/1011/8/4/6/101184686. html? coluid = 7&kindid = 0&docid = 101184686。

馬克思也說：「意識一開始就是社會的產物。」①

台灣因特殊的歷史背景，歷經荷據、明鄭、清領、日據、民國政府多個統治時期，社會上逐漸形成本地特有的「台灣意識」。日本殖民以前，台灣因孤懸海外，特殊的風土民情孕育了有別於大陸其它地方的「台灣意識」，但它仍是一種鄉土意識或地方意識，是中國範圍內的一部分，幾乎不帶現代國族意義的政治意涵。日本殖民台灣，台灣人對於「祖國」中國及「母國」日本開始產生政治及文化認同的矛盾。這種對祖國與母國認同的矛盾，並不存在於祖國大陸的中國意識中，而只產生在殖民地台灣的台灣意識中。「台灣意識」不再只是中國的一種地方意識。

鑒於意識是一種社會的產物，即便同樣身處台灣的人們，也會因為各自不同的社會階級及歷史經驗，而產生不同政治意涵的台灣意識。筆者綜合統派、獨派、左派、右派等各種政治立場的文獻，整理出以下幾種類別的台灣意識：

（一）左派統一論者的「台灣意識」

此派論者以王曉波為代表，從階級的觀點出發，反對將「台灣意識」等同於主張與中國分離的「台獨意識」或「分裂意識」。② 其著重於「台灣意識」中反帝國主義、反壓迫、反外來侵略的精神，依然認同自己是中國人，只是因過去被殖民的歷史經驗，特別要求自身「當家作主」的願望必須受到尊重。客觀而言，它們多半是帶有中國民族情懷、偏向支持國家統一的台灣本省人（1949 年中華民國中央政府遷台前定居台灣的住民及其後代），或者同樣帶有中國民族情懷、卻又對國民黨缺乏認同的外省人（1949 年中華民國中央政府遷台後定居台灣的大陸各省移民及其後代）。

正如當年參與謝雪紅領導的二七部隊、在二二八事件中與國民黨軍進行作戰的台灣人陳明忠所言，他反對日本，是因為其為外國人的政府，瞧不起

① 王曉波，《台灣意識的歷史考察》，〈序：台灣意識的階級性與階段性〉，2001 年 9 月初版，台北：海峽學術出版社。

② 王曉波，在台灣大學哲學系執教多年，長期開設「台灣人與台灣意識」課程，曾是 1973 年起國民黨「白色恐怖」下「台大哲學系事件」的政治受害人。他信仰左派社會主義，是中國民族主義者，參與創辦「夏潮基金會」及「海峽學術出版社」，發行《海峽評論》期刊，宗旨是「發揚台胞愛國主義傳統，發展中華民族和平統一理論」。

包含台灣人在內的中國人，使得台灣人在日本統治下毫無尊嚴，是真正「台灣人的悲情」；他反對國民黨，則是反對我們「自己」中國人的一個「不好的政府」，並不是反對所有大陸來的外省人。① 這段話恰恰說明了此派人的觀點：沒有與「中國」對抗的問題，只有階級鬥爭的問題。

（二）右派獨立論者的「台灣意識」

本以爭取民主自由、反對國民黨一黨專政為訴求的黨外運動及後來的民進黨，為能快速、有效地動員群眾，乃藉助此派的勢力，大大將此種台灣意識散播開來。此派的特點，在於未必要堅持台灣獨立，但卻始終維持在「台灣獨立」的邊緣。對他們來說，要能成功地掌握群眾，「反中」、「去中國化」要比實際上的「台灣獨立」更重要。事實上，此派「對內鬥爭」的傾向遠遠高於「對外」，包含國民黨、親民黨、新黨在內的「泛藍」才是他們攻擊的對象，「中國/中共」只是為鬥爭之便樹立的「外來敵人」。

2000 年以前，民進黨很大程度上即借助此種「意識」奪得執政權。民進黨取得執政權後，仍未放棄這派的論述，每每於選情告急時，便祭出這張「台灣意識」的神主牌。2004 年陳水扁尋求連任前夕，民進黨推出「公投制憲」的主張，並於二二八當天舉行「手牽手護台灣」的造勢活動，刻意炒作本省、外省的族群對立升高至台灣與中國的國族對立，便是此種「意識」的極致。

如今，民進黨既已失去執政權，面對即將到來的五都選舉，便更加擁抱此種「意識」以凝聚向心力、對抗國民黨。陳菊數度聲稱自己參選高雄市長是「一場捍衛台灣意識之戰」，② 蔡英文更提出「如今中國性與台灣性、台灣主體意識發生微妙關係，以前中國性是主體，台灣性是客體，如今主客易位」、「中華民國是一個流亡政府」。③ 以上聲稱「台灣意識」的政治語言，

---

① 呂正惠、陳宜中，〈一個台灣人的左統之路（上）：陳明忠訪談紀錄〉，夏潮聯合會網站，網址：http：//www. xiachao. org. tw/? act = page&repno = 932。

② 見 2010 年 5 月 21 日，鄭弘儀主持，〈決戰大高雄，陳菊如何選：陳菊專訪〉，三立新聞台《大話新聞》節目。

③ 〈蔡英文：中華民國是流亡政府〉，2010 年 5 月 26 日，自由時報電子報，網址：http：//www. libertytimes. com. tw/2010/new/may/26/today – p4. htm。

其實就是動員群眾、對抗國民黨的政治工具。

（三）左派獨立論者的「台灣意識」

看在左派獨立論者史明的眼中，陳菊等民進黨高舉「台灣意識」的人，卻是出賣台灣人的叛徒。[①] 1962 年，他以日文寫成的代表作《台灣人四百年史》在日本出版。[②] 這本書使用了左派的觀點，強調應該以台灣人勞苦大眾的立場，來觀察台灣社會各個階段的形成發展。他並運用社會主義及民族主義來建構他的台灣民族論述，認為台灣一直是個殖民地社會，荷蘭、西班牙、明鄭、清廷、日本、中華民國都是殖民政權，台灣人在血緣上雖大多與中國有聯繫，卻是被中華民族主義殖民的大眾。因此，李登輝的「本土化」被他認為是包裝國民黨殖民統治的「假民主」；陳水扁奪得政權則是屈服於「中華民國殖民體制」下。[③]

不可否認地，以史明為首的這派人所擁有的「台灣意識」，是真正的「台獨意識」，比起右派獨立論者濃厚的政客性格，他們對於台獨有著堅實的信仰。也許你我並不認同他們的論述，卻不得不尊敬他們對理念的堅持。

（四）「獨台」論者的「台灣意識」

「台灣是個獨立的國家，她的名字叫中華民國」，這種「違反」中華民國憲法架構的陳述，便是目前台灣社會的主流——「獨台意識」。對於蔣經國時期「經濟奇蹟」後崛起的中產階級而言，他們希望社會安定，畏懼戰爭可能使他們過去的努力化為烏有，史明大聲疾呼的「武裝鬥爭」、「偶而重彈犧牲，但民族達成獨立的話，雖死猶榮吧」之類的論調，他們完全無法接

---

① 參見史明，〈陳菊背叛台灣獨立〉，2009 年 6 月 5 日，台灣海外網，網址：http://www.taiwanus.net/news/news/2009/200906052125581103.htm。

② 史明，本名施朝暉，1918 年生，日據時期赴日本早稻田大學攻讀政治經濟學學部，在那裡大量閱讀了社會主義及無政府主義作家的作品。他執著於社會主義及反帝的理想，1942 年赴中國大陸支援中國共產黨的抗日運動，從而體會「中共並不為解放台灣而努力，反而歧視、分化台灣人」，因此萌生台灣獨立的念頭。1949 年，他潛回台灣，自稱認清「台灣人與中國漢人雖是血緣相同，但已分裂成兩個民族」，轉而組織「台灣獨立革命武裝隊」。在計劃刺殺蔣介石未果後，偷渡日本，繼續從事海外的台灣獨立運動。

③ 關於史明「台灣意識」的觀點，參見史明，《台灣民族主義與台灣獨立革命》，2001 年 6 月初版，台北：前衛出版社。

受。[①] 然而，由於長年與大陸隔閡，中華民族情感已淡，加上中共對台時常採取強硬姿態，他們在心理上亦感覺到「與對岸是不同國的」。如此雙重感受的交疊，便是此種意識的主要來源。

筆者之所以稱其為「獨台」，因為它既不等於「台獨」（他們多不主張台灣宣布法理獨立），卻也不明確主張「統一」。根據表 1 的調查報告顯示：1994～2009 年間，台灣民眾勇於表態支持獨立的比例有所上升，但始終在 20% 左右；主張維持現狀者亦升高，2010 年已高達六成。值得注意的是：維持現狀某種程度也是一種「獨立」。

表 1：台灣民眾統獨立場趨勢圖（1994～2009）

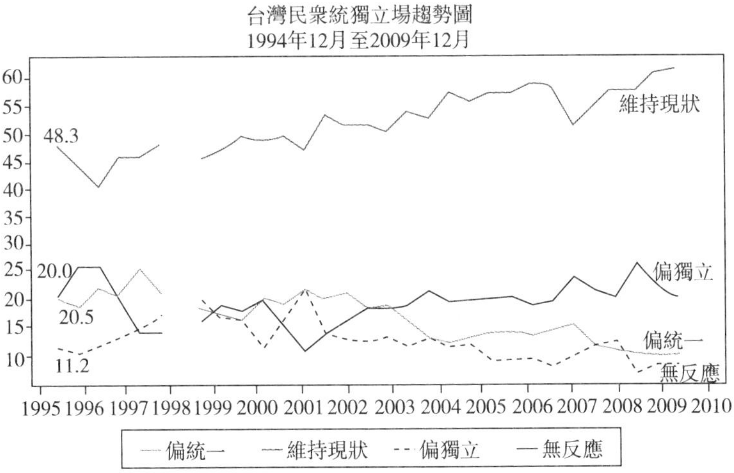

資料來源：政治大學選舉研究中心「重要政治態度趨勢分布」

虞義輝指出，1993～1994 年正是國民黨黨內鬥爭白熱化的時期，李登輝即運用此種「台灣意識」將林洋港、郝柏村、陳履安這些外省人打成「保守」的「非主流派」，從此「台灣意識」中的政治成份高度升高。[②] 民進黨從黨外時期到解嚴之後，其所高舉較帶有獨立色彩的「台灣意識」，始終無法成為社會主流。但時為執政黨領袖的李登輝，卻利用官方資源提出了包含

① 史明，《台灣民族主義與台灣獨立革命》，頁 58，2001 年 6 月初版，台北：前衛出版社。

② 虞義輝，《台灣意識的多面相：百年兩岸的民族主義》，頁 230，2001 年 11 月初版，台北：黎明文化。

閩南人、客家人、外省人、原住民四大族群的「新台灣人」概念，從而建構「中華民國在台灣」的論述。這種筆者稱之為「獨台」的「台灣意識」，同時也拉抬了早先即以「台灣意識」為基礎的民進黨，幫助民進黨在短短幾年間壯大，甚至在創黨未及十四年之際便取得執政權。

叁、「台灣意識」在台北大陸政策中的作用

「台灣意識」長期存在於台灣社會，在近二十年內深深影響了台灣政治。觀察兩岸談判的歷史，北京的對台政策原則始終沒有太大改變，而台北卻經常在大陸政策上搖擺不定。相對於北京一黨專政，台北的大陸政策受到內部政黨政治的高度影響，「台灣意識」即是其中的關鍵。李登輝、陳水扁、馬英九的大陸政策皆受「台灣意識」的作用，而其作用的渠道，又可分作「由上而下」及「由下而上」兩種：

（一）由上而下的作用渠道：陳水扁、李登輝的大陸政策

所謂「由上而下」，即執政者的刻意操作，利用「台灣意識」制定出對己權力有利的大陸政策。李登輝在 2005 年 11 月《台灣不是中國的》新書發表會上，坦承當年提出「特殊國與國關係」的策略就是要阻止汪道涵前來台灣。[①]「特殊國與國關係」形式上是希望賦予兩岸政治地位，但實際上就是要阻止兩岸的復談。邵宗海從權謀的角度思考，認為李登輝拋出這項主張，是在為 2000 年總統大選建立一個競選主軸，至少在他主導下，所有有意參選的候選人都必須被迫在這個問題上表態，而不論每個人的看法如何，只要不脫這個主軸範圍，李登輝就成為唯一也是最後的勝利者。[②] 事實上，「特殊國與國關係」就是「獨台論者的台灣意識」的體現，在當時受到民意普

---

① 〈李登輝：拒陳雲林是對的〉，《自由電子報》，2005 年 11 月 21 日，網址：http：//www.libertytimes. com. tw/2005/news/nov/21/today－fo3. htm

② 邵宗海，《兩岸關係》，2007 年 6 月初版二刷，頁 103，台北：五南出版。

遍的歡迎。①

陳水扁執政後，繼承了李登輝這套「由上而下」操弄「台灣意識」的方式，將大陸政策作為對內鬥爭的工具。2002 年，他拋出「一邊一國」論的動機，便充滿了對國內政治的權謀算計。當時，直轄市市長選舉接踵而至，經濟一片低迷，李登輝又帶頭組織了台聯黨，提出 2008 年台獨建國的時間表，大有與陳水扁爭「台獨正統」之勢。陳水扁眼看虛有其名的中間政策不見得拉得住中間選民的票，於是選擇了穩固基本教義派的選戰策略。為了確保權力地位不墜，陳水扁在美中台險惡的戰略三角關係中鋌而走險，兩岸談判進程為他一己之私而重挫，台灣人民的安全與福祉為他一人之利而犧牲。

2003 年民進黨十七周年的黨慶上，陳水扁又激情地拋出「在 2006 年前催生台灣新憲」的主張，開啟了民進黨在 2004 年總統大選中的主旋律：「公投制憲」。張麟徵對此做出精闢的見解，認為此乃勝敗兼顧的選戰策略：鼓動「右派論者的台灣意識」，可以成功地絆住泛藍，迫其對「一邊一國」、「公投」、「正名」、「台灣新憲」等主張表態，使泛藍對陳水扁政績的批評被稀釋。假如陳水扁在 2004 年 3 月的總統選舉中仍舊敗給泛藍，他也能略去自己的施政成績不提，將敗選的理由定調成「因太過堅持民進黨的理念，不得中間選民的支持」。如此，他在泛綠的地位將得到穩固，民進黨難以對其深責，李登輝更難以超越。②

（二）由下而上的作用渠道：馬英九的大陸政策

相對於李登輝、陳水扁刻意操作「台灣意識」，馬英九卻反被在野黨以「台灣意識」牢牢制約。張亞中指出，馬英九的大陸政策，已從「先經後

---

① 李登輝提出「兩國論」不久，新黨立法院黨團召集人鄭龍水委托民意調查基金會所作的民意調查顯示，55. 2% 的受訪者贊成李登輝提出兩岸關係是「特殊國與國關係」，反對的人則有 23. 4%。此外，環球電視與《新新聞》也公布了一份有關「特殊國與國關係」的民意調查，結果顯示有 43% 的受訪民眾支持兩國論，只有 10% 的民眾不贊成。向來頗強調其菁英品味的《商業周刊》，則對台灣 587 位企業經理人做了一份問卷調查，結果同意兩國論者為 78. 4%，不同意為 15. 3%，無意見為 6. 3%。

② 張麟徵，〈陳水扁「催生台灣新憲」說的動機與影響〉，《泥淖與新機：台灣政治與兩岸關係》，2005 年 6 月初版，頁 158 ~ 159，台北：海峽學術出版社。

政」轉移到「只經不政」，「一中各表」也漸滑向「淡化一中」。① 馬英九的轉變，正是向「台灣意識」低頭。

面對在野黨利用「台灣意識」攻擊其為「馬統」、「馬特首」，馬英九在大陸政策上顯得有所退縮。2008 年 5 月 15 日，即就職總統前五天，馬英九在接受美聯社專訪時表示：兩岸統一，「我們這一生，不太可能發生。」② 此外，從選前的電視辯論會到就職當天在台北小巨蛋發表的就職演說，馬英九皆稱「兩岸同屬中華民族」，避免使用傳統國民黨所講的「中國人」一詞。比起 1996 年李登輝就職時大談「中國人必能完成和平統一的歷史大業」，③ 馬英九迴避「統一」及「中國人」的態度，顯然是向民進黨執政後熾盛的「台灣意識」低頭。

馬英九就職後，任命獨派色彩濃厚的前台聯黨立委賴幸媛為陸委會主委，主掌大陸事務，外界普遍相信是馬英九企圖拉攏李登輝的作法。馬英九每每在宣傳政府大陸政策時，必然強調「以台灣為主，對人民有利」，更是討好大眾「台灣意識」的說辭。面對即將到來的中華民國百年國慶，馬英九要求在歷史論述上體現「中華民國在地化的轉型史觀」，對於 1949 年以前的歷史，必須「兼顧大陸時期與日治時期台灣之時代意義與貢獻」。政府將以「亞洲第一個民主共和國」作為開國一百周年慶典之主題，並以「台灣經驗」為主要呈現對象。④ 這種「將中華民國與台灣高度結合」的論述，正是今日多數人視為合理的「獨台」意識。事實上，如果慶祝中華民國國慶卻淡化中華民國和大陸的連結，那不如改成紀念「遷台六十年」更為名正言順。

香港評論家吳月評論馬英九的大陸政策，點出當中幾個根本的問題：沒

---

① 張亞中：馬英九從一中各表轉向淡化一中，2009 年 12 月 31 日，中國評論新聞網，網址：http：//www. chinareviewnews. com/doc/1011/8/4/6/101184686. html? coluid = 7&kindid = 0&docid = 101184686。

② 〈馬英九稱兩岸統一在他這輩子不太可能發生〉，2008 年 5 月 15 日，中國評論新聞網，網址：http：//www. chinareviewnews. com/doc/1006/4/6/4/100646400. html? coluid = 7&kindid = 0&docid = 100646400。

③ 〈中華民國第九任總統就職演說全文〉，《台灣光華雜誌》1996 年 6 月，頁 16。

④ 《承先啟後，世紀榮耀：行政院中華民國開國一百周年慶系列活動計畫草案》，高雄縣文化局網站，網址：www. kccc. gov. tw/inc/dl. asp? f = .. /files/g/計畫草案 att1. doc。

能說明「台灣」與「中華民族」、「台灣意識」與「中華民族意識」的關係，沒能將「台灣意識」與「台灣主體意識」、「台獨意識」做出明確區隔，沒能對兩岸政治關係做出明確的「兩岸同屬一個中國」的論述。① 以上種種，無一不是馬英九受在野黨操作的「台灣意識」侷限的結果。

筆者以為，馬英九之所以會使自己的大陸政策反被「台灣意識」所困，主要還是自身外省人身份的「原罪」感作祟。他誤信身邊一群自認了解本省人心理的本省人，以為「獨台」的民意一定無法改變，不思以領袖之姿撥亂反正、重建屬於自己國民黨的價值觀。如此下去，馬英九將難免陷入左右失據、自失立場的境地。

肆、「台灣意識」對兩岸政治互信的影響

探討「台灣意識」對兩岸政治互信的影響，有必要區分不同政治成份的「台灣意識」產生的作用。虞義輝曾提出「台灣意識」的政治光譜，最左邊是政治成份最低的「鄉土意識」，中間是政治成份次之的「自主意識」，最右邊是政治成份最高的「獨立意識」。所謂的「政治成份」，其實也就是偏向「分離主義」或「民族主義」的程度。筆者結合此一光譜，將「鄉土意識」、「自主意識」、「獨立意識」視為三大區塊，在它們底下置入前文提及的四種「台灣意識」，並與不同執政者的大陸政策做對應：

表 2：「台灣意識」的政治光譜與台灣執政者的大陸政策

低　　鄉土意識區塊　　自主意識區塊　　獨立意識區塊　　高

【政治成份】左派統一論者　　獨台論者　　右派獨立論者　左派獨立論者

馬英九　　李登輝　陳水扁

資料來源：筆者參照虞義輝《台灣意識的多面相》一書自製

① 吳月，〈馬英九大陸政策的思想根源〉，2010 年 3 月 1 日，中國評論新聞網，網址：http：//www. chinareviewnews. com/doc/1012/4/4/7/101244701. html? coluid = 63&kindid = 0&docid = 101244701&mdate = 0301142642。

（一）「左派統一論者的台灣意識」的作用

此派論者對中國仍有民族的認同，只是因台灣有別於大陸的歷史經驗，要求得到特別的尊重。他們不否認自身是中國的一部分，甚至不堅持「中華民國」（此派對來自大陸的國民黨政權並無強烈認同），但要求高度自治。

此派與中共有共同的意識型態語言，諸如「反帝」、「反壓迫」等等，又由於他們對「中華民族」的認同超越「中華民國」，高度符合中共訴諸民族情懷的統一論述。質言之，其與北京有著高度的政治互信。

但此派經兩蔣政權的打壓、李登輝與民進黨的操弄，始終無法成為台灣社會的主流，從而對台北大陸政策的影響有限。其實馬英九在競選總統期間，為對抗民進黨的台灣論述攻勢，曾借重此派建構國民黨的台灣論述，如將二二八事件定位為「官逼民反」而非「族群衝突」或「台獨運動」。然此派畢竟與國民黨傳統意識型態相左，又因帶有左派色彩使台灣朝野對之戒慎恐懼，故即便它對兩岸政治互信有正面的推「進」效果，卻很難引導台北的大陸政策。

（二）「左派/右派獨立論者的台灣意識」的作用

「左派獨立論者的台灣意識」與「右派獨立論者的台灣意識」在政治光譜上都是屬於「獨立意識區塊」，其政治成份（或稱分離意識）最高。其中，「左派獨立論者的台灣意識」更強調建構一套「台灣民族主義」，它與「中國民族主義」已經是包括國家與民族層級的對立；「右派獨立論者的台灣意識」主要是藉反「中」來達成對內鬥爭的目標，故在光譜上仍較前者的政治成份略低。但「右派獨立論者的台灣意識」大量吸取「左派獨立論者的台灣意識」對「台灣民族」的論述，以成功地遂行其對群眾「法西斯」式的煽動，卻是我們不可不察的。

兩岸分隔分治多年，彼此缺乏的正是政治互信與共同認同。本來在「獨立意識」尚未盛行之時，兩岸認同的主要差異是制度之爭，所謂「中華民國 vs. 中華人民共和國」的國號爭議，其實仍是「一個中國」底下對制度選擇的不同，終極目標都是「國家統一」。李登輝執政期間，雖不敢完全走到「獨立意識區塊」，但其「中華民國在台灣」的「獨台論述」，也助長了「獨立意識」的氣燄。李登輝下台後籌組台聯黨，執政十二年來「做不到」的台獨成為他的主張，此時他已完全走入了「獨立意識區塊」。繼任的陳水扁為與李登輝爭「台獨正統」，更是致力於鼓吹「右派獨立論者的台灣意識」。其結果，「國家統一」成了民粹政治下的「票房毒藥」，國民黨為贏得選舉，既無能改變台灣民意，只有避之唯恐不及。

「獨立意識」透過民進黨動用執政資源強勢宣傳的結果，最大的後遺症就是使得台灣民眾在「國家認同」及「民族認同」上與大陸對立。對大陸民眾而言，或對共產黨有不滿之聲，但幾乎不會否定自己的國家是「中國」、自己是「中國人」的身份；反觀台灣民眾，在「獨立意識」長期籠罩之下，認同「中國人」的人數愈來愈少。根據行政院研究發展考核委員會在 2009 年 5 月發佈的民調顯示，「自認是台灣人」者佔 64．6%，「自認是台灣人、也是中國人」者佔 18．1%，「自認是中國人」者僅佔 11．5%。① 當「台灣」逐漸被當成是一個「國家」或「民族」，兩岸便很難建立政治互信，甚至增強了中共使用「非和平方式」完成中國統一的念頭。

當然，由於台灣「獨立意識」日盛，促使了中共在「結合反獨勢力」的考量下與國民黨合作。假如 2004 年總統大選由連戰、宋楚瑜勝出，大概也就不會有之後 2005 年連戰訪問大陸的「和平之旅」及宋楚瑜的「搭橋之旅」。「獨立意識」亦使中共在「一個中國」的政治意涵上做出了些許讓步，「一中新三段論」的提出便是明證，以此爭取台灣內部「反獨但不親共」者的民心。② 從此點觀之，「獨立意識」對兩岸政治互信也產生了正面的作用。

然而，無論中共再怎麼退讓，「一個中國」的原則是其無可挑戰的底線，就邵宗海的觀察，其具體意涵就是「領土與主權的完整」，③ 而此正為「獨

---

① <民眾的政治態度及族群觀點>民意調查，行政院研究發展考核委員會，網址：http：//www．rdec．gov．tw/redirect．asp？xItem=4171277&ctNode=12142&mp=100。

② 1993 年 8 月大陸國台辦發布的《台灣問題與中國的統一》白皮書裡，有關一個中國的說法是：「世界上只有一個中國，台灣是中國不可分割的一部分，中央政府在北京。」2002 年中共十六大政治報告中，有關一個中國的說法已改成：「世界上只有一個中國，台灣是中國不可分割的一部分，大陸和台灣同屬一個中國。」

③ 邵宗海，<以「領土和主權完整的說辭」取代一中>，2010 年 4 月 17 日，聯合早報網，網址：http：//www．zaobao．com/special/forum/pages8/forum_zp100417．shtml。

立意識」所直接挑戰。長遠而言，「獨立意識」既與中共界定的「核心利益」如此南轅北轍，在兩岸間缺乏一個「唯一合法的暴力壟斷者」主持大局的情形下，「獨立意識」仍將引領兩岸走向談判破裂的方向。

（三）「獨台論者的台灣意識」的作用

其實，「獨立意識」到一定程度便很難攀升。張麟徵指出，在李登輝執政之前，台灣人民多數是支持統一的，直至解嚴後大鳴大放，大小選舉炒熱了統獨、省籍、族群等議題，才使得獨派支持率大幅上升。但是，到陳水扁2004年僥倖連任總統後，獨派的支持度也就達到了頂峰。因為台灣人民是十分務實的，要他們真的為台獨拋頭顱、灑熱血，顯然是做不到。說到底，台灣人不像東南亞某些國家的人民那麼激情，動輒聚眾示威，傳統儒家溫良敦厚的性情仍是多數台灣人的性格。再者，台灣文化與大陸系出同源，生活習慣相近，又沒有種族、宗教的差異，即便「左派獨立論者的台灣意識」長期進行「台灣民族」的論述，但多數台灣人仍不認為大陸是「外族」。① 尤其在大陸改革開放後，經濟體制也向台灣的資本主義靠攏，制度的差異僅在於「民主化」的程度高低。

然台灣人雖不視大陸為「外族」，認同自身為「中國人」的比例卻也不高，這便是受了「獨台意識」的影響而成。受到此派的衝擊，民進黨在國家定位的論述上亦一度朝中間靠攏。2000年總統大選時陳水扁提出的《跨世紀中國政策白皮書》，便主張「台灣是一個主權獨立的國家，依目前憲法稱為中華民國」。② 2007年，學者陳明通草擬的「中華民國第二共和憲法草案」出爐，將中華民國與台灣在憲法層次上作有力連結，認為在1996年台灣人民直選總統之後，「中華民國第二共和」已在台灣締建，有別於包含大陸及外蒙古在內的「中華民國第一共和」；③ 呂秀蓮則組織「九六共識推動聯

---

① 張麟徵，〈寄希望於台灣人民，更寄希望於大陸〉，《泥淖與新機：台灣政治與兩岸關係》，2005年6月初版，頁119，台北：海峽學術出版社。

② 虞義輝，《台灣意識的多面相：百年兩岸的民族主義》，頁230，2001年11月初版，台北：黎明文化。

③ 《中華民國第二共和憲法草案全文》，台灣智庫網站，網址：www. taiwanthinktank. org/ttt/attachment/article_ 732_ attach2. pdf。

盟」，以為經歷「中華民國到台灣」及「中華民國在台灣」之後，1996 的總統直選已完成「中華民國是台灣」。[1] 以上種種，皆是民進黨不敢宣布「法理獨立」，而以中華民國「借殼上市」的台獨變形。

不可否認地，「中華民國在台灣」抑或「中華民國是台灣」的「獨台意識」，確實受到了多數台灣人的支持，成為當今台灣社會的主流。對他們來說，既然「中華民國等於台灣」，「中國」便和「中共」畫上等號，「中國人」就是「中華人民共和國」國民。一定程度上，他們的「獨台意識」受到中共文攻武嚇的推波助瀾。過去中共堅持舊版「一中三段論」，認定中國就是中華人民共和國，在國際社會上打壓中華民國，激發了台灣人民對自身「尊嚴」的捍衛。雖然不須要立即宣布獨立，但「統一」也不見得就是唯一選項，台灣人民多半視「台灣前途由台灣人民自己決定」為理所當然。既然立即「統一」或「獨立」都不實際，不如就暫且選擇「維持現狀」吧。

「獨台意識」作為當今台灣社會的主流，深深影響著馬英九的大陸政策。究其內涵，「獨台意識」的可塑性是十分高的。它既可能傾向於期待大陸逐漸變化，而使統一水到渠成；亦可能傾向於永遠維持現狀，與對岸「中國」和平相處。2009 年正值兩岸分治一甲子，台灣《遠見雜誌》一份《兩岸民眾互看價值觀關鍵調查》發現：台灣人看大陸是生意夥伴，大陸人看台灣則是家人親戚。這就有如中美兩國可以是「戰略夥伴關係」，但彼此絕對具有「你我之分」、互認「不是一家人」。如此看來，台灣社會的「獨台意識」正引領台灣人傾向永遠維持現狀。

準此，則「獨台意識」必然對兩岸的政治互信同時具有正反兩種的作用。正面來說，「獨台意識」將促使中共更加顧全台北在意的「對等與尊嚴」，甚至重新評估對「中華民國」的態度；反面來說，「獨台意識」可能使得台灣只思及自己的願景，而不願創造兩岸共同的願景，對兩岸走入高階政治的談判產生阻礙。尤其值得注意的是：「獨台意識」容易使得台灣與大陸進行「意氣之爭」，為掩飾因權力不對稱而生的自卑感，反而展現出一種輕視大陸的自傲，而對大陸的現況產生不正確的認識。

---

① 參見「96 共識推動聯盟網站」，網址：http：//323. formosamedia. com. tw。

伍、結論

無疑地，「台灣意識」中追求「自主」、「獨立」的意涵，「某種程度」上能促使中共在原先堅守的政策上做出退讓。不過，這種退讓也只限於「某種程度」，中共長期對「領土與主權的完整」的堅持是不容挑戰、無可退讓的。因此，「台灣意識」的政治成份愈高，其對兩岸關係的正面作用便愈加侷限於低階政治的議題。質言之，當「台灣意識」趨向於「獨立意識」的區塊挪移，對「兩岸政治互信」此種高階政治的議題便愈不利。

該如何降低「台灣意識」的政治成份、推進兩岸政治互信的建立呢？台北與北京雙方顯然都有責任。如表3所示，「台灣意識」對台北/北京的大陸/對台政策發生作用，並進一步牽動兩岸的政治互信：

表3：「台灣意識」對「兩岸談判進程」的作用途徑

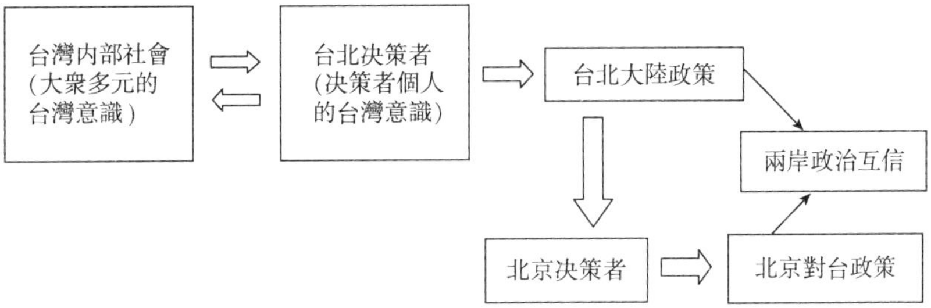

資料來源：筆者自製

從台灣方面觀之，深層的問題在於朝野對「台獨」的曖昧態度。許多人或許以為，主張「中華民國在台澎金馬獨立，和中國大陸是兩個不同的國家」，並不能算是「台獨」，只是「維持現狀」而已。但「分裂」與「分治」概念不同，無論從《中華民國憲法》或《中華人民共和國憲法》來看，中國的主權與領土都從未「分裂」，僅是因「分治」造成「國家尚未統一」而已。有學者以「主權在民」觀點出發，認為《中華民國憲法增修條文》已將中華民國主權侷限於台灣地區人民，因此台灣人民可跳脫原先憲法「一中」的架構，自決與「中華人民共和國」發展怎樣的關係，「統一」不能是唯一選項。筆者無意在此進行憲政辯論，只想提出一個擺在眼前的現實：

「台獨」也好,「獨台也罷」，任何改變「一中」架構的嘗試就是破壞「領土與主權的完整」，就是中共界定「對台動武」的時機。台灣朝野既不敢真正落實「法理獨立」，卻又礙於民粹政治屈從於「中華民國等於台灣」此等似是而非、自欺欺人的論調。長久以往，傾向「獨立」的論述似乎成了「政治正確」，而主張「統一」的就是「叛國」。這種不健康的思想氣氛，嚴重壓抑了台灣人民理性研究「統一條件」的機會。

從大陸方面觀之，深層的問題則在於中共始終不願意「正視」中華民國存在的事實。早期中共視在台灣的中華民國為「死亡政權」，認為1949年中華人民共和國既已成立，中華民國便已遭推翻而滅亡；1979年發表「告台灣同胞書」之後，則趨向將台灣視為「地方政府」，強調中央政府在北京，但允許台灣在國家統一後設為特區。中共在取得聯合國中國代表權後，為穩固自身「中國正統」的地位，對「中華民國」的打壓可謂無所不用其極，而中華民國政府為參與國際社會，只得改用「中華台北」、「台灣」、「台澎金馬」等名稱。1994年，台北陸委會發表《台海兩岸關係說明書》，宣稱「中華民國政府不再在國際上與中共競爭『中國代表權』」，台北不再在意自己是否為「中國」，反而更樂於被世界認作是「台灣」，以凸顯自身獨立於中共/中國之外。① 中共對中華民國的打壓，給予了主張「台灣正名」者看似合理的藉口:「既然『中華民國』走不出去，乾脆以『台灣』取而代之。」舊版「一中三段論」將一個中國與「中華人民共和國」劃上等號的說法，更造成了極大的後遺症：如果認同中國等於認同中共，那麼絕大多數的台灣人都無法接受，「一個中國」便很容易成為毒蛇猛獸。上海東亞研究所所長章念馳日前發表《中國必將走向最終統一——評曹興誠的〈兩岸和平共處法〉》一文，呼籲中共應正視「中華民國」、創造條件解決「中華民國」的難題，便是一個十分正確的態度。② 須知：「中國」在台北的代表就是「中

① 《台海兩岸關係說明書》，1994年7月1日，行政院大陸委員會，網址：http：//www. mac. gov. tw/ct. asp? xItem = 57868&ctNode = 5645&mp = 1&xq_ xCat = 1994。

② 〈章念馳：創造條件解「中華民國難題」〉，2010年5月16日，中國評論月刊網絡版，網址：http：//www. chinareviewnews. com/crn - webapp/mag/docDetail. jsp? coluid = 0&docid = 101323863。

華民國」，打壓中華民國，也等於為「台獨」勢力製造氣燄。

可想而知，當兩岸涉及高階政治的談判，相互政治定位的問題就非解決不可，而這也正是「兩岸政治互信」的前提。當前中共的立場傾向將兩岸關係定位為「上世紀40年代中國內戰的延續」，但仍未明確承認台北的中華民國政權是一個「政治實體」。根據國際法的規定，或可將台北/北京視為是「交戰團體」。然而，以目前盛行的「台灣意識」政治成份之高，「內戰」模式或又會被炒作成一種「矮化」。其實談判本就是雙方各退一步的過程，對於中共來說，「內戰」模式又何嘗不是一種「退讓」？馬英九在總統就職演說中說：「以世界之大、中華民族智慧之高，台灣與大陸一定可以找到和平共榮之道。」作為一個領導人，固然要尊重民意，但更須有恢宏的氣度及政治家的膽識，方能超脫民粹政治而建立歷史的功業。

台灣的「台灣意識」與對岸盛行的「愛國主義」，其實都蘊含了危險的法西斯成份。台灣不少人總愛刻意在大陸人面前強調自由與民主，動輒將大陸的政治禁忌話題掛在嘴邊（有些在大陸根本也稱不上「禁忌」），以此來滿足內心的「尊嚴」，其實不過顯露了低俗的自大與無知。大陸亦有對歷史了解不清、心胸狹窄的「憤青」，每每在台灣選手於國際賽事中持中華民國國旗領獎時，粗暴地將選手身上的國旗扯下，將所有關於中華民國的符號視為「台獨分裂勢力」，嚴重地破壞兩岸人民的感情。海峽兩岸本屬一個民族，因為上世紀國共兩黨的對立而變得相互仇視，至今跳脫不出民粹法西斯的糾葛，實為中國人千百年來最大的悲劇。

張麟徵曾語重心長地指出：「處理兩岸關係，應該多一點感性，少一點理性。多一點經濟，少一點政治。多一點人文，少一點功利。多一點謙卑，少一點自傲。」① 此「四十字箴言」，正是所有關心兩岸關係的人們該共同深思的。「台灣意識」對兩岸政治互信而言，正是「水能載舟，亦能覆舟」。北京的執政者不妨想想：「寄希望於台灣人民，更寄希望於大陸當局。」正如張麟徵所建議：大陸政府若能與人民齊心協力的努力，把大陸建設好，使大

---

① 張麟徵，〈陳水扁的「兩岸和平穩定互動架構」可行嗎?〉，《泥淖與新機：台灣政治與兩岸關係》，2005年6月初版，頁170，台北：海峽學術出版社。

陸對於台灣、乃至於全世界都散發一種「致命的吸引力」，則統一終究是「水到渠成」，又何須害怕務實的台灣人不靠過去呢?①

（会议论文，原文印发，文中用语和观点系作者个人意见）

① 張麟徵，〈寄希望於台灣人民，更寄希望於大陸〉，《泥淖與新機：台灣政治與兩岸關係》，2005 年 6 月初版，頁 126，台北：海峽學術出版社。

跋

厦门大学台湾研究院（台湾研究所）成立30年来，先后在10周年庆典、20周年庆典、25周年庆典和30周年庆典之前出版《台湾研究十年》、《台湾研究论文集》、《台湾研究25年精粹》和《台湾研究新跨越》系列文集，在台湾研究界产生了较好的反响。本书的出版，一方面是为了继续厦门大学台湾研究院的团队精神，将研讨会上较具学术创见的研究成果汇总起来，进行集中展示，以进一步了解当前台湾研究的最新成果和思想前沿；另一方面则是希望藉此激励全院师生在台湾研究新的学术征程中确立新坐标，找到跨越研究难题新的着力点和方向。

多学科交叉融合是厦门大学台湾研究院相对来说比较明显的优势。2006年12月24日，中共中央政治局常委、全国政协主席贾庆林一行前来观察，在向他做简报时，我谈到了自己在研究中的一点感想："对于我们这些研究台湾问题的学者来说，如果不知道台湾的历史，我们的研究是不会有深度的；如果不知道台湾的文学，我们的研究是缺少人文关怀的；如果不知道台湾的经济，我们的研究是不能说有深度的；如果不知道台湾的政治，我们的研究是很难有高度的。"这段话是个人在对台交流交往和研究工作中比较强烈的感受，对于任何研究者来说，要跨越这么多学科去认识台湾问题实属不易。

1895年清政府被迫割让台湾，进一步激发了中国人变法图强的坚定意志。100多年来，两岸中国人为此不懈努力，经历了无数的挫折，也走了许多弯路。回顾过去的历史，我们可以总结出许多经验和教训，其中知识的偏颇和缺乏系统性的思维可能是值得检讨的众多问题之一。作为政治精英个体，两岸的许多前辈先贤，他们各自都有对国家和民族问题极其深刻的洞察和体会，他们提出的主张也都有一定的合理性。但是，在如何吸纳其他人的观点，在如何采纳其他政党的合理主张方面，我们太需要能够调和鼎鼐、博采众长的精英。学会欣赏对方的优点，真正做到有容乃大，其实并非易事，除了要有高尚的道德精神外，更需要有全面的知识和能力。这一点对于从事台湾研究的专家学者来说同样是适用的，当我们的国家拥有一大批知识渊博且胸怀宽广的两岸关系研究精英群体时，我们就有可能实现100多年来的梦想。

厦门大学台湾研究院有30位研究人员，分别隶属5个研究所和政治、经济、历史、文学、法律、教育6个不同学科。虽然平时有不少机会一起工作和生活，但跨学科知识整合和合作研究的机会仍然很有限。两岸签署ECFA后，民间关系发展更加迅速，涉及两岸人民生活的研究领域已扩展到法律、教育、宗教、社会等学科，进行跨越学科研究已不仅是寻找学术增长点的问题，更是台湾研究工作者无可回避的挑战。期待这一套会议论文集的出版，将进一步促动全体师生研究观念的变革和研究视野的跨越，或许不久的将来，多学科的知识整合将给我们的研究带来新的收获和喜悦。

感谢所有关心厦门大学台湾研究院的朋友们，同时也感谢全院教职工多年不懈的努力和奉献！

厦门大学台湾研究院院长　刘国深